호산 박문호
『칠서주상설』 연구번역총서 1

논어집주상설 1

호산 박문호 저

책임역주[주저자]: 신창호
전임역주: 김학목 · 윤원현 · 조기영
공동역주: 김언종 · 임헌규 · 허동현

박영story

이 저서는 2017년 대한민국 교육부와 한국연구재단의 지원을 받아 수행된 연구임
(NRF－2017S1A5B4056044)

연구번역자 서문

학문 연구의 토대를 다지는 작업은 지난하면서도 즐겁다. 동양학을 탐구하는 학자들이 상생상극(相生相剋)의 학문적 이치를 노정(路程)한다면, 학문 연구의 난제(難題)와 열락(悅樂)은 서로 스며들게 마련이기 때문이다. 공자가 유교를 집대성(集大成)한 이후, 주자의 주석(註釋)을 거치면서 전변(轉變)을 거쳐 온 유학은, 그 이론과 실천의 차원에서 엄청난 심사숙고를 요청한다. 우주자연과 인간 사회에 대한 근본, 그 알파와 오메가를 진지하고 투철하게 고려하도록 채찍질한다. 선현(先賢)들의 학문 활동을 돌아보건대, 상당수가 그러한 삶을 고민했음이 분명하다.

본 저술은 호산(壺山) 박문호(朴文鎬, 1846~1918)의 『칠서주상설(七書註詳說)』을 심도있게 연구하여 한글로 완역한 연구번역 성과이다. 『칠서주상설』은 말 그대로 '칠서(七書)'의 주석에 대해 자세하게 설명한 저술이다. <칠서주>는 회암(晦庵) 주희(朱熹, 1130~1200)의 『논어집주(論語集註)』, 『맹자집주(孟子集註)』, 『대학장구(大學章句)』, 『중용장구(中庸章句)』, 『시집전(詩集傳)』, 『서집전(書集傳)』, 『주역본의(周易本義)』를 가리키는 것으로, 유교의 핵심 경전인 사서삼경(四書三經)에 관한 주희(『서집전』의 경우는 채침(蔡沈, 1167~1230))의 주석을 말한다. 주지하다시피, 사서삼경과 그 주석은 조선 주자학의 뼈대를 이루는 중심 경전이다. 호산은 이 <칠서주>에 다시 상세하게 주석을 부가하여 조선 유교를 종합해내었다. 서구 근대 문명이 밀물처럼 밀려오던 19세기 중반에서 20세기 초반에 활동하면서도, 주자학의 정통 학문을 자신의 사명처럼 여기고, 유교의 핵심 경전을 집대성한 것이다.

호산은 『칠서주상설』을 편찬하면서, 자신이 연구한 나름의 소신을 저술의 편차(編次)에 반영하였다. 중국 송대의 사상가들을 비롯하여 주자학을 신봉하는 대부분의 학자들이 사서(四書)의 독서 순서를 『대학(大學)』으로 시작했던 것과 달리, 호산은 『칠서주상설』의 순서를 주석(註釋)의 명칭에 따라 『논어집주상설(論語集註詳說)』로부터 시작했다. 그것은 유학의 핵심 경전인 『논어』가 맨 앞에 자리해야 하는 당위성이기도 하다.

그렇게 하여 『칠서주상설』은 『논어집주상설』 20권, 『맹자집주상설』 14권, 『대학장구상설』 1권, 『중용장구상설』 1권, 『시집전상설』 18권, 『시서변설상설』 2권, 『주역본의상설』 12권, 『서집전상설』 14권, 『서서변설상설』 1권으로, 전체 83권에 이르는 방대한 저작이 되었다. 마치, 조선의 주자학을 마무리하듯이, 경전의 주석을 짜임새 있게 갖추었다. 사서삼경의 경문에 대한 중국 역대의 주석을 비롯하여, 조선시대 여러 학자들의 주석을 간단·명료하게 총망라하였다. 특히, 사서삼경에 대한 주자의 주해(註解)를 의리(義理)와 훈고(訓詁), 그리고 논리(論理)를 반영하는 등, 여러 측면에서 정밀하고 명확하게 분석하면서도, 사서삼경의 주요 텍스트인 <영락대전(永樂大全)>본의 오류를 바로잡은 엄밀한 주석서로 편찬해내었다.

주자 이후 중국의 주요 주석뿐 아니라, 퇴계(退溪), 율곡(栗谷), 사계(沙溪), 우암(尤庵), 남당(南塘), 농암(農巖) 등 조선 성리학을 대표하는 학자들의 학설과 호산 자신의 견해까지 담은 저술이기에, 주자학의 심오한 이해는 물론 조선 성리학의 맥락과 계보, 발전 양상을 포괄할 수 있는 학문성을 담보한다.

본 연구번역은 2017년도 한국연구재단의 토대연구 사업으로 시작되었다. 연구 기획을 할 무렵 연구진의 생각은 좀 단순했다. '『칠서주상설』이 조선 유교 경전 주석사의 대미를 장식하는 주요한 저작이므로 이를 번역하여 학계에 기여하면 좋겠다!'는 정도였다. 그러나 기획 단계에서 초역을 하고 연구계획서를 작성하면서, '토대'연구 사업에 어울리는 작업으로서 연구범위가 상당 부분 확장되었다. 분량도 그렇지만, 원문에는 없는 표점, 찾아보기 힘들게 되어 있는 원전의 구절과 문장의 정돈, 내용 가운데 보충 설명이 필요한 부분의 주석 등, 관련 전공자들의 수준 높은 연구를 곁들인 번역의 필요성이 요청되었다. 고민을 거듭한 결과, 연구 작업이 너무나 방대해졌다.

그러나 연구진들은 매월 2,000여 매(200자 원고지 기준)에 달하는 연구 번역에 온힘을 쏟아 부었다. 열정을 바친 만큼 원고는 계획대로 생산되었고 또한 다듬어졌다. 단행본 1권에 해당하는 분량이었다. 원본의 오탈자를 바로잡고, 표점을 찍고, 구절을 바르게 맞추고, 문장을 정렬하고, 관련 전거를 확인하는 등, 초역에서 교열·윤문, 그리고 출판에 이르기까지, 여러 과정을 반복했다. 정말이지, 연구번역이라는 학문의 토대 작업을 자임한, 고난의 행군이었다. 당초 계획대로 5년 동안의 연구기간에 『칠서주상설』을 마무리한다면, 매년 20,000여 매, 전체 100,000여 매의 원고가 성과물로 쌓일 것이다. 단행본으로는 약 50여 권이 될 것으로 예상된다.

어려우면서도 엄청난 작업이지만, 학문의 토대를 구축하는 데 기여할 수 있다는 자부심과 자긍심으로, 현재 2차년도 연구번역 작업이 마무리 단계에 와 있다. 분량이 많다 보니, 본 번역연구 성과물의 출간과 관련하여 고민하지 않을 수 없었다. 모든 작업이 끝나고 한꺼번에 출간하는 것은 다소 무리라는 판단이 들었다. 이에 매년 번역연구물이 산출되면, 다음년도 연구번역이 끝나기 전, 즉 1년 이내에 출간하는 것이 연구진이나 학계에 도움이 되겠다고 생각하였다.

이 책은 1차년도(2017년 9월~2018년 8월)의 결과물이다. 1차년도에는 『논어집주상설』과 『대학장구상설』을 연구번역하고 정본화 작업을 진행하였다. 책의 권수는 경전의 편제와 분량, 그리고 내용에 따라 나누어 조정하였는데, 17,000여 매에 달하는 『논어집주상설』은 10권으로, 3,000매 가량인 『대학장구상설』은 3권으로 출간하게 되었다.

무엇보다도 본 연구번역의 과정에 매진해준 연구진에게 큰 절을 올린다. '고맙다!'는 말 이외에 서로를 격려하고 용기를 북돋우며 동기부여할 수 있는 표현은 없는 것 같다. 전임연구교수로 연구번역에 힘써준 고려대학교 교육문제연구소의 김학목 박사님, 윤원현 박사님, 조기영 박사님의 초역은 본 연구의 밑거름이 되었다. 공동연구에 참여하신 고려대학교 김언종 명예교수님, 강남대학교 임헌규 교수님, 경희대학교 허동현 교수님은 각종 자문과 조언, 윤문과 교열 등을 맡아 고생해 주셨다. 이외에 연구보조원으로 참여한 한국외국어대의 서세영, 고려대의 우버들, 위민성, 장우재 등 대학원생들의 각종 보조가 도움이 컸다. 또한 자문에 응하여 충고를 아끼지 않으신 원로 한학자 중관(中觀) 최권흥 선생님을 비롯하여, 『칠서주상설』의 가치와 중요성을 일깨워주신 일우(一愚) 이충구 선생님, 여기에서 일일이 거론하지는 못했지만, 본 연구와 관련하여 도움을 주신 여러 선생님들께 감사의 말씀을 전한다.

본 연구는 연구책임자를 비롯하여 자문에 이르기까지 우리 모두의 땀과 정성이 배어 있는 합작의 결실이다. 다시 한번 수고해주신 모든 분들에게 고마움과 감사의 인사를 건넨다. 그리고 본 연구번역을 원활하게 수행할 수 있도록 각종 편의를 제공해준 고려대학교 교육문제연구소와 행·재정적으로 지원해 준 한국연구재단, 고려대학교 산학단에도 감사드린다. 그런 지원이 없다면 본 사업은 쉽게 할 수 없는 학술 작업이다. 남은 연구기간에도 지속적인 관심을 부탁한다.

호산 박문호의 『칠서주상설』은 1921년에 발간되었다. 1918년 그의 사후 3년만이었다. 그 후 100년이 지났다. 1세기가 지난 2018년, 호산 선생 사후 100여 년 만에, 후학에 의해 본 『칠서주상설』이 연구번역되었다는 점에서 상당한 의미를 부여할 수도 있겠다. 여러 차원을 고려하여, 본 연구번역이 조선 유학을 집대성한 경전 주석서로서, 본 연구사업의 취지에 맞게 관련 학계의 연구 토대로 작용할 수 있기를 간절히 소망한다. 어떤 연구번역이건 완벽하려고 하지만, 한 점의 실수나 오류도 없이 완벽을 기하기란 쉽지 않다. 그만큼 완전한 연구번역은 어렵다. 본 연구번역도 최선을 다하려고 했지만, 미비한 부분이 있을 것이다. 오류가 있다면 많은 질정을 바라며, 잘못된 부분이 발견되면, 추후에 수정 보완할 수 있도록 노력할 것이다.

마지막으로, 심심한 감사를 표해야 할 분이 있다. 상당한 어려움을 감수하면서도 가치 있는 학술도서에 애정을 갖고 출판을 맡아준 박영스토리의 노현 대표님, 불철주야(不撤晝夜) 성심껏 원고를 꼼꼼하게 다듬어 편집해준 문선미 과장님을 비롯한 박영사 편집진에게 고마운 마음을 전한다.

2019. 6. 하지(夏至)절

연구책임자 신창호 씀

일러두기

1. 본서는 1921년 풍림정사(楓林精舍)에서 간행된 박문호의 『칠서주상설(七書註詳說)』(한국학중앙연구원 장서각 소장)을 저본으로 하였다. 아울러 아세아문화사(亞細亞文化社)에서 간행한 『호산전서(壺山全書)』 1~8(1987~1990)을 참고하였다.

2. 원전(原典)은 직역(直譯)을 원칙으로 하되, 필요한 경우에는 현대적 의미를 고려하여 의역(意譯)하며 풀이하였다. 원문은 번역문과 함께 제시하되, 원문을 앞에 번역문을 뒤에 배치하였다.

3. 역주(譯註)의 경우 각주로 처리하고 간단한 단어나 개념 설명의 경우 본문에서 그대로 병기하여 노출하였다(예 : 잡기(雜記 : 잡다하게 기록함)). 주석은 인용 출처 및 근거를 비롯한 관련 자료를 최대한 밝혀내어 제시하고, 관련 자료의 원문 내용과 번역문을 동시에 수록하는 것을 원칙으로 하였다. 자료의 성격과 독해상의 혼란을 고려하여 원문만을 그대로 노출하거나 내용이 중복되는 부분일지라도 편장이 달라질 경우 다시 수록하여 연구 토대 자료로서의 편리성을 도모하였다.

4. 원전의 원문은 칠서의 '경문(經文)', 주자의 주석인 '주주(朱註)', 박문호의 주석인 '상설(詳說)'로 구분하되, '경문－주주－상설'순으로 글자의 크기를 달리 하였다. 경문의 경우, 별도로 경문이라는 표시 없이 편장별로 번호를 붙였다(예 : 『논어』「선진」 1장 첫 구절은 「선진」이 『논어』의 11편이므로 [11－1－1]로 표시). 상설은 모든 구절에 ○를 붙여 의미를 분명하게 하였다.

5. 원문의 표점 및 정본화 작업은 연구번역 저본과 참고로 활용한 판본을 충분히 대조하여 정돈하였다. 『칠서주상설』 편제의 특성상, 혼란의 소지가 있는 부분은 글자를 추가하거나 삭제한 경우도 있으나 번역에서 원전 그대로 확인할 수 있도록 다시 전체 문장

을 제시하였다. 원문의 정본화 및 역주에서 경전(經傳; 『 』)이나 편명(篇名; 「 」), 구두(句讀; , ; .), 인용문(따옴표; “ ” ; ‘ ’), 강조점(따옴표; ‘ ’) 등을 구분하여 표시하였다.

6. 원전의 특성상, 경문의 바로 아래에 제시되어 있는 음운(音韻)이나 음가(音價)는 주자의 주석인 주주(朱註)로 처리하였다.

7. 원문이나 역주 가운데, 인명이나 개념어는 기본적으로 한글과 한문을 병기하되, 상황에 맞추어서 정돈하였다(예: ‘주자(朱子)’의 경우, 때로는 주희(朱熹)로 표기. 개념어는 원문을 그대로 노출하기도 하고 풀이하기도 하였는데, 도(道)의 경우, 도리(道理), 이치(理致), 방법(方法) 등으로 해석).

8. <참고문헌>과 인명 및 개념·용어 등은 최종 <별책 부록>으로 정돈한다.

차례

— 논어집주상설 총 목차 —

차례

— 논어집주상설 1 —

曰有德者必有言有言者不必有德
有德者必有言有言者不必有德
必有言有言者不必有德

七書註詳說序

칠서주상설서

仁者必有勇勇者不必有仁
仁者必有勇勇者不必有
仁者必有勇勇者不

「칠서주상설서(七書註詳說序)」

孟子曰, “博學而詳說之, 將以反說約也.” 爲學之道, 不可以徑約, 其始必要博而詳, 詳焉而不厭其益詳. 故七書之朱子註已詳矣, 猶復爲此者, 所以益致其詳, 而竊附於註家之有疏也.

맹자가 말하였다. “널리 배우고 그 내용을 상세하게 해설함은 돌이켜 요점을 설명하려는 것이다.”[1] 배우는 방법은 그 배운 것을 바로 요약해서는 안 되니, 시작 단계에서는 반드시 넓고 상세하게 하되, 상세하더라도 더욱 상세하게 만드는 일을 싫어해서는 안 된다. 그러므로 칠서(七書 : 四書三經)에 대한 주자(朱子 : 朱熹)의 주석이 이미 상세한 데도 다시 이렇게 만드는 것은, 그 상세함을 더욱 치밀하게 만들기 위해, 주석가들이 주(註)에 대해 소(疏)를 붙이는 형식을 가만히 따른다.

昔朱子之註諸經, 又嘗爲『論孟詳說』[2], 卽『訓蒙口義』也. 而其義可推通於他經意, 其視註文尤詳且明, 惜其書不傳於後世. 世之讀朱子註者, 往往失其旨, 蓋不知以意逆註, 而恣爲臆斷, 則不免有己自己·註自註之病. 又不知階註以達經, 而致有經自經·註自註之失. 初學者之不能發蒙, 蓋坐是耳.

예전에 주자(朱子 : 朱熹)가 여러 경전을 주석하고, 또 『논어상설(論語詳說)』을 지었으니, 바로 『논어훈몽구의(論語訓蒙口義)』이다.[3] 그 의미는 다른 경(經)의 뜻을

---

1) 널리 배우고 그 내용을 상세하게 해설함은 돌이켜 요점을 설명하려는 것이다 : 『맹자(孟子)』「이루하(離婁下)」. 주자는 이 구절에 대한 『집주(集註)』에서 “글을 널리 배우고 그 이치를 상세하게 설명하는 까닭은 많은 지식을 자랑하고 화려함을 다투려고 하는 것이 아니라, 융회(融會)·관통(貫通)하여 그것을 돌이켜 지극히 요약된 경지를 설명하려는 일일 뿐이다. 이는 위 장(章)의 뜻을 이어 말한 것이니, 배움은 한갓 넓히려고만 할 것이 아니고, 또한 바로 요약해서도 안 된다.(所以博學於文而詳說其理者, 非欲以誇多而鬪靡也, 欲其融會貫通, 有以反而說到至約之地耳. 蓋承上章之意而言, 學非欲其徒博, 而亦不可以徑約也.)”라고 하였다.

2) 『論孟詳說』 : 주자의 저술 목록을 참조해볼 때, 『논맹상설(論孟詳說)』이나 『맹자상설(孟子詳說)』이라는 저서는 없다. 그러므로 『論孟詳說』은 『論語詳說』이라고 해야 할 것이다. 번역에서는 『논어상설(論語詳說)』로 바로잡는다.

3) 예전에 주자(朱子 : 朱熹)가 여러 경전을 주석하고 …… 『논어훈몽구의(論語訓蒙口義)』이다 : 주자는 1159년에 『논어집해(論語集解)』, 1160년에 『맹자집해(孟子集解)』를 지었고, 1163년에

미루어 통할 수 있고, 그 주석에서 글을 다룬 것은 더욱 상세하고 분명한데,[4] 애석하게도 그 책이 후세에 전해지지 않았다. 세상에 주자의 주석을 읽는 사람들이 종종 그 취지를 잃어, 뜻으로 거슬러 올라가 주석할 줄 모르고 제멋대로 억측하여 판단하게 되면, 자신은 자신이고 주석은 주석일 뿐이라는 병폐가 있게 됨을 면하지 못하였다. 또 주석을 사다리로 삼아 경(經)에 도달해야 함을 몰라, 경(經)은 경이고 주석은 주석일 뿐이라는 잘못이 있게 되었다. 초학자들이 몽매함을 계발할 수 없는 까닭은 이것 때문이다.

余自少時竊有見於此, 授家中子姪與夫他方來遊者, 自有一副成規, 事省而功有加焉. 顧今旣衰, 神思日退, 使一夕風燭奄及, 則諸孫發蒙之方, 將無所籍手之地. 用是爲懼, 遂筆之於書, 以備家塾訓蒙之資, 命之曰『七書註詳說』, 竊以附於朱子之『口義』. 若其僭妄之罪, 不暇自逃矣.

나는 젊어서부터 이 점을 알아 집안의 자식과 조카 및 다른 곳에서 공부하러 온 사람들에게 가르쳐 주었으니, 저절로 하나의 규모를 이루게 되어 일은 줄었는데 공로는 더함이 있게 되었다. 그러나 이제 이미 노쇠하고 정신이 날로 쇠퇴하여 하루 저녁에 바람 앞의 등불처럼 숨이 끊어질 것이니, 여러 자손이 몽매함을 계발할 방도가 의거할 곳이 없게 된다. 이를 걱정하여 마침내 글을 써서 집안 공부방에 훈몽(訓蒙)하는 바탕으로 갖추고, 『칠서주상설(七書註詳說)』이라고 이름 붙여 가만히 주자의 『논어훈몽구의』에 붙인다. 만약 함부로 하여 분수에 넘친 죄가 있다

『논어집해』를 수정 보완하여 『논어요의(論語要義)』와 『논어훈몽구의(論語訓蒙口義)』 두 책으로 나누어 편찬하였다. 『논어훈몽구의』는 일명 『논어상설(論語詳說)』이라고 한다. 이 책들은 모두 실전(失傳)되어 현존하지 않는다. 주희, 『주문공문집(朱文公文集)』 권75에 「논어훈몽구의서(論語訓蒙口義序)」가 있다.

4) 그 의미는 다른 경(經)의 뜻을 …… 상세하고 분명한데 : 주희, 『주문공문집(朱文公文集)』 권75, 「논어훈몽구의서(論語訓蒙口義序)」에서 “주소(注疏)에 근본하여 그 훈고를 소통하고 『경전석문(經典釋文)』을 참고하여 그 음독(音讀)을 바로잡은 뒤에, 그것을 여러 선생의 주장에 회통하여 그 정밀하고 은미함을 드러내었다 …… 그 훈석(訓釋)이 상세하고 분명하니 날마다 강독하면 통달하지 않음이 없을 것이다. 의리가 정밀하고 요약되었으니 날마다 암송하면 기억하지 않음이 없을 것이다. 통달한 사람은 이미 알았더라도 때로 익히고, 기억한 사람은 아직 이해하지 못했더라도 잊지 말아라! 내가 처음 배울 때도 또한 이와 같을 따름이다.(本之注疏, 以通其訓詁 ; 參之釋文, 以正其音讀, 然後會之於諸老先生之說, 以發其精微 …… 夫其訓釋之詳且明也, 日講焉, 則無不通矣. 義理之精而約也, 日誦焉, 則無不識矣. 通者已知而時習, 識者未解而勿忘! 予之始學, 亦若斯而已矣.)”라고 하였다. 주자의 견해로 볼 때, 박문호(朴文鎬)가 주자의 『논어훈몽구의』를 이렇게 평가할 수 있는 근거가 될 수 있다.

면 스스로 달아날 여지가 없을 것이다.

夫其次序, 則先『語』·『孟』而後『學』·『庸』者, 從註名爲類例, 而不盡依夫撰註與讀書之先後; 繼以『詩』·『易』而終以『尙書』者, 從註之全不全而爲之進退, 勢固有然者也.

그 순서에서 『논어(論語)』와 『맹자(孟子)』를 먼저 하고 『대학(大學)』과 『중용(中庸)』을 나중에 한 것은 주석의 명칭에 따라 분류하여 편제하였고, 주석의 편찬과 독서의 선후에 모두 의거하지는 않았다.[5] 그 뒤에 『시경(詩經)』과 『주역(周易)』으로 잇고 『상서(尙書)』로 끝맺은 것은 주석의 온전함과 온전하지 않음을 따라 나아가고 물러난 것이니,[6] 그 형세에 본디 그러함이 있다.

其凡例, 則『永樂大全』之切要者, 各依本註而攙入; 自歷代諸家以至我東先賢說之有所羽翼發明者, 亦隨而采取; 間又以瞽說補之, 皆所以便於讀者之考閱也. 其取舍, 則『學』·『庸』之「讀法」, 『詩』·『書』之「圖」與「易說綱領」, 雖載於『大全』, 實非朱子註時事, 故今姑不取; 『語』·『孟』之「讀法」, 『詩』之「綱領」與「序辨」, 『書』之「序說」, 是朱子之手筆, 而『大全』之闕文, 故今謹取載; 蔡氏之「書序辨」, 亦依朱子意爲之者, 故幷收之, 而皆無容己私於其間矣.

그 범례는 『영락대전(永樂大全)』[7] 가운데 중요한 소주(小註)를 각각 '본래의 주석[『朱子集註』]'에 의거하여 끼워 넣고, 중국의 역대 여러 학자에서 우리나라 선현(先賢)에 이르기까지 그 내용 풀이를 도와 밝혀낸 설명도 또한 따라서 취하였으며, 그 사이에 또 나의 변변찮은 설명으로 보충하였으니, 이렇게 한 이유는 모

5) 주석의 편찬과 독서의 선후에 모두 의거하지는 않았다 : 주자(朱子 : 朱熹)가 사서삼경(四書三經)에 대해 주석을 편찬한 순서를 그대로 따르지는 않는다는 것과 주자(朱子 : 朱熹)가 사서(四書)의 독서 순서를 『대학(大學)』, 『논어(論語)』, 『맹자(孟子)』, 『중용(中庸)』의 차례로 가르친 것을 그대로 따르지 않았음을 말한다.

6) 그 뒤 『시경(詩經)』과 『주역(周易)』으로 잇고 …… 나아가고 물러난 것이니 : 주자는 생전에 『시경(詩經)』과 『주역(周易)』에 대해 『시경집전(詩經集傳)』과 『주역본의(周易本義)』로 직접 주석을 편찬하였지만, 『상서(尙書)』에 대해서는 직접 작업을 착수하지 못하고 제자인 채침(蔡沈)에게 위촉하였다. 채침은 주자 사후 10여 년 뒤에 편찬한 『서경집전(書經集傳)』에서 주석의 내용이 스승인 주자의 가르침에 전적으로 의거했다고 밝히고 있다.

7) 『영락대전(永樂大全)』 : 명(明)나라 때 성조(成祖)가 영락(永樂) 12년(1415)에 한림원학사(翰林院學士) 호광(胡廣) 등에게 명하여 편찬한 『사서대전(四書大全)』, 『오경대전(五經大全)』, 『성리대전(性理大全)』의 3부 대전을 말한다. 여기에서는 사서삼경(四書三經)에 대한 대전을 가리킨다.

두 독자들이 상고(詳考)하기에 편리하도록 한 것이다. 그 취사선택에 대해, 『대학(大學)』·『중용(中庸)』의 「독법(讀法 : 「讀大學法」과 「讀中庸法」)」과 『시경(詩經)』·『서경(書經)』의 「도(圖)」와 「역설강령(易說綱領)」은 『영락대전(永樂大全)』에는 실려 있지만, 사실 주자(朱子 : 朱熹)가 주석을 편찬할 때의 것이 아니기 때문에[8] 지금은 우선 취하지 않는다. 『논어(論語)』·『맹자(孟子)』의 「독법(讀法 : 「讀論語孟子法」)과 『시경(詩經)』의 「시전강령(詩傳綱領)」·「시서변설(詩序辨說)」 및 『서경(書經)』의 「서설(序說)」은 주자(朱子 : 朱熹)가 직접 쓴 것인데 『영락대전(永樂大全)』에는 빠트렸기 때문에 이제 삼가 취해서 싣는다. 채씨(蔡氏 : 蔡沈)[9]의 「서서변(書序辨)」 또한 주자의 뜻에 의거하여 지은 것이기 때문에 함께 수록했으니, 이는 모두 나의 주관적 기준에 의거한 것이 아니다.

其文字, 則一以南漢板本爲主, 而參以唐本與俗本, 惟長是從, 求其安而已矣. 其句讀, 則東本旣不著, 而見行諺解往往不依文勢, 然此實非大義所係. 惟其釋義之間有失經旨與註意者, 則初學先入之見常在於此, 所係又不輕, 故今皆表而出之, 使讀者有以擇之, 是亦不得已者耳.

그 판본은 모두 남한판본(南漢板本)을 중심으로 하고 당본(唐本)과 속본(俗本)을 참조하여, 오직 뛰어난 판본을 좇아 적절한 것을 구했을 뿐이다. 그 구두(句讀)는 동본(東本)에는 나타나지 않았고 현행 『언해』본은 종종 문장의 기세에 의거하지 않지만, 이 점은 사실 큰 의미가 달린 바는 아니다. 오직 의미를 풀이하는 가운데 경(經)의 취지와 주석의 뜻을 잃은 것이 있으면, 초학자들의 선입견이 항상 여기에 있어 관계되는 것이 가볍지 않기 때문에, 이제 모두 표시하고 드러내어 독자들이 그것을 가릴 수 있도록 했으니, 이 또한 어쩔 수 없이 그렇게 했을 뿐이다.

---

8) 『대학(大學)』·『중용(中庸)』의 「독법(讀法 : 「讀大學法」과 「讀中庸法」)」과 …… 편찬할 때의 것이 아니기 때문에 : 현행본 『대학장구(大學章句)』와 『중용장구(中庸章句)』에 실려 있는 「독대학법」과 「독중용법」은 『대학(大學)』과 『중용(中庸)』에 대한 주자의 독서법과 관련된 글들을 후대에 모아서 편찬한 것이다. 영락대전본 『시경(詩經)』·『서경(書經)』의 「도(圖)」는 주자(朱子 : 朱熹)가 직접 그린 것이 아니고, 「역설강령(易說綱領)」은 호광(胡廣) 등 『영락대전(永樂大全)』 편집자들이 편찬한 것이다.

9) 채침(蔡沈, 1176~1230) : 자는 중묵(仲默)이고, 호는 구봉(九峰)이다. 송(宋) 나라 때 건양(建陽 : 현 복건성 건양) 사람으로 채원정의 셋째 아들이다. 어려서부터 가학을 이으면서 주희에게 배웠다. 경원당금(慶元黨禁)으로 부친과 스승이 화를 당하자 구봉에 은거하여, 스승과 부친의 유지를 받들어 『서경집전(書經集傳)』과 『홍범황극(洪範皇極)』을 저술하였다.

斯役也, 首尾歷十年始克脫藁, 而四從弟龍鎬, 兒子洵行·洵衎, 門人金兢淵·金濟煥·李觀珪, 姪子洵道·洵衡, 族姪洵濟·洵煥, 終始與於撰述校訂之事, 所贊助居多. 但其當考而未及考者尙有之, 且雖屢經讎閱, 掃塵無已時, 謬誤者必多, 皆不能無望於吾身後, 與其事者又不可不知也.

이 작업은 시작부터 끝맺기까지 10년을 거쳐 비로소 탈고할 수 있었는데, 사종제(四從弟) 박용호(朴龍鎬), 아들 박순행(朴洵行)·박순연(朴洵衎), 문인 김긍연(金兢淵)·김제환(金濟煥)·이관규(李觀珪), 조카 박순도(朴洵道)·박순형(朴洵衡), 종형제의 아들 박순제(朴洵濟)·박순환(朴洵煥) 등이 처음부터 끝까지 저작과 교정하는 일을 함께 하여 도와준 것이 많다. 그러나 마땅히 상고해야 하는 데도 아직 상고하지 못한 것이 여전히 남아 있고, 또 여러 차례 점검하여 잘못을 고치기를 그친 적이 없지만 오류가 반드시 많을 것인데, 이는 모두 내가 죽은 뒤를 기대하지 않을 수 없으니, 이 작업을 함께 한 자는 또 반드시 알아야 한다.

於是手寫爲定本, 以藏諸篋笥, 使後來幼孫輩取讀之日, 能因其詳而求註文之約, 又因註之詳而求經文之約, 則余之晩年一段苦心將不至爲徒勞之歸, 而吾家讀書種子亦庶幾乎永有其傳云.

이에 직접 베껴 쓴 것을 정본(定本)으로 삼아 상자에 보관하니, 뒷날 어린 자손들이 그것을 읽는 날, 그 상세함을 따라 주석 문장의 요점을 구할 수 있고, 또 주석의 상세함을 따라 경문(經文)의 요점을 구할 수 있으면, 나의 만년의 고심이 헛된 수고로 돌아가지 않고, 우리 집안 대대로 독서하는 후손들에게도 또한 영원히 그 전함이 있게 될 것이다.

光武甲辰上元之日寧海朴文鎬序.

광무(光武) 갑진년(甲辰年 : 1904) 상원일(上元日 : 정월 보름날)에
영해(寧海) 박문호(朴文鎬)가 서문을 쓰다.

曰有德者必有言有言者不必有德

有德者必有言有言者不必有德

必有言有言者不必有德

讀論語孟子法詳說

독논어맹자법상설

仁者必有勇勇者不必有仁

仁者必有勇勇者不必有

仁者必有勇勇者不

「독논어맹자법상설(讀論語孟子法詳說)」

詳說

◯ 「讀法」是『集註』時所著, 而『大全』闕之, 今特采入以還其舊云.

「독논어맹자법(讀論語孟子法)」은 『논어맹자집주(論語孟子集註)』를 편찬할 때 지은 것인데 『사서대전(四書大全)』에는 빠졌으니, 이제 특별히 채택해 넣어 그 옛 모습을 되돌렸다.

朱註

程子曰 : "學者當以『論語』·『孟子』爲本. 『論語』·『孟子』旣治, 則六經可不治而明矣."

정자(程子 : 程頤)가 말하였다. "배우는 사람은 『논어(論語)』·『맹자(孟子)』를 근본으로 삼아야 한다. 『논어(論語)』·『맹자(孟子)』를 연구하고 나면 육경(六經 : 五經과 樂經)은 연구하지 않아도 밝아질 것이다."[1)]

詳說

◯ 叔子.

'정자왈(程子曰)'에서 정자(程子)는 동생 정이(程頤)이다.

◯ 『大全』曰 : "伯子, 諱顥, 字伯淳, 號明道先生. 叔子, 諱頤, 字正叔 , 號伊川先生."

『사서대전(四書大全)』에서 말하였다. "백자(伯子 : 형)는 휘(諱)가 호(顥)이고, 자(字)는 백순(伯淳)이며, 호(號)는 명도 선생(明道先生)이다. 숙자(叔子 : 동생)는 휘가 이(頤)이고, 자는 정숙(正叔)이며, 호는 이천 선생(伊川先生)이다."

---

1) 『주자어류(朱子語類)』 권19, 「논어1(論語一)」, 1조목에는 "『논어(論語)』·『맹자(孟子)』 공부는 적지만 얻은 효과는 크고, 육경(六經)의 공부는 많지만 얻은 효과는 적다(語孟工夫少, 得效多; 六經工夫多, 得效少.)"라고 하여, 학문에서 『논어(論語)』와 『맹자(孟子)』의 중요성을 일러주고 있다.

○ 河南人.

'정자'는 하남 사람이다.

○ 註中凡引用二程說, 不別伯·叔, 槪稱'程子', 以從謹嚴. 今依『精義』·『近思錄』例, 考二程 本書而著之, 以便讀者. 其不可考處, 則姑闕之.

주석에서 이정(二程 : 程顥와 程頤)의 말을 인용하면서 형과 동생을 구별하지 않고 일률적으로 '정자(程子)'라고 일컬음은 근엄함을 따른 것이다. 그러나 이제 『논어정의(論語精義)』와 『근사록(近思錄)』의 사례에 따라,[2] 이정(二程)의 원전을 고찰하여 형·동생의 구별을 드러내고 독자의 편의를 도모한다. 그 가운데 구별을 상고할 수 없는 것은 우선 빼 놓았다.

○ 雖不治其事, 而其理則已明矣.

'육경가불치이명의(六經可不治而明矣 : 육경은 연구하지 않아도 밝아질 것이다)'라는 말은 비록 육경(六經)의 내용을 연구하지는 않았지만, 육경(六經)의 이치가 이미 밝아졌다는 뜻이다.

朱註

讀書者, 當觀聖人所以作經之意, 與聖人所以用心, 聖人之所以至於聖人, 而吾之所以未至者, 所以未得者, 句句而求之.

글을 읽는 사람은 마땅히 성인이 경(經)을 지은 의도와 성인이 마음 쓰는 일, 성인이 성인의 경지에 이르게 된 이유, 그리고 내가 아직 이르지 못한 일과 아직 얻지 못한 사안을 살펴보아, 그것을 구절마다 연구해야 한다.[3]

---

2) 『논어정의(論語精義)』와 『근사록(近思錄)』의 사례에 따라 : 주자는 『논어정의』에서 이정(二程)에 대해 '명도왈(明道曰)'·'이천왈(伊川曰)'이라 하여 형·동생을 구별했고, 『근사록』에서도 '명도선생왈(明道先生曰)'·'이천선생왈(伊川先生曰)'이라 하여 형·동생을 구별하여 표기하였다.

3) 『주자어류(朱子語類)』 권19, 「논어1(論語一)」, 97조목에는 "섭하손이 이천의 '독서하면서 마땅히 성인이 경을 지은 까닭과 성인이 마음을 쓴 까닭을 살펴야 한다.'라는 한 조목의 설을 묻자, 주자(朱子 : 朱熹)가 '이 조목은 정선생이 독서하는 작업에 대해 말한 것으로 가장 친절하다. 지금 사람들은 독서가 무엇인지 모르는 것인가? 단지 성인의 뜻을 구하지 않고, 겨우 조금 손에 쥔 것으로, 곧 자신의 뜻을 억지로 마음속에 들여놓으려고 하니, 횡설수설하게 된다. 그러므로 그것[자신의 뜻]을 성인의 뜻에서 구하여, 어떠한지 보아야 한다고 하였다.'(問伊川說 '讀書當觀聖人所以作經之意, 與聖人所以用心'一條. 曰. '此條, 程先生說讀書, 最爲親切. 今人不會讀書是如何? 只緣不曾求聖人之意, 纔拈得些小, 便把自意硬入放裏面, 胡說亂說. 故教它就聖人意上求, 看如何.')"라고 기록되어 있다.

詳說

○ 主『語』·『孟』言.

여기에서 독서는 『논어(論語)』·『맹자(孟子)』를 중심으로 말하였다.

○ '觀'字釋於此.

'당관(當觀)'에서 '관(觀 : 살펴보다)'자는 '소이미득자(所以未得者 : 아직 얻지 못한 것)'의 '자(者)'까지 연결해서 풀이한다.4)

朱註

晝誦而味之, 中夜而思之, 平其心, 易其氣, 闕其疑5), 則聖人之意可見矣."6)

낮에는 외워 음미하고 밤에는 생각하며, 그 마음을 고르게 하고 기운을 평온하게 하여7) 의문을 없애면 성인의 의도를 알 수 있을 것이다."

詳說

○ 去聲.

'이기기(易其氣)'에서 '이(易)'자는 거성(去聲)이다.

---

4) '당관(當觀)'에서 '관(觀 : 살펴보다)'자는 …… '자(者)'까지 연결해서 풀이한다 : 만약 '관(觀 : 살펴보다)'자를 '성인지소이지어성인(聖人之所以至於聖人 : 성인이 성인의 경지에 이르게 된 것)'에 이르러 풀이하게 되면, "독서하는 사람은 마땅히 성인이 경(經)을 지은 의도와 성인이 마음 쓰는 일, 성인이 성인의 경지에 이르게 이유를 살펴보아, 내가 아직 이르지 못한 일과 아직 얻지 못한 사안을 구절마다 연구해야 한다."라고 풀이 되어 그 내용이 달라진다.

5) 『논어(論語)』「위정(爲政)」에서 "多聞闕疑"라 한 것과 통한다.

6) 정호·정이(程顥·程頤), 『하남정씨유서(河南程氏遺書)』 권25.

7) 『주자어류(朱子語類)』 권19, 「논어1(論語一)」, 97조목에는 "섭하손이 '그 기운을 평온하게 한다.'는 것은 무엇입니까? 라고 묻자, 주자(朱子 : 朱熹)가 말하기를 '이는 다만 느슨하게 풀어두는 것이다. 지금 사람들은 대부분 억지로 붙잡아서 머물게 하는데, 만일 이해하기 어려운 곳이 있으면, 곧 그림을 다방면으로 새겨 연구해내고자 해도, 헛되이 심력을 낭비하는 것이다. 잠깐이라도 자신의 것을 말한다면, 어디에서든 성인의 뜻을 볼 수 있다!' 또 말하였다. '진실로 생각하고자 한다면, 생각이 어찌 일찍이 이와 같은 것이겠는가!' 또 '그 의문 나는 것은 빼어둔다.'는 한 구절을 예로 들면서 탄미하였다.(問. '『易其氣』是如何?' 曰. '只是放敎寬慢. 今人多要硬把捉敎住, 如有箇難理會處, 便要刻畫百端討出來, 枉費心力. 少刻只說得自底, 那裏見聖人意!' 又曰. '固是要思索, 思索那曾恁地!' 又擧 '闕其疑」一句, 歎美之.')"라고 기록하고 있다.

○ 作經之意.

‘성인지의가견의(聖人之意可見矣)’에서 ‘성인지의(聖人之意 : 성인의 의도)’는 성인이 경(經)을 지은 의도를 말한다.

朱註

又曰 : “凡看文字, 須先曉其文義, 然後可以求其意. 未有不曉文義而見意者也.”[8)]
정이가 또 말하였다. “무릇 글을 볼 때는 반드시 먼저 그 문장의 내용을 분명하게 알고 난 뒤에 그 글의 뜻을 찾을 수 있다. 문장의 내용을 분명하게 알지 못하면서 그 글의 뜻을 아는 사람은 없다.”

詳說

○ 叔子.

‘우왈(又曰)’의 주체는 동생 정이(程頤)이다.

○ 此本汎論, 而朱子引用之意, 則重在『語』·『孟』.

‘범간문자(凡看文字 : 무릇 글을 볼 때)’라는 구절은 본래 평소 때 하는 일반적인 말인데, 주자(朱子 : 朱熹)가 인용한 뜻은 그 중점이 『논어(論語)』와 『맹자(孟子)』에 있다.

○ 詳見『序說』末.

‘미유불효문의이견의자야(未有不曉文義而見意者也 : 문장의 내용을 분명하게 알지 못하면서 그 글의 뜻을 아는 사람은 없다.)’라는 말의 상세한 내용은 『논어집주서설(論語集註序說)』 끝부분에 보인다.

朱註

又曰 : “學者須將『論語』中諸弟子問處便作自己問, 聖人答處便作今日耳聞, 自然有得. 雖孔·孟復生, 不過以此敎人. 若能於『語』·『孟』中深求玩味, 將來涵養成甚生氣質!”[9)]

---

8) 정호·정이(程顥·程頤), 『하남정씨유서』(河南程氏遺書)』 권22 상(上).

9) 정호·정이(程顥·程頤), 『하남정씨유서(河南程氏遺書)』 권22 상(上)에는 “伯溫問 : ‘學者如何可以有所得?’ 曰 : ‘但將聖人言語玩味久, 則自有所得. 當深求於『論語』, 將諸弟子問處便作己問, 將聖人答處便作今日耳聞, 自然有得. 孔·孟復生, 不過以此敎人耳. 若能於『論』·『孟』中深求玩味,

정이가 또 말하였다. "배우는 사람은 모름지기 『논어(論語)』에서 여러 제자가 질문한 사안을 바로 자기가 묻는 것으로 여기고, 성인이 대답한 내용을 바로 지금 직접 들은 말로 여기면 저절로 얻는 것이 있다. 비록 공자와 맹자가 다시 태어난다하더라도 다만 이로써 사람들을 가르칠 것이다. 만약 『논어(論語)』와 『맹자(孟子)』의 글 가운데 깊이 구하고 음미할 수 있다면 그것으로 함양(涵養) 공부가 대단한 기질을 이루리라!"

詳說

○ 叔子.
'우왈(又曰)'의 주체는 동생 정이(程頤)이다.

○ 去聲.
'수공 · 맹부생(雖孔 · 孟復生)'에서 '부(復)'자는 거성(去聲)이다.

○ 不待別爲之言.
'불과이차교인(不過以此敎人 : 다만 이로써 사람들을 가르칠 것이다.)'이라는 구절은 별도로 말할 필요가 없다는 뜻이다.

○ 將『語』·『孟』來涵養吾心.
'장래함양(將來涵養 : 그것으로 함양(涵養) 공부가)'이라는 말은 『논어(論語)』와 『맹자(孟子)』를 가지고 내 마음을 함양한다는 것이다.[10]

○ '甚生', 猶'何等'也, 謂非常也.
'성심생기질(成甚生氣質 : 대단한 기질을 이룰 것이다)'에서 '심생(甚生 : 대단한)'은 '얼마나[何等]'와 같으니, 예사롭지 않음을 말한다.

朱註

程子曰 : "凡看『語』·『孟』, 且須熟讀玩味, 須將聖人言語切己,[11] 不可只作一場話說. 人只看得二書切己, 終身儘多也."[12]

將來涵養成甚生氣質!'"라고 되어 있다.

10) '장래함양(將來涵養 : 그것으로 함양(涵養) 공부가)'이라는 말은 …… 내 마음을 함양한다는 것이다 : 이는 '장래함양(將來涵養)'에서 '장래(將來)'를 '장차'로 풀이하지 말고, '~을 가지고'라고 풀이하라는 것이다.

11) 須將聖人言語切己 : 정호 · 정이(程顥 · 程頤), 『하남정씨유서』(河南程氏遺書)』 권22 상(上)에는 "將聖人言語切己"라고 되어 있다.

정자(程子 : 程頤)가 말하였다. "무릇 『논어(論語)』와 『맹자(孟子)』를 읽을 때는 우선 숙독하고 완미하여 성인의 말을 자신과 절실한 관계가 있는 것으로 보아야지, 다만 한바탕 지나가는 말로 보아서는 안 된다.13) 사람들이 이 두 책을 읽고 자신과 절실한 관계가 있는 것으로만 본다면, 평생토록 해도 다 쓰지 못할 것이다."

詳說

○ 叔子.

'정자왈(程子曰)'에서 정자(程子)는 동생 정이(程頤)이다.

○ 盡同.

'종신진다야(終身儘多也 : 평생토록 써도 다 쓰지 못할 것이다)'에서 '진(儘)'자는 '진(盡 : 다하다)'자와 같다.

○ 終身用之有餘.

'종신진다야(終身儘多也 : 평생토록 해도 다 쓰지 못할 것이다)'라는 말은 평생토록 그것을 써도 남음이 있다는 뜻이다.

朱註

又曰 : "『論』·『孟』只剩讀著, 便自意足. 學者須是玩味. 若以語言解著, 意便不足."14)

정이가 또 말하였다. "『논어(論語)』와 『맹자(孟子)』는 많이 읽기만 하면 저절로 의미가 충족된다. 배우는 사람은 모름지기 완미해야 한다. 만약 말만 가지고 풀이한다면 의미가 충족되지 않는다."

---

12) 정호·정이(程顥·程頤), 『하남정씨유서』(河南程氏遺書)』 권22 상(上).

13) 『주자어류(朱子語類)』 권19, 「논어1(論語一)」, 33조목에는 "공자와 맹자의 책을 강습하라. 공자와 맹자는 세상을 떠났으니 입으로 말할 수 없다. 모름지기 이 마음을 공자와 맹자의 마음에 견주어 보고, 장차 공자와 맹자의 마음을 자기의 마음으로 만들어야 한다. 반드시 자신이 말할 때, 공자와 맹자가 고개를 끄덕이며 옳다고 해야 비로소 얻을 것이다. 공자와 맹자가 말하지 않았다고 해서 한결같이 자기의 견해대로 말해서는 안 된다.(講習孔孟書, 孔孟往矣, 口不能言. 須以此心比孔孟之心, 將孔孟心作自己心. 要須自家說時, 孔孟點頭道是, 方得. 不可謂孔孟不會說話, 一向任己見說將去.)"라고 하였다.

14) 정호·정이(程顥·程頤), 『하남정씨외서(河南程氏外書)』 제4, 제5.

詳說

○ 叔子.

'우왈(又曰)'의 주체는 동생 정이(程頤)이다.

○ 多也.

'지잉독착(只剩讀著 : 많이 읽기만 하면)'에서 '잉(剩)'자는 '많다[多]'는 뜻이다.

○ 直略反, 下同.

'지잉독착(只剩讀著)'에서 '착(著)'은 '직(直)'과 '략(略)'의 반절(反切)이고,[15] 아래도 마찬가지이다.

朱註

或問 : "且將『論』·『孟』緊要處看, 如何?" 程子曰 : "固是好. 但終是不浹洽耳.[16]"[17]

어떤 사람이 물었다. "우선 『논어(論語)』와 『맹자(孟子)』의 긴요한 부분을 읽는 것은 어떻습니까?"

정자(程子 : 程頤)가 대답하였다. "그렇게 하는 것도 괜찮다. 그러나 끝내 두루 꿰뚫지는 못한다."

詳說

○ 叔子.

'정자왈(程子曰)'에서 정자(程子)는 동생 정이(程頤)이다.

○ 不周足也.

'불협흡이(不浹洽耳 : 두루 꿰뚫지는 못할 것이다)'라는 구절은 두루 충족하지 못한다는 말이다.

---

15) '착(著)'은 '직(直)'과 '략(略)'의 반절(反切)이고 : 훈고에서 이러한 음 표시는 "'착(著)'자의 음은 '직(直)'자의 'ㅈ'과 '략(略)'자의 'ㅑㄱ'을 합한 '쟉'이다."라는 뜻이다. 여기에서'착(著)'을 '직(直)'과 '략(略)'의 반절(反切)로 볼 경우, 원래 '부착하다'·'~에 두다'라는 뜻이지만, 글자의 용도가 확장되어 진행형 조동사로 쓰이는 경우가 많다. 여기서도 진행형 조동사로 보는 것이 타당하다. 이하 본 『칠서주상설』의 모든 반절 음주(音註)는 이 형식에 의거한다.

16) 但終是不浹洽耳 : 정호·정이(程顥·程頤), 『하남정씨외서(河南程氏外書)』 제12에는 "若有得, 終不浹洽.(터득한 것이 있는 것 같지만 끝내 두루 꿰뚫지 못한다.)"라고 되어 있다.

17) 정호·정이(程顥·程頤), 『하남정씨외서(河南程氏外書)』 제12.

朱註

程子曰 : "孔子言語句句是自然, 孟子言語句句是事實[18]."[19]

정자(程子)가 말하였다. "공자의 말은 구절마다 저절로 그러하고, 맹자의 말은 구절마다 구체적인 일의 실정이다."[20]

詳說

○ 當考.

'정자왈(程子曰)'에서 정자(程子)는 말한 자가 동생 정이(程頤)인지 형 정호(程顥)

---

18) 事實 : 정호 · 정이(程顥 · 程頤), 『하남정씨유서』(河南程氏遺書)』 권5에는 '實事(실제의 일)'로 되어 있고, 이 구절 뒤에 "一作事實(어떤 판본에는 '구체적인 일의 실정'이라고 했다)"라는 원주(原註)가 있다.

19) 정호 · 정이(程顥 · 程頤), 『하남정씨유서』(河南程氏遺書)』 권5.

20) 『주자어류(朱子語類)』 권19, 「논어1(論語一)」, 14조목에는 "『논어(論語)』는 마음을 말하지 않고 단지 실질적인 일만을 말하였다. 감절의 기록에는 '단지 사실을 근거로 말하였다.'라고 하였다. 맹자는 마음을 말하였는데, 나중에 마침내는 구심(求心)의 병폐가 있게 되었다.(論語不說心, 只說實事. 節録作:「只就事實上說.」 孟子說心, 後来遂有求心之病.)"라고 하였다. 22조목에는 "동백우가 '『논어(論語)』의 말씀은, 포함하지 못할 바가 없으며, 그것이 사람들에게 보여주는 것은 조존(操存) · 함양해야 할 요체가 아님이 없습니다. 『맹자(孟子)』 7편의 가르침이라면, 구명하지 못할 것이 없어서, 그 사람들에게 보여주는 것에는 대개 체험하고 확충해야 할 단서가 대부분입니다.'라고 묻자, 주자(朱子 : 朱熹)가 '공자의 체면(體面)은 위대하니, 이와 같은 말을 써서는 안 될 것이요, 도리가 저절로 내면에 자리하는 것이다. 맹자는 대부분 발현처에 나아가 모두 다 말하였으니, 결국 공자가 세운 근본처와는 다른 것이다. 때문에 정자는 '그의 재주가 뛰어나, 배움에 의거할만한 곳이 없었다.'고 한 것이다. 요컨대, 부자의 말씀은 맹자를 포함하나, 맹자의 말씀은 도리어 성인의 강토에서 벗어날 수 없다. 또 부자께선 도무지 말로 표현하기 힘들면, 다만 이렇게 해나가라고 가르쳤을 뿐이니, 곧 인이 그 속에 내재해 있었던(편안히 자리한) 것이다. 예컨대 '처소에 거할 적엔 공손하고, 일을 맡을 적엔 공경하며, 남을 대할 땐 충성하라.'는 말씀에, 과연 이와 같이 능하다면, 마음이 곧 있는 편안히 자리한 것이다. 맹자라면 그러하지 못하니, 예컨대 '측은히 여기는 마음이 인의 단서이다. 지금 사람들이 갑자기 어린 아이가 우물에 빠지려하는 것을 본다면, 모두 깜짝 놀라고 측은해하는 마음을 갖는다.'는 말은, 모두 실사(實事) 위에 나아가 미루어 구명하도록 가르친 것이다.'라고 대답하였다.(蜚卿問: '論語之言, 無所不包, 而其所以示人者, 莫非操存涵養之要; 七篇之指, 無所不究, 而其所以示人者, 類多體驗充廣之端.' 曰: '孔子體面大, 不用恁地說, 道理自在裏面. 孟子多是就發見處盡說與人, 終不似夫子立得根本住. 所以程子謂'其才高, 學之無可依據'. 要之, 夫子所說包得孟子, 孟子所言却出不得聖人疆域. 且如夫子都不說出, 但教人恁地去做, 則仁便在其中. 如言'居處恭, 執事敬, 與人忠', 果能此, 則心便在. 到孟子則不然, 曰:'惻隱之心, 仁之端也. 今人乍見孺子將入井, 皆有怵惕 · 惻隱之心.' 都教人就事上推究.")

인지 살펴보아야 한다.[21]

○ 無痕迹.

'구구시자연(句句是自然)'에서 '자연(自然 : 저절로 그러한 것)'은 흔적이 없다는 말이다.

○ 無虛閒.

'구구시사실(句句是事實)'에서 '사실(事實 : 구체적인 일의 실정)'은 비어 있는 사이가 없다는 말이다.

朱註

又曰 : "學者先讀『論語』·『孟子』,[22] 如尺度權衡相似,[23] 以此去量度事物, 自然見得長短輕重."[24]

정이가 또 말하였다. "배우는 사람은 먼저 『논어(論語)』와 『맹자(孟子)』를 읽어야 하니, 마치 도량형과 비슷하여 이것으로 사물을 헤아리면 자연스럽게 길이와 무게를 알 수 있다."

詳說

○ 叔子.

'우왈(又曰)'의 주체는 동생 정이(程頤)이다.

○ 猶與也.

'여척도권형상사(如尺度權衡相似)'에서 '여(如)'자는 '~과[與]'와 같다.[25]

---

21) '정자왈(程子曰)'에서 정자(程子)는 말한 자가 동생 정이(程頤)인지 형 정호(程顥)인지 살펴보아야 한다 : 정호·정이(程顥·程頤), 『하남정씨유서』(河南程氏遺書)』 권5는 부제가 「이선생어5(二先生語五)」라고 되어 있다. 정호와 정이 가운데 누구의 말인지 확정하기 어려워 앞으로의 연구 과제로 남겨 둔다.

22) 學者先讀『論語』·『孟子』: 정호·정이(程顥·程頤), 『하남정씨유서』(河南程氏遺書)』 권6에는 "學者先須讀『論語』·『孟子』(배우는 사람은 먼저 반드시 『논어(論語)』와 『맹자(孟子)』를 읽어야 하니)"라고 되어 있다.

23) 如尺度權衡相似 : 정호·정이(程顥·程頤), 『하남정씨유서』(河南程氏遺書)』 권6에는 "窮得『論』·『孟』, 自有箇要約處, 以此觀他經, 甚省力. 『論』·『孟』如丈尺權衡相似(『논어(論語)』·『맹자(孟子)』를 궁구하면 저절로 요긴한 곳이 있으니, 이것으로 다른 경(經)을 보면 노력을 매우 아낄 수 있다. 『논어(論語)』와 『맹자(孟子)』는 마치 도량형과 비슷하여)"라고 되어 있다.

24) 정호·정이(程顥·程頤), 『하남정씨유서』(河南程氏遺書)』 권18.

○ 入聲.

'량탁사물(量度事物)'에서 '탁(度)'자는 입성(入聲)이다.[26]

朱註

又曰 : "讀『論語』·『孟子』而不知道, 所謂'雖多, 亦奚以爲?'"[27]

정자가 또 말하였다. "『논어(論語)』와 『맹자(孟子)』를 읽고도 도(道)를 알지 못하는 것은 이른바 '비록 많이 읽더라도 또한 어디에 쓰겠는가?'이다."

詳說

○ 當考.

'우왈(又曰)'에서 그 주체인 정자(程子)는 말한 자가 동생 정이(程頤)인지 형 정호(程顥)인지 살펴보아야 한다.

○ 見「子路」.

'수다, 역해이위(雖多, 亦奚以爲 : 비록 많이 읽더라도 또한 어디에 쓰겠는가?)'라는 구절은 『논어(論語)』「자로(子路)」에 보인다.[28]

---

25) '여척도권형상사(如尺度權衡相似)'에서 '여(如)'자는 '~과[與]'와 같다 : 여기에서 '여(如)'자는 '약(若 : 이와 같다)'자와 같다고 보는 것이 좋다. 그렇다면 번역도 '마치 도량형과 비슷하여'라고 해야 한다.

26) '량탁사물(量度事物)'에서 '탁(度)'자는 입성(入聲)이다 : '탁(度)'자를 입성(入聲)으로 읽으면 '헤아리다'는 의미가 된다. 그러나 여기서는 그 앞에 '량(量 : 헤아리다)'자가 있기 때문에 '헤아리다'는 의미를 중복하기보다는 '도(度 : 도수)'자 즉 거성(去聲)으로 읽는 것이 타당하다. 거성으로 읽으면 '도(度 : 도수)'이고 의미는 '길이를 잰다'는 말이 된다.

27) 정호·정이(程顥·程頤), 『하남정씨유서』(河南程氏遺書)』 권6.

28) '수다, 역해이위(雖多, 亦奚以爲 …… 『논어(論語)』「자로(子路)」에 보인다 : 『논어(論語)』「자로(子路)」에서 "공자가 말하였다. '『시경(詩經)』 3백 편을 외우는 데도 정치를 맡기면 통달하지 못하고, 사방에 사신으로 파견되어서도 독자적으로 응대하지 못한다면, 비록 많이 외우더라도 또한 어디에 쓰겠는가?'(子曰 : '誦詩三百, 授之以政, 不達, 使於四方, 不能專對, 雖多, 亦奚以爲?')"라고 하였다.

논어집주상설

권0

논어집주상설

論語集註詳說

論語集註序說詳說

논어집주서설상설

曰有德者必有言有言者不必有德

有德者必有言有言者不必有德

必有言有言者不必有德

仁者必有勇勇者不必有仁

仁者必有勇勇者不必有

仁者必有勇勇者不

「논어집주서설상설(論語集註序說詳說)」

詳說

○『論語』者, 孔門所記之書名也;『集註』者, 朱子所著之註名也. 其書記孔子與弟子論難問答之語爲多, 故謂之『論語』. 其註則朱子初集宋儒十一家說, 爲『論語精義』, 又就『精義』中取其尤要者, 及參以注疏, 斷以己說, 著爲『集註』. 而不欲沒其所集諸家之實, 故謂之『集註』. 然所集者實不及己說之多.『孟子精義』·『集註』亦然.

「논어집주서설상설(論語集註序說詳說)」에서 '『논어(論語)』'는 공자의 문인들이 기록한 책의 명칭이고, '『집주(集註)』'는 주자(朱子 : 朱熹)가 저술한 주석의 명칭이다. 그 책은 공자가 제자들과 논란하고 문답한 말을 기록한 것이 많기 때문에『논어(論語)』라고 하였다. 그 주석은 주자(朱子 : 朱熹)가 처음에는 송(宋)나라 때 학자들 11명의 주장을 모아『논어정의(論語精義)』[1]라고 하였는데, 또『논어정의』가운데 더욱 중요한 것을 취하고, 한(漢)나라와 당(唐)나라 때의 주소(注疏)를 참고하여 자신의 주장을 정해서『논어집주(論語集註)』를 저술하였다. 그러면서도 주자는 여러 학자의 주장을 모았다는 사실을 숨기려 하지 않았기 때문에『집주(集註)』라고 일컬었다. 그러나 여러 학자의 주장을 모은 것은 실제로 주자 자신의 주장만큼 많지 않다.『맹자정의(孟子精義)』와『맹자집주(孟子集註)』또한 그러하다.

「序說」亦『集註』時所著也.「集註序說」猶言『集註』之「序說」也.『論』·『孟』之有「序說」, 亦猶『詩經』·『庸』·『學』之有「序」. 但『詩經』·『庸』·『學』止序其所以著此書之由, 作爲一篇文, 故直謂之「序」. 至此書, 則散取諸家之說, 故謂之「序說」. 蓋引『史記』說以見孔子出處行事之實, 引何氏說以見三『論』之不同, 引程子說以見作書

1)『논어정의(論語精義)』: 주자(朱子 : 朱熹)가 43세에 저술한『논맹정의(論孟精義)』전34권 가운데『논어(論語)』부분 20권을 가리킨다. 이 책은 주자(朱子 : 朱熹)가 34세에 저술한『논어요의(論語要義)』를 수정하여 재편찬한 것으로, 이정(二程 : 程顥·程頤), 장재(張載), 범조우(范祖禹), 여희철(呂希哲), 여대림(呂大臨), 사량좌(謝良佐), 유초(游酢), 양시(楊時), 후중량(侯仲良), 윤돈(尹焞) 등 11명의 주장을 모은 것이다. 주자는 뒤에 이 책의 이름을『논어요의(論語要義)』,『논어집의(論語集義)』라고도 불렀다.

之人與讀書之法. 合而謂之「序說」, 以冠于篇端, 作爲一書之綱領. 「孟子序說」亦然.
「서설(序說)」 또한 『논어집주(論語集註)』를 편찬할 당시에 지은 것이다. 「집주서설(集註序說)」은 마치 『집주(集註)』의 「서설(序說)」이라고 말하는 것과 같다. 『논어(論語)』와 『맹자(孟子)』에 「서설(序說)」이 있는 것은 또한 마치 『시경집전(詩經集傳)』과 『중용장구(中庸章句)』와 『대학장구(大學章句)』에 「서(序)」가 있는 것과 같다. 그러나 주자(朱子 : 朱熹)가 『시경집전(詩經集傳)』·『중용장구(中庸章句)』·『대학장구(大學章句)』에 대해서는 다만 그 책을 지은 까닭을 서술하여 한 편의 문장을 지었기 때문에 바로 「서(序)」라 일컬었다. 이 책의 경우, 여러 학자의 주장을 산발적으로 취했기 때문에 「서설(序說)」이라 일컬었다. 『사기(史記)』의 글을 인용하여 공자의 출처와 행적의 실제를 보여주고, 하씨(何氏 : 何晏)의 말을 인용하여 세 가지 『논어(論語)』의 다른 점을 보여주며, 정자(程子 : 程頤)의 말을 인용하여 책을 지은 사람과 독서하는 방법을 보여주었다. 그리고 그것을 합쳐 「서설(序說)」이라 하고 책의 첫머리에 두고 이 책의 강령으로 삼았다. 「맹자서설(孟子序說)」 또한 그러하다.

「序說」之不可不讀也如此, 而今世之初學或不窺「序說」, 此與不知其人而誦其詩·讀其書者, 何異哉? 蓋讀經傳而不窺其總目·凡例等說, 此乃功令家鹵莽之習, 若經學之家則不然. 凡經朱子手者, 雖片言隻字, 不可放過. 至於小註, 卽『永樂大全』也, 其中所取諸儒之說, 文頗繁長, 讀者未易領會. 今節取其羽翼『集註』意者而附之云.
「서설(序說)」을 읽지 않을 수 없음이 이와 같은데도 요즘의 초학자들은 늘 「서설(序說)」을 보지 않으니, 이는 저자를 모르고 그의 시를 외우거나 그의 책을 읽는 것과 무엇이 다르겠는가? 경전을 읽으면서 그 전체 목차와 일러두기 등의 글을 보지 않는 것은 바로 과거시험을 위해 공부하는 사람들의 경솔한 습관이니, 경학을 연구하는 사람이라면 그렇게 하지 않는다. 무릇 주자의 손을 거친 것이라면 비록 몇 마디의 말과 몇 글자라고 하더라도 놓쳐서는 안 된다. 소주(小註)의 경우, 바로 『영락대전(永樂大全)』에 있는 것인데, 그 가운데 여러 학자의 주장을 취한 것이 글이 자못 번잡하고 길어 독자들이 이해하기에 쉽지 않다. 이제 『논어집주(論語集註)』의 의미를 이해하는 데 도움을 주는 것을 골라 취해서 붙인다.

朱註

『史記』「世家」曰："孔子, 名丘, 字仲尼. 其先宋人.

『사기(史記)』「공자세가(孔子世家)」에서 말하였다. "공자는 이름이 구(丘)이고,[2] 자(字)가 중니(仲尼)이다. 그 선대(先代)는 송(宋)나라 사람이다.[3]

詳說

○ 新安陳氏曰："司馬遷『史記』有「孔子世家」, 朱子纂其要於此."[4]

신안 진씨(新安陳氏 : 陳櫟[5])가 말하였다. "사마천(司馬遷)의 『사기(史記)』에 「공자세가(孔子世家)」가 있는데, 주자(朱子 : 朱熹)가 여기에서 그 요점을 편집하였다."

○ 亦時有檃括爲文, 及補入句語.

또한 때로는 전체를 포괄하여 문장을 만들고, 구절과 낱말을 보충해 넣었다.

○ 新安陳氏曰："孔子父禱於尼丘山而生孔子, 故以爲名若字."[6]

신안 진씨(新安陳氏 : 陳櫟)가 말하였다. "공자의 부모가 니구산(尼丘山)[7]에서 기도하여 공자를 낳았기 때문에 그것으로 이름과 자(字)를 삼았다."

---

2) 이름이 구(丘)이고 : 『사기(史記)』 권47 「공자세가(孔子世家)」 제17에서 "그가 태어났을 때 머리 중간이 움푹 패어 있었기 때문에 구(丘)라고 이름 지었다.(生而首上圩頂, 故因名曰丘云.)"라고 하였다.

3) 그 선대(先代)는 송(宋)나라 사람이다 : 『사기(史記)』 권47 「공자세가(孔子世家)」 제17에서 "그의 선조는 송(宋)나라 사람으로 공방숙(孔防叔)이다. 방숙은 백하(伯夏)를 낳았고 백하는 숙양흘(叔梁紇)을 낳았다. 흘은 안씨(顔氏)의 딸과 야합(野合)하여 공자를 낳았는데, 니구(尼丘)에서 기도를 한 뒤, 공자를 얻게 되었다.(其先宋人也, 曰孔防叔. 防叔生伯夏, 伯夏生叔梁紇. 紇與顔氏女野合而生孔子, 禱於尼丘得孔子.)"라고 하였다.

4) 호광 편(胡廣 編), 『논어집주대전(論語集註大全)』 「서설(序說)」.

5) 진력(陳櫟, 1252~1334) : 자는 수옹(壽翁)이고, 호는 정우(定宇) 또는 동부노인(東阜老人)이다. 송말원초 때 휘주(徽州) 휴녕(休寧) 사람이다. 송나라가 망하자 은거하여 학문과 제자 양성에 힘썼다. 학문 성향은 주희(朱熹)의 학문을 위주로 하면서 육구연(陸九淵)의 심학(心學)을 아울러 취하려 하였다. 인종(仁宗) 연우(延祐) 초에 향시(鄕試)에 급제했지만 예부시(禮部試)에 나가지 않고 집에서 학생들을 가르쳤다. 효성과 우애가 지극했고, 세력이나 이익에 휩쓸리지 않았다. 주희와 여러 학자의 학설을 채집하고 자신의 견해를 덧붙여 『상서집전찬소(尙書集傳纂疏)』를 저술하였다. 그 밖의 저서에 『사서발명(四書發明)』, 『예기집의(禮記集義)』, 『역조통략(歷朝通略)』, 『근유당수록(勤有堂隨錄)』, 『정우집(定宇集)』 등이 있다.

6) 호광 편(胡廣 編), 『논어집주대전(論語集註大全)』 「서설(序說)」.

7) 니구산(尼丘山) : 현 산동성 곡부시(曲阜市) 동남쪽에 위치한 산 이름이다. 동쪽으로 기수(沂水)에 접해 있다. 후대에 공자의 이름을 휘(諱)하여 니산(尼山)이라고도 일컫는다.

○ 『索隱』曰 "宋微子之後, 孔父嘉別爲公族, 姓孔氏. 防叔畏華氏之逼而奔魯, 故孔氏爲魯人."

『사기색은(史記索隱)』[8]에서 말하였다. "송나라는 미자(微子)[9]의 후예이고, 송양공(宋襄公)의 5세손인 공보가(孔父嘉)는 별도로 공족이 되어 성을 공씨(孔氏)로 하였다. 공보가의 증손자인 공방숙(孔防叔)은 화씨(華氏)의 핍박을 두려워하여 노나라로 달아났기 때문에[10] 공씨가 노나라 사람이 되었다."

○ 防叔, 孔子之曾祖. 孔父嘉又防叔之曾祖, 而微子弟微仲之八世孫也.

공방숙은 공자의 증조부이다. 공보가는 또 공방숙의 증조부이며, 미자의 동생인 미중(微仲)의 8세손이다.

朱註

父叔梁紇, 母顔氏, 以魯襄公二十二年庚戌之歲, 十一月庚子生孔子於魯·昌平鄕·陬邑.

아버지는 숙량흘(叔梁紇)이고 어머니는 안씨(顔氏)이다. 노양공(魯襄公) 22년(B.C. 551) 경술 11월 경자일(庚子日 : 27일)에 노(魯)나라 창평향(昌平鄕) 추읍(陬邑)에서 공자를 낳았다.

詳說

○ 下沒反.

'숙량흘(叔梁紇)'에서 '흘(紇)'은 '하(下)'와 '몰(沒)'의 반절(反切)이다.

○ 凡經文之下有音訓者, 皆朱子所定. 若『集註』中音訓, 則是『大全』時所著. 而今又衆考以補之. 蓋音訓亦經學之一, 如陸德明『經典釋文』等書是也. 初學亦不容放過.

무릇 경문 아래에 음(音)과 훈(訓 : 뜻)이 있는 것은 모두 주자(朱子 : 朱熹)가 정하였다. 『사서집주(四書集註)』 안에 있는 음과 훈은 『사서집주대전(四書集註大全)』

---

8) 『사기색은(史記索隱)』: 당(唐)나라 사마정(司馬貞)이 지은 『사기(史記)』의 주석서로, 사마천(司馬遷)의 『사기(史記)』에 나오는 인명(人名)과 역사적 사실 및 사마천의 생애 등을 고증하였다.

9) 미자(微子) : 은(殷)나라 마지막 임금인 주(紂)의 서형(庶兄)으로, 송(宋)나라에 봉해졌다. 주의 무도(無道)함을 보고 떠나가서 종사(宗嗣)를 보존하였다.

10) 공보가의 증손자인 공방숙(孔防叔)은 화씨(華氏)의 핍박을 두려워하여 노(魯)나라로 달아났기 때문에 : 『춘추좌전(春秋左傳)』에 의하면 소공(昭公) 20년에 송나라에서 화씨가 반란을 일으켜 공족을 핍박하였다. 이에 송나라의 여러 공족들이 이웃나라로 망명했다고 한다.

을 편찬할 때 작성한 것이다. 그런데 지금 또 여러 가지로 살펴보아 거기에 보충한다. 음과 훈 또한 경학의 한 부분이니, 육덕명(陸德明)[11]의 『경전석문(經典釋文)』[12]과 같은 책이 그것이다. 초학자들이 또한 놓쳐서는 안 된다.

○ 『禮記』「檀弓」曰 : "名徵在."

'모안씨(母顔氏)'에서 안씨(顔氏)에 대해, 『예기』「단궁(檀弓)」에서 "이름은 징재(徵在)이다."라고 하였다.[13]

○ 『公羊傳』曰 : "襄二十一年."

'이노양공이십이년(以魯襄公二十二年)'에서 '양공 22년(襄公二十二年)'에 대해, 『춘추공양전(春秋公羊傳)』에서는 "양공 21년"이라고 하였다.

○ 『左』哀十六年注曰 : "二十二年."

'이노양공이십이년(以魯襄公二十二年)'에서 '양공 22년(襄公二十二年)'에 대해, 『춘추좌전(春秋左傳)』 애공(哀公) 16년 주석에서는 "22년"이라고 하였다.

○ 新安倪氏曰 : "『公羊』·『穀梁』皆己酉歲也, 與『史記』·『左傳』注不合."

'경술지세(庚戌之歲)'에 대해 신안 예씨(新安倪氏 : 倪士毅)[14]가 말하였다. "『춘추공

---

11) 육덕명(陸德明, 550?~630) : 본명은 원랑(元朗)이고, 자가 덕명(德明)이다. 당나라 소주(蘇州) 오현(吳縣) 사람으로 현묘한 이치를 잘 말했고, 경학(經學)에 밝았다. 진(陳)나라와 수나라 때 국자조교(國子助敎)를 지냈다. 당나라에 들어 진왕부(秦王府) 문학관학사(文學館學士)가 되고, 국자박사(國子博士)에 올랐다. 한·위·육조(漢·魏·六朝) 시대 230여 가(家)의 음절(音切)과 한(漢)나라 학자들의 훈고(訓詁)를 채집하여, 같고 다름을 정리하고 원류를 따져 『경전석문(經典釋文)』 30권을 편찬하였다. 이 책은 당나라 의소(義疏)의 선구 역할을 했고 현재까지도 경학 연구에 필수적인 참고서이다. 그 밖의 저서에 『노자소(老子疏)』와 『역소(易疏)』 등이 있다.

12) 『경전석문(經典釋文)』 : 당(唐)나라 때 육덕명의 저술로 모두 30권이다. 14종의 경전, 즉 『주역(周易)』·『고문상서(古文尙書)』·『모시(毛詩)』·『주례(周禮)』·『의례(儀禮)』·『예기(禮記)』·『춘추좌씨전(春秋左氏傳)』·『춘추공양전(春秋公羊傳)』·『춘추곡량전(春秋穀梁傳)』·『효경(孝經)』·『논어(論語)』·『노자(老子)』·『장자(莊子)』·『이아(爾雅)』에 대하여, 그 편찬순서에 따라 여러 책의 문자의 같고 다름과 여러 경전의 자음(字音)과 자의(字義)를 수집해서 편찬하였다.

13) 『예기』「단궁(檀弓)」에서 "이름은 징재(徵在)이다."라고 하였다 : 『예기』「단궁」에서 "이름이 두 글자일 경우 한 글자는 휘(諱)하지 않는다. 공자의 어머니는 이름이 징재(徵在)인데, '재(在)'자를 말했으면 '징(徵)'자를 일컫지 않고, '징(徵)'자를 말했으면 '재(在)'자를 일컫지 않았다.(二名不偏諱. 夫子之母名徵在, 言在不稱徵, 言徵不稱在.)"라고 하였다.

14) 예사의(倪士毅, 1303~1348) : 자는 중굉(仲宏)이고, 휴녕(休寧 : 안휘성 동남단 신안강(新安江) 상류) 사람이다. 기문산(祁門山 : 안휘성 황산 서쪽 산기슭 소재)에 은거하여 학문을 연구하고 강학하였다. 배우는 사람들에게 도천선생(道川先生)이라 불렸다. 일찍이 진력(陳櫟)을 스승으로 섬겼고, 스승이 지은 『사서발명(四書發明)』과 호병문(胡炳文)이 지은 『사서통(四書通)』을

양전(春秋公羊傳)』과 『춘추곡량전(春秋穀梁傳)』에서는 모두 기유년(己酉年 : B.C. 552)이라 하여, 『사기(史記)』·『춘추좌전(春秋左傳)』의 주석과 합치되지 않는다.”

○ 一云十月.

‘십일월(十一月)’에 대해 어떤 사람은 10월이라고도 한다.[15]

○ 二十七日.

‘십일월경자(十一月庚子)’에서 ‘경자(庚子)’일은 27일이다.

○ 此九字『史記』所無而補入者.

이 ‘경술지세, 십일월경자(庚戌之歲, 十一月庚子)’의 아홉 글자는 『사기(史記)』에 기록이 없어 보충해 넣은 것이다.[16]

○ 側留反.

‘추읍(郰邑)’에서 ‘추(郰)’는 ‘측(側)’과 ‘유(留)’의 반절(反切)이다.

○ 孔氏安國曰 : “陬, 叔梁紇所治邑.”[17]

‘추읍(郰邑)’에 대해 공안국(孔安國)[18]이 말하였다. “추(陬)는 숙량흘이 다스리던

결합하여 『사서집석(四書輯釋)』을 편찬하였다.

15) ‘십일월(十一月)’에 대해 어떤 사람은 10월이라고도 한다 : 이익(李瀷), 『성호사설(星湖僿說)』 권27, 「경사문(經史門)·공자시월생(孔子十月生)」에서 “『춘추공양전(春秋公羊傳)』에는 ‘양공(襄公) 21년 11월 경자(庚子)에 공자가 출생하였다.’라고 하였고, 『사기(史記)』에는 ‘양공 22년 11월 경자에 공자가 출생하였다.’라고 하였으니, 『춘추공양전(春秋公羊傳)』대로 하면 그해가 기유년이고 『사기(史記)』대로 한다면 그해가 경술년이다. 내 생각에 『춘추(春秋)』를 고찰하건대, ‘양공 21년 9월 경술 삭일(朔日)에 일식(日蝕)이 있었고, 겨울 10월 경진 삭일에 일식이 있었다.’라고 하였다. 그렇다면, 경자는 마땅히 21년 10월 21일에 해당하거나 혹은 22년 10월 27일에 해당하니, 그 ‘11월’이라고 한 말은 근거가 없는 것이다 …… 공자 60대손이 가지고 있는 기록에는, ‘양공 22년 10월 경자이다.’라고 하였으니, 22년이라고 말한 것은 『사기(史記)』를 따른 것이고, ‘10월 경자’라고 말한 것은 『춘추(春秋)』와 합치되는데, 어떤 사람이 다른 것을 살펴본 바가 있어서 그런 것인지 알 수 없다.(『公羊傳』, ‘襄公二十一年十一月庚子, 孔子生.’ 『史記』, ‘襄公二十二年十一月庚子, 孔子生.’ 從『公羊』則歲己酉也, 從『史記』則歲庚戌也. 按『春秋』‘襄公二十一年九月庚戌朔, 日有食之; 冬十月庚辰朔, 日有食之.’ 然則庚子當在二十一年十月二十一日, 或在二十二年十月二十七日, 其謂‘十一月’者無據 …… 先聖六十代孫持所誌云, ‘襄公二十二年十月庚子.’ 其謂二十二年則從『史記』, 其謂‘十月庚子’則與『春秋』合, 或者他有所考而然耶可疑.)”라고 하였다.

16) 『사기(史記)』에 기록이 없어 보충해 넣은 것이다 : 『춘추공양전(春秋公羊傳)』 양공(襄公) 21년에 “11월 경자일에 공자가 태어났다.(十有一月, 庚子, 孔子生.)”라고 하였다.

17) 형병(邢昺), 『논어주소(論語注疏)』 권3.

18) 공안국(孔安國, B.C. 156~B.C. 74) : 자는 자국(子國)이며, 산동성 곡부(曲阜) 사람이다. 서한(西漢) 무제 때의 학자로 공자의 제11대손이며, 박사(博士)·간대부(諫大夫)를 거쳐, 임회태수

읍이다."

○ 『索隱』曰:"陬是邑名, 昌平, 鄕號. 孔子居魯之鄹邑 · 昌平鄕之闕里."

『사기색은(史記索隱)』에서 말하였다. "추(陬)는 읍의 명칭이고 창평(昌平)은 마을[鄕] 호칭이다. 공자는 노나라 추읍(鄹邑) 창평향(昌平鄕)의 궐리(闕里)에서 살았다."

○ 『正義』曰:"古鄹城在兗州 · 泗水縣, 有闕里. 孔子生在鄹, 長徙曲阜縣, 仍號闕里."[19]

『사기정의(史記正義)』[20]에서 말하였다. "옛 추성(鄹城)은 연주(兗州) 사수현(泗水縣)에 있고, 궐리(闕里)가 있었다. 공자는 추성에서 태어나 장성하여 곡부현로 옮겨갔으니 이 때문에 궐리라고 부른다."

○ 郰, 『史記』本作陬, 而此改作郰, 蓋從『論語』爲是. 然郰 · 陬 · 鄹三字皆通用, 郰邑疑古之 鄒國, 鄒遷而地爲魯邑. 然則孔子所生之邑, 與孟子所生之國不同地, 然相去亦甚邇, 觀於孟子之言可見.

추(郰)자는 『사기(史記)』에 본래 추(陬)자로 되어 있는데 여기에서 추(郰)자로 고쳤으니, 『논어(論語)』를 따르는 것이 옳다. 그러나 추(郰) · 추(陬) · 추(鄹) 세 글자는 모두 통용되었으니, 추읍은 의심컨대 옛 추국(鄒國)이었고 추국이 옮겨가서 그 지역이 노나라 읍이 되었을 것이다. 그렇다면 공자가 태어난 읍은 맹자가 태어난 나라와 지역은 같지 않지만 서로 거리가 또한 매우 가까웠을 것이니, 맹자의 말을 살펴보면 알 수 있다.[21]

(臨淮太守)를 지냈다. 신공(申公)에게서 『시(詩)』를 배우고, 복생(伏生)에게서 『상서(尙書)』를 전수받았다. 노(魯)나라의 공왕(共王)이 공자의 옛집을 헐었을 때 나온 과두문자(蝌蚪文字)로 된 『고문상서(古文尙書)』, 『예기(禮記)』, 『논어(論語)』, 『효경(孝經)』을 금문(今文)과 대조 · 고증, 해독하여 주석을 붙였는데, 이것에서 고문학(古文學)이 비롯되었다고 하여, 공안국을 고문학의 시조라고 한다.

19) 『사기정의(史記正義)』 권47 「공자세가 제17(孔子世家第十七)」에는 "『括地志』云, '故鄹城在兗州 · 泗水縣東南六十里, 昌平山在泗水縣南六十里. 孔子生昌平鄕, 蓋鄕取山爲名, 故闕里在泗水縣南五十里.' …… 按夫子生在鄹, 長徙曲阜, 乃號闕里.(『괄지지(括地志)』에서 '옛 추성(鄹城)은 연주(兗州) 사수현(泗水縣) 동남쪽 60리 떨어진 곳에 있고, 창평산(昌平山)은 사수현 남쪽 60리 떨어진 곳에 있다. 공자는 창평향에서 태어났는데, 고을 이름은 산 이름을 취하기 때문이고, 그러므로 궐리는 사수현 남쪽 50리 떨어진 곳에 있다.'라고 하였다 …… 생각해 보건대 공자는 추성에서 태어나 장성하여 곡부로 옮겨갔으니 이에 궐리라고 부른다.)"라고 되어 있다.

20) 『사기정의(史記正義)』: 당(唐)나라 때 장수절(張守節)이 개원(開元) 24년(736)에 편찬한 『사기(史記)』의 주석서로 총 130권이다.

21) 그렇다면 공자가 태어난 읍은 …… 맹자의 말을 살펴보면 알 수 있다: 『맹자(孟子)』「진심하(盡心下)」에서 "공자로부터 지금에 이르기까지 백여 년이니, 성인의 세대와의 거리가 이와 같이 멀지

但以『索隱』說則當曰魯·郰邑·昌平鄉, 以邑大鄉小, 鄉屬於邑也. 而此云爾者, 仍『史記』之文, 蓋『史記』文倒耳. 且周制有百家之鄉, 又有萬二千五百家之鄉. 萬二千五百家之鄉足以統邑, 豈『史記』不倒歟?

그러나 『사기색은(史記索隱)』의 말로 보면 마땅히 노나라 추읍 창평향이라 말해야 하니, 읍은 크고 향은 작아서 향은 읍에 속하기 때문이다. 그런데 여기서 이렇게 말한 것은 『사기(史記)』의 글을 그대로 따른 것인데, 『사기(史記)』의 글이 도치되었을 뿐이다. 또 주(周)나라의 제도에 1백 가구의 향(鄉)이 있고, 또 1만 2천 5백 가구의 향이 있다. 1만 2천 5백 가구의 향은 읍을 통괄하기에 충분하니 어찌 『사기(史記)』의 말이 도치되지 않았겠는가?

朱註

爲兒嬉戲, 常陳俎豆, 設禮容. 及長, 爲委吏, 料量平(委吏, 本作季氏史. 『索隱』云 : "一本作委吏, 與『孟子』合." 今從之.); 爲司職吏, 畜蕃息.(職見『周禮』「牛人」.[22] 讀爲樴, 義與杙同, 蓋繫養犧牲之所. 此官卽『孟子』所謂乘田.)

공자는 어려서 소꿉장난을 할 때, 늘 조두(俎豆 : 祭器)를 펼쳐 놓고 예(禮)를 올리는 모습을 갖추었다. 장성하여 창고 관리자가 되어서는 용량을 잴 때 공평하게 하였고(주자 자주(朱子自註) : '창고관리자'는 본래 '계씨의 가신'으로 되어 있다. 『사기색은(史記索隱)』에서 "어떤 판본에는 '창고 관리자'로 되어 있는데 『맹자(孟子)』의 말과 합치한다.[23]"라고 하였다. 이제 그것을 따른다.), 목축 관리자가 되어서는 가축이 번식하였다.('위사직리(爲司職吏)'에서 '직(職)'자는 『주례』「우인(牛人)」에 보인다. '직(樴)'이라고 읽으며 의미는 '익(杙 : 말뚝)'과 같으니, 희생(犧牲 : 제물로 바치는 짐승)을 매어 놓고 기르는 곳이다. 이 관직이 바로 『맹자(孟子)』에서 이른바 '승전(乘田)'이다.)

않고, 성인이 거주한 곳과 가까움이 이와 같이 심한데, 그런데 아무 것도 없으니, 그렇다면 또한 아무 것도 없겠구나!(由孔子而來, 至於今, 百有餘歲, 去聖人之世, 若此其未遠也, 近聖人之居, 若此其甚也, 然而無有乎爾, 則亦無有乎爾!)"라고 하였다.

22) 『周禮』「地官·司徒 上」에 "牛人掌養國之公牛, 以待國之政. 凡祭祀, 共其享牛, 求牛, 以授職人而芻之."라고 하였다.

23) 『맹자(孟子)』의 말과 합치한다 : 『맹자(孟子)』「만장하(萬章下)」에서 "공자는 일찍이 창고 관리자가 되어서는 '회계를 합당하게 할 뿐이다.'라고 말했고, 일찍이 목축 관리자가 되어서는 '소와 양을 잘 키울 뿐이다.'하고 말하였다.(孔子嘗爲委吏矣, 曰 : '會計當而已矣.' 嘗爲乘田矣, 曰 : '牛羊茁壯長而已矣.')"라고 하였다.

詳說

○ 上聲.

'급장(及長)'에서 '장(長)'자는 상성이다.

○ 去聲.

'위위리(爲委吏)'에서 '위(委)'자는 거성이다.

○ 去聲.

'요량평(料量平)'에서 '량(量)'자는 거성이다.

○ 謂『史記』本文也.

"본래 '계씨의 가신'으로 되어 있다."라는 구절은 『사기(史記)』의 본문에 그렇게 되어 있음을 말한다.[24]

○ 山客反.

'『색은(索隱)』'에서 '색(索)'은 '산(山)'과 '객(客)'의 반절(反切)이다.

○ 『史記』註名.

『색은(索隱)』은 『사기(史記)』 주석서의 명칭 즉 『사기색은(史記索隱)』이다.

○ 『史記』別本.

'일본작위리(一本作委吏)'에서 '일본(一本 : 어떤 판본)'은 『사기(史記)』의 다른 판본이다.[25]

○ 『索隱』說止此.

『사기색은(史記索隱)』의 말은 '작위리(作委吏)'까지이다.

○ 「萬章」下同.

'『맹자(孟子)』의 말과 합치한다'는 것은 「만장하(萬章下)」에 있는 말과 같다는 뜻이다.

○ 此二十二字, 朱子本註也. 『大全』時恐其與小註相混, 遂取以專行而小其字樣, 以別於

24) "본래 '계씨의 가신'으로 되어 있다."라는 구절은 『사기(史記)』의 본문에 그렇게 되어 있음을 말한다 : 『사기(史記)』 권47 「공자세가(孔子世家)」 제17에는 "장성하여 계씨의 가신이 되었는데 용량을 잴 때 공평하게 하였고, 목축 관리자가 되었는데 가축이 번식하였다.(及長, 嘗爲季氏史, 料量平 ; 嘗爲司職吏而畜蕃息.)"라고 되어 있다.

25) '일본(一本 : 어떤 판본)'은 『사기(史記)』의 다른 판본이다 : 현존하는 『사기(史記)』의 대표적 판본은 크게 송각(宋刻)10행본, 남송(南宋)12행본 · 14행본, 남송2가주본(二家注本) · 3가주본(三家注本) 등이 있다.

本文. 後凡此類皆同. 但俗本字之大小旣不甚別, 或欲連本文讀之, 則全不成文義矣. 「孟子序說」中自註亦然. 在他經則『書』「禹貢」註中所引地志處, 本字下多有此例云.

'위리(委吏)'에서 '금종지(今從之)'까지 스물두 글자는 주자의 본래 주석이다. 『사서집주대전(四書集註大全)』을 편찬할 때 주자의 본래 주석이 소주(小註)와 서로 섞일까 염려하여 마침내 한 줄 전체에 글자를 작게 하는 방법을 취하여 본문과 구별하였다. 뒤에 나오는 이러한 부류는 모두 같은 방식을 취하였다. 그런데 속본(俗本)은 글자의 크기가 크게 구별이 없으니 간혹 본문과 연결하여 읽으려고 하면 전혀 글의 의미를 이루지 못할 것이다. 「맹자서설(孟子序說)」 가운데 자주(自註 : 주자 자신의 주석, 즉 본래 주석) 또한 그러하다. 다른 경전의 경우 『서경(書經)』「우공(禹貢)」의 주석 가운데지지(地志 : 지리서)를 인용한 곳에서는 본문의 글자 아래에 이런 사례가 많이 있다.

○ 許又反.

'휵번식(畜蕃息)'에서 '휵(畜)'은 '허(許)'와 '우(又)'의 반절(反切)이다.

○ 音煩.

'휵번식(畜蕃息)'에서 '번(蕃)'자는 음이 번(煩)이다.

○ 音現.

'직현(職見)'에서 '현(見)'자는 음이 현(現)이다.

○ 屬地官, 「牛人」, 是職名, 而仍爲篇名. 故凡引用『周禮』必曰'某職', 如引『春秋傳』必曰'某公某年'云耳.

우인(牛人)은 지관(地官)에 속한다. 「우인」은 직책의 명칭이기도 하고 또 편명(篇名)이기도 하다. 그러므로 무릇 『주례』를 인용할 때는 반드시 '어떤 직책'이라고 말하는데, 『춘추전(春秋傳)』을 인용하는 경우 반드시 '어떤 공(公) 몇 년'이라고 말하는 것과 같다.

○ 音特, 又餘式 · 之式二反.

'독위직(讀爲樴)'에서 '직(樴)'자는 음이 '특(特)'이고, 또 '여(餘)'와 '식(式)'의 반절(反切)이며 '지(之)'와 '식(式)'의 반절(反切)이다.[26]

○ 此三字出「牛人」注.

'독위직(讀爲樴)'이라는 세 글자는 「우인」의 주석에서 나온다.[27]

---

26) '직(樴)'자는 음이 '특(特)'이고, 또 '여(餘)'와 '식(式)'의 반절(反切)이며 '지(之)'와 '식(式)'의 반절(反切)이다 : 『한어대사전(漢語大詞典)』에 의하면, '직(樴)'자는 『광운(廣韻)』에 '지(之)'와 '익(翼)'의 반절과 '도(徒)'와 '득(得)'의 반절 두 가지가 있다고 한다.

○ 餘式反.

'의여익(義與杙)'에서 '익(杙)'은 '여(餘)'와 '식(式)'의 반절(反切)이다.

○ 去聲.

'승전(乘田)'에서 '승(乘)'자는 거성이다.

朱註

適周, 問禮於老子, 旣反, 而弟子益進."

주(周)나라에 가서 노자(老子)에게 예(禮)에 대해 질문하고,[28] 돌아오자 제자들이 더욱 늘어났다.[29]"

詳說

○ 姓李, 名耳, 字伯陽, 楚苦縣人.

'문예어노자(問禮於老子)'에서 노자(老子)는 성이 이씨(李氏)이고, 이름은 이(耳)이

27) '독위직(讀爲樴)'이라는 세 글자는 「우인(牛人)」의 주석에서 나온다 : 정현(鄭玄) · 가공언(賈公彦), 『주례주소(周禮註疏)』 권12에 정현의 주석으로 "직독위직(職讀爲樴 : '직(職)'은 '직(樴)'이라고 읽는다)."이라고 하였다.

28) 주(周)나라에 가서 노자(老子)에게 예(禮)에 대해 질문하고 : 『사기(史記)』 권63 「노자한비열전(老子韓非列傳)」제3에서 "공자가 주나라에 갔을 때, 노자에게 예에 관해 질문하였다. 노자가 대답하였다. '그대가 말하는 것은 그것을 말한 사람과 뼈가 모두 이미 썩어버리고 단지 그 말만 남아 있을 뿐이다. 또한 군자도 그때를 만나면 관직에 나아가지만, 때를 만나지 못하면 이리저리 떠돌아다니는 쑥처럼 유랑할 것이다. 내가 듣건대, 뛰어난 장사꾼은 물건을 깊이 숨겨두어 겉으로는 아무것도 없는 것처럼 보이고, 군자는 융성한 덕을 지니고 있지만 용모는 어리석은 것 같다고 하였다. 그대의 교만한 태도와 탐욕, 허세와 지나친 희망을 버리라. 이러한 것들 모두 그대에게 아무런 도움이 되지 않는다. 내가 그대에게 알려줄 것은 이뿐이다.'(孔子適周, 將問禮於老子. 老子曰 : '子所言者, 其人與骨皆已朽矣, 獨其言在耳. 且君子得其時則駕, 不得其時則蓬累而行. 吾聞之, 良賈深藏若虛, 君子盛德, 容貌若愚. 去子之驕氣與多欲, 態色與淫志. 是皆無益於子之身. 吾所以告子, 若是而已.')"라고 하였다.

29) 돌아오자 제자들이 더욱 늘어났다 : 『사기(史記)』 권63 「노자한비열전(老子韓非列傳)」제3에서 "공자는 돌아와서 제자들에게 이렇게 말하였다. '새는 잘 날 수 있고, 물고기는 헤엄을 잘 치며, 들짐승은 잘 달릴 수 있다는 것을 나는 알고 있다. 달리는 들짐승은 그물로 잡을 수 있고, 헤엄치는 물고기는 낚시로 낚을 수 있고, 나는 새는 화살로 잡을 수가 있다. 그러나 용은 구름과 바람을 타고 하늘로 올라가니, 용에 대해서 나는 알 수가 없다. 오늘 내가 노자를 만나보니 그는 마치 용과 같았다!'(孔子去, 謂弟子曰 : '鳥, 吾知其能飛; 魚, 吾知其能游; 獸, 吾知其能走. 走者可以爲罔, 游者可以爲綸, 飛者可以爲矰. 至於龍吾不能知, 其乘風雲而上天. 吾今日見老子, 其猶龍邪!')"라고 하였다.

며, 자는 백양(伯陽)이고, 초(楚)나라 고현(苦縣 : 현 하남성 녹읍현(鹿邑縣)) 사람이다.[30]

○ **朱子曰 : "老子曾爲柱下史, 故知禮節文."**[31]

주자(朱子 : 朱熹)가 말하였다. "노자는 주하사(柱下史[32])를 역임했기 때문에 예의 절문을 알았다."

○ **孔子年十七, 孟懿子兄弟已師之, 故至是而云'益進'.**

공자 나이 17세에 맹의자(孟懿子) 형제가 이미 공자를 스승으로 섬겼다.[33] 그러

---

30) 노자(老子)는 성이 이씨(李氏)이고, …… 고현(苦縣 : 현 하남성 녹읍현(鹿邑縣)) 사람이다 : 『사기(史記)』 권63 「노자한비열전(老子韓非列傳)」제3에서 "노자(老子)는 초(楚)나라의 고현(苦縣) 여향(厲鄕) 곡인리(曲仁里) 사람이다. 성은 이씨(李氏)이며 이름은 이(耳), 자는 담(聃)이라고 하는데, 그는 주(周)나라의 장서실(藏書室)을 관리하는 사관(史官)이었다.(老子者, 楚苦縣·厲鄕·曲仁里人也. 姓李氏, 名耳, 字聃, 周守藏室之史也.)"라고 하였다. 일설에는 자가 백양(伯陽)이고, 시호가 담(聃)이라고도 한다.

31) 사백선(史伯璿) 『사서관규(四書管窺)』 권2. 『주자어류(朱子語類)』 권125, 「노씨장열부(老氏裝列附)」 40조목에서는 "他曾爲柱下史, 故禮自是理會得, 所以與孔子說得如此好.(그는 주하사(柱下史)를 역임했기 때문에 예에 대해 본래 잘 이해하고 있었으며, 그로 인해 공자에게 말한 것이 이와 같이 훌륭하다.)"라고 하였다. 또 같은 책 권138, 「잡류(雜類)」 4조목에서도 "老子爲柱下史, 故多見之. 孔子所以適周問禮之屬, 也緣是他知得.(노자는 주하사였기 때문에 많은 서적들을 보았다. 공자가 주나라에 가서 예에 대해 질문을 하게 된 까닭도 그가 잘 알고 있었기 때문이다.)"라고 하였다.

32) 주하사(柱下史) : 주(周)나라 때 궁중의 문서와 서적을 관장하던 관직 명칭이다.

33) 공자 나이 17세에 맹의자(孟懿子) 형제가 이미 공자를 스승으로 섬겼다 : 『사기(史記)』 권47 「공자세가(孔子世家)」 제17에서 "공자 나이 17세에 노(魯)나라 대부 맹희자(孟釐子)가 병이 나서 바로 죽게 되었을 때, 그는 후계자인 의자(懿子)에게 훈계하며 말하였다. '공구(孔丘)는 성인의 후손인데, 그 조상은 송나라에 있을 때 멸망하였다. 그 조상 불보하(弗父何)는 원래 송나라의 후계자였으나 아우 여공(厲公)에게 양위하였다. 정고보(正考父)에 이르러 대공(戴公)·무공(武公)·선공(宣公)을 섬길 때, 세 번 명(命)을 받았는데, 매번 명을 받을 때마다 더욱 공손하였다고 한다. 그래서 정(鼎)에 새겨 놓은 명문(銘文)에서 '첫 번째 명(命)에 몸을 숙이고, 두 번째 명에 허리를 굽혀 절하고, 세 번째 명에는 큰 절을 한 뒤 받았다. 길을 걸을 때는 중앙을 걷지 않고 담장을 따라 다녀서 누구도 감히 나를 경멸하지 않았다. 솥에 풀과 죽을 쑤어서 청렴하게 살아왔다.'라고 하였다. 그 공손함이 이와 같았다. 내가 듣건대 성인의 후손은 비록 국왕의 지위에 오르지는 못해도 반드시 재덕(才德)에 통달한 자가 있다. 지금 공구는 나이는 어리지만 예를 좋아하니 그가 바로 통달한 자가 아니겠는가? 내가 죽거든 너는 반드시 그를 스승으로 섬겨라!' 희자가 죽자 의자는 노나라 사람 남궁경숙(南宮敬叔)과 함께 공자에게 가서 예를 배웠다.(孔子年十七, 魯大夫孟釐子病且死, 誡其嗣懿子曰 : '孔丘, 聖人之後, 滅於宋. 其祖弗父何始有宋而嗣讓厲公. 及正考父佐戴·武·宣公, 三命茲益恭. 故鼎銘云, 「一命而僂, 再命而傴, 三命而俯. 循牆而走, 亦莫敢余侮. 饘於是, 粥於是, 以餬余口.」 其恭如是. 吾聞聖人之後, 雖不當世, 必

므로 여기에 이르러(공자 나이 30세) 제자들이 '더욱 많이 찾아왔다'고 말하였다.

朱註

昭公二十五年甲申, 孔子年三十五, 而昭公奔齊, 魯亂, 於是適齊, 爲高昭子家臣, 以通乎景公.(有'聞韶'·'問政'二事.)

소공(昭公) 25년(B.C. 517) 갑신(甲申)에 공자 나이 35세였는데, 소공(昭公)이 제(齊)나라로 달아나 노(魯)나라가 혼란하니, 공자는 이에 제나라로 가서 고소자(高昭子)의 가신(家臣)이 되어 경공(景公)과 통하였다.('소악(韶樂)을 듣고',[34] '경공이 공자에게 정사를 물은'[35] 두 가지 일이 있다.)

詳說

○ 此二字『史記』所無而補入者, 後凡言干支幷同.

'소공이십오년 갑신(昭公二十五年甲申)'에서 '갑신(甲申)' 두 글자는 『사기(史記)』에 없는 것을 보충하여 끼워 넣었는데, 뒤에서 간지(干支)를 말하는 때는 모두 같다.

○ 周世列國之士得往來仕他國. 故孔·孟亦遊仕列國, 欲以行道, 非專爲昭公奔齊而適其國也.

'어시적제(於是適齊)'에서 '적제(適齊 : 제나라로 가다)'라는 것은, 주(周)나라 때에 각 나라의 선비들은 다른 나라로 들락날락하며 벼슬살이를 할 수 있었다. 그러므로 공자와 맹자도 또한 여러 나라를 돌아다니며 벼슬살이를 하면서 도(道)를 실행하려고 하였으니, 오로지 소공이 제나라로 달아났기 때문에 그 나라로 간 것은 아니다.

有達者. 今孔丘年少好禮, 其達者歟? 吾卽沒, 若必師之!' 及釐子卒, 懿子與魯人南宮敬叔往學禮焉.)"라고 하였다.

34) 소악(韶樂)을 듣고 : 『논어(論語)』「술이(述而)」에서 "공자가 제(齊)나라에 있을 때 소악(韶樂)을 듣고, 3개월 동안 고기 맛을 몰랐다. '음악을 만든 것이 이러한 경지에 이를 줄은 생각하지 못하였다.'라고 말하였다.(子在齊聞韶, 三月不知肉味. 曰 : '不圖爲樂之至於斯也.')"라고 하였다.

35) 경공이 공자에게 정사를 물은 : 『논어(論語)』「안연(顔淵)」에서 "제 경공(齊景公)이 공자에게 정사를 물었다. 공자가 대답하였다. '임금은 임금 노릇 하며, 신하는 신하 노릇 하며, 아버지는 아버지 노릇 하며, 자식은 자식 노릇 하는 것입니다.' 경공이 말하였다. '좋다! 진실로 임금이 임금 노릇을 못하고, 신하가 신하 노릇을 못하며, 아버지가 아버지 노릇을 못하고, 자식이 자식 노릇을 못하면, 비록 곡식이 있다고 하더라도 내가 그것을 먹을 수 있겠는가?'(齊景公問政於孔子. 孔子對曰 : '君君, 臣臣, 父父, 子子.' 公曰 : '善哉! 信如君不君, 臣不臣, 父不父, 子不子, 雖有粟, 吾得而食諸?')"라고 하였다.

○ 名張.

'위고소자가신(爲高昭子家臣)'에서 '고소자(高昭子)'는 이름이 장(張)이다.

○ 大夫家臣, 亦春秋之世仕路之一. 如後世公府自辟之官. 故孔子亦爲之.

'위고소자가신(爲高昭子家臣)'에서 가신은 대부의 가신인데, 또한 춘추 시대에 벼슬길의 하나이다. 예컨대 후세에 공부(公府 : 관아)에서 관직을 맡은 자가 자신이 데리고 있을 사람을 직접 추천하여 임명하는 관원과 같다. 그러므로 공자도 그렇게 하였다.

○ 凡曰有某事 · 有某語者, 主『史記』而言, 而皆出於『論語』, 或有出『孟子』者耳.

'유문소 · 문정이사(有聞韶 · 問政二事)'에서 무릇 '어떤 일이 있었다', '어떤 말이 있었다'라고 말한 것은 『사기(史記)』를 중심으로 해서 말한 것인데, 모두 『논어(論語)』에 나오거나 『맹자(孟子)』에 나온다.

朱註

公欲封以尼谿之田, 晏嬰不可, 公惑之.(有'季 · 孟, 吾老'之語.) 孔子遂行, 反乎魯.

경공(景公)이 니계(尼谿)의 땅에 공자를 봉해 주려고 했지만, 안영(晏嬰)이 안 된다고 하니, 경공(景公)이 혼란스러워 하였다.[36]('계씨와 맹씨, 내가 늙었으니'라고 한 말이 있다.[37]) 공자는 마침내 제(齊)나라를 떠나 노(魯)나라로 돌아왔다.

---

36) 경공(景公)이 니계(尼谿)의 땅으로 …… 경공(景公)이 혼란스러워 하였다 : 『사기(史記)』 권47 「공자세가(孔子世家)」 제17에서 "뒷날 또 경공이 다시 공자에게 정사에 대해 물었을 때 공자가 말하였다. '정사의 요점은 재물을 절제하는 데 있습니다.' 경공은 기뻐하며 니계의 토지로 공자를 봉해 주려고 하였다. 그때 안영(晏嬰)이 나서며 아뢰었다. '무릇 유학자는 말재간이 있고 융통성을 잘 부리니 법으로 규제할 수 없고, 거만하고 제멋대로 하니 아랫사람으로 두기 어려우며, 상례를 중시하여 슬픔을 다한다며 파산까지 하면서 성대한 장례를 치르니 그들의 예법을 풍속으로 삼기 어렵고, 도처에 유세 다니며 관직이나 녹봉을 바라니 나라의 정사를 맡길 수도 없습니다. 큰 현자(賢者)가 사라진 이래로 주(周)나라 왕실이 쇠미해졌고 예악이 붕괴된 지 오래되었습니다. 지금 공자는 용모를 성대히 꾸미고 의례절차를 번거롭게 하며 세세한 행동규범을 강조하고 있지만, 그것은 몇 세대를 배워도 다 배울 수 없고 평생을 다해도 그 예(禮)를 터득할 수 없습니다. 군주께서 그를 채용하여 제나라의 풍속을 바꾸려고 한다면 이는 백성을 다스리는 데 우선시할 것이 아닙니다.' 그 후 경공은 공자를 공손히 접견하였으나 다시는 예를 묻지 않았다.(他日又復問政於孔子, 孔子曰 : '政在節財.' 景公說, 將欲以尼谿田封孔子. 晏嬰進曰 : '夫儒者滑稽而不可軌法; 倨傲自順, 不可以爲下; 崇喪遂哀, 破產厚葬, 不可以爲俗; 游說乞貸, 不可以爲國. 自大賢之息, 周室旣衰, 禮樂缺有閒. 今孔子盛容飾, 繁登降之禮, 趨詳之節, 累世不能殫其學, 當年不能究其禮. 君欲用之以移齊俗, 非所以先細民也.' 後, 景公敬見孔子, 不問其禮.)"라고 하였다.

詳說

○ 猶地也.

'니계지전(尼谿之田)'에서 '전(田)'자는 지(地 : 땅)와 같다.

○ 朱子曰 : "旣仕其國, 則須有采地."[38]

주자(朱子 : 朱熹)가 말하였다. "이미 그 나라에서 벼슬을 하였으니 반드시 채지(采地 : 封土)가 있어야 한다."

○ 此檃括爲文者.

'안영불가, 공혹지(晏嬰不可, 公惑之)'라는 구절은 『사기(史記)』「공자세가(孔子世家)」에서 이 내용과 관련된 전체를 포괄하여 문장을 만든 것이다.

朱註

定公元年壬辰, 孔子年四十三, 而季氏疆僭, 其臣陽虎作亂專政. 故孔子不仕, 而退修『詩』·『書』·『禮』·『樂』, 弟子彌衆.

정공(定公) 원년(元年 : B.C. 509) 임진(壬辰)에 공자의 나이 43세였는데, 계씨(季氏)가 한계를 넘어 참람하자, 그의 가신인 양호(陽虎)가 난을 일으켜 정권을 독단하였다.[39] 그러므로 공자는 벼슬하지 않고 물러나 『시(詩)』·『서(書)』·『예(禮)』·

37) '계씨와 맹씨, 내가 늙었으니'라고 한 말이 있다 : 『논어(論語)』「미자(微子)」에서 "제(齊)나라 경공(景公)이 공자를 대우하며 말하기를 '계씨(季氏)와 같은 정도로 대우하지는 못하겠지만, 계씨(季氏)와 맹씨(孟氏)의 중간 정도로 대우하겠다.'라고 하였다. 나중에 '내가 늙어서 등용하지 못하겠다.'라고 하니, 공자는 제나라를 떠났다.(齊景公待孔子曰 : '若季氏則吾不能, 以季·孟之間待之.' 曰 : '吾老矣, 不能用也.'孔子行.)"라고 하였다.

38) 『주자어류(朱子語類)』 권19, 「논어1(論語一)」, 101조목에서 "問 : '齊景公欲封孔子以尼谿之田, 晏嬰不可. 楚昭王欲封孔子以書社之地, 子西不可. 使無晏嬰·子西, 則夫子還受之乎?' 曰 : '旣仕其國, 則須有采地, 受之可也.'(물었다. '제경공(齊景公)이 니계(尼谿)의 땅으로 공자를 봉해 주려고 했지만 안영(晏嬰)이 안 된다고 했습니다. 또 초소왕(楚昭王)이 서사(書社)의 땅으로 공자를 봉해 주려고 했지만 자서(子西)가 안 된다고 했습니다. 가령 안영과 자서가 그렇게 하지 않았다면 공자는 또한 그것을 받았겠습니까?' 주자(朱子 : 朱熹)가 대답하였다. '이미 그 나라에서 벼슬을 하였으면 반드시 채지(采地 : 封土)가 있어야 하니, 받는 것이 옳을 것이다.')"라고 하였다.

39) 계씨(季氏)가 강하여 참람하고, 그의 가신인 양호(陽虎)가 난을 일으켜 정권을 독단하였다 : 『사기(史記)』 권47 「공자세가(孔子世家)」 제17에서 "환자(桓子)가 총애하는 신하로 중양회(仲梁懷)라는 사람이 있었는데, 양호와 사이가 좋지 않았다. 양호는 중양회를 내쫓으려고 하였으나 공산불뉴(公山不狃)가 그것을 말렸다. 그해 가을, 중양회가 더욱 교만해지자 양호는 그를 체포하

『악(樂)』을 편찬하니, 제자들이 더욱 많아졌다.

詳說

○ 家臣.

'기신양호(其臣陽虎)'에서 '신(臣)'은 가신(家臣)이다.

○ 十二字檃括爲文者.

'계씨강참, 기신양호작란전정(季氏彊僭, 其臣陽虎作亂專政)'이라는 열두 글자는 『사기(史記)』「공자세가(孔子世家)」에서 이 내용과 관련된 내용 전체를 포괄하여 문장을 만든 것이다.

○ 不止'益進'而已.

'제자미중(弟子彌衆)'이라고 한 것은 앞에서 '익중(益進 : 더욱 늘어났다)'이라고 한 말에 그치지 않고 제자가 더욱 많아졌다는 뜻이다.

朱註

九年庚子, 孔子年五十一, 公山不狃以費畔季氏, 召孔子. 欲往, 而卒不行.(有'答子路東周'語.)

정공(定公) 9년(B.C. 501) 경자(庚子)에 공자의 나이 51세였는데, 공산불뉴(公山不狃)가 비읍(費邑)을 점거하여 계씨(季氏)를 배반하고 공자를 불렀다. 공자는 가려고 하였으나 끝내 가지 않았다.[40] ('자로에게 동방의 주나라를 만들 것이라고 답하였

였다. 환자가 노하자 양호는 환자마저 가두었는데, 맹세를 하고서야 그를 풀어주었다. 양호는 이로 인해서 더욱 계씨를 가볍게 여겼다. 계씨 또한 공실(公室)에 참람하게 대했기 때문에 배신(陪臣)이 국정을 잡게 되었고, 이에 노나라에서는 대부(大夫) 이하 모두가 참람하여 정도를 벗어났다.(桓子嬖臣曰仲梁懷, 與陽虎有隙. 陽虎欲逐懷, 公山不狃止之. 其秋, 懷益驕, 陽虎執懷. 桓子怒, 陽虎因囚桓子, 與盟而醳之. 陽虎由此益輕季氏. 季氏亦僭於公室, 陪臣執國政, 是以魯自大夫以下皆僭離於正道.)"라고 하였다.

40) 정공(定公) 9년(B.C. 501) …… 끝내 가지 않았다 : 『사기(史記)』 권47 「공자세가(孔子世家)」 제17에서 "공산불뉴가 비(費) 땅을 점거하여 계씨를 배반하고, 사람을 시켜 자기를 도와달라고 공자를 불렀다. 공자는 도를 추구한 지 오래되었고, 시험해 볼 곳이 없음을 답답하게 여겼으나 아무도 자신을 등용하려고 하지 않았기에, '주(周)나라의 문왕(文王)과 무왕(武王)은 풍(豐)과 호(鎬)처럼 그렇게 작은 지방에서 왕업을 일으켰다. 지금 비 땅은 비록 작지만 어쩌면 가능할 수도 있을 것이다!'라고 말하면서 가려고 하였다. 그러나 자로(子路)가 기뻐하는 기색이 없이 공자를 말렸다. 공자가 말하였다. '나를 부르는 것이 어찌 헛된 것이겠는가? 그가 만약 나를 등용한다면 나는 동방의 주나라를 만들 것이다!' 그러나 공자는 끝내 가지 않았다.(公山不狃以費畔季氏, 使人召孔子. 孔

다.'[41]라고 말한 것이 있다.)

詳說

○ 『索隱』曰 : "『論語』作弗擾."

'공산불뉴(公山不狃)'에서 '불뉴(不狃)'에 대하여, 『사기색은(史記索隱)』에서 "『논어(論語)』에서는 '불요(弗擾)'라고 되어 있다.[42]"라고 하였다.

○ 音秘.

'이비반계씨(以費畔季氏)'에서 '비(費)'자는 음이 비(秘)이다.

○ 『史記』此下又有'孔子'二字, 而此省之者, 蒙上也. 凡遇此等處, 當以此法看.

'소공자(召孔子)' 아래에 『사기(史記)』에서는 또 '공자(孔子)'라는 두 글자가 있지만 여기에서 그것을 생략한 것은 위로 이어지기 때문이다. 무릇 이러한 곳을 만나면 이러한 방식으로 보아야 한다.

○ 朱子曰 : "他召聖人時, 有些好意思來接聖人, 聖人亦接他好意思, 所以欲往. 然他終是不好底人, 所以終不去."[43]

주자(朱子 : 朱熹)가 말하였다. "공산불요가 성인을 불렀을 때 조금은 좋은 의도로

子循道彌久, 溫溫無所試, 莫能己用, 曰 : '蓋周文·武起豐·鎬而王. 今費雖小, 儻庶幾乎!' 欲往. 子路不說, 止孔子. 孔子曰 : '夫召我者豈徒哉? 如用我, 其爲東周乎!' 然亦卒不行.)"라고 하였다.

41) 자로에게 동방의 주나라를 만들 것이라고 답하다 : 『논어(論語)』「양화(陽貨)」에서 "공산불요(公山弗擾)가 비읍(費邑)을 점거하여 반란을 일으키고 공자를 불렀다. 공자가 가려고 하였다. 자로(子路)가 기뻐하는 기색이 없이 '가실 곳이 없으면 그만이지, 하필이면 공산씨(公山氏)에게 가려고 합니까?'라고 말하였다. 공자가 말하였다. '나를 부르는 자가 어찌 헛된 것이겠는가? 그가 만약 나를 등용한다면 나는 동방의 주나라를 만들 것이다!'(公山弗擾以費畔, 召, 子欲往. 子路不說, 曰 : '末之也已, 何必公山氏之之也?' 子曰 : '夫召我者而豈徒哉? 如有用我者, 吾其爲東周乎!')"라고 하였다.

42) 『논어(論語)』에서는 '불요(弗擾)'라고 되어 있다 : 『논어(論語)』「양화(陽貨)」에서 "공산불요(公山弗擾)가 비읍(費邑)을 점거하여 반란을 일으키고 공자를 부르니, 공자가 가려고 하였다.(公山弗擾以費畔, 召, 子欲往.)"라고 하였다.

43) 『주자어류(朱子語類)』 권47, 「논어29(論語二十九)」, 23조목에는 "그러나 성인이 가려고 했을 때는 공산불요가 성인을 불렀을 때 조금은 좋은 의도로 성인을 접대하였다. 성인도 당시에 또한 좋은 의도로 그를 접대했기 때문에 가려고 하였다. 그러나 그는 사람됨이 끝내 좋지 않은 사람이었고, 성인이 다시 한 번 생각하기에 이르러도 그의 수많은 좋지 않은 점이 여전히 있기 때문에 결국 갈 수 없었다.(但聖人欲往之時, 是當他召聖人之時, 有這些好意來接聖人. 聖人當時亦接他這些好意思, 所以欲往. 然他這箇人終是不好底人, 聖人待得重理會過一番, 他許多不好又只在, 所以終於不可去.)"라고 되어 있다.

성인을 접대했고, 성인도 또한 좋은 의도로 그를 접대했기 때문에 가려고 하였다. 그러나 그는 끝내 좋지 않은 사람이었기 때문에 결국 가지 않았다."

朱註

定公以孔子爲中都宰, 一年四方則之. 遂爲司空, 又爲大司寇.

정공(定公)이 공자를 중도(中都)의 읍재(邑宰)로 삼으니, 1년 만에 사방에서 본받았다. 마침내 사공(司空)이 되고, 또 대사구(大司寇)가 되었다.[44)]

詳說

○ 中都之邑長.

'중도재(中都宰)'는 중도(中都)의 읍장(邑長)이다.

朱註

十年辛丑, 相定公會齊侯于夾谷, 齊人歸魯侵地.

10년(B.C. 500) 신축(辛丑)에 정공(定公)을 도와 제(齊)나라 군주와 협곡(夾谷)에서 회맹(會盟)하니, 제나라 사람들이 노나라를 침략하여 빼앗은 땅을 되돌려 주었다.[45)]

---

44) 마침내 사공(司空)이 되고, 또 대사구(大司寇)가 되었다 : 『사기(史記)』 권47 「공자세가(孔子世家)」 제17에서는 "중도(中都)의 읍재(邑宰)에서 사공이 되었고, 사공에서 대사구가 되었다.(由中都宰爲司空, 由司空爲大司寇.)"라고 하였다.

45) 10년(B.C. 500) 신축(辛丑)에 …… 빼앗은 땅을 되돌려 주었다 : 『사기(史記)』 권47 「공자세가(孔子世家)」 제17에서 "정공(定公) 10년 봄에 제나라와 화친을 맺었다. 그해 여름에 제나라의 대부 여서(黎鉏)가 경공(景公)에게 말하였다. '노나라가 공구(孔丘)를 중용하였으니 그 기세가 제나라를 위태롭게 할 것입니다.' 이에 노나라에 사신을 보내 친목을 도모하기로 하고 협곡(夾谷)에서 만나기로 하였다 …… 경공은 돌아와서 크게 두려워하며 여러 신하에게 말하였다. '노나라의 신하는 군자의 도로써 그 군주를 보필하는데, 그대들은 오로지 이적(夷狄)의 도로써 과인을 가르쳐서 내가 노나라 군주에게 죄를 범하도록 하였으니, 이를 어찌하면 좋겠는가?' 한 관리가 나와서 말하였다. '군자는 잘못이 있으면 실질적인 것으로써 사과하고, 소인은 잘못이 있으면 꾸미는 것으로써 사과합니다. 군주께서 그 일로 마음이 편하지 않으면 실질적인 것으로써 사과하십시오.' 이에 제경공은 바로 노나라를 침략해서 빼앗은 운(鄆)·민양(汶陽)·구음(龜陰)의 땅을 되돌려 주어서 노나라에 사과하였다.(定公十年春, 及齊平. 夏, 齊大夫黎鉏言於景公曰 : '魯用孔丘, 其勢危齊.' 乃使使告魯爲好會, 會於夾谷. …… 歸而大恐, 告其群臣曰 : '魯以君子之道輔其君, 而子獨以夷狄之道教寡人, 使得罪於魯君, 爲之柰何?' 有司進對曰 : '君子有過則謝以質, 小人有過則謝以文. 君若悼之, 則謝以質.' 於是齊侯乃歸所侵魯之鄆·汶陽·龜陰之田以謝過.)"라고 하였다.

詳說

◯ 去聲, 下同.

'상정공(相定公)'에서 '상(相)'자는 거성이고 아래도 마찬가지이다.

◯ 『春秋』曰 : "運·讙·龜陰."[46]

'제인귀노침지(齊人歸魯侵地)'에서 '귀노침지(歸魯侵地)'에 대해, 『춘추(春秋)』에서 "운(運)·권(讙)·구음(龜陰)의 땅이다."라고 하였다.

朱註

十二年癸卯,[47] 使仲由爲季氏宰, 墮三都, 收其甲兵. 孟氏不肯墮成, 圍之不克.

12년(B.C. 498) 계묘(癸卯)에 중유(仲由)를 계씨(季氏)의 가신(家臣)으로 삼아 삼도(三都 : 세 대부의 도읍)의 성(城)을 허물도록 하고 그 갑옷과 병기를 거두도록 하였다. 맹씨(孟氏)가 성읍(成邑)의 성(城)을 허물려고 하지 않으므로, 포위하여 공격했지만 이기지 못하였다.[48]

---

46) 『춘추공양전(春秋公羊傳)』 정공10년에 "齊人來歸運·讙·龜陰田.(제나라 사람들이 운(運)·권(讙)·구음(龜陰)의 땅을 되돌려 주었다.)"라고 하였다. 『춘추좌전(春秋左傳)』과 『춘추곡량전(春秋穀梁傳)』에는 '운(運)'자가 '운(鄆)'으로 되어 있다.

47) 十二年癸卯 : 『춘추좌전(春秋左傳)』에는 정공 12년 2월로 되어 있지만, 『사기(史記)』 권47 「공자세가(孔子世家)」 제17에는 정공 13년으로 되어 있다.

48) 12년(B.C. 498) 계묘(癸卯)에 중유(仲由)를 …… 포위하여 공격했지만 이기지 못했다 : 『사기(史記)』 권47 「공자세가(孔子世家)」 제17에서 "정공(定公) 13년 여름에 공자가 정공에게 말하였다. '신하는 무기를 비축해서는 안 되고, 대부는 100치(雉)의 성을 쌓아서는 안 됩니다.' 중유(仲由)를 계씨의 가신으로 삼아 삼도(三都)를 허물게 하도록 하였다. 이에 숙손씨(叔孫氏)가 먼저 후(郈)읍의 성(城)을 허물었다. 계씨가 비(費)읍의 성(城)을 허물려고 하였는데, 공산불뉴와 숙손첩(叔孫輒)이 비(費)읍 사람들을 이끌고 노나라를 습격하였다. 정공은 세 아들과 함께 계씨의 궁으로 피신하여 계무자(季武子)의 누대에 올랐다. 비(費)읍 사람들이 그곳을 공격하여 함락시키지는 못했지만, 정공의 누대 옆에까지 들어왔다. 공자는 신구수(申句須)와 악기(樂頎)에게 명해서 격퇴하도록 하니 비(費)읍 사람들이 패퇴하였다. 노나라 사람들이 그들을 추격하여 고멸(姑蔑)에서 격파하였다. 공산불뉴와 숙손첩은 제나라로 도망쳤고, 드디어 비(費)읍의 성을 허물었다. 성(成)읍의 성(城)을 허물려고 할 때 공렴처보(公斂處父)가 맹손(孟孫)에게 말하였다. '성읍의 성을 허물면 제나라 사람들이 반드시 북문까지 쳐들어올 것입니다. 또 성읍은 맹씨(孟氏)의 보루이니, 성읍이 없는 것은 맹씨가 없는 것입니다. 우리는 성읍의 성을 허물지 말아야 합니다.' 12월에 정공이 성읍을 포위했지만 함락시키지 못하였다.(定公十三年夏, 孔子言於定公曰 : '臣無藏甲, 大夫毋百雉之城.' 使仲由爲季氏宰, 將墮三都. 於是叔孫氏先墮郈. 季氏將

詳說

○ 子路.

'사중유위계씨재(使仲由爲季氏宰)'에서 '중유(仲由)'는 자로(子路)이다.

○ 季氏之家臣.

'사중유위계씨재(使仲由爲季氏宰)'에서 '계씨재(季氏宰)'는 계씨의 가신이다.

○ 許規反, 毁也, 下同.

'휴삼도(墮三都)'에서 '휴(墮)'는 '허(許)'와 '규(規)'의 반절(反切)이니 '허물다'는 뜻이다. 아래도 마찬가지이다.

○ 服氏虔曰: "三家之邑也."

'휴삼도(墮三都)'에서 '삼도(三都)'에 대하여, 복건(服虔)[49]은 "세 대부의 읍(邑)이다."라고 하였다.

○ 邑名.

'맹씨불긍휴성(孟氏不肯墮成)'에서 '성(成)'은 읍(邑) 이름이다.

○ 朱子曰: "不久夫子去魯矣. 若使聖人久爲之, 亦別有道理."[50]

주자(朱子 : 朱熹)가 말하였다. "오래지 않아 공자는 노나라를 떠났다. 만약 성인이 오랫동안 그 일을 할 수 있었으면 또한 별도로 방도가 있었을 것이다."

墮費, 公山不狃·叔孫輒率費人襲魯. 公與三子入于季氏之宮, 登武子之臺. 費人攻之, 弗克, 入及公側. 孔子命申句須·樂頎下伐之, 費人北. 國人追之, 敗諸姑蔑. 二子奔齊, 遂墮費. 將墮成, 公斂處父謂孟孫曰: '墮成, 齊人必至于北門. 且成, 孟氏之保鄣, 無成是無孟氏也. 我將弗墮.' 十二月, 公圍成, 弗克.)"라고 하였다.

49) 복건(服虔) : 초명은 중(重) 또는 기(祇)이고, 자는 자신(子愼)이다. 동한(東漢) 시대 하남(河南) 형양(滎陽) 사람이다. 태학(太學)에 들어가 수업했고, 효렴(孝廉)으로 천거되어 구강태수(九江太守)를 지냈다. 고문 경학을 숭상하여 금문 경학자인 하휴(何休)의 설을 비판하였다. 『한서(漢書)』를 주석하고, 『춘추좌씨전해(春秋左氏傳解)』를 찬술하였는데, 동진(東晉) 때 그의 춘추좌씨학(春秋左氏學)이 학관(學官)에 세워졌으며, 남북조 시대에는 그의 주석(注釋)이 북방에 성행하였다. 당나라 공영달(孔穎達)이 『오경정의(五經正義)』에서 『춘추정의(春秋正義)』를 저술할 때 두예(杜預)의 주(注)만 채용하여 복건의 주석은 망실되었다.

50) 『주자어류(朱子語類)』 권42, 「논어24(論語二十四)」, 66조목에서 "問: '成旣不可墮, 夫子如何別無處置了便休?' 曰: '不久夫子亦去魯矣. 若使聖人久爲之, 亦須別有箇道理.'(물었다. '성(成)읍을 이미 허물 수가 없었는데, 공자는 어째서 별도로 조처를 하지 않고 그만두었습니까?' 주자(朱子 : 朱熹)가 대답하였다. '오래지않아 공자는 또한 노나라를 떠났다. 만약 성인이 오랫동안 그 일을 할 수 있었으면 또한 반드시 별도로 어떤 방도가 있었을 것이다.')"라고 하였다.

朱註

十四年乙巳, 孔子年五十六, 攝行相事, 誅少正卯與聞國政, 三月魯國大治. 齊人歸女樂以沮之, 季桓子受之. 郊又不致膰俎於大夫, 孔子行.(「魯世家」以此以上皆爲十二年事.)

정공(定公) 14년(B.C. 496) 을사(乙巳)에 공자의 나이 56세였는데, 정승의 직무를 대행하여 소정묘(少正卯)를 처형하고 국정에 참여하니, 3개월 만에 노나라가 크게 다스려졌다. 제(齊)나라 사람들이 여자 악사(樂師)를 보내어 노나라가 다스려지는 것을 방해했는데, 계환자(季桓子)가 이를 받아들였다. 교제(郊祭)에 또 제사 지낸 고기를 대부들에게 주지 않으니, 공자는 노나라를 떠났다.51) (『사기(史記)』 「노세가(魯世家)」에는 이상의 일을 모두 정공 12년의 일로 여겼다.)

詳說

○ 去聲.

'주소정묘(誅少正卯)'에서 '소(少)'자는 거성이다.

---

51) 정공(定公) 14년(B.C. 496) 을사(乙巳)에 …… 공자는 노(魯)나라를 떠났다 : 『사기(史記)』 권47 「공자세가(孔子世家)」 제17에서 "정공(定公) 14년, 공자의 나이 56세에 대사구(大司寇)로서 재상의 직무를 대행하게 되니 얼굴에는 희색이 돌았다 …… 이에 공자는 노나라의 정사를 문란하게 한 대부 소정묘(少正卯)를 처형하고 국정에 참여한 지 3개월 만에 양과 돼지를 파는 사람들이 값을 속이지 않았고, 남녀가 길을 갈 때 따로 걸었으며, 길에 떨어진 물건을 주워가는 사람도 없어졌다. 사방에서 읍에 찾아오는 여행자도 관리에게 허가를 받을 필요가 없었고, 모두 편안하게 돌아가도록 하였다. 제나라 사람들이 이 소문을 듣고 두려워하며 말하였다. '공자가 정치를 하면 노나라는 반드시 패권을 잡을 것이다. 노나라가 패권을 잡게 되면 우리 땅이 가까우니 우리가 먼저 병합될 것이다. 그런데도 어찌하여 먼저 약간의 땅을 노나라에 내주지 않는가?' 여서(黎鉏)가 말하였다. '먼저 시험 삼아 노나라가 다스려지는 것을 방해해 보시기 바랍니다. 방해해 보아도 되지 않으면 그때 땅을 내놓아도 어찌 늦겠습니까?' 이에 제나라는 미녀 80인을 뽑아 모두 아름다운 옷을 입히고 강락무(康樂舞)를 가르쳐서 무늬 있는 말 120필과 함께 노나라 군주에게 보냈다 …… 환자(桓子)는 결국 제나라의 여자 악사(樂師)들을 받아들이고는 사흘 동안 정사를 돌보지 않았으며, 교제를 지내고도 그 희생 제물을 대부들에게 나누어주지 않았다. 공자는 드디어 노나라를 떠나 둔(屯)에서 하루를 묵었다.(定公十四年, 孔子年五十六, 由大司寇行攝相事, 有喜色 …… 於是誅魯大夫亂政者少正卯, 與聞國政三月, 粥羔豚者弗飾賈, 男女行者別於塗, 塗不拾遺. 四方之客至乎邑者不求有司, 皆予之以歸. 齊人聞而懼, 曰 : '孔子爲政必霸, 霸則吾地近焉, 我之爲先幷矣. 盍致地焉?' 黎鉏曰 : '請先嘗沮之, 沮之而不可則致地, 庸遲乎?' 於是選齊國中女子好者八十人, 皆衣文衣而舞康樂, 文馬三十駟, 遺魯君 …… 桓子卒受齊女樂, 三日不聽政, 郊又不致膰俎於大夫. 孔子遂行, 宿乎屯.)"라고 하였다.

○ 『家語』曰: "亂政大夫少正卯, 魯之聞人也. 有大惡五."

소정묘(少正卯)에 대해, 『공자가어(孔子家語)』[52]에서 "정사를 문란하게 한 대부 소정묘는 노(魯)나라의 유명한 사람이다. 큰 죄악 다섯 가지를 가지고 있었다."[53] 라고 하였다.

○ 去聲.

'여문국정(與聞國政)'에서 '여(與)'자는 거성이다.

○ 去聲.

'노국대치(魯國大治)'에서 '치(治)'자는 거성이다.

○ 此四字檃括爲文者.

'노국대치(魯國大治)'라는 네 글자는 『사기(史記)』「공자세가(孔子世家)」에서 이 내용과 관련된 것 전체를 포괄하여 문장을 만든 것이다.

○ 上聲, 止也.

'제인귀여악이저지(齊人歸女樂以沮之)'에서 '저(沮)'자는 상성이고, '저지한다'는 뜻이다.

---

52) 『공자가어(孔子家語)』: 『한서(漢書)』「예문지(藝文誌)」에 『공자가어(孔子家語)』 27권이라고 되어 있으나, 이것은 이미 실전(失傳)되어 저자의 이름도 기록되어 있지 않다. 현재 전하는 것은 위(魏)의 왕숙(王肅)이 공안국(孔安國)의 이름을 빌려 『좌전(左傳)』·『국어(國語)』·『맹자(孟子)』·『순자(荀子)』·『대대례(大戴禮)』·『예기(禮記)』·『사기(史記)』·『설원(說苑)』·『안자(晏子)』·『열자(列子)』·『한비자(韓非子)』·『여람(呂覽)』 등에서 공자에 관한 기록을 모아 수록한 위서(僞書)인데, 44편으로 되었다. 주로 공자의 언행과 일상 및 문인과의 문답을 수록한 책이다.

53) 정사를 문란하게 한 대부 소정묘(少正卯)는 노(魯)나라의 유명한 사람이다. 큰 죄악 다섯 가지를 가지고 있었다: 『공자가어(孔子家語)』 권1 「시주(始誅)」 제2에서 "자공(子貢)이 공자에게 진언하였다. '저 소정묘는 노나라의 유명한 사람입니다. 이제 선생님께서 정사를 하면서 먼저 그를 처형한 것은 어찌 보면 실책이 아닙니까?' 공자가 대답하였다. '앉아라. 내가 너에게 그 까닭을 알려주겠다. 천하에 큰 죄악이 다섯 가지가 있는데, 절도마저 그 가운데 포함되지 않는다. 하나는 마음속으로 거역하며 험악한 생각을 품는 것이고, 둘은 편벽하게 행동하며 끝까지 고집을 부리는 것이며, 셋은 허위로 날조하여 말을 잘 둘러대는 것이고, 넷은 기이한 말들을 잘 기억하여 학식을 자랑하는 것이며, 다섯은 잘못을 합리화하여 번지르르하게 꾸며 대는 것이다. 이 다섯 가지 가운데 하나라도 있는 자는 군자에게 처형을 모면할 수 없는데, 소정묘는 이 다섯 가지 모두를 지니고 있다 …… 이는 사람 가운데 간웅(姦雄)이니 제거하지 않을 수 없다.' (子貢進曰: '夫少正卯, 魯之聞人也. 今夫子爲政, 而始誅之, 或者爲失乎?' 孔子曰: '居. 吾語汝以其故. 天下有大惡者五, 而竊盜不與焉. 一曰心逆而險, 二曰行僻而堅, 三曰言僞而辯, 四曰記醜而博, 五曰順非而澤. 此五者有一於人, 則不免君子之誅, 而少正卯皆兼有之 …… 此乃人之姦雄者也, 不可以不除.')"라고 하였다.

○ 音燔, 祭餘肉也.

'교우불치번조(郊又不致膰俎)'에서 '번(膰)'자는 음이 번(燔)이고, 제사를 지낸 뒤의 고기이다.

○ 置膰於俎, 故謂之膰俎.

'교우불치번조(郊又不致膰俎)'에서 '번조(膰俎)'는 제사 지낸 고기를 도마 위에 두기 때문에 '번조'라고 한다.

○ 朱子曰:"若魯致膰, 不若此之速去, 必別討一事故去."54)

주자(朱子:朱熹)가 말하였다. "만약 노나라에서 제사 지낸 고기를 보내주었다면 이와 같이 빨리 떠나지는 않았고, 반드시 또 다른 하나의 일거리를 찾았을 것이다."

○ 『史記』又有「魯世家」.

『사기(史記)』에는 「공자세가(孔子世家)」 외에 또 「노세가(魯世家)」가 있다.

○ 一作自.

'이차이상(以此以上)'에서 앞의 '이(以)'자는 어떤 판본에 '자(自)'자로 되어 있다.

○ 『史記』「十二諸侯年表」亦作十二年事, 恐當從之. 朱子引「魯世家」之意, 蓋亦如此.

'개위십이년사(皆爲十二年事)'에 대해, 『사기(史記)』「십이제후연표(十二諸侯年表)」에서도 또한 정공 12년의 일로 되어 있으니 마땅히 그것을 좇아야 한다. 주자(朱子:朱熹)가 「노세가(魯世家)」를 인용한 것도 또한 이와 같다.

朱註

適衛, 主於子路妻兄顔濁鄒家.(『孟子』作顔讐由.) 適陳過匡, 匡人以爲陽虎而拘之.(有'顔淵後'及'文王旣沒'之語.) 旣解, 還衛, 主蘧伯玉家, 見南子.(有'矢子路'及'未見好德'之語.)

---

54) 『주자어류(朱子語類)』 권48, 「논어30(論語三十)」, 15조목에서 "問:'『史記』載, '魯今且郊, 如致膰于大夫, 則吾可以止.' 設若致膰, 則夫子果止否?' 曰:'也須去. 只是不若此之速, 必別討一事故去. 且如致膰, 亦不是大段失禮處, 聖人但因此且求去爾.'(물었다. '『사기(史記)』에는 '노나라에 이제 바로 교제(郊祭)가 있을 것인데 만약 대부에게 제사 지낸 고기를 보내주면 나는 머무를 수 있을 것이다.'라고 기재되어 있습니다. 가령 제사지낸 고기를 보내주었다면 공자는 과연 머물렀을까요?' 주자(朱子:朱熹)가 대답하였다. '그래도 반드시 떠나갔을 것이다. 다만 이와 같이 빨리 떠나지는 않았고 반드시 또 다른 하나의 일거리를 찾았을 것이다. 예컨대 제사지낸 고기를 보내주는 것과 같은 일도 또한 매우 중요하게 예(禮)를 벗어난 상황은 아닌데, 성인은 단지 이 일로 우선 떠나가는 빌미를 찾은 것일 뿐이다.')"라고 하였다.

위(衛)나라에 가서 자로(子路)의 처형(妻兄)인 안탁추(顏濁鄒)의 집에 주인을 정하였다.(『맹자(孟子)』에는 안수유(顏讐由)라고 되어 있다.[55]) 진(陳)나라로 갈 때 광(匡) 땅을 지나는데, 광 땅 사람들이 공자를 양호(陽虎)라고 여겨 구류(拘留)하였다.[56] ('안연이 뒤처져서'[57]와 '문왕이 이미 세상을 떠났으니'[58]라는 말이 있다.) 풀려나자 위(衛)나라로 돌아와 거백옥(蘧伯玉)의 집에 주인을 정하고 남자(南子)를 만났다.[59] ('자로와 맹세한 일'[60]과 '덕을 좋아하는 사람을 보지 못하였다.'[61]라는 말이 있다.)

---

55) 『맹자(孟子)』에는 안수유(顏讐由)라고 되어 있다 : 『맹자(孟子)』「만장상(萬章上)」에서 "위(衛)나라에 있을 때 안수유(顏讐由)를 주인으로 삼았는데, 미자의 아내는 자로의 아내와 형제간이었다.(於衛, 主顏讐由, 彌子之妻與子路之妻兄弟也.)"라고 하였다.

56) 진(陳)나라로 갈 때 광(匡) 땅을 지나는데 …… 구류(拘留)했다 : 『사기(史記)』 권47 「공자세가(孔子世家)」 제17에서 "공자가 진나라로 가려고 광 땅을 지나갔다. 이때 안각(顏刻)이 말을 몰았는데 말채찍으로 어떤 곳을 가리키며 말하였다. '예전에 제가 이곳에 왔을 때는 저 파손된 성곽의 틈 사이로 들어왔었습니다.' 광 땅 사람들은 이 말을 듣고 노나라의 양호가 또 온 것이라고 여겼다. 양호는 일찍이 광 땅 사람들에게 포악하게 대한 적이 있었다. 광 땅 사람들은 이에 마침내 공자를 가로막았다. 공자의 모습이 양호와 비슷하였기 때문에 공자는 5일간이나 구류를 당하였다.(將適陳, 過匡, 顏刻爲僕, 以其策指之曰 : '昔吾入此, 由彼缺也.' 匡人聞之, 以爲魯之陽虎. 陽虎嘗暴匡人, 匡人於是遂止孔子. 孔子狀類陽虎, 拘焉五日.)"라고 하였다.

57) 안연이 뒤처져서 : 『논어(論語)』「선진(先進)」에서 "공자가 광(匡) 땅에서 경계하는 마음을 품었을 때 안연이 뒤처져 있었다. 안연이 오니 공자가 말하였다. '나는 너가 죽은 걸로 생각하였다.' 안연이 대답하였다. '선생님이 계신데 제가 어찌 감히 죽겠습니까?'(子畏於匡, 顏淵後. 子曰 : '吾以女爲死矣.' 曰 : '子在, 回何敢死?')"라고 하였다.

58) 문왕이 이미 세상을 떠났으니 : 『논어(論語)』「자한(子罕)」에서 "공자께서 광(匡) 땅에서 경계하는 마음을 품었다. 공자가 말하였다. '문왕이 이미 세상을 떠났으니, 문(文)이 이 몸에 있지 않겠는가? 하늘이 장차 이 문을 없애려 하였다면 뒤에 죽는 사람(즉 공자 자신)이 이 문에 참여할 수 없었을 것이다. 그러나 하늘이 이 문을 없애려 하지 않으니, 광 땅 사람들이 나를 어떻게 하겠는가?'(子畏於匡. 曰 : '文王旣沒, 文不在茲乎? 天之將喪斯文也, 後死者不得與於斯文也. 天之未喪斯文也, 匡人其如予何?')"라고 하였다.

59) 남자(南子)를 만났다 : 『사기(史記)』 권47 「공자세가(孔子世家)」 제17에서 "위령공(衛靈公)에게는 남자라는 부인이 있었는데 그녀가 사람을 시켜 공자에게 일렀다. '사방의 군자들은 우리 군주와 형제가 되려고 하는 것을 수치스러워 하지 않으려면 반드시 우리 부인을 만납니다. 우리 부인이 뵙기를 원합니다.' 공자는 사양하다가 어쩔 수 없이 가서 만났다 …… 돌아와서 공자가 말하였다. '나는 그때 만나려 하지 않았는데, 기왕에 만났으니 예(禮)로 보답하였다.' 자로가 기뻐하지 않았다. 공자는 맹세하여 말하였다. '내가 만일 잘못했다면 하늘이 나를 버릴 것이다! 하늘이 나를 버릴 것이다!'(靈公夫人有南子者, 使人謂孔子曰 : '四方之君子不辱欲與寡君爲兄弟者, 必見寡小君. 寡小君願見.' 孔子辭謝, 不得已而見之 …… 孔子曰 : '吾鄕爲弗見, 見之禮答焉.' 子路不說. 孔子矢之曰 : '予所不者, 天厭之! 天厭之!')"라고 하였다.

詳說

○ 「萬章」.

'『맹자(孟子)』작안수유(『孟子』作顔讐由)'에서 『맹자(孟子)』는 『맹자(孟子)』「만장(萬章)」이다.

○ 『史記』'適'字上有'將'字, 蓋非已至陳也.

'적진과광(適陳過匡)'에 대해, 『사기(史記)』에는 '적(適)'자 앞에 '장(將)'자가 있으니, 이미 진(陳)나라에 도착한 것은 아니기 때문이다.

○ 『索隱』曰: "宋邑."

'적진과광(適陳過匡)'에서 '광(匡)'에 대해, 『사기색은(史記索隱)』에서는 "송(宋)나라의 읍(邑)이다."라고 하였다.

○ 貌似陽虎故也.

'광인이위양호(匡人以爲陽虎 : 광 땅 사람들이 공자를 양호라고 여겼다.)'라고 한 것은 모습이 양호와 비슷했기 때문이다.

○ 去聲.

'미견호덕(未見好德)'에서 '호(好)'자는 거성이다.

朱註

去適宋, 司馬桓魋欲殺之.(有'天生德'語及'微服過宋'事.) 又去, 適陳, 主司城貞子家. 居三歲而反于衛, 靈公不能用.(有'三年有成'之語.)

위(衛)나라를 떠나 송(宋)나라에 가니, 사마(司馬)인 환퇴(桓魋)가 공자를 죽이려고 하였다.('하늘이 나에게 덕을 주었다'[62]라는 말과 '미복(微服 : 신분을 숨기려는 남루한

60) 자로와 맹세한 일 : 『논어(論語)』「옹야(雍也)」에서 "공자가 남자(南子)를 만나니, 자로가 기뻐하지 않았다. 공자가 맹세하여 말하였다. 내가 만일 잘못했다면 하늘이 나를 버릴 것이다! 하늘이 나를 버릴 것이다!'(子見南子, 子路不說. 夫子矢之曰 : '予所否者, 天厭之, 天厭之!')"라고 하였다.

61) 덕을 좋아하는 사람을 보지 못했다 : 『논어(論語)』「자한(子罕)」에서 "공자가 말하였다. '나는 덕을 좋아하기를 여색(女色)을 좋아하듯이 하는 자를 보지 못하였다.'(子曰 : '吾未見好德如好色者也.')"라고 하였다. 이 구절에 대한 주자의 주석에서 "『사기(史記)』에, 공자가 위(衛)나라에 있을 때 영공이 부인과 수레를 함께 타고 공자에게는 뒤 수레를 타도록 하여 의기양양하게 시내를 지나갔는데, 공자가 그를 추하게 여겼다. 그러므로 이 말을 하였다.(『史記』, 孔子居衛, 靈公與夫人同車, 使孔子爲次乘, 招搖市過之, 孔子醜之. 故有是言.)"라고 하였다.

62) 하늘이 나에게 덕을 주었다 : 『논어(論語)』「술이(述而)」에서 "공자가 말하였다. '하늘이 나에게

옷차림)으로 송나라를 지나갔다'[63]라는 일이 있다.) 또 송나라를 떠나 진(陳)나라에 가서 사성정자(司城貞子)의 집에 주인(主人)을 정하였다. 3년 동안 거주하다가 위나라로 돌아왔는데, 영공(靈公)은 등용하지 못하였다.[64]('3년이면 성취가 있을 것이다'[65]라는 말이 있다.)

詳說

○ **此事『史記』所無, 出『孟子』「萬章」.**

"'미복과송'사('微服過宋'事)"라는 일은 『사기(史記)』에는 없고, 『맹자(孟子)』「만장상(萬章上)」에 나온다.

덕을 주었는데, 환퇴가 나를 어떻게 하겠는가?'(子曰 : '天生德於予, 桓魋其如予何?')"라고 하였다.

63) 미복(微服 : 신분을 숨기려는 남루한 옷차림)으로 송나라를 지나갔다 : 『맹자(孟子)』「만장상(萬章上)」에서 "공자가 노나라와 위나라에서 머물기를 좋아하지 않아서 노·위를 떠났는데, 송나라 환사마(桓司馬)가 죽이려고 하는 것을 맞닥트려 미복으로 송나라를 지나갔다. 이때 공자는 곤경에 처해졌지만, 진후(陳侯) 주(周)의 신하가 된 사성정자(司城貞子)를 주인으로 삼았다.(孔子不悅於魯·衛, 遭宋桓司馬將要而殺之, 微服而過宋. 是時, 孔子當阨, 主司城貞子爲陳侯周臣.)"라고 하였다.

64) 3년 동안 거주하다가 위나라로 돌아왔는데, 영공(靈公)은 등용하지 못했다 : 『사기(史記)』 권47 「공자세가(孔子世家)」 제17에서 "위나라 영공은 공자가 온다는 소식을 듣고 기뻐하며 교외까지 나가 영접하였다. 영공이 물었다. '포(蒲) 땅을 토벌할 수 있겠습니까?' 공자가 대답하였다. '할 수 있습니다.' 영공이 말하였다. '우리 대부(大夫)들은 할 수 없다고 여깁니다. 지금 포 땅은 위(衛)나라가 진(晉)나라와 초(楚)나라를 방어하는 곳인데, 위나라가 직접 그곳을 토벌한다는 것은 문제가 있지 않겠습니까?' 공자가 말하였다. '그곳의 장정들은 모두 위나라를 위해 목숨을 바칠 의지가 있으며, 부녀자들도 그들의 서하(西河) 땅을 지키려는 의지가 있습니다. 우리가 토벌하려는 사람은 반란을 일으킨 우두머리 4~5명에 불과합니다.' 영공이 말하였다. '좋습니다.' 그러나 영공은 포 땅을 토벌하지 않았다. 영공은 늙어서 정사에 태만하여 공자를 등용하지 않았다. 공자는 크게 탄식하며 말하였다. '만일 나를 등용해 주는 자가 있다면 1년 만이라도 될 것이고, 3년이면 성취가 있을 것이다.' 공자는 위나라를 떠났다.(衛靈公聞孔子來, 喜, 郊迎. 問曰 : '蒲可伐乎?' 對曰 : '可.' 靈公曰 : '吾大夫以爲不可. 今蒲, 衛之所以待晉·楚也, 以衛伐之, 無乃不可乎?' 孔子曰 : '其男子有死之志, 婦人有保西河之志. 吾所伐者不過四五人.' 靈公曰 : '善.' 然不伐蒲. 靈公老, 怠於政, 不用孔子. 孔子喟然歎曰 : '苟有用我者, 朞月而已, 三年有成.' 孔子行.)"라고 하였다.

65) 3년이면 성취가 있을 것이다 : 『논어(論語)』「자로(子路)」에서 "공자가 말하였다. '만일 나를 등용해 주는 자가 있다면 1년 만 하더라도 괜찮을 것이고, 3년이면 성취가 있을 것이다.'(子曰 : '苟有用我者. 朞月而已可也, 三年有成.')"라고 하였다. 이 구절에 대해 주자는 주석에서 "내 생각에, 『사기(史記)』에 이 말은 위령공이 등용해 주지 못했기 때문에 한 말이라고 하였다.(愚按 : 『史記』, 此蓋爲衛靈公不能用而發.)"라고 하였다.

朱註

晉·趙氏家臣佛肸以中牟畔, 召孔子. 孔子欲往, 亦不果.(有'答子路堅白'語及'荷蕢過門'事.)

진(晉)나라 조씨(趙氏)의 가신인 필힐(佛肸)이 중모(中牟) 땅을 점거하여 배반하고 공자를 불렀다. 공자는 가려고 했지만 또한 결행하지 않았다.[66]('자로에게 단단함과 흼으로 비유하여 답하였다'[67]라는 말과 '삼태기를 메고 공씨의 집 앞을 지나갔다'[68]라는 일이 있다.)

---

66) 진(晉)나라 조씨(趙氏)의 가신(家臣)인 …… 또한 결행하지 않았다 : 『사기(史記)』 권47 「공자세가(孔子世家)」 제17에서 "필힐(佛肸)은 중모(中牟) 땅의 지방관으로 있었다. 조간자(趙簡子)는 범씨(范氏)와 중항씨(中行氏)를 공격하려고 하여 중모 땅을 토벌하였다. 필힐이 배반하니 사람을 보내 공자를 불렀다. 공자는 가려고 하였다. 자로가 말하였다. '제가 선생님께 듣기에 '스스로 좋지 못한 일을 한 자에게 군자는 가지 않는다.'라고 하였습니다. 지금 필힐은 스스로 중모 땅을 점거하여 배반했는데 선생님께서 가려고 하니 어찌 된 일입니까?' 공자가 말하였다. '이런 말이 있다. '단단하다고 말하지 않겠는가, 갈아도 얇아지지 않으니! 희다고 말하지 않겠는가, 검은 물을 들여도 검어지지 않으니!' 내가 어찌 뒤웅박처럼 한곳에 매달린 채 먹지도 못하는 그런 사람이 되어야 하겠는가?'(佛肸爲中牟宰. 趙簡子攻范·中行, 伐中牟. 佛肸畔, 使人召孔子. 孔子欲往. 子路曰 : '由聞諸夫子, '其身親爲不善者, 君子不入也.' 今佛肸親以中牟畔, 子欲往, 如之何?' 孔子曰 : '有是言也. '不曰堅乎, 磨而不磷 ; 不曰白乎, 涅而不淄.' 我豈匏瓜也哉, 焉能繫而不食?')"라고 하였다.

67) 자로에게 단단함과 흼으로 비유하여 답하였다 : 『논어(論語)』「양화(陽貨)」에서 "자로(子路)가 말하였다. '옛날에 제가 선생님께 듣기를, '직접 몸소 착하지 않은 행동을 하는 자에게는 군자가 들어가지 않는다.'라고 했습니다. 필힐(佛肸)이 지금 중모(中牟) 땅을 점거하여 배반했는데 선생님께서 가려고 하니, 어찌된 일입니까?' 공자가 말하였다. '그렇다. 이런 말이 있다. '단단하다고 말하지 않겠는가, 갈아도 얇아지지 않으니! 희다고 말하지 않겠는가, 검은 물을 들여도 검어지지 않으니!' 내가 어찌 뒤웅박처럼 한곳에 매달린 채 먹지도 못하는 그런 사람이 되어야 하겠는가?'(子路曰 : '昔者, 由也聞諸夫子, 曰 : ''於其身爲不善者, 君子不入也.' 佛肸以中牟畔, 子之往也, 如之何?' 子曰 : '然. 有是言也. '不曰堅乎, 磨而不磷! 不曰白乎, 涅而不緇!' 吾豈匏瓜也哉, 焉能繫而不食?')"라고 하였다.

68) 삼태기를 메고 공씨의 집 앞을 지나갔다 : 『논어(論語)』「헌문(憲問)」에서 "공자가 위(衛)나라에서 경쇠를 두들기고 있었는데, 삼태기를 메고 공씨(孔氏)의 문 앞을 지나가는 자가 듣고서 말하였다. '마음이 속세에 있구나, 경쇠를 두들기는 소리가!' 조금 있다가 말하였다. '비루하구나, 깽깽거리는 소리가! 자신을 알아주지 않으면 그만두어야 할 것이니, 물이 깊으면 옷을 벗고 건너고, 얕으면 옷을 걷고 건너야 할 것이다.' 공자가 말하였다. '과감하구나! 어려울 것이 없겠구나!'(子擊磬於衛, 有荷蕢而過孔氏之門者曰 : '有心哉, 擊磬乎!' 旣而曰 : '鄙哉, 硜硜乎! 莫己知也, 斯已而已矣, 深則厲, 淺則揭.' 子曰 : '果哉, 末之難矣!')"라고 하였다.

詳說

○ 五字『史記』所無而補入者.

'진·조씨가신(晉·趙氏家臣)'이라는 다섯 글자는 『사기(史記)』에 없어 보충하여 끼워 넣은 것이다.

○ 音弼.

'필힐(佛肸)'에서 '필(佛)'자는 음이 필(弼)이다.

○ 許密反.

'필힐(佛肸)'에서 '힐(肸)'은 '허(許)'와 '밀(密)'의 반절(反切)이다.

○ 畔趙氏.

'이중모반(以中牟畔)'에서 '반(畔)'은 조씨(趙氏)를 배반했다는 것이다.

○ 亦字照上不往公山之召而言.

'역불과(亦不果)'에서 '역(亦)'자는 위에서 공산불뉴(公山不狃)가 불렀을 때 가지 않은 일에 비추어 말한 것이다.

○ 去聲

'하괴과문사(荷蕢過門事)'에서 '하(荷)'자는 거성이다.

朱註

將西見趙簡子, 至河而反, 又主蘧伯玉家. 靈公問陳, 不對而行, 復如陳.(據『論語』, 則'絶糧'當在此時.)

서쪽으로 가서 조간자(趙簡子)를 만나려고 황하(黃河)에 이르렀다가 돌아와 다시 거백옥(蘧伯玉)의 집에 주인을 정하였다.[69] 영공(靈公)이 진법(陳法)에 대해 질문

69) 서쪽으로 가서 조간자(趙簡子)를 만나려고 …… 집에 주인을 정했다 : 『사기(史記)』 권47 「공자세가(孔子世家)」 제17에서 "공자는 위(衛)나라에서 등용될 수 없게 되자 서쪽으로 가서 조간자를 만나려고 하였다. 황하에 이르러 두명독(竇鳴犢)과 순화(舜華)가 피살된 소식을 듣고 강가에서 탄식하며 말하였다. '아름답다, 황하여, 넓고 넓도다! 내가 이 황하를 건너지 못하는 것은 또한 운명이다!' 자공이 빠른 걸음으로 나아가 물었다. '감히 묻건대 무슨 뜻입니까?' 공자가 말하였다. '두명독과 순화는 진(晉)나라의 어진 대부였다. 조간자가 아직 뜻을 얻지 못했을 때 이 두 사람의 도움으로 정치를 하였다. 그런데 지금 그가 뜻을 이루고 나니 도리어 그들을 죽이고 정권을 장악하였다. 내가 듣기로 배를 갈라 어린 것을 죽이면 기린(麒麟)이 교외에 이르지 아니하고, 연못을 마르게 하여 고기잡이를 하면 교룡(蛟龍)이 운우(雲雨)를 일으켜 음양의 조화를 이루려 하지 않고, 둥지를 뒤엎어 알을 깨뜨리면 봉황이 날아오지 않는다고 한다. 왜

하자 대답하지 않고 떠나서 다시 진(陳)나라로 갔다.(『논어(論語)』에 의하면 '양식이 떨어진 때'[70]가 바로 이 시기이다.)

詳說

○ 名鞅, 晉大夫.

'장서견조간자(將西見趙簡子)'에서 '조간자(趙簡子)'는 이름이 앙(鞅)이고 진(晉)나라 대부이다.

○ 去聲.

'영공문진(靈公問陳)'에서 '진(陳)'자는 거성이다.

○ 二字櫽括爲文者.

'부대이행(不對而行)'에서 '부대(不對)' 두 글자는 『사기(史記)』「공자세가(孔子世家)」에서 이 내용과 관련된 전체를 포괄하여 문장을 만든 것이다.

○ 去聲.

'부여진(復如陳)'에서 '부(復)'자는 거성이다.

그러한가? 군자는 자기와 같은 무리가 상하는 것을 꺼리기 때문이다. 조수(鳥獸)도 그 의롭지 못한 것을 또한 피할 줄 아는데 하물며 나는 어떻겠는가!' 이에 추향(陬鄕)에 되돌아가 쉬면서 '추조(陬操)'를 지어 두명독과 순화를 애도하였다. 그 뒤 공자는 위나라로 돌아가 거백옥(蘧伯玉)의 집에 들어가 살았다.(孔子旣不得用於衛, 將西見趙簡子. 至於河而聞竇鳴犢·舜華之死也, 臨河而歎曰:'美哉水, 洋洋乎! 丘之不濟此, 命也夫!' 子貢趨而進曰:'敢問何謂也?' 孔子曰:'竇鳴犢·舜華, 晉國之賢大夫也. 趙簡子未得志之時, 須此兩人而從政; 及其已得志, 殺之乃從政. 丘聞之也, 刳胎殺夭則麒麟不至郊, 竭澤涸漁則蛟龍不合陰陽, 覆巢毁卵則鳳皇不翔. 何則? 君子諱傷其類也. 夫鳥獸之於不義也尙知辟之, 而況乎丘哉!' 乃還息乎陬鄕, 作爲'陬操'以哀之. 而反乎衛, 入主蘧伯玉家.)"라고 하였다.

70) 양식이 떨어진 때:『논어(論語)』「위령공(衛靈公)」에서 "위(衛)나라 영공(靈公)이 공자에게 진법(陳法)에 대해 질문하였다. 공자는 '제기에 대한 일은 들은 적이 있지만, 군대에 관한 일은 배우지 못했습니다.'라고 대답하고, 다음 날 마침내 떠났다. 진(陳)나라에 있을 때 양식이 떨어지니, 따르는 사람들이 병들어 잘 일어나지 못하였다. 자로(子路)가 성난 얼굴로 공자를 뵙고 말하였다. '군자도 곤궁할 때가 있습니까?' 공자가 말하였다. '군자도 본디 곤궁한 때가 있지만, 소인은 곤궁하면 함부로 한다.'(衛靈公問陳於孔子. 孔子對曰:'俎豆之事, 則嘗聞之矣; 軍旅之事, 未之學也.' 明日遂行. 在陳絶糧, 從者病, 莫能興. 子路慍見曰:'君子亦有窮乎?' 子曰:'君子固窮, 小人窮斯濫矣.')"라고 하였다.

朱註

季桓子卒, 遺言謂康子必召孔子, 其臣止之, 康子乃召冉求.(『史記』以『論語』'歸與'之歎爲在此時, 又以『孟子』所記歎詞, 爲'主司城貞子時語', 疑不然. 蓋『語』·『孟』所記, 本皆此一時語, 而所記有異同耳.)

계환자(季桓子)가 죽을 때 유언(遺言)하여 강자(康子)에게 말하기를 반드시 공자를 불러 등용하라고 하였는데, 그 신하들이 저지하자 강자는 마침내 염구(冉求)를 불렀다.(『사기(史記)』「공자세가(孔子世家)」에서 『논어(論語)』「공야장(公冶長)」의 '돌아가자, 돌아가!'[71]라는 탄식이 이때의 일이라고 여겼고, 또 『맹자(孟子)』「진심하(盡心下)」에 기록된 탄식하는 말은[72] '사성정자(司城貞子)의 집에 주인(主人)을 정했을' 때의 일이라고 여겼는데, 그렇지 않은 것 같다.[73] 대개 『논어(論語)』와 『맹자(孟子)』에 기재된 말은 본래

---

71) 돌아가자, 돌아가! : 『논어(論語)』「공야장(公冶長)」에서 "공자가 진(陳)나라에 있을 때 말하였다. '돌아가자, 돌아가! 우리 고장의 젊은이들은 뜻은 크지만 일에는 소략하여 찬란히 문장을 이루었는데 그것을 마름질할 줄 모른다.'(子在陳曰 : '歸與, 歸與! 吾黨之小子狂簡, 斐然成章, 不知所以裁之.')"라고 하였다.

72) 『맹자(孟子)』「진심하(盡心下)」에 기록된 탄식하는 말은 : 『맹자(孟子)』「진심하(盡心下)」에서 "만장(萬章)이 물었다. '공자가 진(陳)나라에 있을 때에 '어찌 돌아가지 않겠는가! 우리 고장의 젊은이들은 뜻은 크지만 일에는 소략하여, 진취적인데 그 애초의 뜻을 잊어버리지 않는다.'라고 말했습니다. 공자는 진(陳)나라에 있으면서 어찌하여 노(魯)나라의 뜻이 큰 선비들을 생각했습니까?'(萬章問曰 : '孔子在陳曰, '盍歸乎來! 吾黨之士狂簡, 進取不忘其初.' 孔子在陳, 何思魯之狂士?')"라고 하였다.

73) 『사기(史記)』「공자세가(孔子世家)」에서 『논어(論語)』「공야장(公冶長)」의 …… 여겼는데, 그렇지 않은 것 같다 : 『사기(史記)』 권47 「공자세가(孔子世家)」 제17에서, 『논어(論語)』「공야장(公冶長)」의 '돌아가자, 돌아가!'라는 탄식에 대해서는 "공자가 진(陳)나라에 머문 지 3년, 때마침 진(晉)나라와 초(楚) 나라가 강함을 다투며 서로 차례로 진(陳)나라를 침범하였고, 오나라가 진(陳)나라를 침범할 때까지, 진(陳)나라는 항상 침공을 당하였다. 공자가 말하였다. '돌아가자, 돌아가! 우리 고장의 젊은이들은 뜻은 크지만 일에는 소략하여, 진취적인데 그 애초의 뜻을 잊어버리지 않는다.' 이에 공자는 진(陳)나라를 떠났다.(孔子居陳三歲, 會晉楚爭彊, 更伐陳, 及吳侵陳, 陳常被寇. 孔子曰 : '歸與歸與! 吾黨之小子狂簡, 進取不忘其初.' 於是孔子去陳.)"라고 하여, 공자가 처음으로 진(陳)나라에 갔을 때의 일로 보았다. 그리고 『맹자(孟子)』「진심하(盡心下)」에 기록된 탄식하는 말에 대한 것은 "가을에 계환자(季桓子)가 병이 들었는데, 마차에 올라 노나라의 도성을 바라보고 탄식하며 말하였다. '이전에 이 나라는 거의 흥성할 수 있었는데, 내가 공자에게 무례한 짓을 했기 때문에 흥성하지 못하였다.' 그는 또 후계자인 강자(康子)를 돌아보며 말하였다. '내가 죽으면 너는 반드시 노나라의 재상이 될 것이다. 노나라의 재상이 되면 반드시 공자를 불러라.' 며칠 뒤 계환자가 죽고 강자가 대를 이었다. 장례가 끝난 뒤 강자는

모두 이때의 일인데 기록한 것에 다름이 있을 뿐이다.)

詳說

◯ 桓子之子.

'유언위강자(遺言謂康子)'에서 '강자(康子)'는 계환자(季桓子)의 아들이다.

◯ 康子之臣.

'기신지지(其臣止之)'에서 '신(臣)'은 계강자의 신하이다.

◯ 平聲.

'귀여지탄(歸與之歎)'에서 '여(與)'자는 평성이다.

◯ 亦'歸與'之詞.

'『맹자(孟子)』소기탄사(『孟子』所記歎詞)'에서 '탄사(歎詞)' 또한 '돌아가자'라는 말이다.

◯ 『索隱』曰 : "前後兩引失之."

『사기(史記)』 권47 「공자세가(孔子世家)」 제17에서 공자가 탄식하며 노나라로 돌아가자고 한 말에 대해, 『사기색은(史記索隱)』에서 말하였다. "전후로 두 번 인용한 것은 잘못이다."

공자를 부르려고 하였다. 공지어(公之魚)가 말하였다. '예전에 선군(先君)께서 그를 등용하려고 했지만 매듭짓지 못하여 결국 제후의 웃음거리가 되었습니다. 이제 또 그를 등용하려다가 매듭짓지 못하게 되면 이는 또다시 제후들의 웃음거리가 되는 것입니다.' 강자가 말하였다. '그러면 누구를 초빙하면 좋겠습니까?' 공지어가 말하였다. '꼭 염구(冉求)를 부르십시오.' 이에 사람을 보내어 염구를 불렀다. 염구가 초빙에 응해 가려고 하니 공자가 말하였다. '노나라에서 염구를 부르는 것을 보니 이것은 작게 등용하려는 것이 아니라 장차 크게 등용하려는 것이리라.' 이날 공자가 말하였다. '돌아가자, 돌아가! 우리 고장의 젊은이들은 뜻은 크지만 일에는 소략하고, 찬란히 문장을 이루었는데 내가 그들을 어떻게 마름질해야 할지 모르겠다.' 자공(子贛 : 子貢)은 공자가 노나라로 돌아갈 생각이 있음을 알고 염구를 전송할 때 당부하며 말하였다. '바로 등용되면 공자를 부르도록 해주시오.' 염구가 가고 다음해에 공자는 진(陳)나라에서 채(蔡)나라로 옮겨갔다.(秋, 季桓子病, 輦而見魯城, 喟然歎曰 : '昔此國幾興矣, 以吾獲罪於孔子, 故不興也.' 顧謂其嗣康子曰 : '我卽死, 若必相魯; 相魯, 必召仲尼.' 後數日, 桓子卒, 康子代立. 已葬, 欲召仲尼. 公之魚曰 : '昔吾先君用之不終, 終爲諸侯笑. 今又用之, 不能終, 是再爲諸侯笑.' 康子曰 : '則誰召而可?' 曰 : '必召冉求.' 於是使使召冉求. 冉求將行, 孔子曰 : '魯人召求, 非小用之, 將大用之也.' 是日, 孔子曰 : '歸乎, 歸乎! 吾黨之小子狂簡, 斐然成章, 吾不知所以裁之.' 子贛知孔子思歸, 送冉求, 因誡曰'卽用, 以孔子爲招'云. 冉求旣去, 明年, 孔子自陳遷于蔡.)"라고 하여, 공자가 다시 진(陳)나라에 갔을 때의 일로 보았다. 이에 대해 주자는 공자의 말에 대한 기록이 서로 조금 다르지만, 같은 때의 일로 본 것이다.

朱註

孔子如蔡及葉.(有'葉公問答', '子路不對', '沮·溺耦耕'·'荷蓧丈人'等事. 『史記』云 : "於是, 楚昭王使人聘孔子. 孔子將往拜禮, 而陳·蔡大夫發徒圍之, 故孔子絶糧於陳·蔡之間. 有慍見及告子貢'一貫'之語." 按 : 是時, 陳·蔡臣服於楚, 若楚王來聘孔子, 陳·蔡大夫安敢圍之? 且據『論語』, 絶糧當在去衛如陳之時.)

공자는 채(蔡)나라로 가서 섭(葉) 땅에 이르렀다.('섭공(葉公)이 정사(政事)에 대해 묻고 공자가 대답한 것'[74]과 '자로(子路)에게 공자에 대해 물었는데 자로가 대답하지 않은 일',[75] '장저(長沮)와 걸닉(桀溺)이 함께 밭을 가는데 공자가 자로를 시켜 나루를 묻게 한 일',[76] '지팡이로 대바구니를 멘 장인(丈人)'[77] 등의 일이 있다. 『사기(史記)』「공자세가(孔子世家)」

---

74) 섭공(葉公)이 정사(政事)에 대해 묻고 공자가 대답한 것 : 『논어(論語)』「자로(子路)」에서 "섭공이 정사에 대해 물었다. 공자가 대답하였다. '가까이 있는 자들이 기뻐하고, 먼 곳에 있는 자들이 오도록 해야 합니다.'(葉公問政. 子曰 : '近者說, 遠者來.')"라고 하였다.

75) 자로(子路)에게 공자에 대해 물었는데 자로가 대답하지 않은 일 : 『논어(論語)』「술이(述而)」에서 "섭공(葉公)이 자로에게 공자에 대해 물었는데, 자로가 대답하지 않았다. 공자가 말하였다. '너는 어찌 그의 사람됨이 분발하면 먹는 것도 잊고, 이치를 깨달으면 즐거워 근심을 잊어 늙음이 닥쳐오는 줄도 모른다고 말하지 않았는가?'(葉公問孔子於子路, 子路不對. 子曰 : '女奚不曰其爲人也發憤忘食, 樂以忘憂, 不知老之將至云爾?')"라고 하였다.

76) 장저(長沮)와 걸닉(桀溺)이 함께 밭을 가는데 공자가 자로를 시켜 나루를 묻게 한 일 : 『논어(論語)』「미자(微子)」에서 "장저와 걸닉이 함께 밭을 가는데 공자가 지나가다가 자로(子路)를 시켜 나루를 묻게 하였다. 장저가 말하였다. '수레 고삐를 잡고 있는 사람은 누구인가?' 자로가 대답하였다. '공구(孔丘)입니다.' 장저가 물었다. '그 노(魯)나라의 공구란 말인가?' 자로가 대답하였다. '그렇습니다.' 장저가 말하였다. '그는 나루를 알 것이다.' 자로가 걸닉에게 물으니, 걸닉이 말하였다. '당신은 누구인가?' 자로가 대답하였다. '중유(仲由 : 子路의 본명)입니다.' 걸닉이 말하였다. '그 노나라 공구의 문도인가?' 자로가 대답하였다. '그렇습니다.' 걸닉이 말하였다. '큰물에 휩쓸려 흘러가는 모습이 천하가 모두 그러한데, 누가 이 세상을 바꿀 수 있겠는가? 또 그대는 사람을 피하는 선비를 따르는 것보다는 세상을 피하는 선비를 따르는 것만 하겠는가?' 그러고는 씨앗 덮는 일을 그치지 않았다.(長沮桀溺, 耦而耕, 孔子過之, 使子路問津焉. 長沮曰 : '夫執輿者爲誰?' 子路曰 : '爲孔丘.' 曰 : '是魯孔丘與?' 曰 : '是也.' 曰 : '是知津矣.' 問於桀溺, 桀溺曰 : '子爲誰?' 曰 : '爲仲由.' 曰 : '是魯孔丘之徒與?' 對曰 : '然.' 曰 : '滔滔者天下皆是也, 而誰以易之? 且而與其從辟人之士也, 豈若從辟世之士哉?' 耰而不輟.)"라고 하였다.

77) 지팡이로 대바구니를 멘 장인(丈人) : 『논어(論語)』「미자(微子)」에서 "자로(子路)가 따라가다가 뒤에 처졌었는데, 지팡이로 대바구니를 멘 장인을 만나 자로가 물었다. '당신은 우리 선생님을 보았습니까?' 장인이 말하였다. '사지(四肢)를 부지런히 하지 않고 오곡(五穀)을 분별하지 못하는데, 누가 선생님인가?' 지팡이를 꽂아놓고 김을 매었다.'(子路從而後, 遇丈人以杖荷蓧, 子路問曰 : '子見夫子乎?' 丈人曰 : '四體不勤, 五穀不分, 孰爲夫子?' 植其杖而芸.)"라고 하였다.

에서 말하였다. "이에 초(楚)나라 소왕(昭王)이 사람을 보내어 공자를 초빙하였다. 공자가 가서 예를 갖추려고 하니, 진(陳)나라와 채(蔡)나라의 대부들이 무리를 풀어 공자를 포위하였기 때문에 진나라와 채나라 사이에서 양식이 떨어졌다. 자로(子路)가 성난 얼굴로 공자를 뵙고 말한 것과 자공에게 '하나의 이치로 모든 것을 관통했다'라는 말을 해준 일이 있다."78) 내[주자] 생각에, 당시 진나라와 채나라는 초나라에 신하의 예(禮)로 복종하고 있었는데, 이처럼 초나라 왕이 공자를 초빙한 것을 진나라와 채나라 대부들이 어떻게 감히 공자를 포위할 수 있었겠는가? 또 『논어(論語)』에 의거하면 양식이 떨어진 것은 위(衛)나라를 떠나 진(陳)로 갈 때에 해당된다.)

詳說

○ 舒涉反. 楚縣名.

'여채급섭(如蔡及葉)'에서 '섭(葉)'은 '서(舒)'와 '섭(涉)'의 반절(反切)이다. 초(楚)

---

78) 이에 초(楚)나라 소왕(昭王)이 사람을 보내어 …… 말을 해준 일이 있다. : 『사기(史記)』 권47 「공자세가(孔子世家)」 제17에서 "공자가 채나라로 옮긴 지 3년이 되던 해에 오(吳)나라가 진(陳)나라를 공격하였다. 초나라는 진나라를 구원하기 위해 성보(城父)에 군대를 주둔시켰다. 초나라에서는 공자가 진나라와 채나라의 사이에 있다는 말을 듣고 사람을 보내어 공자를 초빙하였다. 공자가 가서 예를 갖추려고 하니, 진나라와 채나라의 대부들이 의논하여 말하였다. '공자는 현인이다. 그가 넌지시 비난하는 말은 모두 제후들이 잘못한 것에 꼭 들어맞는다. 지금 그가 진나라와 채나라의 사이에 오래 머물고 있는데, 그간 여러 대부들이 한 행실은 모두 공자의 뜻에 맞지 않는다. 지금의 초나라는 큰 나라인데 공자를 초빙하려고 한다. 공자가 초나라에 등용되면 우리 진나라와 채나라에서 권력을 장악하고 있는 대부들은 모두 위험해질 것이다.' 이에 진나라와 채나라의 대부들은 서로 무리들을 풀어 들판에서 공자를 포위하였다. 그래서 공자는 초나라로 가지 못하고 식량마저 떨어졌다. 따르는 사람들이 병들어 잘 일어서지도 못하였다. 그러나 공자는 조금도 흐트러짐이 없이 강론하고 거문고를 타면서 지냈다. 자로(子路)가 성난 얼굴로 공자를 뵙고 말하였다. '군자도 곤궁할 때가 있습니까?' 공자가 말하였다. '군자도 본디 곤궁한 때가 있지만, 소인은 곤궁하면 함부로 한다.' 자공이 화가 나서 안색이 변하였다. 공자가 말하였다. '사(賜 : 자공의 이름)야, 너는 내가 박학다식하다고 생각하느냐?' 자공이 대답하였다. '그렇습니다. 그렇지 않다는 말씀입니까?' 공자가 말하였다. '그렇지 않다. 나는 하나의 이치로 모든 것을 관통했을 뿐이다.'(孔子遷于蔡三歲, 吳伐陳. 楚救陳, 軍于城父. 聞孔子在陳·蔡之閒, 楚使人聘孔子. 孔子將往拜禮, 陳·蔡大夫謀曰 : '孔子賢者, 所刺譏皆中諸侯之疾. 今者久留陳·蔡之閒, 諸大夫所設行皆非仲尼之意. 今楚, 大國也, 來聘孔子. 孔子用於楚, 則陳·蔡用事大夫危矣.' 於是乃相與發徒役圍孔子於野. 不得行, 絶糧. 從者病, 莫能興. 孔子講誦弦歌不衰. 子路慍見曰 : '君子亦有窮乎?' 孔子曰 : '君子固窮, 小人窮斯濫矣.' 子貢色作. 孔子曰 : '賜, 爾以予爲多學而識之者與?' 曰 : '然. 非與?' 孔子曰 : '非也. 予一以貫之.')"라고 하였다.

나라 고을 이름이다.

○ 卽問政事.

'섭공문답(葉公問答)'에서 '문답(問答)'은 바로 섭공과 공자가 정사(政事)에 대해 묻고 대답한 것을 말한다.

○ 別是一事.

'자로부대(子路不對)'는 앞의 '섭공문답(葉公問答)'과는 별도의 한 가지 일이다.

○ 七余反.

'저 · 닉우경(沮 · 溺耦耕)'에서 '저(沮)'는 '칠(七)'과 '여(余)'의 반절(反切)이다.

○ 去聲.

'하조장인(荷蓧丈人)'에서 '하(荷)'자는 거성이다.

○ 徒弔反.

'하조장인(荷蓧丈人)'에서 '조(蓧)'는 '도(徒)'와 '조(弔)'의 반절(反切)이다.

○ 名軫.

'초소왕사인빙공자(楚昭王使人聘孔子)'에서 '초소왕(楚昭王)'은 이름이 진(軫)이다.

○ 朱子曰: "昭王之招, 無此事. 鄒 · 魯間陋儒尊孔子之意如此."[79]

주자(朱子 : 朱熹)가 말하였다. "소왕이 공자를 초빙한 일은 없었을 것이다. 추나라와 노나라의 비루한 학자들이 공자를 높이는 의도가 이와 같다."

○ 恐脫'子路'二字.

'유온현(有慍見)'에서 '유(有)'자 뒤에 '자로(子路)'라는 두 글자를 빠트린 것 같다.

○ 音現.

'유온현(有慍見)'에서 '현(見)'자는 음이 현(現)이다.

○ 絶糧旣在如陳時, 則慍見 · 一貫語之, 亦在其時可見. 而今在此者, 仍『史記』耳.

'차거『논어(論語)』, 절량당재거위여진지시(且據『論語』, 絶糧當在去衛如陳之時)'에서 '절량(絶糧 : 양식이 떨어짐)'이 이미 진(陳)나라로 갈 때였으니, 자로(子路)가

79) 『주자어류(朱子語類)』 권19, 「논어1(論語一)」, 102조목에서는 "'楚昭王招孔子, 孔子過陳蔡被圍.' 昭王之招無此事. 鄒 · 魯間陋儒尊孔子之意如此. 設使是昭王招, 陳 · 蔡乃其下風耳, 豈敢圍? 張無垢所謂者非.('초(楚)나라 소왕(昭王)이 공자를 초빙했는데, 공자가 진(陳)나라와 채(蔡)나라 사이를 지나가다가 포위를 당하였다.'라고 하는데, 소왕이 공자를 초빙한 일은 없었을 것이다. 추(鄒)나라와 노(魯)나라의 비루한 학자들이 공자를 높이는 의도가 이와 같다. 가령 소왕이 초빙했다면 진나라와 채나라는 그대로 따랐을 뿐이지 어찌 감히 포위했겠는가? 장무구(張無垢 : 張九成)가 말한 것은 사실이 아니다.)"라고 하였다.

성난 얼굴로 공자를 뵙고 말한 것과 자공에게 '하나의 이치로 모든 것을 관통했을 뿐이다'라고 말해준 것도 또한 그때였음을 알 수 있다. 그런데 지금 여기에 있는 것은 『사기(史記)』「공자세가(孔子世家)」를 그대로 따랐을 뿐이다.

朱註

楚昭王將以書社地封孔子, 令尹子西不可, 乃止.(『史記』云 : '書社地七百里', 恐無此理. 時則有'接輿之歌.')

초(楚)나라 소왕(昭王)이 서사(書社)의 땅을 가지고 공자를 봉해 주려고 했는데, 영윤(令尹 : 재상) 자서(子西)가 안 된다고 하여 그만두었다.[80](『사기(史記)』「공자세가(孔子世家)」에서는 '서사 땅 7백 리'라고 했는데, 그럴 리는 없는 것 같다. 이때 '접여(接輿)가 노래 부른 일'[81]이 있었다.)

---

80) 초(楚)나라 소왕(昭王)이 서사(書社)의 …… 자서(子西)가 안 된다고 하여 그만두었다 : 『사기(史記)』 권47 「공자세가(孔子世家)」 제17에서 "소왕이 장차 서사의 땅 7백 리로 공자를 봉하려고 하였다. 그러자 초나라의 재상 자서가 말하였다. '왕의 사신으로 제후에게 보낼 사람 중에서 자공만 한 사람이 있습니까?' '없습니다.' '왕을 보필할 신하 중에서 안회만한 사람이 있습니까?' '없습니다.' '왕의 장수 중에서 자로만한 사람이 있습니까?' '없습니다.' '왕의 장관 중에서 재여(宰予)만한 사람이 있습니까?' '없습니다.' 자서는 이어서 말하였다. '하물며 초나라의 선조가 주(周)나라로부터 봉함을 받았는데 그때 봉호는 자남작(子男爵)이었고, 봉지는 50리였습니다. 지금 공자는 삼황오제(三皇五帝)의 치국 방법을 말하고 주공(周公), 소공(召公)의 덕치를 본받고 있으니, 왕께서 만약 공자를 등용하신다면 초나라가 어떻게 대대로 당당하게 다스려온 사방 수천 리의 땅을 보존할 수 있겠습니까? 무릇 문왕(文王)은 풍(豐) 땅에서 일어났고, 무왕(武王)은 호(鎬) 땅에서 일어났지만 백 리밖에 안 되는 작은 땅을 가진 군주가 마침내 천하를 통일하였던 것입니다. 지금 공자가 근거할 땅을 얻고 현명한 제자들이 그를 보좌한다면 그것은 초나라의 복(福)이 아닐 것입니다.' 소왕은 이에 공자를 봉하는 것을 그만두었다. 그해 가을 초 소왕은 성보(城父)에서 죽었다.(昭王將以書社地七百里封孔子. 楚令尹子西曰 : '王之使使諸侯有如子貢者乎?' 曰 : '無有.' '王之輔相有如顔回者乎?' 曰 : '無有.' '王之將率有如子路者乎?' 曰 : '無有.' '王之官尹有如宰予者乎?' 曰 : '無有.' '且楚之祖封於周, 號爲子男五十里. 今孔丘述三·五之法, 明周·召之業, 王若用之, 則楚安得世世堂堂方數千里乎? 夫文王在豐, 武王在鎬, 百里之君卒王天下. 今孔丘得據土壤, 賢弟子爲佐, 非楚之福也." 昭王乃止. 其秋, 楚昭王卒于城父.)"라고 하였다.

81) 접여(接輿)가 노래 부른 일 : 『논어(論語)』「미자(微子)」에서 "초(楚)나라 광인(狂人)인 접여가 공자 앞을 지나며 노래하였다. '봉(鳳)이여, 봉(鳳)이여! 어찌 덕이 쇠퇴하였는가? 지나간 것은 간(諫)할 수 없거니와 오는 것은 오히려 따를 수 있으니, 그만두라, 그만두라! 오늘날 정사(政事)에 종사하는 자들은 위험하다.'(楚狂接輿歌而過孔子曰 : '鳳兮, 鳳兮! 何德之衰? 往者, 不可

詳說

○ 蓋已至楚見昭王, 而此不言'如楚'者, 因上文'及葉'82)及註中'聘孔子'之文而見也.

이미 초(楚)나라에 이르러 소왕(昭王)을 알현했기 때문에 여기에서는 '초나라에 가서'라고 말하지 않았으니, 위 글에서 '섭 땅에 이르렀다'라고 하였고, 그 주석에서 '공자를 초빙했다'라고 한 말을 보면 알 수 있다.

○ 『索隱』曰: "古者二十五家爲里, 里各立社. 書社者, 書其社之人名於籍."

'이서사지봉공자(以書社地封孔子)'에서 '서사지(書社地)'에 대해, 『사기색은(史記索隱)』에서 말하였다. "옛 제도에 25가구가 리(里)이고, 리에는 각각 사(社)를 설립하였다. 서사(書社)는 그 사(社)에 소속된 사람들의 이름을 장부에 기록하는 것이다."

○ 新安陳氏曰: "卿大夫所當得底地謂之采地, 如這箇卽君所特與,83) 故謂之'書社地'."84)

신안 진씨(新安陳氏: 陳櫟)가 말하였다. "경대부가 제후에게 받는 토지를 채지(采地)라고 하는데, 여기의 경우는 바로 군주가 특별히 부여한 것이기 때문에 '서사지(書社地)'라고 하였다."

○ 『史記』說止此.

『사기(史記)』「공자세가(孔子世家)」의 말은 '서사지칠백리(書社地七百里)'까지이다.

朱註

又反乎衛, 時靈公, 已卒, 衛君輒欲得孔子爲政.(有'魯·衛兄弟'及'答子貢夷·齊'·'子路正名'之語.) 而冉求爲季氏將, 與齊戰有功, 康子乃召孔子, 而孔子歸魯. 實哀公之十一年丁巳, 而孔子年六十八矣.(有'對哀公及康子'語.)

다시 위(衛)나라로 돌아오니, 이때 영공(靈公)은 이미 죽고, 위나라 군주인 첩(輒)이 공자를 얻어 정사(政事)를 하려고 하였다.('노(魯)나라와 위나라는 형제라고 한 말'85)과 '자공에게 백이와 숙제에 관해서 대답한 것'86)과 '자로에게 명분을 바로잡는

諫; 來者, 猶可追, 已而, 已而! 今之從政者殆而.)"라고 하였다.

82) 及葉: 『논어주상설』에는 '如葉으로 되어 있지만, 위 글에서 '급섭(及葉: 섭 땅에 이르렀다)'이라고 한 것에 의거하여 바로잡았다.

83) 如這箇卽君所特與: 호광 편(胡廣 編), 『논어집주대전(論語集註大全)』 서설(序說)에는 "如這箇却是君所特與(여기의 경우는 또한 군주가 특별히 부여한 것이기 때문에)"라고 되어 있다.

84) 호광 편(胡廣 編), 『논어집주대전(論語集註大全)』「서설(序說)」.

85) 노(魯)나라와 위나라는 형제라고 한 말: 『논어(論語)』「자로(子路)」에서 "공자가 말하였다. '노

것에 대한 말'[87] 등이 있다.) 염구(冉求)가 노(魯)나라 계씨(季氏)의 장수가 되어 제(齊)나라와 싸워 전공을 세우니, 강자(康子)는 이에 공자를 불렀고 공자가 노나라로 돌아왔다. 이는 애공(哀公) 11년 정사(丁巳)로서 공자 나이 68세였다.[88]('애

(魯)나라와 위(衛)나라의 정사(政事)는 형제처럼 비슷하다.'(子曰 : '魯衛之政, 兄弟也.')"라고 하였다.

86) 자공에게 백이와 숙제에 관해서 대답한 것 : 『논어(論語)』「술이(述而)」에서 "염유(冉有)가 말하였다. '선생님께서 위(衛)나라 군주를 도와주실까?' 자공(子貢)이 말하였다. '알았다. 내가 그것을 물어볼 것이다.' 공자에게 가서 물었다. '백이(伯夷)와 숙제(叔齊)는 어떠한 사람입니까?' 공자가 대답하였다. '옛날의 현명한 사람이다.' 자공이 물었다. '원망했습니까?' 공자가 대답하였다. '인(仁)을 구하여 인을 얻었으니, 또 무엇을 원망하겠는가?' 자공이 나와서 말하였다. '선생님께서는 돕지 않을 것이다.'(冉有曰 : '夫子爲衛君乎?' 子貢曰 : '諾. 吾將問之.' 入, 曰 : '伯夷·叔齊, 何人也?' 曰 : '古之賢人也.' 曰 : '怨乎?' 曰 : '求仁而得仁, 又何怨?' 出, 曰 : '夫子不爲也.')"라고 하였다.

87) 자로에게 명분을 바로잡는 것에 대한 말 : 『논어(論語)』「자로(子路)」에서 "자로가 말하였다. '위(衛)나라 군주가 선생님을 기다려 정사를 하려고 하십니다. 선생께서는 장차 무엇을 우선하시렵니까?' 공자가 말하였다. '반드시 명분을 바로잡을 것이다!' 자로가 말하였다. '이와 같군요, 선생님의 우활(迂闊)하심이! 어떻게 바로잡을 수 있겠습니까?' 공자가 말하였다. '비속하구나, 유(由 : 자로)여! 군자는 자기가 알지 못하는 것에는 빠트려두고 말하지 않는 것이다. 명분이 바르지 못하면 말이 이치에 순조롭지 못하고, 말이 이치에 순조롭지 못하면 일이 이루어지지 못하고, 일이 이루어지지 못하면 예악(禮樂)이 흥기하지 못하고, 예악이 흥기하지 못하면 형벌이 알맞지 못하고, 형벌이 알맞지 못하면 백성들이 손발을 둘 곳이 없어진다. 그러므로 군자가 명분을 붙이면 반드시 말할 수 있고, 말할 수 있으면 반드시 행할 수 있는 것이니, 군자는 그 말에 대하여 구차히 함이 없을 뿐이다.'(子路曰 : '衛君待子而爲政, 子將奚先?' 子曰 : '必也正名乎!' 子路曰 : '有是哉, 子之迂也! 奚其正?' 子曰 : '野哉, 由也! 君子於其所不知, 蓋闕如也. 名不正, 則言不順; 言不順, 則事不成; 事不成, 則禮樂不興; 禮樂不興, 則刑罰不中; 刑罰不中, 則民無所措手足. 故君子名之, 必可言也; 言之, 必可行也, 君子於其言, 無所苟而已矣.')"라고 하였다.

88) 염구(冉求)가 노(魯)나라 계씨(季氏)의 장수가 …… 공자 나이 68세였다 : 『사기(史記)』 권47 「공자세가(孔子世家)」 제17에서 "그다음 해 염유(冉有)는 계씨(季氏)의 장군이 되어 낭(郎)에서 제나라와 싸워서 이겼다. 계강자(季康子)가 말하였다. '그대는 군사에 관한 것을 배웠는가, 아니면 천성적으로 재주가 있는 것인가?' 염유가 대답하였다. '공자에게서 배웠습니다.' 계강자가 말하였다. '공자는 어떤 사람인가?' 염유가 대답하였다. '공자를 등용하면 나라의 명성이 높아지고, 그의 정사(政事)를 백성들에게 시행하거나 귀신에게 질정해도 유감이 없을 것입니다. 그에게 나와 같은 이 길을 걷게 한다면 비록 수천 사(社)를 준다고 해도 공자는 그것을 이로운 것으로 생각하지 않을 것입니다.' 계강자가 말하였다. '내가 공자를 초빙하고 싶은데, 가능하겠는가?' 염유가 대답하였다. '그를 부르려고 한다면 소인들이 그를 방해하지 못하도록 해야 가능할 것입니다.' 이때 위(衛)나라의 공문자(孔文子)는 장차 태숙(太叔)을 공격하려고 했는데, 그 계책을 공자에게 물었다. 공자는 모른다고 사양하고, 물러나 수레를 준비시켜 떠나면서 말

공과 강자에게 대답한 말'[89])이 있다.)

詳說

○ 此語『史記』所無.

'답자공이 · 제(答子貢夷 · 齊)'라는 말은 『사기(史記)』「공자세가(孔子世家)」에 없다.

○ 去聲.

'이염구위계씨장(而冉求爲季氏將)'에서 '장(將)'자는 거성이다.

○ 猶寔也.

'실애공지십일년(實哀公之十一年)'에서 '실(實)'자는 식(寔 : 이것)과 같다.

○ 雲峰胡氏曰 : "『史記』於適陳曰 : '孔子年六十', 反衛曰 : '孔子年六十三', 朱子皆刪之. 豈不以在他國故耶? 惟反魯及在魯, 則歷歷書之, 至晚年歸魯乃特書之. 言外慨嘆之意, 於書法可見."[90])

운봉 호씨(雲峰胡氏 : 胡炳文)[91])가 말하였다. "『사기(史記)』「공자세가(孔子世家)」에

하였다. '새는 나무를 선택하며 서식할 수 있지만 나무가 어찌 새를 선택할 수 있겠는가?' 공문자는 공자를 한사코 만류하였으나 마침 이때 계강자가 공화(公華), 공빈(公賓), 공림(公林)을 내쫓고 예물을 갖추어서 공자를 맞이했기 때문에 공자는 노나라로 돌아왔다. 공자는 노나라를 떠난 지 14년 만에 노나라로 돌아왔다.(其明年, 冉有爲季氏將師, 與齊戰於郎, 克之. 季康子曰 : '子之於軍旅, 學之乎, 性之乎?' 冉有曰 : '學之於孔子.' 季康子曰 : '孔子何如人哉?' 對曰 : '用之有名, 播之百姓, 質諸鬼神而無憾. 求之至於此道, 雖累千社, 夫子不利也.' 康子曰 : '我欲召之, 可乎?' 對曰 : '欲召之, 則毋以小人固之, 則可矣.' 而衛孔文子將攻太叔, 問策於仲尼. 仲尼辭不知, 退而命載而行, 曰 : '鳥能擇木, 木豈能擇鳥乎!' 文子固止, 會季康子逐公華 · 公賓 · 公林, 以幣迎孔子, 孔子歸魯. 孔子之去魯凡十四歲而反乎魯.)"라고 하였다.

89) 애공과 강자에게 대답한 말 : 『논어(論語)』「위정(爲政)」에서 "애공(哀公)이 물었다. '어떻게 하면 백성이 복종합니까?' 공자가 대답하였다. '정직한 사람을 들어 쓰고 여러 굽은 사람을 버려두면 백성들이 복종하며, 굽은 사람을 들어 쓰고 여러 정직한 사람을 버려두면 백성들이 복종하지 않습니다.'(哀公問曰 : '何爲則民服?' 孔子對曰 : '擧直錯諸枉, 則民服; 擧枉錯諸直, 則民不服.')"라고 하였다. 그리고 같은 편에서 "계강자(季康子)가 물었다. '백성들에게 윗사람을 공경하고 충성하도록 하며, 이것을 서로 권면(勸勉)하도록 하려는데, 어떻게 하면 되겠습니까?' 공자가 대답하였다. '백성을 대할 때 장엄하게 하면 백성들이 공경하고, 자신이 효도하고 자애로우면 백성들이 충성할 것이며, 이것을 잘하는 자를 들어 쓰고 이것을 잘못하는 자를 가르치면 서로 권면할 것이다.'(季康子問 : '使民敬忠以勸, 如之何?' 子曰 : '臨之以莊則敬, 孝慈則忠, 擧善而教不能則勸.')"라고 하였다.

90) 호광 편(胡廣 編), 『논어집주대전(論語集註大全)』「서설(序說)」.

91) 호병문(胡炳文, 1250~1333) : 자는 중호(仲虎)이고, 호는 운봉(雲峯)이다. 원(元)나라 때의 경학

서 공자가 진(陳)나라로 갈 때 '공자 나이 60세였다.'라고 하였고, 위(衛)나라로 돌아갈 때 '공자 나이 63세였다.'라고 하였는데, 주자는 그것을 모두 삭제하였다. 어찌 다른 나라에 있었기 때문이 아니었겠는가? 오직 노(魯)나라로 돌아오거나 노나라에 있을 때만 일일이 그 해를 기록하였고, 공자가 만년에 노나라로 돌아갈 때 특별히 그 해를 기록하였다. 말 밖의 개탄하는 뜻을 필법에서 알 수 있다."[92]

○ **此十七字『史記』所無而補入者, 故謂之特書.**

'실애공지십일년정사, 이공자년육십팔의(實哀公之十一年丁巳, 而孔子年六十八矣)'라는 구절은 『사기(史記)』「공자세가(孔子世家)」에는 없어서 보충해 끼워 넣은 것이기 때문에, 특별히 기록했다고 말하였다.

자로 휘주 무원(徽州 婺源 : 현 안휘성 소속) 사람이다. 주희(朱熹)의 종손(宗孫)에게 『주역(周易)』과 『서경(書經)』을 배워 주자학에 잠심했으며, 특히 『주역(周易)』에 뛰어났다. 신주(信州) 도일서원(道一書院) 산장(山長)을 지내고, 난계주학정(蘭溪州學正)이 되었는데 취임하지 않았다. 주자의 『주역본의(周易本義)』를 근거로 여러 설을 절충·시정하여 『주역본의통석(周易本義通釋)』 12권을 지었다. 처음 이름은 『주역본의정의(周易本義精義)』였고, 『통지당경해(通志堂經解)』에 들어있다. 이 밖에 『서집해(書集解)』, 『춘추집해(春秋集解)』, 『예서찬술(禮書纂述)』, 『사서통(四書通)』, 『대학지장도(大學指掌圖)』, 『오경회의(五經會義)』, 『이아운어(爾雅韻語)』 등의 저술이 있다.

92) 『사기(史記)』「공자세가(孔子世家)」에서 공자가 진(陳)나라로 …… 개탄하는 뜻을 필법에서 알 수 있다 : 호광 편(胡廣 編), 『논어집주대전(論語集註大全)』「서설(序說)」에는 "운봉 호씨(雲峰胡氏 : 胡炳文)가 말하였다. '이는 애공(哀公) 11년 정사(丁巳)로서 공자 나이 68세였다.'라는 구절을 읽는 사람은 태사공(太史公 : 사마천)의 필법을 보아야 하고, 또 문공(文公 : 주자)의 필법을 보아야 한다. 예컨대 공자가 다른 나라에 있었을 때는 모두 그 해를 조금도 기록하지 않고, 오직 다른 나라에서 노(魯)나라로 돌아오거나 노나라에 있을 때만 일일이 그 해를 기록하였는데, 어찌 다른 나라에 있을 때는 그 연월(年月)을 고찰할 수 없기 때문에 기록하지 않은 것이겠는가? 그러나 노나라를 떠나 진(陳)나라로 갈 때 태사공은 '이해는 노나라 애공(哀公) 3년이고, 공자 나이 60세였다.'라고 하였고, 또 초(楚)나라에서 위(衛)나라로 돌아갈 때 태사공은 '이해는 공자 나이 63세이고, 노나라 애공 6년이다.'라고 하였다. 문공은 모두 삭제하고 공자가 만년에 노나라로 돌아갈 때 그는 특별히 '이는 애공 11년 정사(丁巳)로서 공자 나이 68세였다.'라고 하였다. 말 밖의 개탄하는 뜻을 필법에서 알 수 있다.'(雲峯胡氏曰 : '讀此者, 要看太史公書法, 又要看文公刪後書法. 如孔子在他國, 皆不書年若干, 惟他國反魯及在魯, 則歷歷書之, 豈以在他國則歲月無所考, 故不書耶? 然去魯適陳, 太史公書曰 : '是歲魯哀公三年, 而孔子年六十矣.' 又自楚反衛, 太史公書曰 : '是歲也孔子年六十三, 而魯哀公六年也.' 文公皆刪之, 至孔子晚年歸魯, 文公乃特書曰 : '實哀公之十一年丁巳, 而孔子年六十八矣.' 言外慨歎之意, 於書法可見也.')"라고 하였다.

朱註

然魯終不能用孔子, 孔子亦不求仕, 乃敍『書傳』·『禮記』,(有'杞·宋'·'損益'·'從周'等語.) 刪『詩』正『樂』,(有'語大師'及'樂正'之語.) 序『易』「彖」·「繫」·「象」·「說卦」·「文言」.(有'假我數年'之語.)

그러나 노(魯)나라에서는 끝내 공자를 등용하지 못했고 공자도 또한 벼슬을 구하지 않아, 마침내 『서전(書傳)』과 『예기(禮記)』를 서술하고,[93]('기(杞)나라와 송(宋)나라',[94] '보태거나 더한 것',[95] '주(周)나라를 따르겠다'[96]라는 등의 말이 있다.) 『시(詩)』를 산정(刪定)하고 『악(樂)』을 바로잡으며,('태사에게 말해 준 것'[97]과 '음악이 바

---

93) 마침내 『서전(書傳)』과 『예기(禮記)』를 서술하고 : 『사기(史記)』 권47 「공자세가(孔子世家)」 제17에서 "공자의 시대에 주(周)나라 왕실이 쇠퇴해져 예악(禮樂)은 폐지되었고, 시(詩)와 서(書 : 문서)가 이지러졌다. 이에 공자는 삼대의 예를 추적하여 『서전(書傳)』의 편차를 정하되, 위로는 요(堯)와 순(舜) 임금의 시대부터, 아래로는 진목공(秦繆公)에 이르기까지 그 사적을 순서에 따라 정리하였다.(孔子之時, 周室微而禮樂廢, 詩書缺. 追迹三代之禮, 序書傳, 上紀唐虞之際, 下至秦繆, 編次其事.)"라고 하였다.

94) 기(杞)나라와 송(宋)나라 : 『논어(論語)』「팔일(八佾)」에서 "공자가 말하였다. '하(夏)나라의 예(禮)는 내가 말할 수 있지만 그 후손의 나라인 기나라가 그것을 징험하기에는 충분하지 못하고, 은(殷)나라의 예는 내가 말할 수 있지만 그 후손의 나라인 송나라가 그것을 징험하기에는 충분하지 못하다. 이는 문헌이 부족하기 때문이니, 문헌이 충분하면 내가 그것을 징험할 수 있을 것이다.'(子曰 : '夏禮, 吾能言之, 杞不足徵也; 殷禮, 吾能言之, 宋不足徵也. 文獻不足故也, 足則吾能徵之矣.')"라고 하였다.

95) 보태거나 더한 것 : 『논어(論語)』「위정(爲政)」에서 "자장(子張)이 물었다. '십세 왕조(王朝) 뒤의 일을 미리 알 수 있습니까?' 공자가 말하였다. '은(殷)나라는 하(夏)나라의 예(禮)를 인습(因襲)하였으니, 보태거나 더한 것을 알 수 있고, 주(周)나라는 은나라의 예를 인습하였으니, 보태거나 더한 것을 알 수 있다. 혹시라도 주(周)나라를 잇는 자가 있다면 비록 백세 뒤라도 알 수 있을 것이다.'(子張問 : '十世可知也?' 子曰 : '殷因於夏禮, 所損益, 可知也; 周因於殷禮, 所損益, 可知也. 其或繼周者, 雖百世, 可知也.')"라고 하였다.

96) 주(周)나라를 따르겠다 : 『논어(論語)』「팔일(八佾)」에서 "공자가 말하였다. '주나라는 하(夏)나라와 은(殷)나라 이대(二代)를 보았으니, 찬란하다, 그 문채남이여! 나는 주나라를 따르겠다.'(子曰 : '周監於二代, 郁郁乎文哉! 吾從周.')"라고 하였다.

97) 태사에게 말해 준 것 : 『논어(論語)』「팔일(八佾)」에서 "공자가 노(魯)나라 태사(大師)에게 음악에 대해 말하였다. '음악은 알 만한 것이다. 처음 시작할 때는 여러 음(音)을 합하여 연주하고, 풀어놓을 때는 화음을 이루면서도 각각의 음이 분명하며, 순조롭게 이어지면서 한 곡을 끝마쳐야 한다.'(子語魯大師樂曰 : '樂其可知也. 始作, 翕如也; 從之, 純如也, 皦如也; 繹如也, 以成.')"라고 하였다.

르게 되었다'[98]는 말이 있다.) 『주역(周易)』의 「단전(彖傳)」·「계사전(繫辭傳)」·「상전(象傳)」·「설괘전(說卦傳)」·「문언전(文言傳)」을 차례 지었다.('나에게 몇 년의 수명을 빌려주어'[99]라는 말이 있다.)

詳說

○ 朱子曰:"聖人知其不可爲矣."[100]

'공자역불구사(孔子亦不求仕)'에 대해, 주자(朱子:朱熹)가 말하였다. "성인은 벼슬을 할 수 없다는 것을 알았다."[101]

○ 敍字釋於『禮記』.

'내서『서전』·『예기』(乃敍『書傳』·『禮記』)'에서 '서(敍)'자는 '『예기(禮記)』'까지 연결해서 풀이한다.

○ 去聲.

'내서『서전』(乃敍『書傳』)'에서 '전(傳)'자는 거성이다.

○ 『書傳』卽『尙書』也. 孔子刪古書, 定爲百篇, 斷自唐虞而第其次敍.

'내서『서전』(乃敍『書傳』)'에서 '『서전(書傳)』'은 『상서(尙書)』이다. 공자는 옛 문서

---

98) 음악이 바르게 되었다:『논어(論語)』「자한(子罕)」에서 "공자가 말하였다. '내가 위(衛)나라로부터 노(魯)나라로 돌아온 뒤에 음악이 바르게 되어서 아(雅)와 송(頌)이 각기 제자리를 찾게 되었다.'(子曰:'吾自衛反魯然後樂正, 雅頌, 各得其所.')"라고 하였다.

99) 나에게 몇 년의 수명을 빌려주어:『논어(論語)』「술이(述而)」에서 "공자가 말하였다. '하늘이 나에게 몇 년의 수명을 빌려주어 마침내 『역(易)』을 연구할 수 있게 된다면 큰 허물이 없을 것이다.'(子曰:'加我數年, 五十以學『易』, 可以無大過矣.')"라고 하였다.

100) 『주자어류(朱子語類)』 권93, 9조목.

101) 성인은 벼슬을 할 수 없다는 것을 알았다:『주자어류(朱子語類)』 권93, 9조목에 "또 물었다. '공자는 쇠퇴한 주나라를 맞아 어찌 당시 군주가 반드시 자기를 등용할 수 없다는 것을 알지 못했습니까?' 주자(朱子:朱熹)가 대답하였다. '성인은 또한 이러한 마음이 없었다. 어찌 군주가 자기를 등용할 수 있는지의 여부에 대해 미리 헤아림이 있었겠는가? 뒤에 와서 '나는 다시는 꿈속에서 주공을 뵙지 못하였다.'라고 말할 때와 '봉황새가 오지 않고, 황하에서 도판(圖版)이 나오지 않으니 나는 그만이다.'라고 말했을 때 성인은 또한 스스로 벼슬을 할 수 없는 것을 알았다. 다만 이와 같은 말이 어느 때의 말인지 모를 뿐이다. 진항(陳恒)이 그 군주를 시해하니 공자는 목욕을 하고 조회에 가서 토벌하기를 청했을 때가 기린을 잡은 해라는 것에 의거하면, 그때 성인이 여전히 큰일을 하려고 하였다.'(又問:'孔子當衰周, 豈不知時君必不能用己?' 曰:'聖人卻無此心. 豈有逆料人君能用我與否? 到得後來說'吾不復夢見周公', 與'鳳鳥不至, 河不出圖, 吾已矣夫'時, 聖人亦自知其不可爲矣. 但不知此等話是幾時說. 據陳恒弑其君, 孔子沐浴而朝請討之時, 是獲麟之年, 那時聖人猶欲有爲也.')"라고 하였다.

를 간추려서 백 편으로 확정했는데, 요·순 시대부터 끊어서 그 순서를 정하였다.

○ 非今之『禮記』, 蓋『儀禮』也. 『儀禮』有經·有記·有傳, 孔子爲之定其十七篇之次敍.

본문의 『예기(禮記)』는 지금의 『예기』가 아니고 『의례(儀禮)』이다. 『의례』에는 경(經)이 있고 기(記)가 있고 전(傳)이 있는데,[102] 공자가 그것을 17편으로 차례를 확정하였다.

○ 右一句世俗皆讀之如此, 而以『書經』爲『書傳』, 終是未安. 故吾則讀之以'敍『書』而傳『禮記』', 然信得及者亦鮮矣. 後世所稱『儀禮』, 子夏傳者, 安知非孔子所定乎?

'내서『서전』·『예기』(乃敍『書傳』·『禮記』)'라는 구절에 대해 세속에서는 모두 '서(敍)'자를 '『예기(禮記)』'까지 연결해서 풀이하는 방식으로 읽는데, 여기에서 『서전(書傳)』을 『서경(書經)』이라고 해도 끝내 흡족하지 못하다. 이 때문에 나는 '『서(書)』를 서술하고 『예기』에 전(傳)을 붙였다'라고 읽었는데, 이것을 믿어주는 사람이 또한 드물다. 후세의 이른바 『의례(儀禮)』는 자하(子夏)가 전(傳)을 붙인 것이니, 어찌 공자가 확정한 것이 아님을 알겠는가?

○ 此指『禮』而言, 非幷指『書』也.

"유'기·송', '손익', '종주'등어(有'杞·宋', '損益', '從周'等語)"에서, 이는 『예(禮)』를 가리켜 말하였고, 『서(書)』를 아울러 가리킨 것이 아니다.

○ 刪古詩爲三百十一篇.

'산『시』(刪『詩』)'는 옛 시(詩)를 간추려서 311편으로 하였다는 것이다.

○ 六經中『樂經』, 今缺矣.

'정『악』(正『樂』)'에서 『악』을 보면, 육경(六經) 가운데 『악경(樂經)』은 지금 없어졌다.

○ 去聲.

'유어태사(有語大師)'에서 '어(語 : 말해 주다)'자는 거성이다.

○ 音泰.

'유어태사(有語大師)'에서 '태(大)'자는 음이 태(泰)이다.

○ 『詩』·『書』·『禮』·『樂』, 蓋因前所修者而爲之次敍之·刪正之.

---

102) 『의례』에는 경(經)이 있고 기(記)가 있고 전(傳)이 있는데 : 『의례』 17편 중 「사상견례(士相見禮)」·「대사의(大射儀)」·「소뢰궤식(少牢饋食)」·「유사철(有司徹)」 4편을 제외하고 나머지 13편에는 모두 「기(記)」가 있고, 「상복(喪服)」은 경문(經文)을 장(章)으로 나누어 장마다 말미에 자하(子夏)의 전(傳)을 붙여 놓았으며, 기문(記文) 뒤에도 자하의 전이 있다.

『시』·『서』·『예』·『악』은 대개 이전에 엮어진 것에 따라서 차례 지우고 산정하였다.

○ 序字釋於「文言」.

'서『역』「단」·「계」·「상」·「설괘」·「문언」(序『易』「彖」·「繫」·「象」·「說卦」·「文言」)'에서 '서(序)'자는 '「문언(文言)」'까지 연결해서 풀이한다.

○ 音段.

'서『역(易)』「단」(序『易』「彖」)'에서 '단(彖)'자는 음이 단(段)이다.

○ 敍次爲『易』之「彖傳」·「繫辭傳」·「象傳」·「說卦傳」·「文言傳」也. 不言「序卦」·「雜卦」者, 略之也. 或曰, '序, 指「序卦」', 文勢恐不然.

'서『역(易)』「단」·「계」·「상」·「설괘」·「문언」(序『易』「彖」·「繫」·「象」·「說卦」·「文言」)'에서, 차례는 『역(易)』의 「단전」·「계사전」·「상전」·「설괘전」·「문언전」이다. 「서괘(序卦)」와 「잡괘(雜卦)」를 말하지 않은 것은 생략해서이다. 어떤 사람은 '서『역(易)』「단」(序『易』「彖」)에서 '서(序)'자가 「서괘(序卦)」를 가리킨다.'라고 하지만, 문장의 형세로 볼 때 그렇지 않은 것 같다.

○ '老彭註'參看.

'노팽(老彭)에 대한 주자 주석'[103]을 참고해 보라.

---

103) 노팽(老彭)에 대한 주자 주석 : 『논어(論語)』「술이(述而)」에서 "공자가 말하였다. '서술하기만 하지 창작하지 않고, 옛것을 믿고 좋아함을 가만히 우리 노팽(老彭)에게 견주어 본다.'(子曰 : '述而不作, 信而好古, 竊比於我老彭.')"라고 말하였다. 이 구절에 대해 주자는 다음과 같이 주석하였다. "술(述)은 옛것을 서술하는 것일 뿐이고, 작(作)은 처음으로 창작하는 것이다. 그러므로 작(作)은 성인이 아니면 불가능하지만 술(述)은 현자도 미칠 수 있는 것이다. 절비(竊比 : 가만히 견주어 본다.)는 상대를 높이는 말이요, 아(我 : 우리)는 상대를 친근하게 여기는 말이다. 노팽(老彭)은 상(商)나라의 현명한 대부로 『대대례(大戴禮)』에 보이는데, 옛것을 믿어 서술한 사람이다. 공자는 『시(詩)』·『서(書)』를 간추리고, 『예(禮)』·『악(樂)』을 확정하였으며 『주역(周易)』을 찬술하고 『춘추(春秋)』를 편수(編修)했는데, 모두 선왕의 옛것을 서술했지 일찍이 창작한 적이 없었다. 그러므로 스스로 이와 같이 말하였다. 이는 창작을 하는 성인으로 자처하지 않았을 뿐만 아니라, 감히 드러내놓고 옛날의 현명한 사람에게 스스로 붙이지 못한 것이니, 그 덕이 더욱 융성해질수록 마음이 더욱 겸손해져서 스스로 그 말이 겸손한 것임을 알지 못한 것이다. 그러나 그때에 창작은 대략 갖추어졌으니, 공자는 여러 성인을 집대성하여 절충하였다. 그러니 공자가 한 일은 비록 서술한 것이지만 그 공로는 창작보다 곱절이나 된다. 이러한 점을 또한 알지 않아서는 안 된다.(述, 傳舊而已; 作, 則創始也. 故作非聖人不能, 而述則賢者可及. 竊比, 尊之之辭; 我, 親之之辭. 老彭, 商賢大夫, 見『大戴禮』, 蓋信古而傳述者也. 孔子刪『詩』·『書』, 定『禮』·『樂』, 贊『周易』, 修『春秋』, 皆傳先王之舊, 而未嘗有所作也. 故其自言如此. 蓋不惟不敢當作者之聖, 而亦不敢顯然自附於古之賢人, 蓋其德愈盛而心愈下, 不自知其辭之謙也. 然當是時, 作者略備, 夫子蓋集群聖之大成而折衷之. 其事雖述, 而功則倍於作矣. 此又不

朱註

弟子蓋三千焉, 身通六藝者七十二人.(弟子顔回最賢, 蚤死, 惟曾參得傳孔子之道.)

제자가 3천 명이었는데, 몸소 육예(六藝)를 통달한 자는 72인이었다.104)(제자 가운데 안회(顔回)가 가장 현명했는데 일찍 죽어서, 오직 증삼(曾參)만이 공자의 도(道)를 전할 수 있었다.)

詳說

○ 蓋, 未定之辭.

'제자개삼천언(弟子蓋三千焉)'에서 '개(蓋)'자는 꼭 정해지지는 않았다는 말이다.

○『周禮』「大司徒」曰:"禮·樂·射·御·書·數."

'신통육예자(身通六藝者)'에서 '육예(六藝)'에 대해, 『주례』「대사도(大司徒)」에서는 "예(禮)·악(樂)·사(射 : 활쏘기)·어(御 : 말 몰기)·서(書 : 글쓰기)·수(數 : 셈하기)이다."라고 하였다.

○ 按『史記』「仲尼弟子傳」作七十七人, 二恐七傳寫之誤.

'신통육예자칠십이인(身通六藝者七十二人)'에서 '칠십이인(七十二人)'은, 생각건대 『사기(史記)』「중니제자전(仲尼弟子傳)」에서 77인이라고 하였으니, '이(二)'자는 아마 '칠(七)'자를 전해 옮겨 적다가 잘못 쓴 것 같다.

朱註

十四年庚申, 魯西狩獲麟,(有'莫我知'之歎.) **孔子作『春秋』.**(有'知我·罪我'等語. 『論語』'請討陳恒事', 亦在是年.)

애공(哀公) 14년 경신(庚申)에 노(魯)나라에서 서쪽으로 사냥을 나갔다가 기린을 잡으니,105)('나를 알아주는 사람이 없구나!'106)라는 탄식이 있다.) 공자가 『춘추(春秋)』

可不知也.)"라고 하였다.

104) 제자가 3천 명이었는데, 몸소 육예(六藝)를 통달한 자는 72인이었다 : 『사기(史記)』 권47 「공자세가(孔子世家)」 제17에서 "공자는 『시(詩)』·『서(書)』·『예(禮)』·『악(樂)』을 가지고 가르쳤는데, 제자가 약 3천 명에 이르렀고, 그 가운데 육예(六藝)에 통달한 자는 72인이었다. 그런데 안탁추(顔濁鄒)와 같이 상당한 가르침을 받고도 72인의 제자 중에 들지 못한 사람이 매우 많았다.(孔子以『詩』·『書』·『禮』·『樂』敎, 弟子蓋三千焉, 身通六藝者七十有二人. 如顔濁鄒之徒, 頗受業者甚衆.)"라고 하였다.

105) 애공(哀公) 14년 경신(庚申)에 노(魯)나라에서 서쪽으로 사냥을 나갔다가 기린을 잡으니 : 『사기

를 지었다.107)('나를 알아줄 것과 나를 탓할 것'108)이라는 말이 있다. 『논어(論語)』에 '진

(史記)』 권47 「공자세가(孔子世家)」 제17에서 "노나라 애공 14년 봄에 대야(大野)에서 사냥을 하였다. 숙손씨(叔孫氏)의 마부 서상(鉏商)이 괴상한 짐승을 잡았는데, 사람들은 이것을 상서로운 일이 아니라고 여겼다. 공자가 그것을 보고 말하였다. '기린이다.' 그들은 그것을 가지고 돌아왔다. 공자가 말하였다. '황하에서 도판(圖版)이 나오지 않고, 낙수(洛水)에서 서판(書版)이 나오지 않으니, 나의 희망도 이제 끝이구나!' 안연(顏淵)이 죽으니 공자가 말하였다. '하늘이 나를 망하게 하는구나!' 서쪽에서 사냥에 잡힌 기린을 보고 공자가 말하였다. '나의 도(道)가 이제 끝이구나!' 또 탄식하며 말하였다. '나를 알아주는 사람이 없구나!' 자공이 말하였다. '어째서 선생님을 알아주는 사람이 없다고 하십니까?' 공자가 말하였다. '나는 하늘을 원망하지 않고 사람을 탓하지 않으며, 아래로 인간의 일을 배워서 위로 천리(天理)를 통달하려고 하니, 나를 알아주는 것은 천(天)일 것이다!'(魯哀公十四年春, 狩大野. 叔孫氏車子鉏商獲獸, 以爲不祥. 仲尼視之, 曰 : '麟也.' 取之. 曰 : '河不出圖, 洛不出書, 吾已矣夫!' 顏淵死, 孔子曰 : '天喪予!' 及西狩見麟, 曰 : '吾道窮矣!' 喟然歎曰 : '莫知我夫!' 子貢曰 : '何爲莫知子?' 子曰 : '不怨天, 不尤人, 下學而上達, 知我者其天乎!')"라고 하였다.

106) 나를 알아주는 사람이 없구나 : 『논어(論語)』「헌문(憲問)」에서 "공자가 말하였다. '나를 알아주는 사람이 없구나!' 자공(子貢)이 말하였다. '어째서 선생님을 알아주는 사람이 없다고 하십니까?' 공자가 말하였다. '나는 하늘을 원망하지 않고 사람을 탓하지 않으며, 아래로 인간의 일을 배워서 위로 천리(天理)를 통달하려고 하니, 나를 알아주는 것은 천(天)일 것이다!'(子曰 : '莫我知也夫!' 子貢曰 : '何爲其莫知子也?' 子曰 : '不怨天, 不尤人, 下學而上達, 知我者, 其天乎!')"라고 하였다.

107) 공자가 『춘추(春秋)』를 지었다 : 『사기(史記)』 권47 「공자세가(孔子世家)」 제17에서 "공자가 말하였다. '안 된다, 안 돼! 군자는 죽은 후에 이름이 알려지지 않는 것을 걱정한다. 나의 도가 행해지지 않았으니 나는 무엇으로 후세에 알려지겠는가?' 이에 공자가 역사의 기록에 근거하여 『춘추』를 지었다. 이것은 위로는 은공(隱公)에서 아래로는 애공(哀公) 14년까지 12공(公)의 시대를 서술하였다. 노나라의 역사에 의거하여 주나라를 종주로 하고 은나라의 제도를 참작하여 하(夏)·상(商)·주(周) 3대의 제도를 운용하였다. 그 글은 간략하지만 가리키는 의미는 넓다. 그러므로 오(吳)나라와 초(楚)나라의 군주가 왕을 자칭했지만 『춘추』에서는 그것을 폄하하여 '자작(子爵)'이라고 일컬었고, 천토(踐土)의 회맹(會盟)은 실제로는 제후가 주나라의 천자를 부른 것이지만 『춘추』에서는 그것을 싫어하여 '천자가 하양(河陽)으로 사냥을 나갔다.'라고 하였다. 이러한 사례들을 들어서 그 시대의 기준으로 삼았다. 이렇듯 낮게 평가하는 의미는 뒤에 군주가 될 사람들에게 이것을 들어서 깨우쳐 주려는 것이다. 『춘추』의 대의가 행해지면 천하의 난신적자(亂臣賊子)들이 두려워하게 될 것이다.(子曰 : '弗乎弗乎! 君子病沒世而名不稱焉. 吾道不行矣, 吾何以自見於後世哉?' 乃因史記作『春秋』. 上至隱公, 下訖哀公十四年, 十二公. 據魯, 親周, 故殷, 運之三代. 約其文辭而指博. 故吳·楚之君自稱王, 而『春秋』貶之曰'子'; 踐土之會實召周天子, 而『春秋』諱之曰, '天王狩於河陽.' 推此類以繩當世. 貶損之義, 後有王者擧而開之. 『春秋』之義行, 則天下亂臣賊子懼焉.)"라고 하였다.

108) 나를 알아줄 것과 나를 탓할 것 : 『맹자(孟子)』「등문공하(滕文公下)」에서 "세상이 쇠퇴하고 도

항(陳恒)을 토벌해 주기를 요청한 일'[109]도 또한 같은 해이다.)

詳說

○ 幷『書』·『禮』·『詩』·『樂』·『易』是爲六經.

'공자작『춘추』(孔子作『春秋』)'에서 『춘추(春秋)』는 『서(書)』·『예(禮)』·『시(詩)』·『악(樂)』·『역(易)』과 아울러 육경(六經)이 된다.

○ 出『孟子』「滕文公」.

"유'지아·죄아'등어(有'知我·罪我'等語)"는 『맹자(孟子)』「등문공(滕文公)」에 나온다.

○ 此註本爲'作『春秋』'而著之, 其請討一事特以'亦在是年'而收入於末, 故以『孟子』之語爲主, 『論語』之事反爲客, 而著『論語』二字以別之.

"유'지아·죄아'등어. 『논어(論語)』'청토진항사', 역재시년(有'知我·罪我'等語. 『論語』'請討陳恒事', 亦在是年)"이라는 주석은 본래 '『춘추(春秋)』를 지었다'라는 말을 위해 드러내었는데, 토벌해 주기를 요청한 일을 특별히 '또한 같은 해이다'라고 하여 끝에 수록해 넣었기 때문에, 『맹자(孟子)』에 나오는 말이 중요한 것이 되고 『논어(論語)』에서 일이 도리어 다음으로 중요한 것이 되지만, 『논어(論語)』라는 두 글자를 드러내어 그것을 구별하였다.

(道)가 은미해져 부정한 학설과 포학한 행동이 일어나, 신하로서 군주를 시해하는 자가 있고 자식으로서 아버지를 시해하는 자가 있었다. 공자께서 이를 두려워하여 『춘추(春秋)』를 지었으니, 『춘추(春秋)』는 천자의 일이다. 이 때문에 공자는 '나를 알아줄 것도 오직 『춘추(春秋)』이고 나를 탓할 것도 오직 『춘추(春秋)』일 것이다!'라고 말하였다.(世衰道微, 邪說暴行, 有作, 臣弑其君者有之, 子弑其父者有之. 孔子懼, 作『春秋』, 『春秋』天子之事也. 是故, 孔子曰 : '知我者, 其惟春秋乎; 罪我者, 其惟春秋乎!')"라고 하였다.

109) 진항(陳恒)을 토벌해 주기를 요청한 일 : 『논어(論語)』「헌문(憲問)」에서 "진성자(陳成子 : 陳恒)가 간공(簡公)을 시해하였다. 공자는 목욕하고 조회하여 애공(哀公)에게 아뢰었다. '진항이 그의 군주를 시해했으니, 토벌해 주소서.' 애공이 말하였다. '저 삼자(三子 : 숙손씨·맹손씨·계씨의 3대부)에게 말하라.' 공자가 말하였다. '내가 대부의 반열 뒤쪽에 있기 때문에 감히 아뢰지 않을 수 없었는데, 군주께서는 '저 삼자에게 말하라고 하는구나!'' 삼자에게 가서 말하니, 안 된다고 하였다. 공자가 말하였다. '내가 대부의 반열 뒤쪽에 있기 때문에 감히 아뢰지 않을 수 없었다.'(陳成子弑簡公. 孔子沐浴而朝, 告於哀公曰 : '陳恒弑其君, 請討之.' 公曰 : '告夫三子!' 孔子曰 : '以吾從大夫之後, 不敢不告, 君曰 : '告夫三子者.'' 之三子告, 不可. 孔子曰 : '以吾從大夫之後, 不敢不告也.')"라고 하였다.

朱註

明年辛酉, 子路死於衛.

이듬해 신유(辛酉)에 자로(子路)가 위(衛)나라에서 죽었다.

詳說

○ 顔淵之死不曾表出, 而子路之死特書者, 以子路之死爲時事之一大關故也.

안연(顔淵)의 죽음은 표출하지 않았는데 자로(子路)의 죽음을 특별히 기록한 것은 자로의 죽음을 당시에 큰 관건으로 삼았기 때문이다.

朱註

十六年壬戌四月己丑, 孔子卒, 年七十三. 葬魯城北泗上. 弟子皆服心喪三年而去, 惟子貢廬於冢上, 凡六年.

애공(哀公) 16년(B.C. 479) 임술(壬戌) 4월(月) 기축일(己丑日 : 11일)에 공자가 별세하니, 나이가 73세였다. 노(魯)나라 도성(都城)의 사수(泗水)가에 장례하였다. 제자(弟子)들이 모두 심상(心喪) 삼년(三年)을 입고 떠났으나, 오직 자공(子貢)만은 묘(墓) 옆에 여막(廬幕)을 짓고 3년을 시묘(侍墓)했으니, 합계 6년을 상을 입었다.

詳說

○ 十八日乙丑也, '己'蓋'乙'之訛.

'십육년임술사월기축(十六年壬戌四月己丑)'에서 '기축(己丑)'은 18일 '을축(乙丑)'이니, '기(己)'자는 '을(乙)'자의 잘못일 것이다.

○ 『索隱』曰 : "經傳生年不定, 使夫子壽數不明."

'연칠십삼(年七十三)'에 대해, 『사기색은(史記索隱)』에서 말하였다. "경전에서 출생 연도를 확정하지 않아 공자의 수명이 분명하지 않도록 만들었다."

○ 『索隱』曰 : "'上'者, 邊側之義."

'유자공려어총상(惟子貢廬於冢上)'에서 '상(上)'자에 대해, 『사기색은(史記索隱)』에서 말하였다. "'상(上)'자는 옆이라는 뜻이다."

○ 群行三年, 獨行三年.

'범육년(凡六年)'은 다른 제자들과 함께 상을 입은 것이 3년이고, 홀로 별도로 상을 입은 것이 3년이라는 말이다.

朱註

孔子生鯉, 字伯魚, 先卒. 伯魚生伋, 字子思, 作『中庸』.(子思學於曾子, 而孟子受業子思之門人.)

공자는 이(鯉)를 낳으니, 자(字)가 백어(伯魚)였는데 먼저 죽었다. 백어(伯魚)가 급(伋)을 낳으니, 자가 자사(子思)로, 『중용(中庸)』을 지었다.(자사는 증자에게 배웠고, 맹자는 자사의 문인에게 수업하였다.)

詳說

○ 年五十.

'선졸(先卒 : 먼저 죽었다)'했는데, 나이가 50세였다.

○ 音急.

'백어생급(伯魚生伋)'에서 '급(伋)'자는 음이 급(急)이다.

○ 按 : 『史記』本取孔子以布衣傳十餘世者而謂之「世家」, 與列國君同. 今此只及子思而止, 註中乃並及孟子, 又上註中特言顏·曾, 蓋此書之所重, 專在於道統之傳故耳.

내가 생각해 보건대, 『사기(史記)』는 본래 공자가 평생을 서민으로 지냈지만 10여 세대를 전해온 것을 취하여 「세가(世家 : 제후에 대한 전기)」라고 하였고, 여러 나라의 군주와 같이 취급하였다.[110] 지금 여기에서는 다만 자사(子思)에 이르러 그쳤지만 주자는 원주(原註)에서 바로 맹자를 언급했고, 또 위의 원주에서는 특별히 안연과 증자를 말했으니, 이 책에서 중요시한 것이 오로지 도통의 전수에 달려 있

110) 『사기(史記)』는 본래 공자가 평생을 …… 군주와 같이 취급했다 : 『사기(史記)』 권47 「공자세가(孔子世家)」 제17에서 "태사공이 말하였다. '『시경』에 '높은 산은 우러러보고, 큰 길은 따라간다.'라는 말이 있다. 내가 비록 그 경지에 이를 수는 없었지만 마음은 늘 그를 동경하였다. 나는 공자의 책을 읽어보고, 그 사람됨이 얼마나 위대한 지를 상상할 수 있었다. 노나라에 가서 공자의 묘당, 수레, 의복, 예기(禮器)를 참관하고, 여러 유생들이 때때로 그 집에서 예를 익히고 있는 것을 보았다. 그리고는 공경하는 마음에 머뭇거리며 그곳을 떠날 수가 없었다. 천하에 군왕에서부터 현명한 사람에 이르기까지 많은 사람들이 있었는데, 생존 당시에는 영화로웠지만 죽으면 그것으로 끝이었다. 그러나 공자는 평생을 포의(布衣)로 지냈지만 10여 세대를 전해오도록 배우는 사람들이 그를 으뜸으로 삼았다. 천자와 왕후에서부터 나라 안의 육예(六藝)를 말하는 사람들에 이르기까지 모두 공자를 바른 기준으로 삼았으니, 지극한 성인이라고 말할 수 있을 것이다.'(太史公曰 : '『詩』有之, 「高山仰止, 景行行止.」 雖不能至, 然心鄉往之. 余讀孔氏書, 想見其爲人. 適魯, 觀仲尼廟堂·車·服·禮器, 諸生以時習禮其家, 余祗迴留之不能去云. 天下君王至于賢人衆矣, 當時則榮, 沒則已焉. 孔子布衣, 傳十餘世, 學者宗之. 自天子王侯, 中國言六藝者折中於夫子, 可謂至聖矣.')"라고 하였다.

기 때문이다.

朱註

何氏曰:“『魯論語』二十篇. 『齊論語』別有「問王」·「知道」, 凡二十二篇, 其二十篇中章句, 頗多於『魯論』.[111]

하씨(何氏:何晏)[112]가 말하였다. “『노논어(魯論語)』는 20편이다. 『제논어(齊論語)』는 별도로 「문왕(問王)」과 「지도(知道)」 두 편이 있어 모두 22편이며, 그 20편 가운데의 장구(章句)도 『노논(魯論)』보다 상당히 많다.

詳說

○ 『大全』曰:“名晏, 字平叔, 魏·南陽人.”
‘하씨왈(何氏曰)’에서 하씨(何氏)에 대해, 『논어집주대전』에서 말하였다. “이름은 안(晏)이고, 자는 평숙(平叔)이며, 위(魏)나라 남양 사람이다.”

○ 晏, 注『論語』者也. 以魏·晉間浮虛之輩得罪名敎多矣. 其於注此書未必得其義理之正, 故『集註』中別無引用者, 此說則不繫於義理, 而止足備此書典故之一則, 故采之云.
하안은 『논어(論語)』에 주석을 붙인 사람이다. 위진 시대 청담의 허무를 숭상하는 무리들은 유학에 죄를 지은 것이 많다. 하안이 『논어(論語)』에 주석을 붙인 것도 꼭 의리(義理)의 바름을 얻은 것은 아니기 때문에 주자(朱子:朱熹)가 『논어집주(論語集註)』에서 인용한 것이 별로 없는데, 이 말은 의리에 매이지 않고 다만 『논어(論語)』의 책 편성에 대한 전거의 일례를 충분히 갖추었기 때문에 인용하였다.

○ 朱子曰:“今之『論語』.”[113]

---

111) 하안(何晏), 『논어집해(論語集解)』「서(敍)」.

112) 하안(何晏 193?~249):자는 평숙(平叔)이고, 후한(後漢)의 대장군 하진(何進)의 손자이다. 삼국 시대 위(魏)나라 남양(南陽) 완현(宛縣:현 하남성 소속) 사람이다. 어머니 윤씨(尹氏)가 후에 조조(曹操)의 부인이 된 탓으로 위나라 궁정 안에서 자랐고, 위나라 공주를 아내로 맞았다. 제왕(齊王) 조방(曹芳) 정시(正始) 중에 조상(曹爽)이 권력을 잡자 이부상서(吏部尙書)로 승진하였으나, 사마의(司馬懿)에 의해 조상 일족과 함께 살해되었다. 그가 왕필(王弼)과 주고받은 청담(淸談)은 일세를 풍미했고, 그 뒤 ‘정시(正始)의 음(音)’으로 일컬어져 청담의 모범이 되었다. 왕필과 더불어 위진(魏晉) 현학(玄學)의 시조로 받들어진다. 『논어(論語)』, 『주역(周易)』, 『노자』를 상통(相通)하게 하여, 유교의 도(道)와 성인관(聖人觀)을 노장(老壯)식으로 해석하였다. 저술로 『논어집해(論語集解)』가 대표적이다.

113) 구준(邱濬), 『대학연의보(大學衍義補)』 권76에서 “朱熹曰:‘以何晏所叙篇數考之, 則今之『論語』,

‘『노논어』이십편(『魯論語』二十篇)’에서 『노논어(魯論語)』에 대해, 주자(朱子 : 朱熹)가 말하였다. “지금의 『논어(論語)』이다.”

◯ **此以上論『魯論』, 而其篇名 · 篇次皆在書中, 故不枚擧.**

‘『노논어』이십편(『魯論語』二十篇)’에 대해, 이 말까지는 『노논(魯論)』을 논했는데, 그 편명과 편차는 모두 이 책 속에 있기 때문에 일일이 들지 않는다.

◯ **尤菴曰 : “出於齊國者.”**[114]

『제논어(齊論語)』에 대해, 우암(尤菴 : 宋時烈)[115]이 말하였다. “제(齊)나라에서 나온 것이다.”

◯ **非齊人所作, 乃齊國傳寫之本.**

『제논어(齊論語)』는 제나라 사람이 지은 것이 아니고, 제나라에서 전하여 베껴 쓴 판본이다.

信爲『魯論』矣.’(주희가 말하였다. ‘하안의 서문을 통해 『논어(論語)』의 편수(篇數)를 살펴보면 지금의 『논어(論語)』는 확실히 『노논(魯論)』이다.’)”라고 하였다.

114) 송시열, 『송자대전(宋子大全)』 권133, 「잡저(雜著) · 퇴계사서질의의의1(退溪四書質疑疑義一)」에서 “「季氏」‘齊論’, 問 : ‘齊國之論乎?’ 曰 : ‘想是齊人所記之『論語』.’ 恐是出於齊國者, 非齊人所記也.(『논어(論語)』「계씨(季氏)」의 ‘제론(齊論)’에 대해 물었다. ‘이것이 제(齊)나라의 『논어(論語)』입니까?’ 퇴계(退溪 : 李滉)가 대답하였다. ‘아마 제나라 사람이 기록한 『논어(論語)』일 것이다.’ 송시열의 의의(疑義) : 이는 아마 제나라에서 나온 것이지, 제나라 사람이 기록한 책은 아닐 것이다.)”라고 하였다.

115) 송시열(宋時烈, 1607~1689) : 본관은 은진(恩津)이고, 아명은 송성뢰(宋聖賚)이며, 자는 영보(英甫)이고, 호는 우암(尤菴) · 우재(尤齋)이며, 시호는 문정(文正)이다. 충청도 옥천군 구룡촌(九龍村) 외가에서 태어나 어린 시절을 보내고 그 뒤에는 회덕(懷德)에서 주로 살았다. 12세 때 아버지로부터 『격몽요결(擊蒙要訣)』 · 『기묘록(己卯錄)』 등을 배우면서 주자(朱子) · 이이(李珥) · 조광조(趙光祖) 등을 흠모하도록 가르침을 받았다. 27세 때 생원시(生員試)에서 「일음일양지위도(一陰一陽之謂道)」를 논술하여 장원으로 합격하였다. 이때부터 학문적 명성이 널리 알려졌고 2년 뒤인 1635년에는 봉림대군(鳳林大君: 후일의 효종)의 사부(師傅)로 임명되었다. 세자시강원진선(世子侍講院進善), 사헌부장령(司憲府掌令), 이조판서, 우의정 등을 역임하였다. 학문적으로는 조광조, 이이, 김장생으로 이어진 조선 기호학파의 학통을 계승 · 발전시켰다. 저서에는 『주자대전차의(朱子大全箚疑)』, 『주자어류소분(朱子語類小分)』, 『이정서분류(二程書分類)』, 『논맹문의통고(論孟問義通攷)』, 『경례의의(經禮疑義)』, 『심경석의(心經釋義)』, 『찬정소학언해(纂定小學諺解)』, 『주문초선(朱文抄選)』, 『계녀서(戒女書)』 등이 있다. 문집은 1717년(숙종 43) 왕명에 따라 교서관에서 처음으로 편집, 167권을 철활자로 간행하여 『우암집(尤菴集)』이라고 하였다. 그 뒤 1787년(정조 11) 다시 빠진 글들을 수집 · 보완하여 평양감영에서 목판으로 215권 102책을 출간하고 『송자대전(宋子大全)』이라 명명하였다.

○ 沙溪曰 : “王, 他本作玉.”

‘별유「문왕」(別有「問王」)’에서 ‘왕(王)’자에 대해 사계(沙溪 : 金長生)[116]가 말하였다. “‘왕(王)’자는 다른 판본에는 ‘옥(玉)’자로 되어 있다.”

○ 按 : 『家語』有「問王」篇.

살펴보건대 ‘별유「문왕」(別有「問王」)’에서 「문왕(問王)」의 경우, 『공자가어(孔子家語)』에 「문왕(問王)」편이 있다.

○ 於『魯論』二十篇外別有此二篇, 蓋後人妄增者.

‘『제논어』별유「문왕」·「지도」(『齊論語』別有「問王」·「知道」)’에서 「문왕(問王)」·「지도(知道)」의 경우, 『노논(魯論)』 20편 외에 따로 이 두 편이 있으니, 아마 후대 사람이 함부로 보탰을 것이다.

○ 與『魯論』同者二十篇中.

‘기이십편중장구(其二十篇中章句)’에서 ‘기이십편중(其二十篇中 : 그 20편 가운데)’은 ‘『노논(魯論)』과 같은 것 20편 가운데’라는 말이다.

○ 或誤寫, 或妄加.

‘파다어『노논』(頗多於『魯論』)’이라는 것은 간혹 잘못 베껴 썼거나, 간혹 함부로 보탠 것이다.

○ 此以上論『齊論』, 而以『魯論』爲主.

‘파다어『노논』(頗多於『魯論』)’까지는 『제논(齊論)』을 논했지만 『노논(魯論)』을 위주로 삼았다.

---

116) 김장생(金長生, 1548~1631) : 본관은 광산(光山)이고, 자는 희원(希元)이며, 호는 사계(沙溪)이고, 시호는 문원(文元)이다. 한양 정릉동(貞陵洞 : 현 서울 중구 정동)에서 태어났다. 1560년 송익필(宋翼弼)로부터 사서(四書)와 『근사록(近思錄)』 등을 배웠고, 20세 무렵에 이이(李珥)의 문하에 들어갔다. 1578년 학행(學行)으로 천거되어 창릉참봉(昌陵參奉)이 되고, 성균관 사업(司業), 집의(執義), 공조참의, 형조참판 등을 역임하였다. 인조반정 이후로는 서인의 영수격으로 영향력이 매우 컸다. 학문적으로 송익필, 이이, 성혼(成渾) 등의 영향을 받았다. 이이와 성혼을 제향하는 황산서원(黃山書院)을 세웠다. 특히 둘째 아들이 그와 함께 문묘에 종사된 유명한 신독재(愼獨齋) 김집(金集, 1574~1656)이다. 저서로는 1583년 첫 저술인 『상례비요(喪禮備要)』 4권을 비롯, 『가례집람(家禮輯覽)』·『전례문답(典禮問答)』·『의례문해(疑禮問解)』 등 예에 관한 것으로서, 조선 예학의 기반을 마련하였다. 스승 이이가 시작한 『소학집주(小學集註)』를 1601년에 완성하였으며, 저술로 『근사록석의(近思錄釋疑)』, 『경서변의(經書辨疑)』, 시문집을 모은 『사계선생전서(沙溪先生全書)』가 있다.

朱註

『古論』出孔氏(一作子.)壁中, 分'堯曰'下章'子張問'以爲一篇, 有兩「子張」, 凡二十一篇, 篇次不與『齊 · 魯論』同."

『고논어(古論語)』는 공씨(孔氏 : 孔安國)의(어떤 판본은 공자(孔子)로 되어 있다.) 집 벽 속에서 나왔는데, '요왈(堯曰)'의 아래 장(章)인 '자장문(子張問)'을 나누어 하나의 편(篇)을 만들어서 두 개의 「자장(子張)」이 있으니 모두 21편이고, 편의 차례도 『제논어(齊論語)』나 『노논어(魯論語)』와 같지 않다."

詳說

○ 此下當有'語'字而無者, 蒙上而省文也.

'『고논』출공씨(『古論』出孔氏)'에서 '『고논(古論)』'아래에 '어(語)'자가 있어야 할 것 같은데도 없는 것은 위로 이어져서 글을 생략하고 있기 때문이다.

○ 以其科斗古文之本, 故謂之『古論語』. 其實『古論』乃後出者, 與『古文尙書』同.

'『고논』출공씨(『古論』出孔氏)'에서 '『고논(古論)』'은 과두문자(科斗文字)로[117] 쓰여 있기 때문에 『고논어(古論語)』라고 한다. 그런데 사실 『고논어』는 뒤에 나온 것이니, 『고문상서(古文尙書)』와 마찬가지이다.

○ 孔氏曰 : "魯恭王壞孔子舊宅以廣其居, 於壁中得先人所藏『尙書』·『論語』·『孝經』, 皆科斗文字."[118]

공영달이 말하였다. "노(魯)나라 공왕(恭王)이 공자의 옛집을 헐어서 그 거처를 넓히다가 벽 속에서 선인(先人)이 감추어 둔 『상서(尙書)』·『논어(論語)』·『효경

117) 과두문자(科斗文字) : 중국 고대 문자 형태의 하나로서, 글자의 획이 올챙이[科斗]의 모양과 같이 획의 첫머리는 뭉툭하게 굵고 끝은 가늘어지는 모습에서 붙여진 이름이다. 이 글자체는 대표적으로 한나라 때 공자의 옛집을 헐다가 벽 속에서 발견된 『상서(尙書)』·『예기(禮記)』·『논어(論語)』·『효경(孝經)』 등 수십 편의 고문헌에 쓰여 있는 서체이다.

118) 공안국(孔安國), 『상서정의(尙書正義)』「상서서(尙書序)」에서는 "至魯共王好治宮室, 壞孔子舊宅, 以廣其居, 於壁中得先人所藏古文虞 · 夏 · 商 · 周之書及傳『論語』·『孝經』, 皆科斗文字. 王又升孔子堂, 聞金石絲竹之音, 乃不壞宅, 悉以書還孔氏.(노(魯)나라 공왕(共王 : 일명 恭王)이 궁실을 수리하기를 좋아하여 공자의 옛집을 헐어서 그 거처를 넓히다가 벽 속에서 선인(先人)이 감추어 둔 고문(古文)으로 된 우(虞) · 하(夏) · 상(商) · 주(周)의 서(書)와 『논어(論語)』·『효경(孝經)』을 발견했는데, 모두 과두문자였다. 왕은 또 공자의 당(堂)에 올라가다가 금(金 : 종) · 석(石 : 석경) · 사(絲 : 거문고) · 죽(竹 : 피리)의 소리를 듣고는 마침내 집을 헐지 아니하고 그 서적들을 모두 공씨(孔氏 : 孔安國)에게 돌려주었다.)"라고 하였다.

(孝經)』을 얻었는데, 모두 과두문자였다."

○ 顔氏師古曰 : "秦時孔鮒所藏也."

공안국의 집 벽속에서 나온 『고논어』에 대해, 안사고(顔師古[119])가 말하였다. "그것은 진(秦)나라 때 공부(孔鮒[120])가 감추어 둔 것이다."

○ 以'子張問'章及'知命'章爲一篇, 而名曰「子張」.

'요왈(堯曰)'의 아래 장(章)인 '자장문(子張問)'을 나누어 하나의 편(篇)을 만들었다.'는 것은 '자장문장(子張問章)'과 '지명장(知命章)'을 하나의 편으로 만들어서 「자장(子張)」이라는 편명을 붙였다는 것이다.

○ 「堯曰」上本有「子張」篇, 而今於「堯曰」下又有「子張」篇.

'두 개의 「자장(子張)」편이 있다.'는 것은 「요왈(堯曰)」 위에 본래 「자장(子張)」이 있는데, 이제 「요왈(堯曰)」 아래에 또 「자장(子張)」이 있다는 것이다.

○ 以「堯曰」一篇分爲二篇故也. 其實與『魯論』二十篇同.

'모두 21편(篇)이다.'라고 한 것은 「요왈(堯曰)」이 두 편으로 나누어졌기 때문이다. 그러나 실은 『노논어(魯論語)』 20편과 같다.

○ 「學而」·「爲政」等次序.

'편차불여『제·노논』동(篇次不與『齊·魯論』同)'에서 편차(篇次)는 「학이(學而)」, 「위정(爲政)」 등의 순서를 가리킨다.

○ 朱子曰 : "何氏就『魯論』篇章, 而又雜以『齊』·『古』之文, 然『唐』「藝文志」已不載

---

119) 안사고(顔師古, 581~645) : 이름은 주(籀)이고, 자는 사고(師古) 또는 사고(思古)인데, 이름보다 자로써 세상에 알려졌다. 당(唐)나라 옹주 만년(雍州萬年 : 현 섬서성 만년현) 사람으로, 『안씨가훈(顔氏家訓)』의 저자인 안지추(顔之推)의 손자이다. 당나라 고조(高祖)·태종(太宗)의 2대를 섬겨, 중서사인(中書舍人), 중서시랑(中書侍郞), 비서감(秘書監) 등을 역임했고, 정치에도 능통하여 조령(詔令)의 기초를 맡았다. 또한 유교의 경전인 오경(五經)의 교정에 종사하여 『오경정본(五經定本)』을 편찬하였으며, 『대당의례(大唐儀禮)』의 수찬에 참여하였다. 그 뒤 공영달(孔穎達) 등과 오경의 주석인 『오경정의(五經正義)』를 편찬하였고, 『한서(漢書)』에 주석을 붙여서 후한 이래의 여러 주석을 집대성하였다. 『한서(漢書)』의 주석은 그의 문자학(文字學)·역사학의 온축(蘊蓄)으로서 오늘날도 『한서(漢書)』 해석의 중요한 근거가 된다. 저서에 『모시국풍정본(毛詩國風定本)』과 『자양(字樣)』, 『오례(五禮)』, 『광류정속(匡謬正俗)』, 『수서(隋書)』 등이 있다.

120) 공부(孔鮒, B.C. 252~B.C. 208) : 자는 갑(甲) 또는 자어(子魚)이고, 공자의 후손이다. 진시황의 분서갱유가 있기 전에 『논어(論語)』, 『효경(孝經)』, 『상서(尙書)』 등의 책을 숨기고 은거했는데, 뒤에 반란을 일으킨 진승(陳勝)의 부름을 받고 나아가 박사(博士)가 되었다가 진승과 함께 사망하였다. 저서에 공씨 일족의 언행을 모은 『공총자(孔叢子)』와 『이아(爾雅)』를 모방한 『소이아(小爾雅)』가 있는데, 모두 위서(僞書)라는 주장도 있다.

『齊』·『古』篇目."121)

주자(朱子 : 朱熹)가 말하였다. "하안이 『노논어』의 편(篇)과 장(章)에 입각하여 또 『제논어』와 『고논어』의 글을 섞었다지만, 『당서(唐書)』「예문지」에 이미 『제논어』와 『고논어』의 편명을 싣지 않았다."

○ **按 : 雖曰『古論』, 而其一篇之兩分, 篇次之不同, 實後人之所紊也.**

내가 생각해 보건대, 비록 『고논어』라고 하지만 하나의 편을 둘로 나누어 편장의 순서가 같지 않은 것은 실은 후대 사람이 문란하게 한 것이라고 본다.

○ **此以上論『古論』, 而以『齊·魯論』爲主, 此所謂三『論語』也. 然『齊』·『古』二『論』在唐·宋 之世已不傳, 今惟『魯論』存焉, 故汎稱『論語』, 亦稱爲『魯論』云.**

이상은 『고논어』를 논했지만 『제논어』와 『노논어』를 위주로 하였으니, 이것이 이른바 세 가지 『논어(論語)』이다. 그러나 『제논어』와 『고논어』는 당(唐)나라와 송(宋)나라 때 이미 전해지지 않았고, 지금은 오직 『노논어』만 존재하기 때문에 일반적으로 『논어(論語)』라고 부르는 것도 또한 『노논어』를 일컬어 말하였다.

---

121) 주희, 『주문공문집(朱文公文集)』 권57 「답진안경(答陳安卿)」에서, "'「鄕黨」「瓜祭」, 陸氏謂『魯論』瓜作必, 而「季氏」一篇又是『齊論』, 則今此書非漢時『魯論』之篇, 乃後世相傳集, 三『論』皆有混其間否?(此雖非大義所係, 亦當知之.)' '何晏序云 : '就『魯論』篇章考之『齊』·『古』, 爲之注.' 然今不可得而分矣. 舊亦嘗病其如此矣.'(질문 : '「향당(鄕黨)」의 「과제(瓜祭)」를 육씨(陸氏 : 陸德明)는 『노논어』에는 과(瓜)라는 글자가 필(必)이라는 글자로 되어있다고 했는데, 「계씨(季氏)」도 또 『제논어』라면, 지금 이 책은 한나라 때의 『노논어』의 편이 아니라 바로 후세에 서로 전해져 온 것이 모인 것이니, 세 가지 『논어(論語)』는 모두 그 사이에 섞임이 있는 것입니까?(이는 비록 큰 의미가 관계되는 것은 아니지만 또한 마땅히 알아야 할 것입니다.)' 대답 : '하안(何晏)은 『논어집해(論語集解)』 서문에서 '『노논어』의 편과 장에 입각하여 『제논어』과 『고논어』를 고증하여 주석을 붙였다.'라고 하였다. 그러나 지금은 그것을 알아서 분별할 수 없다. 나는 옛날에도 또한 이와 같은 점에 문제가 있다고 여겼다.')"라고 하였다. 주자의 이 구절에 대해, 호광 편(胡廣 編), 『논어집주대전』 「서설(序說)」에서는 "어떤 사람이 물었다. '지금의 『논어(論語)』는 『노논어』입니까?' 주자(朱子 : 朱熹)가 대답하였다. '하안의 서문으로써 편(篇)의 개수를 살펴보면 확실히 『노논어』이다. 다만 육덕명의 『경전석문』에 의거하면 그 글자에 또한 간혹 같지 않은 것이 있으니, 예컨대 '필(必)'자를 '과(瓜)'자로 여긴 것과 같은 따위이다. 그러나 어찌 하안이 또한 정현의 주석과 같이 『노논어』의 편과 장에 입각하여 또 『제논어』와 『고논어』의 글을 섞었겠는가? 그러나 『당서(唐書)』「예문지」에 이미 『제논어』와 『고논어』의 편명을 실지 않았으니, 육덕명은 대개 여러 학자의 주장 가운데에서 그것을 얻었을 뿐일 것이다.'(或問 : '今之『論語』其『魯論』與?' 朱子曰 : '以何晏所叙篇數考之, 則信爲『魯論』矣. 但據『釋文』, 則其文字亦或有不同者, 如以必爲瓜之類. 豈何氏亦若鄭註就『魯論』篇章, 而又雜以『齊』·『古』之文與? 然『唐』「藝文志」已不載『齊』·『古』篇目, 陸氏蓋於諸家說中得之耳.')"라고 편집하였다.

朱註

程子曰："『論語』之書，成於有子·曾子之門人. 故其書獨二子以子稱."

정자(程子 : 程頤)가 말하였다. "『논어(論語)』라는 책은 유자(有子)와 증자(曾子)의 문인(門人)에게서 이루어졌다. 그러므로 『논어(論語)』에서 유독 두 사람만을 자(子)라고 일컬었다."

詳說

○ 叔子.

'정자왈(程子曰)'에서 '정자(程子)'는 동생 정이(程頤)이다.

○ 『孟子』是自著之書，故文字無瑕疵. 此朱子說也. 若『論語』，則孔子門人之門人著之，如 程·朱之『語錄』，故或有得其語而失其意者，'怪·力'·'仁至'·'譎正'等章是也. 『集註』一皆正之，讀者察之.

『맹자(孟子)』는 맹자 스스로 지은 책이기 때문에 문장에 흠이 없다. 이는 주자(朱子)의 주장이다.[122] 『논어(論語)』의 경우, 공자 제자의 제자들이 지은 것으로 마치 정자(程子 : 程顥·程頤)와 주자의 『어록』과 같기 때문에 간혹 말은 되지만 그 뜻을 놓쳐버리는 것이 있으니, '괴이함과 강한 힘',[123] '인(仁)이 이름',[124] '속임

122) 『맹자(孟子)』는 맹자 스스로 지은 책이기 …… 주자(朱子)의 주장이다 : 『주자어류(朱子語類)』 권19, 「논어1(論語一)」, 34조목에서 "『논어(論語)』는 문하의 제자들이 모아놓은 것이 많기 때문에 표현이 때로 길고 짧음에 같지 않은 곳이 있다. 『맹자(孟子)』는 스스로 지은 책으로 보이기에 처음부터 끝까지 문장이 한결같아 조그마한 흠도 없다. 자신이 직접 쓴 것이 아니라면 어찌 이와 같이 훌륭할 수 있겠는가? 만약 문하의 제자들이 모은 것이라면 그 사람들도 수준이 매우 높으니 '맹자가 죽고 나서 그 학문이 전해지지 않았다.'라고 할 수 없을 것이다.(『論語』多門弟子所集，故言語時有長長短短不類處. 『孟子』，疑自著之書，故首尾文字一體，無些子瑕疵. 不是自下手，安得如此好! 若是門弟子集，則其人亦甚高，不可謂'軻死不傳.')"라고 하였다.

123) 괴이함과 강한 힘 : 『논어(論語)』「술이(述而)」에서 "공자는 괴이함과 강한 힘과 패란(悖亂)의 일과 귀신(鬼神)의 일을 말하지 않았다.(子不語怪·力·亂·神.)"라고 하였다. 이 구절에 대해 주자는 주석에서 "사씨(謝氏 : 謝良佐)가 말하였다. '성인은 일상적인 것을 말하지 괴이한 것은 말하지 않고, 덕을 말하지 강한 힘을 말하지 않으며, 다스려짐을 말하지 혼란함을 말하지 않고, 인간의 일을 말하지 귀신의 일을 말하지 않는다.'(謝氏曰 : '聖人語常而不語怪，語德而不語力，語治而不語亂，語人而不語神.')"라고 하여 사량좌의 주석을 참고로 제시하였다. 박문호(朴文鎬)는 이 주석을 말은 되지만 그 뜻을 놓친 것으로 평가하고 있다. 그리고 주자 스스로는 "괴이함과 강한 힘과 혼란한 일은 이치의 바른 것이 아니니 본디 성인이 말하지 않는 것이고, 귀신은 조화(造化)의 자취이니, 비록 바르지 않은 것은 아니지만 이치를 궁구함이 지극하지 않으면 쉽게 밝힐 수 없는 것이 있기 때문에 또한 가벼이 사람들에게 말하지 않은 것이

과 바름'[125] 등의 장(章)이 이것이다. 『논어집주(論語集註)』에서는 그것들을 모두 바로잡았으니, 독자들은 자세히 살펴보아야 할 것이다.

○ 柳氏宗元曰 : "諸儒皆以『論語』孔子弟子所記, 不然也. 孔子弟子曾參最少, 又老乃死, 而是書記其將死之言. 吾意孔子弟子嘗雜記其言, 而卒成其書者, 曾子弟子樂正子春·子思 之徒也. 故記諸弟子必以字, 而曾子不然. 有子亦稱子者, 孔子之沒, 諸弟子嘗以似夫子而師之."[126]

유종원(柳宗元)[127]이 말하였다. "여러 학자가 모두 『논어(論語)』를 공자의 제자들

다.(怪異·勇力·悖亂之事, 非理之正, 固聖人所不語; 鬼神, 造化之迹, 雖非不正, 然非窮理之至, 有未易明者, 故亦不輕以語人也.)"라고 주석하였다. 박문호(朴文鎬)는 이 주석이 공자의 말에 대해 그 의미를 바로잡은 것으로 평가하고 있다.

124) 인(仁)이 이름 : 『논어(論語)』「술이(述而)」에서 "공자가 말하였다. '인(仁)이 멀리 있는가? 내가 인(仁)을 하려고 하면 이에 인(仁)이 이른다.'(子曰 : '仁遠乎哉? 我欲仁, 斯仁至矣.')"라고 하였다. 이 구절에 대해 주자는 주석에서 "정자(程子 : 程頤)가 말하였다. '인을 실천하는 것은 자신에게 달려 있다. 인을 하려고 하면 이르니, 어찌 멀리 있겠는가?'(程子曰 : '爲仁由己. 欲之則至, 何遠之有?')"라고 하여 정이의 주석을 참고로 제시하였다. 박문호(朴文鎬)는 이 주석을 말은 되지만 그 뜻을 놓친 것으로 평가하고 있다. 그리고 주자 스스로는 "인은 마음의 덕이니 밖에 있는 것이 아니다. 놓쳐버리고 찾지 않기 때문에 멀다고 여기는 자가 있다. 돌이켜 자신에게서 찾으면 바로 거기에 있는데, 어찌 멀리 있다고 하겠는가?(仁者, 心之德, 非在外也. 放而不求, 故有以爲遠者. 反而求之, 則卽此而在矣, 夫豈遠哉?)"라고 주석하였다. 박문호(朴文鎬)는 이 주석이 공자의 말에 대해 그 의미를 바로잡은 것으로 평가하고 있다.

125) 속임과 바름 : 『논어(論語)』「헌문(憲問)」에서 "공자가 말하였다. '진문공(晉文公)은 속이고 바르지 않으며, 제환공(齊桓公)은 바르고 속이지 않았다.'(子曰 : '晉文公譎而不正, 齊桓公正而不譎.')"라고 하였다. 이 구절에 대해 주자는 주석에서 "진문공과 제환공 두 사람은 모두 제후의 맹주로서 이적을 물리치고 주(周)나라 왕실을 높인 자들이다. 비록 힘으로써 인(仁)을 빌려 마음이 모두 바르지 않지만, 제환공은 초(楚)나라를 칠 때 대의(大義)를 내세워 말했고 속임수를 사용하지 않았으니, 또한 제환공은 진문공보다 선하다. 진문공은 위(衛)나라를 칠 때 초나라를 싸움으로 끌어들이고 음모로써 승리를 취했으니, 그 속임이 매우 심하다. 이들 두 사람의 다른 일도 또한 이와 같은 것이 많다. 그러므로 공자는 이를 말하여 그 은미한 것을 나타냈다.(二公皆諸侯盟主, 攘夷狄以尊周室者也. 雖其以力假仁, 心皆不正, 然桓公伐楚, 仗義執言, 不由詭道, 猶爲彼善於此. 文公則伐衛以致楚, 而陰謀以取勝, 其譎甚矣. 二君他事亦多類此, 故夫子言此, 以發其隱.)"라고 하였다. 이 구절에 대해 주자는 비록 다른 사람의 주석을 참조로 제시하지 않았지만, 진문공과 제환공 두 패자들에 대한 평가를 원문의 글자 그대로의 의미와 달리한 것이 두드러진다. 이에 박문호(朴文鎬)는 이 주석이 공자의 말에 대해 그 의미를 바로잡은 것으로 평가하고 있다.

126) 구준(邱濬), 『대학연의보(大學衍義補)』 권67.

127) 유종원(柳宗元, 773~819) : 자는 자후(子厚)이고, 세칭 유하동(柳河東)·유유주(柳柳州)라 한

이 기록한 것이라고 여기지만 그렇지 않다. 공자의 제자 가운데 증삼(曾參)은 나이가 가장 어리고 또 늙어서 죽었는데, 『논어(論語)』에서는 그가 죽으려고 할 때의 말을 기록하고 있다.128) 내 생각에는, 공자의 제자들이 공자의 말씀을 혼잡하게 기록해 두었는데, 마침내 그 책을 완성한 사람들은 증자의 제자인 악정자춘(樂正子春)과 자사(子思) 등의 무리일 것이다. 그러므로 공자의 여러 제자를 기재할 때는 반드시 자(字)를 썼는데 증자만은 그렇지 않았다. 유자(有子)도 또한 자(子)라고 일컬은 것은 공자가 세상을 떠난 뒤에 여러 제자가 공자와 닮았다고 하여129) 그를 스승으로 여겼기 때문이다."

다. 당(唐) 나라 때 하동(河東 : 현 산서성 운성(運城)) 사람으로 793년에 진사에 급제하여 교서랑(校書郎), 감찰어사(監察御史), 유주자사(柳州刺史) 등을 역임하였다. 문장은 한유(韓愈)와 짝을 이루고 당송팔대가의 한 사람으로서 당 나라 고문운동의 대표자 가운데 한 사람이다. 저서는 『하동선생문집(河東先生文集)』, 『용성록(龍城錄)』 등이 있다.

128) 『논어(論語)』에서는 그가 죽으려고 할 때의 말을 기록하고 있다 : 『논어(論語)』「태백(泰伯)」에서 "증자(曾子)가 병이 위중하여 문하의 제자들을 불러 말하였다. '이불을 걷고 나의 손과 발을 보아라! 『시경(詩經)』에 '전전긍긍하여, 깊은 못에 임한 듯이 하고, 엷은 얼음을 밟는 듯이 한다.'라고 하였다. 이제부터 나는 내 몸을 훼손시킬까 하는 근심에서 모면될 것을 알겠다. 제자들아!'(曾子有疾, 召門弟子曰 : '啓予足, 啓予手! 『詩』云 : '戰戰兢兢, 如臨深淵, 如履薄氷.' 而今而後, 吾知免夫. 小子!')"라고 하였다.

129) 유자(有子)도 또한 자(子)라고 …… 여러 제자가 공자와 닮았다고 하여 : 『예기』「단궁(檀弓)」에서 "유자(有子)가 증자(曾子)에게 물었다. '벼슬을 잃은 뒤의 처신에 대해 선생님께 물은 적이 있는가?' 증자가 대답하였다. '들은 적이 있으니, 벼슬을 잃으면 빨리 가난해지는 것이 좋고, 죽으면 빨리 썩는 것이 좋다고 하셨다.' 유자가 말하였다. '이것은 군자의 말이 아니다.' 증자가 말하였다. '내가 선생님께 들었다.' 유자가 또 말하였다. '이것은 군자의 말이 아니다.' 증자가 말하였다. '내가 자유(子游)와 함께 들었다.' 유자가 말하였다. '그러한가. 그렇다면 선생님께서 까닭이 있어서 그렇게 말했을 것이다.' 증자가 이 말을 자유에게 알려주니, 자유가 말하였다. '대단하다! 유자의 말이 선생님과 흡사하다. 예전에 선생님께서 송(宋)나라에 있을 때 환사마(桓司馬)가 스스로 석곽(石槨)을 만드는데 3년이 지나도 완성하지 못하는 것을 보고, 선생님께서 '이렇게 사치스럽게 하는가! 죽으면 빨리 썩는 것이 낫다.'라고 말했으니, 죽으면 빨리 썩는 것이 좋다는 말은 환사마 때문에 그렇게 말한 것이다. 남궁경숙(南宮敬叔)이 벼슬을 잃은 뒤에 조정에 돌아올 때 반드시 보화를 수레에 싣고서 입조(入朝)했는데, 선생님께서 '이렇게 뇌물을 쓰는가! 벼슬을 잃으면 빨리 가난해지는 것이 낫다.'라고 말했으니, 벼슬을 잃으면 빨리 가난해지는 것이 좋다는 말은 남궁경숙 때문에 그렇게 말한 것이다.'(有子問於曾子曰 : '問喪於夫子乎?' 曰 : '聞之矣, 喪欲速貧, 死欲速朽.' 有子曰 : '是非君子之言也.' 曾子曰 : '參也聞諸夫子也.' 有子又曰 : '是非君子之言也.' 曾子曰 : '參也與子游聞之.' 有子曰 : '然. 然則夫子有爲言之也.' 曾子以斯言告於子游, 子游曰, '甚哉! 有子之言, 似夫子也. 昔者夫子居於宋, 見桓司馬自爲石槨, 三年而不成, 夫子曰 : '若是其靡也. 死不如速朽之愈也.' 死之欲速朽, 爲

○ 龜山楊氏曰："此書首記孔子之言, 而以二子之言次之, 蓋其尊之亞於夫子."130)

구산 양씨(龜山楊氏 : 楊時)131)가 말하였다. "『논어(論語)』는 먼저 공자의 말을 기록하고 증자와 유자의 말을 그 다음으로 기록했으니, 그들을 높이는 것이 공자에 버금한다."

○ 朱子曰："當時旣以曾子不可而寢其議, 有子曷嘗據孔子之位哉? 故程子因柳氏之言斷而裁之."132)

주자(朱子 : 朱熹)가 말하였다. "(『맹자(孟子)』로써 살펴보면) 당시에 이미 증자가 (유약을 공자를 섬기듯이 하자고 강요한 일에 대해) 그렇게 할 수 없다고 하여 그 논의를 마쳤는데,133) 유자를 어찌 갑자기 공자의 지위에 의거한 적이 있었겠는가?

桓司馬言之也. 南宮敬叔反, 必載寶而朝. 夫子曰, '若是其貨也, 喪不如速貧之愈也.' 喪之欲速貧, 爲敬叔言之也.')"라고 하였다.

130) 구준(邱濬), 『대학연의보(大學衍義補)』 권76.

131) 양시(楊時, 1053~1135) : 자는 중립(中立)이고, 호는 구산(龜山)이며, 시호는 문정(文靖)이다. 북송 시대 검남 장락(劍南將樂 : 현 복건성 장락현) 사람이다. 신종(神宗) 희녕(熙寧) 9년(1076)에 진사에 급제하였지만, 관직에 나가지 않고 10년 동안 칩거하다가 형주교수(荊州教授), 우간의대부(右諫議大夫), 국자감좨주(國子監祭酒), 공부시랑(工部侍郎), 용도각직학사(龍圖閣直學士) 등을 역임하였다. 정호(程顥) · 정이(程頤) 형제에게 사사(師事)했는데, 특히 형 정호의 신임을 받았다. 민학(閩學)의 창시자로서, 유초(游酢), 여대림(呂大臨), 사량좌와 함께 정문사선생(程門四先生)으로 불렸다. 그의 학문 계통에서 주희 · 장식(張栻) · 여조겸(呂祖謙) 등 뛰어난 학자가 많이 배출되었다. 저서에 『구산집(龜山集)』, 『구산어록(龜山語錄)』, 『이정수언(二程粹言)』 등이 있다.

132) 조순손(趙順孫), 『논어찬소(論語纂疏)』 권1에 주자의 말로 실려 있는데, "以『孟子』考之, 當時旣以曾子不可而寢其議, 有子曷嘗輒據孔子之位而有其號哉? 故程子特因柳氏之言斷而裁之.(『맹자(孟子)』로써 살펴보면, 당시에 이미 증자가 (유약을 공자를 섬기듯이 하자고 강요한 일에 대해) 그렇게 할 수 없다고 하여 그 논의를 마쳤는데, 유자를 어찌 갑자기 공자의 지위에 의거하여 그렇게 부를 수 있었겠는가? 그러므로 정자는 유씨(柳氏 : 柳宗元)의 말에 따라서 그렇게 판단했을 것이다.)"라고 되어 있다.

133) 당시에 이미 증자가 …… 그 논의를 마쳤는데 : 『맹자(孟子)』「등문공상(滕文公上)」에서 "예전에 공자가 죽자, 제자들이 삼년상을 마치고 짐을 챙겨 돌아가려고 할 때, 들어가서 자공(子貢)에게 읍하고 서로 마주보며 통곡하여 모두 목이 쉰 뒤에 돌아갔다. 자공은 다시 돌아와 묘소 곁에 집을 짓고 홀로 3년을 지낸 뒤에 돌아갔다. 나중에 자하(子夏) · 자장(子張) · 자유(子游)가 유약(有若)이 공자와 흡사하다고 하여, 공자를 섬기던 예(禮)로써 그를 섬기려고 하였다. 그것을 증자(曾子)에게 강요하니, 증자는 '그렇게 할 수 없으니, 강수(江水)와 한수(漢水)에 씻고 가을볕으로써 쪼이는 것처럼 순결하여 더할 수 없다.'라고 하였다.(昔者, 孔子沒, 三年之外, 門人治任將歸, 入揖於子貢, 相嚮而哭, 皆失聲然後歸. 子貢反, 築室於場, 獨居三年然後歸.

그러므로 정자는 유씨(柳氏 : 柳宗元)의 말에 따라서 그렇게 판단했을 것이다."

○ 又曰 : "閔損 · 冉求亦或稱子, 則因其門人所記而失之, 不革也與."134)

주자(朱子 : 朱熹)가 또 말하였다. "민손(閔損)과 염구(冉求)에 대해서도 간혹 자(子)라고 일컬었으니, 이는 그들의 제자들이 기록함으로 인해 잘못된 사항인데, 고치지 못한 것이다."

○ 按 : 孔子之沒, 門人年長者莫如有子. 有子事孔子最久, 年又最長, 而言行氣象又似孔子, 故門人至欲師事之. 若曾子, 則受孔子之宗傳, 作『大學』·『孝經』之書. 宜乎二子之門人獨盛於諸子, 而諸子中二子特爲可尊矣.

내가 생각건대, 공자가 죽자 제자들 가운데 나이가 많은 사람으로 유자(有子)만한 사람이 없었다. 유자는 공자를 가장 오랫동안 섬겼고 나이 또한 가장 많으며, 언행과 기상이 또 공자와 비슷했기 때문에 제자들이 그를 스승으로 섬기려 하는 상황에 이르렀다. 증자의 경우는 공자의 정통을 전수받아 『대학(大學)』과 『효경(孝經)』을 지었다. 그러므로 이 두 사람의 문인들이 공자의 다른 여러 제자의 문인보다 유독 융성했고, 여러 제자 가운데 이 두 사람이 특히 존경받을 만했을 것이다.

朱註

程子曰 : "讀『論語』, 有讀了全然無事者, 有讀了後其中得一兩句喜者, 有讀了後知好之者, 有讀了後直有不知手之舞之 · 足之蹈之者."135)

정자(程子 : 程頤)가 말하였다. "『논어(論語)』를 읽음에, 다 읽은 뒤에 전혀 아무런 일도 없는 자도 있고, 읽은 뒤에 그 가운데 한두 구절을 터득하여 기뻐하는 자도 있으며, 다 읽은 뒤에 그것을 좋아할 줄 아는 자도 있고, 다 읽은 뒤에는 바로 자기도 모르게 손으로 춤을 추고 발로 뛰는 자도 있다."

詳說

○ 叔子.

'정자왈(程子曰)'에서 '정자(程子)'는 동생 정이(程頤)이다.

○ 汎論讀者.

他日, 子夏 · 子張 · 子游以有若似聖人, 欲以所事孔子事之. 彊曾子, 曾子曰 : '不可, 江漢以濯之, 秋陽以暴之, 皜皜乎不可尚已.')"라고 하였다.

134) 구준(邱濬), 『대학연의보(大學衍義補)』 권76.

135) 정호(程顥) · 정이(程頤), 『하남정씨유서(河南程氏遺書)』 권19.

'독『논어』(讀『論語』)'라고 했지만, 이는 일반적으로 독서하는 것을 논하였다.

○ 畢也.

'유독료(有讀了)'에서 '료(了)'자는 끝마친다는 뜻이다.

○ 一無所得.

'유독료전연무사자(有讀了全然無事者)'에서 '전연무사자(全然無事者)'는 전혀 터득한 것이 없다는 뜻이다.

○ 去聲.

'지호지자(知好之者)'에서 '호(好)'자는 거성이다.

○ 好深於喜.

'지호지자(知好之者)'에서, 좋아하는 것은 기뻐하는 것보다 그 정도가 깊다.

○ 此句見『孟子』「離婁」.

'부지수지무지 · 족지도지(不知手之舞之 · 足之蹈之)'라는 구절은 『맹자(孟子)』「이루(離婁)」에 보인다.[136)]

○ 雲峰胡氏曰 : "是好而樂之者."[137)]

'유독료후직유부지수지무지 · 족지도지자(有讀了後直有不知手之舞之 · 足之蹈之者)'에 대해 운봉 호씨(雲峰胡氏 : 胡炳文)가 말하였다. "이것은 좋아하여 그것을 즐거워하는 자이다."

○ 樂則好不足言, 故夫子嘗曰 : "好之者不如樂之者."

---

136) 『맹자(孟子)』「이루(離婁)」에 보인다 : 『맹자(孟子)』「이루상(離婁上)」에서 "맹자가 말하였다. '인(仁)의 실질은 부모를 섬기는 것이다. 의(義)의 실질은 형을 따르는 것이다. 지(智)의 실질은 이 두 가지를 알아서 버리지 않는 것이다. 예(禮)의 실질은 이 두 가지를 품절(品節)하고 문채 나게 하는 것이다. 악(樂)의 실질은 이 두 가지를 즐거워하는 것이다. 즐거워하면 이러한 마음이 생겨날 것이니, 생겨난다면 이러한 행동을 어찌 그만둘 수 있겠는가? 그만둘 수 없다면 자기도 모르게 발로 뛰고 손으로 춤을 추게 될 것이다.'(孟子曰 : '仁之實, 事親是也. 義之實, 從兄是也. 智之實, 知斯二者弗去是也. 禮之實, 節文斯二者是也. 樂之實, 樂斯二者. 樂則生矣, 生則惡可已也? 惡可已, 則不知足之蹈之, 手之舞之.')"라고 하였다.

137) 호광 편(胡廣 編), 『논어집주대전(論語集註大全)』「서설(序說)」. "雲峰胡氏曰 : '讀『論語』者, 有此四等人. 初是全無知者, 第二是畧能知者, 第三是知而好之者, 第四是好而樂之者.'(운봉 호씨(雲峯胡氏 : 胡炳文)가 말하였다. '『논어(論語)』를 읽는 자들에게 이 네 가지 등급의 사람들이 있다. 첫 번째 경우는 전혀 아는 것이 없는 사람이고, 두 번째 경우는 대략 아는 사람이며, 세 번째 경우는 알아서 그것을 좋아하는 사람이고, 네 번째 경우는 좋아하여 그것을 즐거워하는 자이다.')"

즐거워하면 좋아하는 것은 말할 필요가 없기 때문에 공자는 "좋아하는 자는 즐거워하는 자만 못하다."138)라고 말한 적이 있다.

朱註

程子曰 : "今人不會讀書. 如讀『論語』, 未讀時是此等人, 讀了後又只是此等人, 便是不曾讀."139)

정자(程子)가 말하였다. "지금 사람들은 책을 읽을 줄 모른다. 예컨대 『논어(論語)』를 읽었을 때, 읽기 전에도 이러한 사람이고, 다 읽고 난 뒤에도 또 다만 이러한 사람이라면 이는 바로 읽지 않은 것이다."

詳說

○ 叔子.

'정자왈(程子曰)'에서 '정자(程子)'는 동생 정이(程頤)이다.

○ 沙溪曰 : "會猶能也."

사계(沙溪 : 金長生)가 말하였다. "'금인불회독서(今人不會讀書)'에서 '회(會)'자는 '잘 할 수 있다[能]'라는 말과 같다."

○ 按 : 會, 知也. 而能義亦在其中.

내가 살펴보건대, '금인불회독서(今人不會讀書)'에서 '회(會)'자는 '안다[知]'라는 것이다. 그리고 '잘 할 수 있다[能]'라는 의미는 또한 그 가운데 있다.

○ 假令.

'여독『논어』(如讀『論語』)'에서 '여(如)'자는 '가령'이라는 뜻이다.

○ 此則固其宜也.

'읽기 전에도 이러한 사람이다'라는 것은 본디 마땅하다.

○ 此則大不可者.

'다 읽고 난 뒤에도 또 다만 이러한 사람이다'라는 구절은 아주 안 되는 것이다.

---

138) 좋아하는 자는 즐거워하는 자만 못하다 : 『논어(論語)』「옹야(雍也)」에서 "공자가 말하였다. '아는 자는 좋아하는 자만 못하고, 좋아하는 자는 즐거워하는 자만 못하다.'(子曰 : '知之者不如好之者, 好之者不如樂之者.')"라고 하였다.

139) 정호(程顥) · 정이(程頤), 『하남정씨유서(河南程氏遺書)』 권19. '未讀時是此等人, 讀了後又只是此等人' 구절은 '舊時未讀是這箇人, 及讀了後又只是這箇人(이전에 읽기 전에도 이러한 사람이고, 다 읽고 난 뒤에도 또 다만 이러한 사람이라면)'으로 되어 있다.

○ 與不曾讀同.

'이는 바로 읽지 않은 것이다'라는 구절은 읽은 적이 없다는 말과 같다.

朱註

程子曰 : "頤自十七八讀『論語』, 當時已曉文義. 讀之愈久, 但覺意味深長."[140)]

정자(程子 : 程頤)가 말하였다. "나는 17, 8세 때부터 『논어(論語)』를 읽었는데, 당시에 이미 글의 뜻을 알고 있었다. 그러나 더욱 오래도록 읽고 나서야 의미가 심장함을 느꼈다."

詳說

○ 叔子.

'정자왈(程子曰)'에서 '정자(程子)'는 동생 정이(程頤)이다.

○ 文義在書, 雖曉得, 終是書與我爲二.

'당시에 이미 글의 뜻을 알고 있었다'라는 것은, 글의 뜻이 책에 있으니 비록 알았다고 해도 끝내 책과 자신이 둘이라는 말이다.

○ 意味則我與書混合爲一, 然後可得.

'의미가 심장함을 느꼈다'라는 구절에서, 의미는 나와 책이 혼합하여 하나가 된 뒤에 터득할 수 있는 것이다.

○ 程子曰 : "『論語』之書, 其辭近, 其指遠; 辭有盡, 指無窮. 有盡者可索之於訓詁, 無窮者要當會之以神.[141)] 譬諸觀人, 昔日識其面, 今日識其心, 在我則改容更貌矣, 人則猶故也."[142)]

정자(程子)가 말하였다. "『논어(論語)』라는 책은 그 말은 알기 쉽지만 그 뜻은 심

140) 정호(程顥) · 정이(程頤), 『하남정씨유서(河南程氏遺書)』 권19.

141) 無窮者要當會之以神 : 『주자어류(朱子語類)』 권101, 「정자문인(程子門人)」 61조목에서 "上蔡言'無窮者, 要當會之以神', 是說得過當. 只是於訓詁處尋繹踐履去, 自然下學上達.(상채(上蔡 : 謝良佐)가 '끝이 없는 것은 정신으로 이해해야 한다'라고 말했는데, 이 말은 적절함을 넘어섰다. 다만 훈고하는 데에서 깊이 연구하여 실천해가면 저절로 아래로 인간의 일을 배워서 위로 천리(天理)를 통달할 것이다.)"라고 하였다.

142) 호광 편(胡廣 編), 『논어집주대전(論語集註大全)』 「서설(序說)」에 정자(程子)의 말로 실려 있지만, 여조겸(呂祖謙), 『송문감(宋文鑑)』 권92에 의하면 사량좌(謝良佐)의 『논어해(論語解)』 「자서(自序)」의 말이라고 한다.

원하니, 말에는 다 표현함이 있지만 뜻은 끝이 없다. 다 표현함이 있는 것은 훈고에서 찾을 수 있지만 끝이 없는 것은 정신으로 이해해야 한다. 사람을 살펴보는 것으로 비유하면, 지난날에는 얼굴을 알았지만 오늘은 그 마음을 아는 것과 같으니, 내가 볼 때는 그 사람의 용모가 바뀌었지만, 그 사람은 여전히 예전과 같다."

○ **又曰 : "讀『論語』須有疑, 然後能進."**143)

정자(程子)가 또 말하였다. "『논어(論語)』를 읽을 때는 모름지기 의문이 있어야 하니, 그런 뒤에야 나아감이 있다."

○ **又曰 : "讀『論語』, 功效不可急, 工夫不可慢."**144)

정자(程子)가 또 말하였다. "『논어(論語)』를 읽을 때는 효과를 조급하게 바라서는 안 되고, 공부를 느슨하게 해서는 안 된다."

○ **和靖尹氏曰 : "卽其問答, 如己親炙于聖人, 默識而躬行, 則可謂善學矣."**145)

화정 윤씨(和靖尹氏 : 尹焞)146)가 말하였다. "그 문답에서 예컨대 자신이 성인에게

---

143) 호광 편(胡廣 編), 『논어집주대전(論語集註大全)』「서설(序說)」.

144) 호광 편(胡廣 編), 『논어집주대전(論語集註大全)』「서설(序說)」에 정자(程子)의 말로 실려 있는데, 다음과 같다. "물었다. '『논어(論語)』는 어떻게 읽습니까?' 정자가 대답하였다. '이것은 또한 조급하게는 할 수 없고 또한 느슨하게 해서도 안 된다. 이른바 조급하게는 할 수 없다는 말은 효과를 조급하게 바라서는 안 된다는 것이고, 이른바 느슨하게 해서는 안 된다는 말은 공부를 느슨하게 해서는 안 된다는 것이다.'(問 : '『論語』如何讀?' 曰 : '這也使急不得, 也不可慢. 所謂急不得者, 功效不可急; 所謂不可慢者, 工夫不可慢.')" 그러나, 『주자어류(朱子語類)』 권19, 「논어1(論語一)」, 36조목에서 "주자(朱子 : 朱熹)가 물었다. '『논어(論語)』를 요즘 읽어보니 어떠한가? 어제 읽은 것을 오늘 다시 읽어보니 이해하는 것이 어떠한가?' 황간이 대답하였다. '여전히 숙지하지 못하고 있습니다.' 주자(朱子 : 朱熹)가 말하였다. '이것은 또한 조급하게는 할 수 없고 또한 느슨하게 해서도 안 된다. 이른바 조급하게는 할 수 없다는 말은 효과를 조급하게 바라서는 안 된다는 것이고, 이른바 느슨하게 해서는 안 된다는 말은 공부를 느슨하게 해서는 안 된다는 것이다.'(問 : '『論語』近讀得如何? 昨日所讀底, 今日再讀, 見得如何?' 榦曰 : '尙看未熟.' 曰 : '這也使急不得, 也不可慢. 所謂急不得者, 功效不可急; 所謂不可慢者, 工夫不可慢.')"라고 하였다.

145) 윤돈(尹惇), 『논어해(論語解)』「자서(自序)」에서 "苟能卽其問答, 如己親炙於聖人之門, 默識心受而躬行之, 則可謂善學矣.(만약 그 문답에서 마치 자신이 성인의 문하에서 직접 배우는 것과 같이하여 묵묵히 깨달아 마음으로 받아들이고 그것을 몸소 실천할 수 있으면 잘 배우는 것이라고 할 수 있을 것이다.)"라고 하였다.

146) 윤돈(尹焞, 1071~1142) : 자는 언명(彦明) · 덕충(德充)이고, 호는 삼외재(三畏齋)와 황제가 하사한 호인 화정처사(和靖處士)가 있으며, 시호는 숙공(肅公)이다. 송나라 때 낙양(洛陽 : 현 하남성 낙양) 사람으로 과거에 응시하지 않았으나, 천거에 의해 숭정전설서(崇政殿說書) 겸 시강

직접 배우는 것과 같이하여 묵묵히 깨닫고 몸소 실천할 수 있으면 잘 배우는 것이라고 할 수 있다."

○ 延平李氏曰:"孔子旣不得而親之, 所可見者獨『論語』耳. 讀而味之, 推而行之, 雖未至升堂入室, 亦不失爲士君子."147)

연평 이씨(延平李氏:李侗)148)가 말하였다. "공자는 이미 직접 배울 수 없으니, 그의 언행을 알 수 있는 것은 오직 『논어(論語)』뿐이다. 그것을 읽어서 음미하고, 미루어 실천하면 비록 당(堂)에 오르고 방에 들어가는 경지에149) 이르지는 못할지라도 또한 사군자(士君子)가 되기에 잘못이 없을 것이다."

○ 朱子曰:"學者須循序讀書, 以『論語』爲先, 一日只看一二段, 莫問難易, 只從頭看去. 讀而未曉則思, 思而未曉則讀, 反覆玩味, 久之必自有得. 今學者於『論語』二十篇中尙不耐煩看得, 況所謂'死而後已'者, 又豈能辨得如此長遠工夫耶?"150)

(侍講)을 역임하였다. 어려서부터 정이(程頤)에게 사사하여 스승의 학설을 가장 돈독하게 이어받았다고 한다. 저서는 『논어해(論語解)』, 『맹자해(孟子解)』, 『화정집(和靖集)』 등이 있다.

147) 구준(邱濬), 『대학연의보(大學衍義補)』 권76에 이동(李侗)의 말로 실려 있는데, 다음과 같다. "延平李氏曰:'人之持身, 當以孔子爲法. 孔子相去千餘載, 旣不可得而親之, 所可見者獨『論語』耳. 『論語』蓋當時門人弟子所記孔子言行也. 每讀而味之, 玩而繹之, 推而行之, 雖未至升堂入室, 亦不失爲士君子也.'(연평 이씨(延平李氏:李侗)가 말하였다. '사람의 몸가짐은 공자를 본보기로 삼아야 한다. 그러나 공자는 천여 년이나 떨어져서 이미 직접 배울 수 없으니, 그의 언행을 알 수 있는 것은 오직 『논어(論語)』뿐이다. 『논어(論語)』는 당시에 공자 문하의 제자들이 공자의 언행을 기록한 것이기 때문이다. 매번 그것을 읽어서 음미하고, 익숙하게 풀어내며, 미루어 실천하면 비록 당(堂)에 오르고 방에 들어가는 경지에 이르지는 못할지라도 또한 사군자(士君子)가 되기에 잘못이 없을 것이다.')"

148) 이동(李侗, 1093~1163):자는 원중(愿中)이고, 세칭 연평선생(延平先生)이라 하며, 시호는 문정(文靖)이다. 송나라 때 남검주 검포(南劍州劍浦:현 복건성 남평(南平)) 사람으로 양시(楊時)·나종언(羅從彦)과 함께 '남검삼선생(南劍三先生)'이라 불린다. 나종언에게서 이정(二程)의 학문을 배우고, 40여 년간 세속을 끊고 연구한 뒤에 '리일분수(理一分殊)' 등 이정의 학문을 주희에게 전수해 주었다. 저서는 『연평문집(延平文集)』이 있다.

149) 당(堂)에 오르고 방에 들어가는 경지:『논어(論語)』「선진(先進)」에서 "공자가 말하였다. '유(由:子路)의 비파 연주를 어찌 내 집안에서 하는가?' 이에 문인들이 자로를 공경하지 않으니, 공자가 말하였다. '유(由)는 당에는 올랐지만 아직 방에 들어오지 못하였다.'(子曰:'由之瑟, 奚爲於丘之門?' 門人不敬子路, 子曰:'由也, 升堂矣, 未入於室也.')"라고 하였다. 주자는 주석에서 "당에 오르고 방에 들어감은 도(道)에 들어가는 차례를 비유한 것이다.(升堂·入室, 喩入道之次第.)"라고 하였다.

150) 주희(朱熹), 『주문공문집(朱文公文集)』 권58, 「답왕흠지(答王欽之)」에서 "若平時泛泛, 都不著實循序讀書, 未說義理不精, 且是心緖支離, 無個主宰處, 與義理自不相親. 又無積累功夫參互考

주자(朱子 : 朱熹)가 말하였다. "배우는 사람은 모름지기 순서에 따라 독서해야 하니, 『논어(論語)』를 우선으로 하여 하루에 다만 한두 단락씩만 보되, 쉽거나 어렵거나를 따지지 말고 단지 처음부터 읽어 가야 한다. 읽어도 분명하게 알지 못하면 생각해 보고 생각해도 분명하게 알지 못하면 또 읽어서 반복하여 완미하면, 그것이 오래된 뒤에는 반드시 저절로 터득하는 것이 있을 것이다. 요즘 배우는 사람들은 『논어(論語)』 20편을 또한 질려하지 않으면서 읽지 못하는데, 하물며 이른바 '죽은 뒤에야 그만둔다'고 하는 군자의 길과[151] 같은 것은 또 어찌 이와 같이 길고 요원한 공부를 해낼 수 있겠는가?"

○ 又曰 : "『論語集註』如秤上稱來, 不高些, 不低些."[152]

주자(朱子 : 朱熹)가 또 말하였다. "『논어집주(論語集註)』는 마치 저울에 잰 것과

證, 驟然理會一件兩件, 若是小小題目, 則不足留心, 擇其大者, 又有躐等之弊, 終無浹洽之功 …… 而以『論語』爲先, 一日只看一二段, 莫問精粗難易, 但只從頭看將去, 讀而未曉則思, 思而未曉則讀, 反復玩味, 久之必自有得矣 …… 『論語』二十篇, 尙不耐煩看得了, 況所謂'死而後已'者, 又豈能辦如此長遠功夫耶?(만약 평소에 그럭저럭 보아 넘기면서 전혀 순서에 따라 착실하게 독서하지 않으면, 의리에 정밀하지 않음은 말할 것도 없고 또 마음갈피도 지리멸렬하여 주재(主宰)할 곳이 없게 되어 의리와는 저절로 친밀할 수도 없게 될 것이다. 또 서로 고증할 만한 누적된 공부가 없는 상태에서 갑자기 한두 가지를 이해하여, 만약 자잘한 것들이라면 주의를 기울이기에 충분하지 않고 큰 것을 선택해서는 또 순서를 건너뛰는 폐단이 있게 되니, 끝내 푹 젖어드는 공부가 없을 것이다 …… 『논어(論語)』를 우선으로 하여 하루에 다만 한두 단락씩만 보되, 정밀하거나 거칠거나 쉽거나 어렵거나를 따지지 말고 단지 처음부터 읽어 가서, 읽어도 분명하게 알지 못하면 생각해 보고 생각해도 분명하게 알지 못하면 또 읽어서 반복하여 완미하면, 그것이 오래된 뒤에는 반드시 저절로 터득하는 것이 있을 것이다 …… 『논어(論語)』 20편을 또한 질려하지 않으면서 끝까지 읽지 못하는데, 하물며 이른바 '죽은 뒤에야 그만둔다'고 하는 군자의 길과 같은 것은 또 어찌 이와 같이 길고 요원한 공부를 해낼 수 있겠는가?)"라고 하였다.

151) '죽은 뒤에야 그만둔다'고 하는 군자의 길 : 『논어(論語)』「태백(泰伯)」에서 "증자(曾子)가 말하였다. '선비는 도량이 넓고 뜻이 굳세지 않으면 안 되니, 임무가 무겁고 길이 멀기 때문이다. 군자는 인(仁)으로써 자기의 임무를 삼으니 또한 무겁지 않은가? 죽은 뒤에야 그만두는 것이니 또한 멀지 않은가?'(曾子曰 : '士不可以不弘毅, 任重而道遠. 仁以爲己任, 不亦重乎? 死而後已, 不亦遠乎?')"라고 하였다.

152) 『주자어류(朱子語類)』 권19, 「논어1(論語一)」, 60조목에서 "『논어집주(論語集註)』는 마치 저울에 잰 것과 다를 것이 없으니 조금도 지나치거나 모자라는 것이 없다. 원래 배우는 사람들이 열심히 읽으려고 하지 않은 것일 뿐이니, 만약 투철하게 읽고 충분하게 존양(存養)한다면 매우 훌륭한 기질을 양성한 것이라고 할 수 있을 것이다.(『論語集注』如稱上稱來無異, 不高些, 不低些. 自是學者不肯用工看, 如看得透, 存養熟, 可謂甚生氣質.)"라고 하였다.

같이 조금도 지나치거나 모자라는 것이 없다."

○ 又曰:"『集註』添一字不得, 減一字不得."153)

주자(朱子:朱熹)가 또 말하였다. "『논어집주(論語集註)』는 한 글자도 보탤 것이 없고 한 글자도 덜어낼 것이 없다."

○ 又曰:"讀『集註』要看無一字閒. 若意裏說做閒字, 那箇正是緊要字."154)

주자(朱子:朱熹)가 또 말하였다. "『논어집주(論語集註)』를 읽을 때는 한 글자도 가벼운 것이 없다는 것을 알아야 한다. 만약 생각에 가벼운 글자라고 여겨지면 그 것은 도리어 긴요한 글자이다."

○ 又曰:"至于訓詁, 皆仔細看, 蓋要人字字思索到."155)

주자(朱子:朱熹)가 또 말하였다. "(『논어집주(論語集註)』는) 훈고의 경우에도 모두 자세히 보아야 하니, 사람들이 한 글자 한 글자마다 사색하도록 한 것이다."

○ 按:讀『論語』者, 固當深求其意味, 然亦未有未曉文義而能知意味者也. 未曉文義而欲求意味, 則所謂意味者非書與我合而流出者, 必是一種自家意味, 其意其味非私

---

153) 『주자어류(朱子語類)』 권19, 「논어1(論語一)」, 59조목에서 "오인보(吳仁父)에게 일러 말하였다. '나의 『논어집주(論語集註)』·『맹자집주(孟子集註)』는 한 글자도 보탤 것이 없고 한 글자도 덜어낼 것이 없으니, 그대는 자세히 읽어 보시오!' 또 말하였다. '한 글자도 많지 않고 한 글자도 적지 않다.'(語吳仁父曰:'某『語孟集注』, 添一字不得, 減一字不得, 公子細看!' 又曰:'不多一箇字, 不少一箇字.')"라고 하였다.

154) 『주자어류(朱子語類)』 권19, 「논어1(論語一)」, 62조목에서 "독서는 특별한 방법이 없으니 오로지 읽는 것이 방법이다. 마치 어리석은 사람처럼 느릿느릿 읽어가는 것이다. 스스로 전혀 먼저 의견을 세우지 않고 또 마음을 비우고 읽어야 한다. 그렇게 읽어 가다 보면 저절로 분명하게 알게 될 것이다. 나의 『사서집주』는 모두 자세히 갖추었으니, 다만 사람들이 한 글자도 가볍게 보지 말아야 할 것이다. 만약 긴요하지 않은 가벼운 글자라면 더욱 자세히 보아야 할 것이다. 자기 생각에 가벼운 글자라고 여겨지면 그것은 도리어 긴요한 글자이다. 상채(上蔡:謝良佐)가 '사람은 뿌리가 없을 수 없다'라고 한 말이 어렵다. 이른바 뿌리는 오로지 살펴보기만 하면 바로 뿌리이지 밖에서 따로 찾을 수 있는 것이 아니다.(讀書別無法, 只管看, 便是法. 正如獃人相似, 捱來捱去. 自家都未要先立意見, 且虛心只管看. 看來看去, 自然曉得. 某那『集注』都詳備, 只是要人看無一字閑. 那箇無緊要閑底字, 越要看. 自家意裏說是閑字, 那箇正是緊要字. 上蔡云'人不可無根', 便是難. 所謂根者, 只管看, 便是根, 不是外面別討箇根來.)"라고 하였다.

155) 『주자어류(朱子語類)』 권11, 「학5(學五)」 105조목에서 "내가 『논어(論語)』에 주석을 모은 것은 훈고의 경우에도 모두 자세하니, 사람들이 한 글자 한 글자마다 내가 생각한 것과 같이 읽어서 한 글자 한 글자마다 사색하여, 다만 등한시해서 읽어 넘어가지 말도록 하려고 했기 때문이다.(某所集注『論語』, 至於訓詁皆子細者, 蓋要人字字與某著意看, 字字思索到, 莫要只作等閑看過了.)"라고 하였다.

則邪. 故讀書之初, 文義爲急. 而今人或終身讀書未曉其義, 雖至七八十時, 終不及程子十七八時, 況可與議於意味乎? 然今之曉文義之法, 視程·朱時爲甚易, 以有程·朱定說故也. 然則欲曉本文之義者, 可不以『集註』作階梯乎? 非惟『論語』爲然, 凡程·朱所註經傳莫不皆然.

내가 살펴보건대, 『논어(論語)』를 읽는 사람은 본디 그 의미를 깊이 찾아야 하지만 또한 문장의 뜻을 분명히 알지 못하고서 의미를 알 수 있는 자는 없었다. 문장의 뜻을 분명히 알지 못하고서 의미를 찾으려고 하면, 이른바 의미는 책과 자신이 합쳐져서 흘러나오는 것이 아니기 때문에 반드시 일종의 자신의 의미일 것이니, 그 의미는 사사로운 것이 아니면 옳지 않다. 그러므로 독서의 초기에는 문장의 뜻 파악이 시급하다. 그런데 요즘 사람들은 혹 평생 독서를 해도 그 뜻을 분명히 알지 못하여, 비록 7, 80세가 되었어도 끝내 정자(程子 : 程頤)의 17, 8세에 미치지 못하니, 하물며 의미에 대해서 더불어 의논할 수 있겠는가? 그러나 지금 문장의 뜻을 분명히 알 수 있는 방법은 정자나 주자의 시대보다 매우 쉬우니, 정자와 주자의 정설(定說)이 있기 때문이다. 그렇다면 본문의 뜻을 분명히 알려고 하는 사람이 어찌 『논어집주(論語集註)』를 사다리로 삼지 않을 수 있겠는가? 오직 『논어(論語)』만이 그런 것이 아니라 정자와 주자(朱子 : 朱熹)가 경전을 주석한 것은 모두 그러하지 않음이 없다.

○ 『大全』者, 明永樂時, 胡廣等所輯九經小註之名也. 俗本『四書大全』之首不著撰人名氏者, 闕文也. 『諺解』之首不著撰人, 是亦可欠也. 見行『七書諺解』是中廟時大司成眞一齋柳公崇祖所著也. 又有栗谷先生『四書諺解』, 視柳解尤好, 而其板本惟內閣有之, 故不得盛行如柳解云.

『대전(大全)』은 중국 명(明)나라 영락(永樂 : 성조(成祖) 시대의 연호, 1402~1424) 때 호광(胡廣) 등이 구경(九經 : 사서오경)의 소주(小註)를 편집한 명칭이다. 세간에 유행하는 『사서집주대전(四書集註大全)』의 판본은 그 첫머리에 편찬한 사람의 성명이 나타나 있지 않으니, 빠트린 것이다. 『언해』의 첫머리에도 편찬한 사람의 성명이 나타나 있지 않으니, 이 또한 빠트렸을 것이다. 현행본 『칠서언해(七書諺解)』는 조선 중종(中宗) 때 대사성(大司成)인 진일재(眞一齋) 유숭조(柳崇祖)[156]공

156) 유숭조(柳崇祖, 1452~1512) : 본관은 전주, 자는 종효(宗孝)이고, 호는 진일재(眞一齋)·석헌(石軒)이며, 시호는 문목(文穆)이다. 1489년(성종20) 문과 급제를 시작하여 대사성에 이르기까지 18년 동안의 벼슬길을 거의 성균관에서 보내면서 조광조(趙光祖) 등 신진 유림을 다수 배출시켰으며, 성리학의 학풍을 크게 북돋웠다. 연산군 때는 실정을 간언하다가 유배당하기도 하였다. 역학(易學)에 뛰어났으며, 사서삼경(四書三經)에 구결(口訣) 또는 토(吐)를 달아 놓

이 저술한 것이다. 또한 율곡선생(栗谷先生 : 李珥)[157]의 『사서언해(四書諺解)』가 있어 유숭조의 『칠서언해』보다 매우 훌륭하지만 그 판본이 오직 내각본(內閣本)만 있기 때문에 유숭조의 『칠서언해』만큼 성행할 수 없었다고 한다.

은, 언해(諺解)의 효시라고 할 수 있는 『칠서언해(七書諺解)』를 저술하여 큰 공적을 남겼다. 기타 저서로는 『진일재문집(眞一齋文集)』, 『대학강목잠(大學綱目箴)』, 『성리연원촬요(性理淵源撮要)』 등이 있다.

157) 이이(李珥, 1536~1584) : 본관은 덕수(德水)이다. 자는 숙헌(叔獻)이고, 호는 율곡(栗谷) · 석담(石潭) · 우재(愚齋)이며, 시호는 문성(文成)이다. 강원도 강릉 출생으로 어머니는 현모양처의 사표로 추앙받는 사임당 신씨(師任堂申氏)이다. 1548년 13세 때 진사 초시에 합격하였다. 1551년 16세 때 어머니가 돌아가자, 3년간 시묘(侍墓)하고 금강산에 들어가 불교를 공부하다가 1555년 20세 때 하산해 다시 유학에 전심하였다. 1558년 봄 예안(禮安)의 도산(陶山)으로 이황(李滉)을 방문했고, 그해 겨울의 별시(문과 초시)에서 「천도책(天道策)」을 지어 장원하였다. 전후 아홉 차례의 과거에 모두 장원해 '구도장원공(九度壯元公)'이라 일컬어졌다. 벼슬은 호조좌랑(戶曹佐郎)으로 관직에 나선 뒤에 사간원정언(司諫院正言), 사헌부지평(司憲府持平), 동부승지(同副承旨), 우부승지(右副承旨), 대사헌(大司憲), 홍문관 대제학(大提學), 이조판서, 병조판서, 판돈녕부사(判敦寧府事) 등 요직을 두루 섭렵하였다. 학술적으로는 퇴계와 달리 '이통기국설(理通氣局說)', '기발이승일도설(氣發理乘一途說)'을 주장하여 뒤에 영남학파와 대립되는 기호학파의 시조가 되었다. 저술로는 『성학집요(聖學輯要)』, 『동호문답(東湖問答)』, 『경연일기(經筵日記)』, 『천도책(天道策)』, 『격몽요결(擊蒙要訣)』, 『기자실기(箕子實記)』, 『학교모범(學校模範)』 등이 있고, 『율곡문집(栗谷文集)』과 『율곡전서(栗谷全書)』가 있다.

권1

논어집주상설

論語集註詳說

학이。學而 第一

제1편

詳說

○ 朱子曰 : "「學而」, 篇名也. 取篇首兩字爲別, 初無意義."[1)]

주자(朱子 : 朱熹)[2)]가 말하였다. "「학이(學而)」는 편명(篇名)이다. 편(篇)마다 앞의 두 글자를 가지고 구별하였으니 애초에 특별한 의미가 없다.[3)]"

---

1) 주희(朱熹), 『주문공문집(朱文公文集)』 권32, 「답장경부문목(答張敬夫問目)」.

2) 주희(朱熹, 1130~1200) : 자는 원회(元晦) · 중회(仲晦)이고, 호는 회암(晦庵) · 회옹(晦翁) · 고정(考亭) · 자양(紫陽) · 둔옹(遯翁) 등이다. 송(宋) 나라 때 무원(婺源 : 현 강서성 무원현) 사람으로 건양(建陽 : 현 복건성 건양현)에서 살았다. 1148년에 진사에 급제하여 동안주부(同安主簿), 비서랑(秘書郞), 지남강군(知南康軍), 강서제형(江西提刑), 보문각대제(寶文閣待制), 시강(侍講) 등을 역임하였다. 스승 이동(李侗)을 통해 이정(二程)의 신유학을 전수받고, 북송 유학자들의 철학사상을 집대성하여 신유학의 체계를 정립하였다. 1179~1181년 강서성(江西省) 남강(南康)의 지사(知事)로 근무하면서 백록동서원(白鹿洞書院)을 재건하였다. 만년에 이르러 정적(政敵)인 한탁주(韓侂胄)의 모함을 받아 죽을 때까지 정치활동이 금지되었고 거짓 학문으로 폄훼를 받다가 죽은 뒤에 바로 회복되었다. 저서로는 『정씨유서(程氏遺書)』, 『정씨외서(程氏外書)』, 『이락연원록(伊洛淵源錄)』, 『고금가제례(古今家祭禮)』, 『근사록(近思錄)』 등의 편찬과 『사서집주(四書集注)』, 『서명해(西銘解)』, 『태극도설해(太極圖說解)』, 『통서해(通書解)』, 『사서혹문(四書或問)』, 『시집전(詩集傳)』, 『주역본의(周易本義)』, 『역학계몽(易學啓蒙)』, 『효경간오(孝經刊誤)』, 『소학서(小學書)』, 『초사집주(楚辭集注)』, 『자치통감강목(資治通鑑綱目)』, 『팔조명신언행록(八朝名臣言行錄)』 등이 있다. 막내아들 주재(朱在)가 편찬한 『주문공문집(朱文公文集)』(100권, 속집 11권, 별집 10권)과 여정덕(黎靖德)이 편찬한 『주자어류(朱子語類)』(140권)가 있다.

3) 편(篇)마다 앞의 두 글자를 가지고 구별한 것이니 애초에 특별한 의미가 없다 : 일반적으로 책의 편집과정에서 편명은 그 편의 내용을 대표하는 제목을 붙이는 경우가 많은데, 고대 경전으로 『논어(論語)』는 그런 형식을 취하지 않았다는 말이다. 그러나 주자는 이렇게만 말하면 「학이(學而)」라는 편명에 대해 전혀 의미를 두지 않을까 염려하여, 바로 이어서 "하지만 '학(學)'이라는 글자의 의미에 대해, 이 책을 읽는 사람들은 먼저 강구하지 않을 수 없다. '학'이라는 말은 글자의 의미로 말하면, 자신이 아직 알지 못하고 잘할 수 없는 것을 알고 잘할 수 있도록 깨우치는 것을 말한다. 일의 이치로 말하면, 아직 어떤 경지에 도달하지 않았지만 도달하기를 추구하는 것은 모두 '학'이라고 말한다. 비록 농사짓고 활 쏘고 말 타는 것처럼 사소한 일도 또한 '학'이라고 말하니, 그 일에 맞추어서 그렇게 이름 붙인 것이다. 그러나 여기에서 한 가지만을 지칭해 본다면, 이른바 '학'이라는 것은 과연 무엇을 배우는 것인가? 선비로서 배우기를 시작하여 성인의 일까지 도달하는 것이다.(但'學'之爲義, 則讀此書者不可以不先講也. 夫'學'也者, 以字義言之, 則己之未知未能, 而曉夫知之能之之謂也. 以事理言之, 則凡未至而求至者, 皆謂之'學'. 雖稼圃射御之微, 亦曰'學', 配其事而名之也. 而此獨專之, 則所謂'學'者, 果何學也? 蓋始乎爲士者所以學, 而至乎聖人之事.)"라고 설명하여, 성인이 일을 배우는 것이 바로 『논어(論語)』의 '학'이라고 하였다.

○ 後十九篇幷同. 蓋篇名是記書者之所自命, 如周公作詩而命之曰「鴟鴞」耳. ‘「學而」第一’, 言「學而」爲第一也.

뒤의 19편도 모두 같다. 편명은 책을 기록한 이가 스스로 이름 붙인 것으로, 이를테면 주공(周公)이 시(詩)를 지으면서 「치효(鴟鴞)」라고 이름 붙인 것과 같다. ‘「학이(學而)」 제1편’은 「학이(學而)」편이 첫 번째 편이라는 말이다.

朱註

此爲書之首篇.

이 편(「학이(學而)」)은 이 책(『논어(論語)』)의 첫 번째 편이다.

詳說

○ ‘爲’字釋於此.

‘차위(此爲)’의 ‘위(爲)’자는 ‘서지수편(書之首篇)’의 ‘편(篇)’이라는 글자에 이르러 풀이한다.[4]

朱註

故所記多務本之意, 乃入道之門, 積德之基, 學者之先務也.

그러므로 기록된 것이 대부분 근본(根本)에 힘쓰는 뜻으로, 바로 도(道)에 들어가는 문(門)이고[5] 덕(德)을 쌓는 기초이니, 배우는 사람들이 가장 먼저 힘써야 할 일이다.

詳說

○ 朱子曰: “皆是先言自修.”[6]

---

4) ‘차위(此爲)’의 ‘위(爲)’자는 ‘서지수편(書之首篇)’의 ‘편(篇)’이라는 글자에 이르러 풀이한다: 만약 ‘위(爲)’자를 바로 뒤의 ‘서(書)’자에서 풀이하면, “이 편(「학이(學而)」)은 이 책(『논어(論語)』)을 만든 첫 번째 편이다.”라고 되어 그 내용이 달라진다.

5) 도(道)에 들어가는 문(門)이고: 『주자어류(朱子語類)』 권20, 「논어2(論語二)」, 3조목에는 “도에 들어가는 문은 자기 자신을 도리 속에 들여보내어 점점 서로 친히 하기를 오래 하면 자기와 하나가 된다. 그러나 지금 사람들은 도리는 저 속에 있는데, 자신은 밖에 있으니 전혀 서로 관계할 수 없을 것이다(入道之門, 是將自家身己入那道理中去, 漸漸相親, 久之與己為一. 而今人道理在這裏, 自家身在外面, 全不曾相干涉!)”라고 하였다.

6) 『주자어류(朱子語類)』 권20, 「논어2(論語二)」, 2조목.

주자(朱子 : 朱熹)가 말하였다. "모두 자신의 수양을 먼저 말하였다."[7]

○ 胡氏曰 : "首取其切於學者記之."[8]

호씨(胡氏 : 胡泳)[9]가 말하였다. "먼저 배우는 사람들에게 절실한 것을 취하여 기록하였다."[10]

○ 新安陳氏曰 : "揭'君子務本'一句, 以爲首篇之要. 此說本於游氏, 朱子已采入易色章下, 於此又首標之."[11]

신안 진씨(新安陳氏 : 陳櫟)[12]가 말하였다. "'군자는 근본에 힘쓴다.[君子務本.]'라

---

7) 모두 자신의 수양을 먼저 말했다 : 『주자어류(朱子語類)』 권20, 「논어2(論語二)」, 2조목에는 "「학이(學而)」편에서는 모두 자신의 수양을 먼저 말하고, 그 뒤에 인(仁)한 사람을 친하게 여기고 스승을 섬기며 벗을 사귀라고 하였다. '벗이 먼 곳으로부터 찾아오는 것'은 '때때로 익히는 것' 뒤에 있는 일이고,(제1장) '인(仁)한 사람을 친하게 여기는 것'은 '집에 들어가서는 효도하고, 밖에 나와서는 공손히 하는 것' 뒤의 일이며,(제6장) '도(道)가 있는 사람에게 찾아가서 질정(質正)하는 것'은 '먹는 데 배부름을 추구하지 않고, 거처할 때에 편안함을 추구하지 않은 것' 뒤의 일이고,(제14장) '자기보다 못한 사람을 벗 삼지 않는 것'은 '후중(厚重)하지 않으면 위엄이 없게 된다는 것' 뒤의 일이다.(제8장) 지금 사람들은 모두 자신의 수양을 하지 않고, 다만 스승이나 벗의 말에만 오로지 의지할 뿐이다.(「學而」篇皆是先言自修, 而後親師友. '有朋自遠方來', 在'時習'之後; '而親仁', 在'入則孝, 出則弟'之後; '就有道而正焉', 在'食無求飽, 居無求安'之後; '毋友不如己者', 在'不重則不威'之後. 今人都不去自修, 只是專靠師友說話.)"라고 하여 자신의 수양 문제와 남과의 관계 문제의 선후를 논증하였다.

8) 조순손(趙順孫), 『논어찬소(論語纂疏)』 권1.

9) 호영(胡泳) : 자는 백량(伯量)이고, 동원(洞源) 또는 동원(桐源)이다. 송(宋) 나라 때 남강군 건창(南康軍 建昌 : 현 강서성 소속) 사람이다. 주희의 제자로서 백록동삼현사(白鹿洞三賢祠)에 배향되어 있다. 저서에 『사서연설(四書衍說)』이 있다.

10) 먼저 배우는 사람들에게 절실한 것을 취하여 기록했다 : 호광 편(胡廣 編), 『논어집주대전(論語集註大全)』「학이(學而)」에서는 "「학이(學而)」편에서는 먼저 배우는 사람들에게 절실한 것을 취하여 기록했기 때문에, '대부분 근본에 힘쓰는 뜻'이라고 여겼다.(此篇首取其切於學者記之, 故以爲'多務本之意.')"라고 하였다.

11) 호광 편(胡廣 編), 『논어집주대전(論語集註大全)』 권1.

12) 진력(陳櫟, 1252~1334) : 자는 수옹(壽翁)이고, 호는 정우(定宇) 또는 동부노인(東阜老人)이다. 송말원초 때 휘주(徽州) 휴녕(休寧) 사람이다. 송나라가 망하자 은거하여 학문과 제자 양성에 힘썼다. 학문 성향은 주희(朱熹)의 학문을 위주로 하면서 육구연(陸九淵)의 심학(心學)을 아울러 취하려 하였다. 인종(仁宗) 연우(延祐) 초에 향시(鄕試)에 급제했지만 예부시(禮部試)에 나가지 않고 집에서 학생들을 가르쳤다. 효성과 우애가 지극했고, 세력이나 이익에 휩쓸리지 않았다. 주희와 여러 학자의 학설을 채집하고 자신의 견해를 덧붙여 『상서집전찬소(尙書集傳纂疏)』를 저술하였다. 그 밖의 저서에 『사서발명(四書發明)』, 『예기집의(禮記集義)』, 『역조통략(歷朝通略)』, 『근유당수록(勤有堂隨錄)』, 『정우집(定宇集)』 등이 있다.

는 한 구절을 게시해 첫 번째 편의 요점으로 삼았다. 이 주장은 유씨(游氏 : 游酢)[13]에게 뿌리를 둔 것으로 주자(朱子 : 朱熹)가 이미 역색장(易色章) 아래에 채택해 넣었는데,[14] 여기에서 또 맨 앞에 드러내어 표시하였다."[15]

○ 以'門'·'基'二字襯陪'本'字.

'입도지문(入道之門)'에서 '문(門)'과 '적덕지기(積德之基)'에서 '기초[基]'라는 말로 앞에서 말한 '무본(務本)'에서 '근본[本]'이라는 말을 부각시켰다.

○ 朱子曰 : "今且熟讀「學而」一篇, 若明得, 其餘自然易曉."[16]

주자(朱子 : 朱熹)가 말하였다. "이제 「학이(學而)」편을 숙독해서 분명하게 터득하면 그 나머지는 저절로 쉽게 이해할 수 있을 것이다."[17]

---

13) 유초(游酢, 1053~1123) : 자는 정부(定夫) 또는 자통(子通)이고, 호는 녹산선생(鳶山先生) 또는 광평선생(廣平先生)이며, 시호는 문숙(文肅)이다. 북송 시대 건주(建州) 건양(建陽) 사람이다. 유잠(游潛)의 아들이고, 유순(游醇)의 동생이다. 신종(神宗) 원풍(元豊) 5년(1083)에 진사(進士)가 되었다. 태학박사(太學博士), 감찰어사(監察御史) 등을 지냈다. 정호(程顥)와 정이(程頤)를 사사했고, 사량좌(謝良佐), 양시(楊時), 여대림(呂大臨)과 함께 '정문사선생(程門四先生)'으로 불린다. 특히 『주역(周易)』을 중시하였다. 저서에 『역설(易說)』, 『중용의(中庸義)』, 『논어맹자잡해(論語孟子雜解)』, 『시이남의(詩二南義)』 등이 있었지만 모두 없어졌고, 후세 사람들이 엮은 『녹산문집(鳶山文集)』이 남아 있다.

14) 역색장(易色章) 아래에 채택해 넣었는데 : 본편 제7장 '현현역색(賢賢易色)'의 주자 주석에 "유씨(游氏)가 말하였다. '「학이(學而)」편은 대체로 모두 근본을 힘쓰는 것을 중심으로 하고 있다.'(游氏曰, '「學而」一篇, 大抵皆在於務本.')"라고 하였다.

15) '군자는 근본에 힘쓴다.[君子務本.]'라는 …… 맨 앞에 드러내어 표시하였다 : 호광 편(胡廣 編), 『논어집주대전(論語集註大全)』「학이(學而)」에는 이 구절 뒤에 "예컨대 첫 번째 장에서는 '때에 맞춰 익히는 것'을 근본으로 삼았고. 두 번째 장에서는 '효도하고 웃어른을 섬기는 것'을 '인을 실천하는' 근본으로 삼았으며, 세 번째 장에서는 '충(忠)과 신(信)'을 '전수받아 익히는' 근본으로 삼았고, 도천승장(道千乘章)에서 다섯 가지를 '나라를 다스리는 근본'으로 삼은 것이 모두 여기에 해당한다. 나머지는 유추할 수 있다.(如首章以'時習'爲本, 次章以'孝弟'爲'爲仁'之本, 三章以'忠信'爲'傳習'之本, 道千乘章以五者爲'治國之本', 皆是. 餘可以類推.)"라고 하였다.

16) 『주자어류(朱子語類)』 권20, 「논어2(論語二)」, 1조목.

17) 이제 「학이(學而)」편을 …… 저절로 이해할 수 있을 것이다 : 『주자어류(朱子語類)』 권20, 「논어2(論語二)」, 1조목에서는 "이제 『논어(論語)』를 읽을 때에, 「학이(學而)」편을 숙독해서 분명하게 터득하면 그 나머지는 저절로 쉽게 이해할 수 있을 것이다.(今讀『論語』, 且熟讀「學而」一篇, 若明得一篇, 其餘自然易曉.)"라고 하였다. 이를 통해 박문호(朴文鎬)의 『논어집주상설(論語集註詳說)』이 원문을 요약해서 군더더기가 없게 한 것을 볼 수 있다.

朱註

凡十六章.

모두 16장(章)이다.

詳說

○ 南塘曰："朱子「答趙恭父」論『論語』分章曰, '仲弓·子桑·顏淵·子路不曾分, 子賤·子貢·回也·冉求却分了. 蓋一時失於點對, 非大義所繫.[18] 要之, 不若皆析爲二乃佳.'[19] 按, 『集註』分章, 雖依古本, 其當析之義, 當以此書爲正."

남당(南塘 : 韓元震)[20]이 말하였다. "주자는 「답조공보(答趙恭父)」에서 『논어(論語)』의 장(章)이 나누어진 것에 대해 다음과 같이 말하였다. '중궁(仲弓)·자상(子桑)·안연(顏淵)·자로(子路)에 대해서는 장을 나누지 않았고,[21] 자천(子賤)·자공(子

---

18) 蓋一時失於點對, 非大義所繫 : 주희(朱熹), 『주문공문집(朱文公文集)』 권59, 「답조공보(答趙恭父)」에는 "蓋一時失于點對, 然非大義所繫不能易也.(대개 한때 점검 대조를 잘못한 것이겠지만, 큰 의미에 관련된 것은 아니기 때문에 바꿀 수 없다.)"라고 되어 있다.

19) 주희(朱熹), 『주문공문집(朱文公文集)』 권59, 「답조공보(答趙恭父)」.

20) 한원진(韓元震, 1682~1751) : 자는 덕소(德昭)이고, 호는 남당(南塘)이며, 시호는 문순(文純)이다. 본관은 청주(淸州)이다. 송시열(宋時烈)의 학맥을 이은 서인 산림(山林) 권상하(權尙夏)의 제자로 과거에 뜻을 두지 않고 학문에 전념하였다. 1717년(숙종 43) 학행(學行)으로 천거되어 영릉참봉으로 관직에 나갔다가 경종 때에 노론(老論)이 축출될 때 사직하였다. 1725년(영조 1) 경연관으로 출사하였으나 영조에게 소론을 배척하다가 삭직되었다. 그 뒤 장령·집의에 임명되었지만 취임하지 않았으며, 이조판서에 추증되었다. 같은 문인인 이간(李柬) 등과 호락논쟁(湖洛論爭)을 일으켜, 호서 지역 학자들의 호론(湖論)을 이끌었다. 그 주장의 핵심은 사람이 오상(五常)을 모두 갖추었음에 비해 초목이나 금수와 같은 것은 그것이 치우치게 존재하여, 인성과 물성이 근본적으로 다르다는 것이었다. 이러한 주장은 사람과 금수의 근본적 차이를 강조하여 인간의 존엄성을 높이려는 생각에서 나온 것이다. 문집으로 『남당집(南塘集)』이 있으며, 송시열과 스승 권상하의 사업을 이어받아 50년 만에 『주자언론동이고(朱子言論同異攷)』(1741)를 완성하였다. 그 밖에 『역학답문(易學答問)』, 『의례경전통해보(儀禮經傳通解補)』 등 『주역(周易)』 관련 저술들과 『장자변해(莊子辨解)』 등의 편저들이 있다.

21) '중궁(仲弓)·자상(子桑)·안연(顏淵)·자로(子路)에 대해서는 장을 나누지 않았고 : 『논어(論語)』에서 장을 따로 나누지 않고 두 사람 이상 관련된 말을 언급하는 경우가 있는데, 이 네 사람의 경우로 예를 들면 다음과 같다. 『논어(論語)』「옹야(雍也)」 제1장에서는 "공자가 말하였다. '옹(雍 : 仲弓)은 군주의 지위에 앉힐 만하다.' 중궁이 자상백자에 대하여 물으니, 공자가 대답하였다. '그의 간략함도 괜찮다.'(子曰 : '雍也可使南面.' 仲弓問子桑伯子, 子曰 : '可也簡.')"라고 하여, 중궁과 자상백자를 함께 언급하고 있다. 또 「술이(述而)」 제10장에서는 "공자가 안연에게 일러 말하였다. '써주면 도(道)를 실행하고 버리면 은둔하는 것을 오직 나와 너만이 이를 지니

貢)·회야(回也)·염구(冉求)에 대해서는 도리어 나누었다.[22] 대개 한때 점검 대조를 잘못한 것이겠지만 큰 의미에 관련된 것은 아니다. 요컨대 모두 쪼개서 둘로 나누는 것이 더 좋을 것이다.' 살펴보건대 『논어집주(論語集註)』에서 장을 나눈 것은 비록 고본(古本)을 따랐지만, 그것이 마땅하게 쪼개졌다는 의미는 이 책(『논어집주(論語集註)』)을 올바른 기준으로 삼아야 할 것이다."

고 있을 뿐이구나!' 자로가 말하였다. '선생님께서 삼군을 통솔한다면 누구와 함께 하겠습니까?'(子謂顔淵曰:'用之則行, 舍之則藏, 唯我與爾有是夫!' 子路曰:'子行三軍, 則誰與?')"라고 하여 안연과 자로를 함께 언급하고 있다.

22) 자천(子賤)·자공(子貢)·회야(回也)·염구(冉求)에 대해서는 도리어 나누었다:『논어(論語)』에서 장을 나누어 따로 언급하는 경우가 있는데, 이 네 사람의 경우로 예를 들면 다음과 같다. 『논어(論語)』「공야장(公冶長)」 제2장에서 "공자가 자천을 두고 평가하기를 '군자답다, 이 사람은! 노나라에 군자가 없었다면 이 사람이 어디에서 이러한 덕(德)을 취했겠는가?'(子謂子賤, '君子哉, 若人! 魯無君子者 斯焉取斯?')" 하고, 이어서 제3장에서는 "자공이 물었다. '저는 어떻습니까?'(子貢問曰:'賜也何如?')" 하여, 제2장에서는 자천을, 제3장에서는 자공을 각각 언급하고 있다. 또 「옹야(雍也)」 제9장에서 "공자가 말하였다. '어질다, 안회(顔回)여! 한 그릇의 밥과 한 표주박의 음료로 누추한 시골에 있는 것을 딴 사람들은 그 근심을 견뎌내지 못하는데, 안회는 그 즐거움을 변치 않으니, 어질다, 안회여!'(子曰:'賢哉, 回也! 一簞食一瓢飮, 在陋巷, 人不堪其憂, 回也不改其樂, 賢哉, 回也!')" 하고, 제10장에서는 "염구가 말하였다. '저는 선생님의 도(道)를 좋아하지 않는 것은 아니지만, 힘이 부족합니다.' 공자가 말하였다. '힘이 부족한 자는 중도에 그만두는 것이니, 지금 너는 스스로 한계를 긋는 것이다.'(冉求曰:'非不說子之道, 力不足也.' 子曰:'力不足者, 中道而廢, 今女畫.')"라고 하여, 제9장에서는 안회를, 제10장에서는 염구를 각각 언급하고 있다.

[1-1-1]

子曰 : "學而時習之, 不亦說乎?
공자가 말하였다. "배우고 그것을 때때로 익히면 또한 기쁘지 않은가?

朱註

說, 悅同.
'불역열호(不亦說乎)'에서 '열(說)'자는 '열(悅 : 기쁘다)'자와 같다.

詳說

○ 每章之首, 必加圈者, 恐其與上章相混而別之也. 每篇首章不圈者, 無事乎別也.
장(章)마다 첫머리에 반드시 ○(圈)표를 한 것은 앞 장과 서로 섞일 것을 우려하여 구별한 것이다. 편(篇)마다 첫 장에 ○표를 하지 않은 것은 구별할 일이 없기 때문이다.[23]

○ '子', 孔子也. 不姓而止稱子者, 尊而親之之辭. 至與君問答, 然後謹而姓之. 又有非門徒, 則外之而稱姓者. 且「子路」一篇, 先儒謂之『齊論』而皆稱姓, 異國之稱謂, 固宜與邦人異矣.
'자왈(子曰)'에서 '자(子)'자는 공자(孔子)이다. 성(姓)을 쓰지 않고 자라고만 일컬은 것은 존경하며 친애하는 말이다. 군주와 문답하는 경우에는 삼가서 성(姓)을 썼다. 또 문하생이 아니면 바깥사람으로 여겨 성을 쓴 것이 있다. 또 「자로(子路)」에 대해서는 선대 학자가 『제론(齊論)』이어서 모두 성을 일컬었다고 하였으니,

---

23) 장(章)마다 첫머리에 반드시 동그라미(○:圈 ; 이하 "○(圈)표" 혹은 "동그라미(○:圈)"로 씀)를 한 것은 …… 구별할 일이 없기 때문이다 : 주희(朱熹), 『논어집주(論語集註)』의 편제에서 매 편 첫 장과 그 주석에서 ○표를 하지 않은 것에 대한 설명이다. 옛날에 출간된 고서 판본은 세로쓰기로 되어 있고, 띄어쓰기나 구두점 없이 글을 이어서 썼기 때문에 ○(圈)로 표시하여 문장을 구별하였다. 즉 『논어집주(論語集註)』의 경우, 첫 장인 [1-1-1]의 "學而時習之"는 맨 앞 문장이어서 특별히 구별할 이유가 없으므로 ○표를 생략하였고, 둘째 장인 [1-2-1]의 "有子曰其爲人也孝弟"는 앞의 문장과 섞일까 우려하여 ○표를 붙여 구별하였다. 『논어집주(論語集註)』에서도 첫 장의 첫 번째 주석인 "說悅同" 앞에는 ○표가 없지만, 나중에 나오는 주석인 "程子曰樂" 앞에는 ○표를 붙였다. 『논어집주(論語集註)』를 비롯하여 『칠서주상설(七書註詳說)』의 주석도 이와 동일하다. 본 연구 번역에서는 현대 가로쓰기에 맞추어, 옛날 판본으로 된 사서삼경(四書三經)의 경문과 주석에 ○표로 되어 있는 '권(圈)'을 생략하고, 호산(壺山) 박문호(朴文鎬)의 '상설(詳說)' 주석에는 각 구절마다 일일이 ○(圈)를 붙여 표시한다.

'다른 나라[齊]' 사람에 대한 호칭은 본디 '우리 나라[魯]' 사람에 대한 호칭과 달라야 하기 때문이라는 것이다.

○ 凡字有二音恐混, 及字不甚顯難曉者, 必著其音于本文之下, 一則別嫌, 一則明微. 是亦『集註』時事也. 『詩』音尤詳云.

무릇 글자에 두 개의 음(音)이 있어서 혼동될 것을 염려하거나 글자가 별로 일상적이지 않아 알기 어려운 것에 대해서는 반드시 그 음을 본문의 아래에 드러냈으니, 한편으로 '혼잡한 것을 구별함[別嫌]'이고 다른 한편으로 '은미한 것을 밝힘[明微]'이다. 이렇게 한 것은 또한 주자(朱子 : 朱熹)가 『집주(集註)』 작업을 할 당시의 일이었다. 『시경(詩經)』에서는 음에 대해 특히 상세하게 하였다.

朱註

> 學之爲言, 效也.[24]
>
> 배운다는 말은 본받는다는 뜻이다.[25]

詳說

○ 胡氏曰 : "'某, 某也', 正訓也. '某, 猶某也', 無正訓, 借彼以明此也. 某之爲言某也, 前無訓釋,[26] 特發此以明其義也. 引經傳文以證者, 此字義不可以常訓通也. 訓釋字義, 欲學者先明逐字文義."[27]

---

24) 學之爲言, 效也 : '之爲言'은 성훈(聲訓) 즉 음(音)의 유사성으로 주석하는 훈고 용어이다. '之言'과 같다. '學'과 '效'는 성(聲) 즉 'ㅎ'이 같다.

25) 『주자어류(朱子語類)』 권20 제7조목에 "양양이 ''『집주(集註)』에서 학(學)이라는 말은 본받는다는 것이다.'라고 했습니다. '효(效)'자는 내포하는 것이 매우 넓습니다'라고 묻자, 주자(朱子 : 朱熹)가 말하였다. '이와 같다. 널리 배우고, 자세히 물으며, 신중히 생각하며, 밝게 분변하며, 독실히 행하는 등의 일은 모두 배워서 본받는 일이다'(問:'注云:'學之為言, 效也.''效'字所包甚廣.' 曰:'是如此. 博學, 審問, 愼思, 明辨, 篤行, 皆學效之事也.')"라고 하였다.

26) 某之爲言某也, 前無訓釋 : '之爲言'을 성훈으로 이해하지 않은 것이다. 삼국 시대 위(魏)나라 장읍(張揖)의 『광아(廣雅)』「석고(釋詁) 3」에 '배움은 본받음(學, 效也.)'이라고 한 것이 있어, 주자(朱子 : 朱熹)가 이전의 훈석을 따른 것이지, 이 훈석을 밝혀낸 것은 아니다.

27) 조순손(趙順孫), 『논어찬소(論語纂疏)』「독논맹집주강령(讀論孟集註綱領)」. "特發此以明其義也" 구절 뒤에 "爲言, 謂其說如此也(~라는 말[爲言]은 그 설명이 이와 같다는 것을 말한다.)"라는 말이 더 있다. 또 "訓釋字義, 欲學者先明逐字文義" 구절은 "字義難明者, 各有訓釋. 一章意義可以分斷者, 逐節註之, 一章之後, 又合諸節, 而通言之, 欲學者先明逐字文義.(글자의 의미를 밝히기 어려운 것은 각각 훈석을 하였다. 한 장(章)의 의미를 나눌 수 있는 것은 하나하나의 절(節)

호씨(胡氏 : 胡泳)가 말하였다. "'어떤 글자[某]는 어떤 글자[某]이다.'라는 것은 정식 훈고이다. '어떤 글자[某]는 어떤 글자[某]와 같다.'라는 것은 정식 훈고가 없어 그 글자를 빌어 이 글자를 밝힌 것이다. '어떤 글자라는 말[某之爲言]은 어떤 글자[某]이다.'라는 것이 이전에 훈석(訓釋 : 글자의 훈고와 해석)이 없어서 특히 이 글자를 말하여 그 의미를 밝힌 것이다. 경문(經文)과 전문(傳文)을 인용하여 증명한 것은 이 글자의 뜻을 일상 훈고로 통할 수 없다는 뜻이다. 글자 의미를 훈석하는 것은 배우는 사람들에게 한 글자 한 글자마다 문장 속의 의미를 먼저 밝히도록 하려는 의도이다."

○ 訓詁之例, 又有'者'·'曰'·'爲'·'謂'等, 其例甚多, 胡氏特發此四例, 以推其他耳. '前無訓釋', 謂『爾雅』·『說文』等訓詁之書所無者.

훈고의 사례는 또 '자(者)'·'왈(曰)'·'위(爲)'·'위(謂)' 등으로 그 용례가 아주 많은데, 호씨(胡氏 : 胡泳)는 다만 이 네 가지 용례만을 드러내어 그 이외의 것을 미루어나가게 하였다. '이전에 훈석이 없다'는 것은 『이아(爾雅)』·『설문(說文)』 등의 훈고서(訓詁書)에 없음을 말한다.

○ 凡謂字訓者, 指一字之訓也. 其或名物之訓·名言之訓, 則皆擧二三字成文而訓之. 人名·地名等訓, 名物之謂也, 如下章註'犯上'·'作亂'等訓,[28] 名言之謂也.

일반적으로 '글자의 훈고[字訓]'라고 하는 것은 한 글자의 훈고를 가리킨다. 간혹 '사물의 명칭[名物]'에 대한 훈고와 '표현의 명칭[名言]'에 대한 훈고는 모두 두세 글자로 된 문장을 거론하여 훈고한다. 인명·지명 등에 대한 훈고는 사물의 명칭을 말하고, 아래 제2장의 주(註)에서 '윗사람을 범하다[犯上]'·'난을 일으키다[作亂]' 등과 같은 것에 대한 훈고는 표현의 명칭을 말한다.

朱註

人性皆善, 而覺有先後, 後覺者, 必效先覺之所爲, 乃可以明善而復其初也.

사람의 본성(本性)은 모두 선(善)하지만, 이것을 깨닫는 데 먼저 깨닫고 뒤에 깨닫는 차이가 있으니, 뒤에 깨닫는 자는 반드시 먼저 깨달은 자가 한 것을 본받아야 선함을 밝혀 그 처음을 회복할 수 있다.

마다 주석했고, 한 장의 뒤에 또 여러 절과 합하면 통합해서 말하였으니, 배우는 사람들에게 한 글자 한 글자마다 문장 속의 의미를 먼저 밝히도록 하려는 것이다.)"라고 되어 있다. 박문호(朴文鎬)가 그 내용을 최대한 간략하게 요약한 것을 볼 수 있다.

28) 下章註'犯上'·'作亂'等訓 : 2장의 "犯上, 謂干犯在上之人. 作亂, 則爲悖逆爭鬪之事矣."를 말한다.

詳說

○ '人'字最宜著眼看, 所以示物不得與於性善也.

'인성(人性)'에서 '인(人)'자를 가장 주목해서 봐야 하니, 그것으로 사물은 '본성이 선함[性善]'에 참여할 수 없음을 보여주었다.

○ 雲峯胡氏曰 : "覺有先後, 氣質之性也."[29)]

운봉 호씨(雲峰胡氏 : 胡炳文)[30)]가 말하였다. "깨달음에 선후가 있는 것은 기질의 성이다."[31)]

○ 雲峯胡氏曰 : "爲, 猶學也."[32)]

운봉 호씨(雲峯胡氏 : 胡炳文)가 말하였다. "'선각지소위(先覺之所爲)'에서 '위(爲)'

---

29) 호병문(胡炳文), 『사서통(四書通)』「논어통(論語通)」 권1. 이 구절 앞에 "人性皆善, 天命之性也.(사람의 본성이 모두 선한 것은 하늘이 명령한 성이기 때문이다.)"라는 말이 더 있다.

30) 호병문(胡炳文, 1250~1333) : 자는 중호(仲虎)이고, 호는 운봉(雲峯)이다. 원(元) 나라 때의 경학자로 휘주 무원(徽州 婺源 : 현 안휘성 소속) 사람이다. 주희(朱熹)의 종손(宗孫)에게 『주역(周易)』과 『서경(書經)』을 배워 주자학에 잠심했으며, 특히 『주역(周易)』에 뛰어났다. 신주(信州) 도일서원(道一書院) 산장(山長)을 지내고, 난계주학정(蘭溪州學正)이 되었는데 취임하지 않았다. 주자의 『주역본의(周易本義)』를 근거로 여러 설을 절충·시정하여 『주역본의통석(周易本義通釋)』 12권을 지었다. 처음 이름은 『주역본의정의(周易本義精義)』였고, 『통지당경해(通志堂經解)』에 들어있다. 이밖에 『서집해(書集解)』, 『춘추집해(春秋集解)』, 『예서찬술(禮書纂述)』, 『사서통(四書通)』, 『대학지장도(大學指掌圖)』, 『오경회의(五經會義)』, 『이아운어(爾雅韻語)』 등이 있다.

31) 깨달음에 선후가 있는 것은 기질의 성이다 : 주자는 성(性)을 '본연의 성[本然之性]'과 본연의 성이 기질 속에 내재한 '기질의 성[氣質之性]'의 두 측면으로 설명하고 있다. 여기에서 '깨달음에 선후가 있는 것'은 본연의 성에 기인한 것이 아니라 기질의 성에 기인한다는 말이다.

32) 호병문(胡炳文), 『사서통』「논어통」 권1에는 "必效先覺之所爲. 或以'所爲'爲所行, 殊不知汝爲.「周南」「召南」『集註』曰 : '爲, 猶學也.' 『論語』曰 : '爲之不厭', 孟子記夫子之言曰'學不厭'. 是以'學'字代'爲'字. 『集註』於'十五志學'下曰 : '念念在此而爲之不厭', 是以'爲'字釋'學'字. 此曰'效先覺之所爲', 猶曰'學先覺之所學'也.(반드시 먼저 깨달은 자가 하는 것을 본받아야 한다. 그런데 어떤 사람은 '하는 바[所爲]'를 행하는 것으로 여기니, 그대가 하는 바를 정말 모르는 것이다. 『시경(詩經)』「주남」과 「소남」의 『집주(集註)』에서 '하는 바는 배우는 것이다.'라고 하였다. 『논어(論語)』에서 '하기를 싫어하지 않는다.'라고 했는데, 맹자는 공자의 말을 '배움을 싫어하지 않는다.'고 말한 것으로 기록하였다. 이 때문에 '배운다[學]'는 말을 가지고 '한다[爲]'는 말을 대신하는 것이다. '열다섯 살에 학문에 뜻을 두었다'는 말 아래의 『논어집주(論語集註)』에서 '생각하고 생각함이 여기에 있어서 하기를 싫어하지 않을 것이다.'라고 했으니, 이는 '한다'는 말로 '배운다'는 말을 풀이한 것이다. 여기에서 '먼저 깨달은 자가 하는 것을 본받는다.'고 한 것은 '먼저 깨달은 자가 배운 것을 배운다.'라고 하는 것과 같다.)"라고 되어 있다.

자는 '배운다[學]'는 말과 같다."

○ 朱子曰:"夫學也者, 以字義言之, 則己之未知未能, 而效夫知之能之之謂也;[33] 以事理言之, 則凡未至而求至者, 皆謂之學. 雖稼圃射御之微, 亦曰學, 配其事而名之. 此獨專之, 則所謂學, 果何學也? 所以學而至乎聖人之事.[34]

주자(朱子 : 朱熹)가 말하였다. "'학(學)'이라는 말은 글자의 의미로 말하면, 자신이 아직 알지 못하고 잘할 수 없는 것을 알고 잘할 수 있도록 본받는 것을 말한다. 일의 이치로 말하면, 아직 어떤 경지에 도달하지 않았지만 도달하기를 추구하는 것은 모두 '학'이라고 말한다. 비록 농사짓고 활 쏘고 말 타는 것처럼 사소한 일도 또한 '학'이라고 말하니, 그 일에 맞추어서 그렇게 이름 붙인 것이다. 그러나 여기에서 한 가지만을 지칭해 본다면, 이른바 '학'이라는 것은 과연 무엇을 배우는 것인가? 배워서 성인의 일까지 도달하는 것이다.

伊川先生所謂'儒者之學'是也. 蓋伊川先生之意曰:'今之學者有三:曰, 詞章之學也, 訓詁之學也, 儒者之學也. 欲通道, 則舍儒者之學不可.' 尹侍講所謂'學者, 所以學爲人也', 學而至於聖人, 亦不過盡爲人之道而已. 此皆切要之言. 夫子之所志, 顔子之所好, 子思·孟子之所傳, 盡在此."[35]

이천선생(伊川先生 : 程頤)이 말한 '유학자[儒者]의 학문'이 여기에 해당한다. 이천선생의 뜻은 '오늘날의 학문에는 세 가지가 있는데, 사장학(詞章學), 훈고학(訓詁

---

33) 而效夫知之能之之謂也 : 호광 편(胡廣 編), 『논어집주대전(論語集註大全)』에는 이렇게 되어 있지만, 주희(朱熹), 『주문공문집(朱文公文集)』 권32, 「답장경부문목(答張敬夫問目)」에는 "而曉夫知之能之之謂也.(알고 잘할 수 있도록 깨우치는 것을 말한다.)"라고 되어 있다. 이를 통해 박문호(朴文鎬)가 『주문공문집』보다 『논어집주대전』을 위주로 삼은 것을 볼 수 있다.

34) 所以學而至乎聖人之事 : 주희(朱熹), 『주문공문집(朱文公文集)』 권32, 「답장경부문목」과 호광 편(胡廣 編), 『논어집주대전(論語集註大全)』에는 모두 "蓋始乎爲士者所以學, 而至乎聖人之事.(선비로서 배우기를 시작하여 성인의 일까지 도달하는 것이다.)"라고 되어 있다. 이는 박문호(朴文鎬)가 내용을 분명하게 하기 위해 요약한 것으로 볼 수 있다.

35) 주희(朱熹), 『주문공문집(朱文公文集)』 권32, 「답장경부문목」. "盡在此"라는 구절은 "皆是學也. 其精純盡在此書而此篇所明又學之本. 故學者不可以不盡心焉.(모두 학문이다. 그들의 정밀하고 순수한 것이 모두 이 책에 실려 있고, 이 편에서 밝힌 것 또한 학문의 근본이다. 그러므로 배우는 사람은 마음을 다 쏟지 않을 수 없다.)"라고 되어 있고, 호광 편(胡廣 編), 『논어집주대전(論語集註大全)』에는 "盡在此書而此篇所明又學之本, 故學者不可以不盡心焉.(모두 이 책에 실려 있고, 이 편에서 밝힌 것 또한 학문의 근본이기 때문에 배우는 사람은 마음을 다 쏟지 않을 수 없다.)"라고 되어 있다. 박문호(朴文鎬)가 『논어집주대전』을 중심으로 더욱 요약한 것을 알 수 있다.

學), 그리고 유학자의 학문이다. 도(道)에 통하려고 하면 유학자의 학문을 버리고는 불가능하다.'[36]라는 것이다. 윤시강(尹侍講 : 尹焞)[37]이 '학문은 배워서 사람다워지는 것이다.'[38]라고 말했는데, 배워서 성인(聖人)에 이르는 것도 또한 사람다워지는 도리를 다 발휘하는 일에 지나지 않을 뿐이다. 이는 모두 절실하고 긴요한 말이다. 공자가 뜻을 둔 것, 안자(顏子 : 顏回)가 좋아한 것, 자사(子思 : 孔伋)와 맹자가 전한 것들은 모두 여기에 있다."

○ 又曰 : "學之一字, 兼致知 · 力行而言."[39]

주자(朱子 : 朱熹)가 또 말하였다. "학(學)이라는 한 글자는 앎을 지극히 하고 힘써 행함을 겸하여 말한 것이다."

○ 新安陳氏曰 : "明善, 以知言; 復初, 以行言."[40]

신안 진씨(新安陳氏 : 陳櫟)가 말하였다. "선함을 밝힘은 앎으로 말한 것이고, 처음을 회복함은 행동으로 말한 것이다."[41]

---

36) 오늘날의 학문에는 세 가지가 있는데, …… 학문을 버리고는 불가능하다 : 정호 · 정이(程顥 · 程頤)(程顥 · 程頤), 『하남정씨유서(河南程氏遺書)』 권18에 "옛날에 배우는 것은 한 가지이고 지금 배우는 것은 세 가지인데, 이단은 여기에 포함되지 않는다. 하나는 문장에 대한 학문이고, 둘은 훈고에 대한 학문이며, 셋은 유학자의 학문이다. 도에 나아가려면 유학자의 학문을 버리고는 불가능하다.(古之學者一, 今之學者三, 異端不與焉. 一曰文章之學, 二曰訓詁之學, 三曰儒者之學. 欲趨道, 舍儒者之學不可.)"라고 하였다.

37) 윤돈(尹焞, 1071~1142) : 자는 언명(彦明) · 덕충(德充)이고, 호는 삼외재(三畏齋)와 황제가 하사한 호인 화정처사(和靖處士)가 있으며, 시호는 숙공(肅公)이다. 송나라 때 낙양(洛陽 : 현 하남성 낙양) 사람으로 과거에 응시하지 않았으나, 천거에 의해 숭정전설서(崇政殿說書) 겸 시강(侍講)을 역임하였다. 어려서부터 정이(程頤)에게 사사하여 스승의 학설을 가장 돈독하게 이어받았다고 한다. 저서는 『논어해(論語解)』, 『맹자해(孟子解)』, 『화정집(和靖集)』 등이 있다.

38) 학문은 배워서 사람다워지는 것이다 : 주희, 『송명신언행록(宋名臣言行錄)』「외집(外集)」 권9, 「윤돈화정선생(尹焞和靖先生)」에 실려 있다.

39) 주희(朱熹), 『주문공문집(朱文公文集)』 권45, 「답우사붕(答虞士朋)」.

40) 호광 편(胡廣 編), 『논어집주대전(論語集註大全)』 권1.

41) 선함을 밝힘은 앎으로 말한 것이고, 처음을 회복함은 행동으로 말한 것이다 : 호광 편(胡廣 編), 『논어집주대전(論語集註大全)』 권1에서, "신안 진씨(新安陳氏 : 陳櫟)가 말하였다. '이것이 『논어(論語)』에서 첫 번째의 배움이다. 주자(朱子 : 朱熹)가 요지를 들어 사람들에게 보여주었으니, 뒤에 깨닫는 자는 반드시 먼저 깨달은 자가 하는 것을 본받아야 한다. 하는 것은 앎과 행함 두 가지에 불과하다. 먼저 깨달은 자가 앎을 이룬 것을 본받아 이 이치를 알고, 또 먼저 깨달은 자가 힘써 행하는 것을 본받아 이 이치를 행해야 선을 분명하게 알아 처음을 회복할 수 있다. 선을 분명하게 안다는 것은 본성의 선함을 분명하게 하는 것이니, 앎으로 말한 것이고, 처음을 회복한다는 것은 본성의 선함을 회복하여 온전하게 하는 것이니, 행함으로 말한 것이다. 배움의

○ 雖從事訓詁, 而一以明義理爲主, 則是乃儒者之學也. 經書程·朱註, 是也.

비록 훈고에 종사하더라도 한결같이 의리를 밝히는 것을 근본으로 하면, 이것이 바로 유학자의 배움이다. 경서(經書)에 대한 정자(程子 : 程顥·程頤)와 주자 주석이 여기에 해당한다.

○ '學'字之義, 最易知. 是以經書註未嘗訓'學'字, 而於此特訓之. 且以訓法言之, '學之爲言, 效也.'六字已足矣, 而又申之以'人性'以下二十九字, 何也? 蓋明善復性四字, 是朱子爲學之本領, 故諸書之註, 必首明之. 如『大學』因'明德'而言之, 『中庸』則因明誠而言之, 『孟子』則因反性而益明之, 「小學題辭」亦首及之, 此書之首, 因一'學'字而明之.

'배운다'는 말의 의미는 가장 알기 쉽다. 이 때문에 경서 주석에서는 '배운다'는 말을 훈고한 적이 없는데, 여기에서 특별히 훈고하였다. 또 훈고하는 방법으로 말하면 '배운다는 말은 본받는다는 뜻이다.'라는 설명으로 이미 충분하다. 그런데 또 '사람의 본성[人性]' 이하 여러 구절로 거듭 말한 것은 무엇 때문인가? '선함을 밝혀 본성을 회복한다[明善復性]'는 말은 주자의 학문하는 본령(本領 : 근본적인 특징)이기 때문에 여러 책의 주석에서 반드시 맨 앞에 밝혔다. 예컨대 『대학(大學)』에서는 '밝은 덕[明德]'에 따라서 말했고,[42] 『중용(中庸)』에서는 '밝음으로 말미암

길에는 진실로 길이 많지만 그 핵심은 본성의 선함을 회복하여 온전하게 하는 것일 뿐이다. 주자(朱子 : 朱熹)가 말한 자신이 아직 알지 못해서 앎을 본받는 것은 그렇게 그 앎을 구하는 일이고, 자신이 아직 잘할 수 없어서 잘할 수 있는 것을 본받는 일은 그렇게 그 잘할 수 있는 것을 구하는 일이니, 모두 배움의 일이다. 잘할 수 있는 것은 행함을 가리켜서 말하였다. 앎과 행함은 모두 본성에서 힘쓰는 것이다.'(新安陳氏曰 : '此論語中第一箇學字. 朱子挈要指以示人, 後覺者必效先覺之所爲. 所爲, 不過知行二者. 效先覺之致知, 以知此理, 又效先覺之力行, 以行此理, 乃可以明善而復其初矣. 明善者, 明本性之善, 以知言也, 復其初者, 復全本性之善, 以行言也. 學之道, 固多端, 其要歸在復全本性之善而已. 朱子所謂以己之未知而效夫知者, 以求其知, 以己之未能而效夫能者, 以求其能, 皆學之事也. 能指行而言. 知行, 皆從性分上用工.')"라고 실려 있는 것을 박문호(朴文鎬)가 간략히 요약하였다.

42) 『대학(大學)』에서는 '밝은 덕[明德]'에 따라서 말했고 : 『대학장구(大學章句)』 경(經) 1장에서 "『대학(大學)』의 도는 밝은 덕을 밝힘에 있고, 백성을 새롭게 함에 있으며, 지극한 선함에 그침에 있다.(大學之道, 在明明德, 在新民, 在止於至善.)"의 '밝은 덕'에 대한 주자의 주석에 "'밝은 덕'은 사람이 하늘에서 얻었는데 텅 비고 영험하며 어둡지 않아서 온갖 사물의 이치를 갖추어 있고 온갖 일에 대응하는 것이다. 다만 기의 품부에 구애되고 인욕에 가려지게 되면 때로 어두울 수 있으나, 그 본체의 밝음은 사그라진 적이 없다. 그러므로 배우는 자는 그 본체가 발현하는 것에 따라 마침내 그것을 밝혀서 그 처음을 회복해야 한다.(明德者, 人之所得乎天而虛靈不昧, 以具衆理而應萬事者也. 但爲氣稟所拘, 人欲所蔽, 則有時而昏, 然其本體之明, 則有未嘗息者.

아 성실해짐[明誠]'에 따라서 말했으며,[43] 『맹자(孟子)』에서는 '본성을 회복함[反性]'에 따라서 더욱 밝혔고,[44] 「소학제사(小學題辭)」에서도 맨 앞에서 언급하였으며,[45] 이 책의 맨 앞에서도 '배움[學]'이라는 글자를 따라서 밝혔다.

故學者當因其所發而遂明之, 以復其初也.)"라고 말한 것을 가리킨다.

43) 『중용(中庸)』에서는 '밝음으로 말미암아 성실해짐[明誠]'에 따라서 말했으며 : 『중용장구(中庸章句)』 21장에서 "성실함[誠]으로 말미암아 밝아짐을 본성[性]이라 말하고, 밝음[明]으로 말미암아 성실해짐을 가르침[敎]이라 말하니, 성실하면 밝아지고, 밝아지면 성실해진다.(自誠明, 謂之性; 自明誠, 謂之敎, 誠則明矣, 明則誠矣.)"에 대한 주자의 주석에 "덕이 성실하지 않음이 없어, 밝음이 비추지 않음이 없는 자는 성인의 덕으로 성대로 하여 간직한 자이니 하늘의 도이다. 먼저 선함을 밝힌 뒤에 그 선함을 실질되게 하는 자는 현인의 배움으로 가르침을 말미암아 들어가는 자이니, 사람의 도이다. 성실해지면 밝지 않음이 없고, 밝아지면 성실함에 이를 수 있을 것이다.(德無不實而明無不照者, 聖人之德, 所性而有者也, 天道也; 先明乎善而後, 能實其善者, 賢人之學, 由敎而入者也, 人道也. 誠則無不明矣, 明則可以至於誠矣.)"라고 한 것을 가리킨다.

44) 『맹자(孟子)』에서는 '본성을 회복함[反性]'에 따라서 더욱 밝혔고 : 『맹자(孟子)』「진심하(盡心下)」에서 "맹자가 말하였다. '요(堯)·순(舜)은 성(性) 그대로 하였고, 탕(湯)·무(武)는 성을 회복하였다.'(孟子曰 : '堯舜, 性者也; 湯武, 反之也.')"에 대한 주자의 주석에 "성 그대로 하였다는 말은 하늘에서 온전한 것을 얻어 더럽히거나 파괴한 적이 없어서, 수행(修行)이 필요 없으니 성인의 지극함이며, 성을 회복하였다는 말은 수행하여 그 성을 회복해서 성인에 이르는 것이다.(性者, 得全於天, 無所汚壞, 不假修爲, 聖之至也; 反之者, 修爲以復其性, 而至於聖人也.)"라고 말한 것을 가리킨다. 또한 「이루상(離婁上)」의 "아래 지위에 있으면서 윗사람에게 신임을 얻지 못하면 백성을 다스리지 못할 것이다. 윗사람에게 신임을 얻는 데 방도가 있으니, 벗에게 믿음을 받지 못하면 윗사람에게 신임을 얻지 못할 것이다. 벗에게 믿음을 받는 데 방도가 있으니, 어버이를 섬겨 기쁨을 받지 못하면 벗에게 믿음을 받지 못할 것이다. 어버이를 기쁘게 하는 데 방도가 있으니, 몸을 돌이켜봄에 성실하지 못하면 어버이에게 기쁨을 받지 못할 것이다. 몸을 성실히 하는 데 방도가 있으니, 선함을 밝게 알지 못하면 그 몸을 성실히 하지 못할 것이다.(居下位而不獲於上, 民不可得而治也. 獲於上有道, 不信於友, 弗獲於上矣. 信於友有道, 事親弗悅, 弗信於友矣. 悅親有道, 反身不誠, 不悅於親矣. 誠身有道, 不明乎善, 不誠其身矣.")에 대한 주자의 주석에 "성(誠)은 성실함이다. 몸을 돌이켜봄에 성실하지 못하다는 것은 자기 몸에 돌이켜 찾아봄에 선하려는 마음이 성실하지 못함이 있는 것이다. 선함을 밝게 알지 못하다는 것은 사물에 나아가 이치를 궁구하지 못하여, 선함이 있는 곳을 참으로 알지 못하는 것이다.(誠, 實也. 反身不誠, 反求諸身而其所以爲善之心有不實也. 不明乎善, 不能卽事窮理, 無以眞知善之所在也.)"라고 말한 것을 가리킨다.

45) 「소학제사(小學題辭)」에서도 맨 앞에서 언급하였으며 : 「소학제사(小學題辭)」에서 "이치를 궁구하고 자신을 수행하는 것이 배움의 큼이다. 밝은 천명(天命)이 성대히 빛나서 안과 밖이 없으니, 덕이 높고 공업(功業)이 넓어야만 그 처음을 회복한다.(窮理修身, 斯學之大. 明命赫然, 罔有內外, 德崇業廣, 乃復其初)"라고 말한 것을 가리킨다.

蓋此一字, 非獨蔽此一書而已, 實足以盡蔽諸書. 諸書雖千言萬語, 豈有外於學一字哉? 故'學'之一字, 是此書之綱領, 而亦諸書之綱領也. 學之道, 何也? 在此書則曰仁, 在『大學』·『中庸』則曰誠, 在『孟子』則曰義是也. 要其歸, 則皆所以明善復性, 而免於近禽獸而已.

이 하나의 글자는 이 책을 포괄할 뿐만 아니라 실로 여러 책을 다 포괄하기에 충분하다. 여러 책에서 아무리 말을 많이 할지라도 어찌 '배움[學]'이라는 한 글자에서 벗어남이 있겠는가? 그러므로 '배움[學]'이라는 한 글자는 이 책의 강령이고 또한 여러 책의 강령이다. '배움'의 방법은 무엇인가? 이 책에서는 인(仁)이라고 하고, 『대학(大學)』·『중용(中庸)』에서는 성(誠)이라고 하며, 『맹자(孟子)』에서는 의(義)라고 하는 것이 여기에 해당한다. 그 귀결을 요약하면, 모두 선함을 밝히고 본성을 회복하여 짐승에 가깝게 되는 것을 벗어나는 일일 뿐이다.

朱註

習, 鳥數飛也, 學之不已, 如鳥數飛也.

익힘[習]은 새가 자주 나는 것이니, 배움을 그치지 않기를 마치 새가 자주 날갯짓 하듯이[46] 하는 것이다.

詳說

○ 音朔. 下同.

'조삭비야(鳥數飛也)'에서 '삭(數)'자는 음이 삭(朔)이다. 아래에서도 같다.

○ 『禮記』「月令」曰 : "鷹乃學習."

『예기(禮記)』「월령(月令)」에서 말하였다. "새매가 날갯짓을 배운다."

○ 厚齋馮氏曰 : "鳥雛欲離巢而學飛之稱."[47]

후재 풍씨(厚齋馮氏 : 馮椅)[48]가 말하였다. "새끼 새가 둥지를 떠나려고 날기를 배

46) 새가 자주 날갯짓 하듯이 : 『주자어류(朱子語類)』 권20, 「논어2(論語二)」, 21조목에서 "서우가 '습(習)이란 새가 자주 날갯짓 하는 것이다.'에서, '자주 날갯짓 하다'는 뜻은 무엇입니까?라고 묻자, 주자(朱子 : 朱熹)가 대답하였다. '이는 『설문해자』의 '습(習)'자는 '우(羽)'를 따른다는 것이다. 「월령」의 '새 매가 날갯짓을 배운다.'는 것은 다만 날아왔다 날아가는 것이다(問: "'習, 鳥數飛也', 如何是數飛之義?" 曰: "此是說文'習'字從'羽'. 月令: '鷹乃學習.' 只是飛來飛去也.")라고 하였다.

47) 호병문(胡炳文), 『사서통(四書通)』「논어통(論語通)」 권1.

운다는 말이다."

○ 此'習'字之本訓也. 此下乃重訓之, 以歸於此文之本義. 其文勢與上之訓'學'字同, 此皆所謂一字之訓詁也.

이것이 '익힌다'[習]는 글자의 본래 훈고이다. 이 아래는 거듭 훈고하여 이 글의 본래 뜻에 귀결시켰다. 그 글의 형세가 위에서 '배운다[學]'는 글자를 훈고한 것과 같으니, 이는 모두 이른바 한 글자에 대한 훈고이다.

○ 朱子曰 : "'習'是已學了, 又去重學. 學·習只是一件事."49)

주자(朱子 : 朱熹)가 말하였다. "'익힌다'는 것은 배우고 나서 또 거듭 배우는 것이다. 배우는 것과 익히는 것은 하나의 일일 뿐이다."

朱註

說, 喜意也.

'불역열호(不亦說乎)'에서 '열(說)'자는 '기뻐하다[喜]'는 뜻이다.

詳說

○ 此以上, 訓此一節之字義.

이 위에서는 이 한 구절의 글자 의미를 훈고하였다.

---

48) 풍의(馮椅, 생몰년 미상) : 자는 기지(奇之) 또는 의지(儀之)이고, 호는 후재(厚齋)이다. 남송의 역학자로 송나라 남강(南康) 도창(都昌) 사람이며, 풍거비(馮去非)의 아버지이다. 강서운사간판공사(江西運司幹辦公事)와 상고현령(上高縣令) 등을 지냈다. 이후 사직하고 강학(講學)과 연구에 전념하였다. 주희(朱熹)에게 수학했고, 역학(易學)에 정밀하였다. 저서로는 『후재역학(厚齋易學)』, 『주역집설명해(周易輯說明解)』, 『독사기(讀史記)』가 있다.

49) 『주자어류(朱子語類)』 권20, 「논어2(論語二)」, 8조목에서 "'學', 是未理會得時, 便去學; '習', 是已學了, 又去重學. 非是學得了, 頓放在一處, 卻又去習也, 只是一件事. '如鳥數飛', 只是飛了又飛, 所謂'鷹乃學習'是也.('배움'은 아직 이해하지 못했을 때 배우는 일이고, '익힘'은 배우고 나서 또 거듭 배우는 것이다. 배워서 이해한 것을 한 쪽에 놓아두고 또 익히는 일이 아니니, 배움과 익힘은 한 가지 일이다. '마치 새가 자주 날갯짓하듯이 한다.'라는 말은 다만 날고 또 나는 것이니, 이른바 '새매가 날갯짓을 배운다'는 말이 이것이다.)"라고 한 것을 요약하였다. 같은 조목에서, "先生因言 : '此等處, 添入『集注』中更好.'(주자는 이어서, '이러한 것은 『논어집주(論語集註)』에 보태 넣는 것이 더욱 좋을 것이다.'라고 말하였다.)"라고 하였다.

朱註

旣學而又時時習之, 則所學者熟, 而中心喜說, 其心自不能已矣.[50]
이미 배우고 나서 또 그것을 때때로 익히면, 배운 것이 익숙해져서 마음으로 기뻐하여 그 마음이 스스로 그만둘 수 없게 된다.

詳說

○ 添'旣·又'二字及一'時'字.
'기학이우시시습지(旣學而又時時習之)'는 '학이시습지(學而時習之)'에 주자(朱子 : 朱熹)가 '이미[旣]'와 '또[又]'라는 두 글자와 '때[時]'라는 한 글자를 보탠 것이다.

○ 此四字, 申習之意.
여기의 '소학자숙(所學者熟 : 배운 것이 익숙해진다)'이라는 네 글자는 '익힌다'는 뜻을 거듭 밝힌 것이다.

○ 一作'進'. 蓋以末節註'不已'句觀之, 當從'心'爲是, 以下文小註'住不得'語推之, 又似從進爲長. 更詳之.
'기심자불능이의(其心自不能已矣)'에서 '심(心)'자는 어떤 판본에 '진(進 : 나아감)'자로 되어 있다. 끝 단락 주석의 '멈추지 않음[不已]'이라는 구절로 살펴보면[51] '마음[心]'을 따르는 것이 옳다고 해야 하겠지만, 아래 글 소주(小註)의 '머무를 수 없다[住不得]'는 말로 미루어 보면,[52] 또 나아감[進]으로 하는 것이 나을 듯하다. 다시 자세히 살펴보아야 한다.

○ 此七字, 申說之意.
여기의 '기심자불능이의(其心自不能已矣 : 그 마음에 스스로 그만둘 수 없는 것이다)'라는 일곱 글자는 '기뻐하다[說]'는 뜻을 거듭 밝힌 것이다.

---

50) 其心自不能已矣 : 현행본 『논어집주(論語集註)』에는 "其進自不能已矣.(그 나아감을 스스로 멈출 수 없다.)"라고 되어 있다.

51) 끝 단락 주석의 '멈추지 않음[不已]'이라는 구절로 살펴보면 : 본문 [1-1-3] "남들이 알아주지 않더라도 성내지 않으면, 그것 또한 군자이지 않겠는가?(人不知而不慍, 不亦君子乎?)"에 대한 주자의 주석에 "그러나 덕(德)을 이루는 방도는 또한 배움이 올바르고, 익힘이 숙달되며, 기쁨이 깊어서 멈추지 않는 것에 말미암을 뿐이다.(然德之所以成, 亦由學之正, 習之熟, 說之深, 而不已焉耳.)"라고 하였다.

52) 아래 글 소주(小註)의 '머무를 수 없다[住不得]'는 말로 미루어 보면 : 아래의 "이는 배움의 시작이니, 기뻐한 뒤에는 바로 저절로 머무를 수 없게 된다.(此學之始也, 說後便自住不得.)"라는 주자의 말을 가리킨다.

○ **朱子曰 : "此學之始也,[53] 說後便自住不得.[54]"**

주자(朱子 : 朱熹)가 말하였다. "이는 배움의 시작이니, 기뻐한 뒤에는 바로 저절로 머무를 수 없게 된다."

○ **自'旣學'至此, 釋此一節之文義. 其明白非『諺』釋可及. 後幷準此. 凡註法, 每一節先訓字義, 次釋文義, 此通例也. 又或有一節之中, 分爲數節而訓釋者, 或字無可訓, 則止釋其文; 文無可釋, 則止訓其字; 或字與文俱無可訓可釋, 則兩已之, 隨遇察之可見. 凡『集註』釋義之法, 每於本文外, 添一二字語, 以襯貼本文, 而意義自明, 其妙無窮, 最宜潛玩也.**

'이미 배우고 나서[旣學]'에서 여기까지는 이 한 구절의 글에 대한 의미를 풀이한 것이다. 그 명백함은 『언해』의 풀이로 미칠 수 있는 것이 아니다. 뒤도 모두 이와 같다. 대체로 주석하는 방법은 한 구절마다 글자의 의미를 먼저 훈고하고, 다음에 글의 의미를 풀이하니, 이것이 통례이다. 또 간혹 한 구절 안에서 몇 구절로 나뉘어 훈석하는 경우, 간혹 글자에 훈고할 것이 없으면 다만 그 글만을 풀이하고, 글

---

53) 此學之始也 : 주희, 『논어혹문(論語或問)』「학이(學而)」 제1에서 "學矣而不習, 則表裏扞格, 而無以致其學之之道. 習矣而不時, 則工夫間斷, 而無以成其習之之功 …… 故旣學矣, 又必以時習之, 則其心與理相涵, 而所知者益精, 身與事相安, 而所能者益固. 從容於朝夕俯仰之中, 凡其所學而知且能者, 必有自得於心, 而不能以語人者, 是其中心油然悅懌之味. 雖芻豢之悅於口, 不足以喩其美矣, 此學之始也.(배웠는데 익히지 않으면, 안팎으로 서로 모순이 되어 배움을 이룰 길이 없다. 익혔는데 때에 맞춰 하지 않으면, 공부가 끊어져서 그 익힘을 이룰 방법이 없다 …… 그러므로 배우고 나서 또 반드시 때에 맞춰 익히면, 마음과 이치가 서로 받아들여서 아는 것은 더욱 정교해지고, 몸과 일이 서로 편안해져서 잘할 수 있는 것이 더욱 견고해진다. 일상생활 가운데 배워서 알고 잘할 수 있는 것에는 반드시 마음으로 저절로 터득하여 남들에게 말해 줄 수 없는 것이 있으니, 바로 마음에 저절로 즐거워지는 맛이 생기는 것이다. 고기가 입을 즐겁게 할지라도 그 아름다움을 깨우치기에는 부족하니, 이것이 배움의 시작이다.)"라고 한 것을 함축하고 있다.

54) 說後便自住不得 : 『주자어류(朱子語類)』 권20, 「논어2(論語二)」, 28조목에서 "不但只是學道有說處. 今人學寫字, 初間寫不好, 到後來一旦寫得好時, 豈不歡喜? 又如人習射, 初間都射不中, 到後來射得中時, 豈不歡喜? 大抵學到說時, 已是進一進了. 只說後, 便自住不得. 且如人過險處, 過不得, 得人扶持將過. 纔過得險處了, 見一條平坦路, 便自歡喜行將去矣.(단지 도를 공부하는 것에 기뻐함이 있을 뿐만이 아니다. 이제 어떤 사람이 글씨 쓰는 법을 배우는데, 처음에 쓰는 것은 좋지 않다가 나중에 잘 쓰게 되면 어찌 기쁘지 않겠는가? 또 예컨대 사람이 활쏘기를 익히는데, 처음에는 쏘아도 전혀 적중하지 않다가 나중에 쏘아서 적중하게 되었을 때, 어찌 기쁘지 않겠는가? 대체로 배움은 기뻐함에 이를 때, 이미 한 걸음 진보한 것이다. 다만 기뻐한 뒤에는 바로 저절로 머무를 수 없게 된다. 또 예컨대 사람이 험한 곳을 지나는데 갈 수 없으면 다른 사람의 부축을 받아 지나간다. 막 험한 곳을 지나고 나서 평탄한 길을 보고는 바로 스스로 기뻐하며 길을 가는 것과 같다.)"라고 한 말을 함축하고 있다.

에 풀이할 것이 없으면 다만 그 글자만 훈고하며, 혹은 글자와 글을 모두 훈고하고 풀이할 것이 없으면 둘 다 그만두었으니, 경우에 따라 살펴보면 알 수 있다. 무릇 『사서집주(四書集註)』에서 의미를 풀이하는 방법은 항상 본문 이외에 한두 글자의 말을 더하여 본문을 부각시키면 의의가 저절로 밝아져 그 오묘함이 무궁하니, 가장 깊이 음미해야 한다.

自'學之爲言'至此, 字訓與文釋之正意已畢, 此乃一節之正訓正釋也. 此下所引程·謝之說, 特其論餘意者耳. 至'章下註', 又通諸節, 而論其大旨與餘意耳. 諸書註之訓·釋·論三法, 皆以此推之. 蓋正意·餘意, 賓主自別, 而今世初學, 或有忽略於正意, 而致力於圈下餘意者, 是不思已矣.

'배운다는 말'에서 여기까지 글자의 훈고와 문장의 해석에 대한 '본래의 의미[正意]'가 이미 끝났으니, 이것이 바로 한 구절의 정식 훈고와 정식 풀이이다. 이 아래에 인용한 정자(程子 : 程頤)와 사량좌(謝良佐)의 말은 다만 그 나머지 뜻을 논한 것일 뿐이다. '매 장 끝부분의 주자 주석[章下註]'에 이르러서는 또 여러 절(節)을 통틀어서 그 큰 취지와 나머지 뜻을 논했을 뿐이다. 여러 책에서 훈(訓)·석(釋)·논(論) 세 가지 방법으로 주석한 것은 모두 이것으로 미루어 간 것이다. '본래의 의미'와 '그 나머지의 의미'는 손님과 주인의 입장이 저절로 구별되는데, 지금 세상에서 처음 배우는 자들이 간혹 본래 의미에 소홀히 하고, 매 장 끝에 있는 '○(圈)' 아래의 '나머지 의미'에[55] 힘을 쏟는 일은 생각하지 않는 것일 뿐이다.

朱註

程子曰 : "習, 重習也. 時復思繹, 浹洽於中, 則說也."

정자(程子 : 程頤)[56]가 말하였다. "익힘[習]은 거듭 익히는 것이다. 때때로 다시 사

55) 매 장 끝에 있는 '○(圈)' 아래의 '나머지 의미'에 : 이는 '매 장 끝부분의 주자 주석[章下註]' 다음에 주자(朱子 : 朱熹)가 별도로 '○' 표시를 하여 참조하도록 한 여러 학자들의 주장을 가리킨다. 아래의 주주(朱註)에서 "程子曰"은 본래 "○程子曰"로 되어 있다.

56) 정이(程頤, 1033~1107) : 자는 정숙(正叔)이고, 호는 이천(伊川)이다. 송나라 때 낙양(洛陽 : 현 하남성 낙양) 사람으로 형 정호(程顥)와 함께 이정(二程)이라 불린다. 15세 무렵에 형과 함께 주돈이에게 배운 적이 있으며, 18세에는 태학에 유학하면서 「안자호학론(顔子好學論)」을 지었는데 호원(胡瑗 : 호는 안정(安定))이 그것을 경이롭게 여겼다고 한다. 벼슬은 여주단련추관(汝州團練推官), 서경국자감교수(西京國子監敎授), 비서성교서랑(秘書省校書郞), 숭정전설서(崇政殿說書) 등을 역임하였으나, 거의 30년을 강학에 힘 쏟아 북송 신유학의 기반을 정초하였다.

색하고 찾아내어 마음에 두루 관통하게 하면, 기쁘게 될 것이다."

詳說

○ 叔子.

'정자왈(程子曰)'에서 '정자(程子)'는 동생 정이(程頤)이다.

○ 朱子曰 : "字訓文義, 諸家之說有切當明白者, 引用而不沒其姓名."[57]

주자(朱子 : 朱熹)가 말하였다. "글자의 훈고와 글의 의미는 여러 학자들의 주장에서 적당하고 명백한 것이 있으면 인용하면서 그 성명을 빼지 않았다."[58]

○ 平聲.

'중습야(重習也)'에서 '중(重)'자는 평성이다.[59]

○ 『易』「彖傳」曰 : "習坎, 重險也."

『주역(周易)』「감괘(坎卦) · 단전(彖傳)」에서 말하였다. "습감(習坎)은 거듭 험한 것이다."

○ '重', 亦不已之意也, 故程子亦有以禽習言者.

'거듭함[重]'은 또한 그만두지 않는다는 뜻이기 때문에 정자(程子 : 程頤)도 새가 거듭 날갯짓하는 뜻으로 말한 것이 있다.[60]

이정의 학문은 '낙학(洛學)'이라고 하며, 특히 정이의 학문은 주희에게 결정적으로 영향을 끼쳐 세칭 '정주학(程朱學)'이라고 하면 정이와 주희의 학문을 지칭한다. 저서는 『역전(易傳)』, 『경설(經說)』, 『문집(文集)』 등이 있다. 또한 후인들이 편집한 『정이문집(程頤文集)』, 『이정전서(二程全書)』, 『이정집(二程集)』이 있다.

57) 왕무횡(王懋竑), 『주자연보(朱子年譜)』 권2.

58) 글자의 훈고와 글의 의미는 …… 그 성명을 빼지 않았다 : 왕무횡, 『주자연보』 권2에는 "『집주(集註)』에서는 본문의 아래에 바로 글자의 훈고, 글의 의미, 성스런 경의 바른 뜻을 풀이하였다. 예컨대 여러 학자들의 주장에서 적당하고 명백한 것이 있으면, 바로 인용하고 그 성명을 빼지 않았다. 「학이(學而)」 첫 장에서 윤씨(尹氏 : 尹焞)를 앞에 두고 정자(程子 : 程頤)를 뒤에 둔 것이라면, 또한 본문을 순조롭게 풀이해 간 것일 뿐이지, 지위나 권위의 높고 낮음을 취한 것이 아니다.(『集註』於正文之下, 正解說字訓文義與聖經正意. 如諸家之說有切當明白者, 卽引用而不沒其姓名. 如「學而」首章先尹氏而後程子, 亦只是順正文解下來, 非有高下去取也.)"라고 하였다. 주자(朱子 : 朱熹)가 『사서집주』에서 선대 학자의 주장을 인용하는 차례의 기준을 설명하였다.

59) '중습야(重習也)'에서 '중(重)'자는 평성이다 : '중(重)'자를 '거듭하다'로 풀이하지, '무겁다'로 풀이하지 말라는 것이다.

60) 정자(程子 : 程頤)도 새가 거듭 날갯짓하는 뜻으로 말한 것이 있다 : 정이 · 정호, 『하남정씨외서(河南程氏外書)』 권7에서 "배우고 때로 익힌다는 말에서 배우는 일은 장차 그것을 실천하려는 것이다. 때로 그것을 익히면 배운 것이 나에게 있기 때문에 기쁘다. 익힌다는 말은 새가 거듭

○ 去聲.

'시부사역(時復思繹)'에서 '부(復)'자는 거성이다.[61]

○ 南軒張氏曰 : "紬繹其端緖."[62]

남헌 장씨(南軒張氏 : 張栻)[63]가 말하였다. "'사역(思繹)'은 그 실마리를 이끌어내는 것이다."[64]

○ 朱子曰 : "如浸物於水, 透裏皆濕."[65]

주자(朱子 : 朱熹)가 말하였다. "'협흡어중(浹洽於中)'은 어떤 것을 물에 담가놓으면 속으로 스며들어 모두 젖는 것과 같다."[66]

날갯짓하는 것과 같다.(學而時習之, 所以學者, 將以行之也. 時習之, 則所學者在我, 故說. 習如禽之習飛.)"라고 하였다.

61) '시부사역(時復思繹)'에서 '부(復)'자는 거성이다 : '부(復)'자를 '다시'라는 부사로 풀이하지, '복(復 : 회복하다)'자로 풀이하지 말라는 것이다.

62) 장식(張栻), 『계사논어해(癸巳論語解)』 권1.

63) 장식(張栻, 1133~1180) : 자는 경부(敬夫) 또는 낙재(樂齋)이고, 호는 남헌(南軒)이다. 남송(南宋) 시대 한주 면죽(漢州綿竹 : 현 사천성 면죽(綿竹)) 사람이다. 주자, 여조겸(呂祖謙)과 함께 남송의 '동남 삼현(東南三賢)'이라고 불렸다. 아버지 장준(張浚)이 송나라의 승상을 지내고 위국공(魏國公)에 봉해졌기 때문에 그도 일찍이 출사하여 이부시랑(吏部侍郞) 겸 시강(侍講), 비각수찬(秘閣修撰), 우문전수찬(右文殿修撰) 등을 역임하였으나, 잦은 직언 때문에 퇴임하였다. 어려서는 가학을 이어받았고, 성장하여 호굉(胡宏)에게 배워 호상학파(湖湘學派)의 학술을 정립시켰다. 저서에 『남헌집(南軒集)』, 『남헌역설(南軒易說)』, 『계사논어해(癸巳論語解)』 등이 있다.

64) '사역(思繹)'은 그 실마리를 이끌어내는 것이다 : 장식(張栻), 『계사논어해(癸巳論語解)』 권1에서 "배움은 때때로 익히는 것을 귀하게 여긴다. 정자(程子 : 程頤)는 '때때로 다시 사색하고 찾아내어 마음에 두루 관통하게 해야 한다.'라고 하였는데, 이는 배우는 사람들은 의리에 대해 때때로 그 실마리를 찾아내어 깊이 깨달아야 한다는 것을 말한다.'(學貴於時習. 程子曰 : '時復思繹, 浹洽於中也.' 言學者之於義理, 當時紬繹其端緖, 而涵泳之也.')"라고 한 말을 요약하였다.

65) 『주자어류(朱子語類)』 권20, 「논어2(論語二)」, 19조목.

66) '협흡어중(浹洽於中)'은 어떤 것을 물에 담가놓으면 속으로 스며들어 모두 젖는 것과 같다 : 『주자어류(朱子語類)』 권20, 「논어2(論語二)」, 19조목에서 "'협흡(浹洽 : 두루 관통한다)'이라는 말을 자세히 보아야 한다. 무릇 성현의 말에 대해서는 투철하게 생각하고 헤아려야만 얻는 것이 있다. 어떤 것을 물에 담가놓는 것에 비유하면, 만약 물이 아직 침투하지 않았다면 바깥만 조금 젖었을 뿐 안쪽은 이전과 다름없이 마른 상태이다. 반드시 물에 담가놓는 것이 오래 되어야 안쪽까지 침투되어 젖는다. 정자(程子 : 程頤)가 '때때로 다시 사색하고 찾아내어 마음에 두루 관통하게 하면, 기쁘게 될 것이다.'라고 한 말은 지극히 깊은 뜻이 있다.('浹洽'二字, 宜子細看. 凡於聖賢言語思量透徹, 乃有所得. 譬之浸物於水, 水若未入, 只是外面稍濕, 裏面依前乾燥. 必浸之久, 則透內皆濕. 程子言, '時復思繹, 浹洽於中, 則說', 極有深意.)"라고 하였다.

○ **朱子曰 : "知上習."**[67)]

주자(朱子 : 朱熹)가 말하였다. "'시부사역(時復思繹)'은 앎에서 익히는 것이다."[68)]

○ **雲峯胡氏曰 : "習於心."**[69)]

운봉 호씨(雲峯胡氏 : 胡炳文)가 말하였다. "'시부사역(時復思繹)'은 마음에 익히는 것이다."[70)]

朱註

> **又曰 : "學者, 將以行之也. 時習之, 則所學者在我, 故說."**
>
> 정자(程子 : 程頤)가 또 말하였다. "배운다는 것은 장차 배운 것을 행하려는 것이다. 때때로 익히면 배운 것이 내 몸에 있기 때문에 기쁘다."

詳說

○ 叔子.

'우왈(又曰)'의 주체는 동생 정이(程頤)이다.

○ 猶言學之.

'학자(學者)'는 그것을 배운다고 말하는 것과 같다.

○ **朱子曰 : "行上習."**[71)]

주자(朱子 : 朱熹)가 말하였다. "'소학자재아(所學者在我)'는 실천하는 것에서 익히는 일이다."

○ **雲峯胡氏曰 : "習於身."**[72)]

---

67) 『주자어류(朱子語類)』 권20, 「논어2(論語二)」, 18조목.

68) 앎에서 익히는 것이다 : 『주자어류(朱子語類)』 권20, 「논어2(論語二)」, 18조목에서 "물었다. '정자(程子 : 程頤)가 두 측면으로 말을 했는데, '때때로 다시 사색하고 찾아낸다.'는 말은 앎에서 익히는 것이고, '배운 것이 나에게 있다.'는 말은 실천에서 익히는 것입니까?' 주자(朱子 : 朱熹)가 대답하였다. '그렇다.'(問 : '程子二說, 一云'時復思繹', 是就知上習; '所學在我', 是就行上習否?' 曰 : '是如此.')"라고 하여 앎과 실천 두 측면의 익힘에 대해 주자(朱子 : 朱熹)가 수긍한 것으로 되어 있다.

69) 호광 편(胡廣 編), 『논어집주대전(論語集註大全)』 권1.

70) 마음에 익히는 것이다 : 호광 편(胡廣 編), 『논어집주대전(論語集註大全)』 권1에는 "때때로 다시 사색하고 찾아내는 것은 마음에 익히는 일이고, 장차 그것을 행하려고 하는 것은 몸에 익히는 일이다.(時復思繹, 則習於心; 將以行之, 則習於身.)"라고 하여 몸과 마음을 대비시켜 설명하였다.

71) 『주자어류(朱子語類)』 권20, 「논어2(論語二)」, 18조목.

운봉 호씨(雲峯胡氏 : 胡炳文)가 말하였다. "'소학자재아(所學者在我)'는 몸에 익히는 일이다."

◯ 按, 程子二說, 皆重在習字上.

내가 살펴보건대, 정자(程子 : 程頤)가 두 측면으로 말한 것은[73] 모두 그 중점이 '익힌다[習]'는 글자에 있다.

朱註

謝氏曰 : "時習者, 無時而不習, 坐如尸, 坐時習也; 立如齊, 立時習也."

사씨(謝氏 : 謝良佐)[74]가 말하였다. "때때로 익힌다는 말은 어느 때이든 익히지 않음이 없는 것이니, 앉음에 시동(尸童)처럼 하는 것은 앉아 있을 때 익히는 일이고, 서 있음에 재계(齊戒)하는 것처럼 하는 것은 서 있을 때 익히는 일이다."

詳說

◯ 『大全』曰 : "名良佐, 字顯道, 上蔡人."

『논어집주대전(論語集註大全)』에서 말하였다. "사씨(謝氏)는 이름이 양좌(良佐)이고, 자가 현도(顯道)이며, 상채(上蔡 : 현 하남성 상채현) 출신이다."

◯ 不言某國者, 皆宋儒也.

사량좌에 대해 어느 나라 출신인지 말하지 않은 것은 모두 송(宋)나라 학자이기 때문이다.

◯ 朱子曰 : "謝氏說十分有九分過處, 亦有一分恰好處."[75]

---

72) 호광 편(胡廣 編), 『논어집주대전(論語集註大全)』 권1.

73) 정자(程子 : 程頤)가 두 측면으로 말한 것은 : 위에서 말한 "때때로 다시 사색하고 찾아내어 마음에 두루 관통하게 하면, 기쁘게 될 것이다."와 "때때로 익히면 배운 것이 내 몸에 있기 때문에 기쁘다."라는 두 측면, 즉 마음과 몸 두 측면으로의 익힘을 가리킨다.

74) 사량좌(謝良佐, 1050~1103) : 자는 현도(顯道)이고, 호는 상채(上蔡)이며, 시호는 문숙(文肅)이다. 유초(游酢)·여대림(呂大臨)·양시(楊時)와 함께 '정문 사선생(程門四先生)'이라 일컫고 상채학파의 시조가 되었다. 처음에 정호에게 배우다가 정호가 죽자 정이에게 배웠다. 송나라 때 상채(上蔡 : 현 하남성 소속) 사람으로 지응성현(知應城縣)·경사(京師)에 이르렀다. 북송 시대 말 채경 등에 의해 행해진 구법당에 대한 대규모 탄압사건에 연좌되어 하옥되고 평민으로 폐해지는 불우한 생애를 보냈다. 그는 우주의 근원적 이법(理法)을 직관적으로 파악하여 따른다는 정호학설을 이어받아 발전시켜서 남송 시대 육상산(陸象山) 심학(心學)의 선구가 되었다. 저서는 『논어해(論語解)』, 『상채어록(上蔡語錄)』 등이 있다.

주자(朱子 : 朱熹)가 말하였다. "사씨의 주장은 90%가 지나치고 10%는 적절하다."76)

○ 謝說雖過, 其有病者, 『集註』自當不取之耳.

사량좌의 주장이 비록 지나치지만 잘못된 것은 『사서집주』에서 물론 채택하지 않았다.

○ 尸居神位.

'좌여시(坐如尸)'에서 '시(尸 : 시동)'는 신(神)의 자리에 앉아 있는 사람이다.

○ 音齋.

'입여재(立如齊)'에서 '재(齊)'자는 음이 재(齋)이다.

○ 祭前之齋.

'입여재(立如齊)'에서 '재(齊)'는 제사 지내기 이전의 재계(齋戒)이다.

○ '坐如尸'·'立如齋', 出『禮記』「曲禮」.

'앉음에 시동처럼 하는 것'과 '서 있음에 재계하는 것처럼 하는 것'은 『예기(禮記)』「곡례(曲禮)」에 나온다.

○ 新安陳氏曰 : "謝氏亦姑以坐立起例,77) 非止謂坐立時也. 其言'時'字, 亦與時時之義異, 朱子姑采以備一說耳."78)

신안 진씨(新安陳氏 : 陳櫟)가 말하였다. "사씨 또한 잠시 앉아 있고 서 있는 것으로 예를 들었지만 앉아 있고 서 있을 때만 말하는 것은 아니다. 사씨가 '시(時 : 어느 때이든)'라는 말을 한 것은 또한 '때때로[時時]'라는 의미와 다르지만, 주자(朱

---

75) 『주자어류(朱子語類)』 권19, 「논어1(論語一)」, 91조목.

76) 사씨의 주장은 90%가 지나치고 10%는 적절하다 : 『주자어류(朱子語類)』 권19, 「논어1(論語一)」, 91조목에서, "물었다. '사씨의 주장은 대부분 지나치니 양씨(楊氏 : 楊時)의 주장이 아주 실질적인 것만 못합니다.' 주자(朱子 : 朱熹)가 대답하였다. '윤씨(尹氏 : 尹惇)의 말은 아주 실질적이고 옳은 것이 많다. 그러나 글을 읽을 때 또한 이와 같이 마음에 미리 결정해서는 안 된다. 예컨대 사씨의 주장은 90%가 지나치지만 그 사이에 또한 10%는 말이 적절하니, 어찌 먼저 정해진 주장을 세울 수 있겠는가? 이제 반드시 마음을 비우고 이치를 완미해야 한다.'(問 : '謝氏說多過, 不如楊氏說最實.' 曰 : '尹氏語言最實, 亦多是處. 但看文字, 亦不可如此先懷權斷於胸中. 如謝氏說, 十分有九分過處, 其間亦有一分說得恰好處, 豈可先立定說? 今且須虛心玩理.')"라고 하였다.

77) 謝氏亦姑以坐立起例 : 호광 편(胡廣 編), 『논어집주대전(論語集註大全)』 권1에는 이 구절 앞에 "程子二條說學習, 兼知行言. 謝氏此條, 惟以時習於行言.(정자(程子 : 程頤)가 두 가지로 배움과 익힘을 설명한 것은 앎과 행함을 겸하여 말한 것이다. 사씨는 이 조목에 대해 오직 행함에서 어느 때이든 익히는 것으로 말하였다.)"라는 말이 더 있다.

78) 호광 편(胡廣 編), 『논어집주대전(論語集註大全)』 권1.

子 : 朱熹)가 우선 채택하여 한 가지 주장을 갖추었을 뿐이다."

○ 按 : 謝氏說, 重在'時'字上.

내가 살펴보건대, 사씨의 주장은 중점이 '시(時 : 어느 때이든)'라는 글자에 있다.

[1-1-2]

有朋自遠方來, 不亦樂乎?

벗이 먼 곳에서 찾아오면 그것 또한 즐겁지 않은가?

朱註

樂, 音洛.

'불역락호(不亦樂乎)'에서 '락(樂 : 즐거워함)'자는 음이 락(洛)이다.

詳說

○ 胡氏曰 : "一章意義可以分斷者, 逐節註之, 欲學者明逐節旨意."[79]

호씨(胡氏 : 胡泳)가 말하였다. "하나의 장(章)에서 의미를 나눌 수 있는 경우, 그것을 한 구절 한 구절씩 주석한 것은 배우는 사람들이 한 구절 한 구절씩 취지를 밝힐 수 있도록 하려는 뜻이다."[80]

○ 一章中分節, 是朱子自定, 以便於解說耳.

---

79) 조순손(趙順孫), 『논어찬소(論語纂疏)』「독논맹집주강령(讀論孟集註綱領)」.

80) 하나의 장(章)에서 …… 밝힐 수 있도록 하려는 것이다 : 조순손, 『논어찬소』「독논맹집주강령」에 호영(胡泳)의 말로 "글자의 의미를 밝히기 어려운 경우에는 각기 훈석을 하였다. 하나의 장에서 의미를 나눌 수 있는 경우 그것을 한 구절 한 구절씩 주석했고, 하나의 장 뒤에 또 여러 구절을 합쳐서 통틀어 말했으니, 배우는 사람들이 먼저 한 글자 한 글자씩 글의 의미를 밝힐 수 있도록 하려는 것이다. 그런 다음에 한 구절 한 구절씩 의미를 밝히고, 그런 다음에 하나의 장의 의미를 통괄하였다. 매 장마다 다만 그 장의 취지를 드러내는 것은 주석 뒤에 붙였다. 간혹 성인의 숨은 뜻을 드러내는 것은 별도로 한 단락으로 하여 그 뒤에 붙였으니, 또한 배우는 사람들이 먼저 본래의 취지를 분명하게 안 뒤에 그것을 알게 하려는 의도이다.(字義難明者, 各有訓釋. 一章意義可以分斷者, 逐節註之, 一章之後, 又合諸節, 而通言之, 欲學者, 先明逐字文義. 然後明逐節旨意, 然後通一章之旨意也. 每章只發本章之旨者, 附註後. 或因發聖人言外之意者, 別爲一段以附其後, 亦欲學者, 先明本旨而後及之也.)"라고 하였다.

하나의 장에서 구절을 나눈 것은 주자(朱子 : 朱熹)가 스스로 정하여 해석에 편리하게 했을 뿐이다.

朱註

朋, 同類也. 自遠方來, 則近者可知.

벗[朋]은 같은 무리이다. 먼 곳에서 찾아온다면, 가까이 있는 이들의 경우도 알 만하다.

詳說

○ '自'字上, 似宜有'朋'字而無者, 蒙上也.

'자원방래(自遠方來)'에서 '자(自)'자 위에 '붕(朋)'자가 있어야 할 것 같은데도 없는 것은 위로 이어지고 있기 때문이다.

○ 此五字, 本文言外之意也, 而實所以訓'遠'一字也.

여기의 '즉근자가지(則近者可知 : 가까이 있는 이들의 경우도 알 만하다)'라는 다섯 글자는 본문의 말 밖의 뜻이지만, 실제로는 '원(遠 : 먼 곳)'이라는 글자를 훈고한 것이다.

○ 此以上, 此一節之字義訓畢.

여기까지 이 한 구절의 글자 의미의 훈고가 끝났다.

朱註

程子曰 : "以善及人, 而信從者衆, 故可樂."

정자가 말하였다. "선함[善]을 남에게 미쳐가게 하여 믿고 따르는 자가 많기[81]

81) 선함[善]을 남에게 미쳐가게 하여 믿고 따르는 자가 많기 : 『주자어류(朱子語類)』 권20, 「논어2(論語二)」, 33조목에는 "황탁이 '선함을 남에게 미쳐 믿고 따르는 사람이 많다.'에 대해 묻자, 주자(朱子 : 朱熹)가 '모름지기 자신에게 이 선이 있어야 바야흐로 남에게 미칠 수 있다. 이 선이 없다면 무엇으로 남에게 미치겠는가. 성인이 말한 것을 보면, 얼마나 기상이 관대한가! 사람들은 항상 편벽되어 다만 몇 가지 좋은 말을 듣고 몇 글자로 써서 곧 스스로 창고 속에 숨겨두고, 자신의 물건으로 여겨 모두 타인이 알지 못하게 하니, 어떤 모양새인가! 지금 반드시 벗이 멀리에서 와서 선으로써 사람에게 미치는 것을 말할 필요는 없다. 예컨대, 스스로 짤막한 글과 몇 마디 말을 쓰고 돌아와서, 사람들이 구하는 것이 있으면 모름지기 당연히 알려주는 것, 이것이 곧 선으로써 남에게 미치는 일이다. 다만 그가 구하기를 기다려 알려 준다면, 나아가서 알려주는 것이 아니다. 만약 나아가서 알려준다고 해도 가르치러 가는 것이니, 곧 이와 같을 수 없

때문에 즐거울 수 있다."

詳說

○ 叔子.

'정자왈(程子曰)'에서 '정자(程子)'는 동생 정이(程頤)이다.

○ 新安陳氏曰: "善, 卽上節性善·明善之善."[82]

신안 진씨(新安陳氏 : 陳櫟)가 말하였다. "선함[善]은 바로 위 구절에 있는 '본성이 선함[性善]'과 '선함을 밝힘[明善]'에서 선함이다."[83]

○ 善, 蓋指上文學習而自悅者. 人, 指朋字.

'이선급인(以善及人)'에서 선(善 : 선함)은 앞의 글에서 배우고 익혀서 저절로 기쁜 것을 가리킨다. '이선급인(以善及人)'에서 인(人 : 남)은 벗[朋]을 가리킨다.

○ 信從, 襯來字, 衆, 襯遠字.

'믿고 따른다[信從]'라는 말은 '자원방래(自遠方來)'에서 '래(來 : 찾아온다)'자와 결부되고, '많다[衆]'라는 말은 '자원방래(自遠方來)'에서 '원(遠 : 먼 곳)'자와 결부된다.

○ 朱子曰: "此學之中也,[84] 立必俱立, 成不獨成矣."

다.'(問'以善及人而信從者衆'. 曰: '須是自家有這善, 方可及人; 無這善, 如何及得人. 看聖人所言, 多少寬大氣象! 常人褊迫, 但聞得些善言, 寫得些文字, 便自寶藏之, 以爲己物, 皆他人所不得知者, 成甚模樣! 今不必說朋來遠方是以善及人. 如自家寫得片文隻字而歸, 人有求者, 須當告之, 此便是以善及人處. 只是待他求方可告之, 不可登門而告之. 若登門而告之, 是往教也, 便不可如此.')라고 하였다.

82) 호광 편(胡廣 編), 『논어집주대전(論語集註大全)』 권1.

83) 선함[善]은 바로 위 구절에 있는 …… '선함을 밝힘[明善]'에서 선함이다 : 호광 편(胡廣 編), 『논어집주대전(論語集註大全)』 권1에는 "'선함을[以善]'의 '선함(善)'은 바로 위 구절에 있는 '사람의 본성이 모두 선하다'는 것과 '선함을 밝힘[明善]'에서 '선함[善]'이다. 익힘이 기쁘다는 말은 선함이 막 자신을 완성한 것이고, 벗이 찾아온다는 말은 선함이 막 남들에게 영향을 미치는 것이다.('以善'之'善', 卽上一節'人性皆善', 及'明善'之'善'. 習說則善方成己, 朋來則善方及人矣)."라고 하였다.

84) 此學之中也 : 『논어혹문(論語或問)』「학이(學而)」에서 "理義人心所同然, 非有我之得私也. 向也, 吾獨得之, 雖足以說矣, 然以之告人而人莫之信, 以之率人而人莫之從, 則是獨擅乎此理, 而擧世倀倀不得於其心之所同也. …… 今吾之學所以得於己者, 旣足以及人; 人之信而從者, 又如此其衆也, 則將皆有以得其心之所同然者, 而吾之所得不獨爲一己之私矣. …… 是學之中也.(리와 의는 사람들의 마음에 같은 것이어서 나만 얻는 것이 아니다. 원래 비록 나만 얻어 기뻐하기에 충분했지만, 남들에게 말해도 아무도 믿어주지 않고 남들을 이끌어도 아무도 따라주지 않는다면, 이는 이 리를 독점해서 온 세상이 내 마음의 같은 것을 따를 수 없는 것이다. …… 이제 내가 얻은 것을 배워서 이미 남에게 미치기에 충분하고 남들이 믿고 따르는 것이 또 이와 같이 많으면,

주자(朱子 : 朱熹)가 말하였다. "이는 배움의 중간이니, 확립하면 반드시 함께 확립하고, 이룰 때는 홀로 이루지 않는다.[85)]"

○ 自'程子曰'以下, 此一節之文義釋畢, 而'又曰'以下, 乃其餘意也.

'정자가 말했다[程子曰]'로부터 아래는 이 한 구절에 대한 문장의 의미 풀이가 끝난 것이고, '또 말했다[又曰]' 아래는 바로 그 나머지의 의미이다.

朱註

又曰 : "說在心, 樂主發散, 在外."

정이(程頤)가 또 말하였다. "기뻐하다[說]는 것은 마음에 있고, 즐겁다[樂]는 것은 발산(發散)함을 위주로 하니 밖에 있다."[86)]

詳說

○ 叔子.

'우왈(又曰)'의 주체는 동생 정이(程頤)이다.

○ 句.

'낙주발산(樂主發散 : 즐겁다는 것은 발산함을 위주로 하니)'에서 구절이 끊어진다.

○ 朱子曰 : "非以樂爲在外也, 以爲積備乎中而發越乎外耳. 說則方得於內, 而未能達於外."[87)]

장차 모두 그 마음에 같은 것을 얻을 것이고 내가 얻은 것도 사사로이 나만의 것이 되지 않을 것이다. …… 이는 배움의 중간이다.)"라고 하였다.

85) 확립하면 반드시 함께 확립하고, 이룰 때는 홀로 이루지 않는다 : 주희, 『맹자정의(孟子精義)』 권11에서 장재(張載), 『정몽(正蒙)』「성명편(誠明篇)」의 "성(性)은 만물을 하나로 하는 근원으로 내가 사사롭게 얻을 수 있는 것이 아니다. 오직 대인만이 그 도를 다할 수 있다. 이 때문에 확립하면 반드시 함께 확립하고, 알 때는 반드시 두루 알며, 사랑할 때는 반드시 아울러 사랑하고, 이룰 때는 홀로 이루지 않는다. 저들은 가리고 막힘으로 말미암아 우리의 리(理)를 따르는 것을 알지 못하는 자이니, 또한 어떻게 할 수가 없다.(性者萬物之一源, 非有我之得私也. 惟大人爲能盡其道. 是故立必俱立, 知必周知, 愛必兼愛, 成不獨成. 彼自蔽塞而不知順吾理者, 則亦末如之何矣.)"라고 한 말을 인용하고 있다.

86) 『주자어류(朱子語類)』 권20, 「논어2(論語二)」, 38조목에는 "정자가 '기뻐하다(說)'는 마음 속에 있는 것이고, '즐겁다(樂)'는 발산을 위주로 하니 외면에 있는 것이라 하였다. 기뻐하다(說)는 마음 자체의 희열이고, 즐겁다(樂)는 기뻐하다가 밖으로 발산한 것이다.('說在心, 樂主發散在外.' 說是中心自喜說, 樂便是說之發於外者.)"라고 하였다.

87) 『논어혹문(論語或問)』「학이(學而)」.

주자(朱子 : 朱熹)가 말하였다. “즐거움[樂]을 밖에 있다고 여긴 것이 아니라, 안에 쌓아두었다가 밖으로 드러나는 것으로 여겼을 뿐이다. 기쁨함은 안에서 막 얻었지만 아직 밖에까지 도달하지 못한 것이다.”[88)]

○ 此又通上節‘說’字此節‘樂’字, 而申明其意義焉.

이는 또 위 구절의 ‘기뻐한다’는 말과 이 구절의 ‘즐겁다’는 말을 통틀어 그 의의를 거듭 밝힌 것이다.

[1-1-3]

人不知而不慍, 不亦君子乎?”

남들이 알아주지 않더라도 성내지 않으면, 그것 또한 군자이지 않겠는가?”

詳說

○ 慍, 紆問反.

‘불온(不慍)’에서 ‘온(慍)’은 ‘우(紆)’와 ‘문(問)’의 반절(反切)이다.

○ 三節之三‘不亦’字 · 三‘乎’字, 此所謂一章之字眼也. 此類特其文勢也, 無關於文義. 然讀者亦不可不幷察, 蓋文義之窮處, 不可不以文勢斷之. 經文猶如此, 註文又可知也.

세 개의 구절에서 세 번째 구절의 ‘불역(不亦 : 그것 또한)’이라는 글자와 세 번째 구절의 ‘호(乎 : 의문어조사)’라는 글자는 이른바 한 장에서 ‘관건이 되는 글자[字眼]’이다. 이러한 부류는 다만 그 글의 형세일 뿐이지 글의 뜻에는 관련이 없다. 그러나 독자들은 또한 아울러 살피지 않을 수 없으니, 글의 의미가 막힐 때는 글의 형세로 판단하지 않을 수 없기 때문이다. 경문(經文)이 이미 이와 같으니, 주해(註解)의 글도 또한 알 만하다.

---

88) 즐거움[樂]을 밖에 있다고 …… 아직 밖에까지 도달하지 못한 것이다 : 『논어혹문(論語或問)』「학이(學而)」에서 “정자(程子 : 程頤)는 즐거움이 밖에 있다고 여긴 것이 아니라 안에 충만하게 쌓이면 밖으로 드러나는 것으로 여긴 것일 뿐이다. 기쁨함은 안에서 막 얻어서 아직 밖에까지 도달하지 못한 것이다.’(程子非以樂爲在外也, 以爲積滿於中, 而發越乎外耳. 悅則方得於內, 而未能達於外也.)”라고 하였다.

朱註

慍, 含怒意.

'불온(不慍)'에서 '온(慍 : 성냄)'자는 화내는 마음을 품고 있다는 뜻이다.

詳說

○ 朱子曰 : "慍, 不是大故忿怒, 只心有些不平, 便是慍."[89]

주자(朱子 : 朱熹)가 말하였다. "성낸다[慍]는 말은 크게 분노하는 뜻이 아니니, 다만 마음에 다소 불만이 있음이 바로 성낸다는 것이다."

○ 此與上註'說喜意'同, 蓋亦在心.

이는 위에서 주자(朱子 : 朱熹)가 '불역열호(不亦說乎)에서 '열(說)'자는 기뻐하다[喜]는 뜻이다.'라고 주석한 것과 같으니, 또한 마음에 달려 있기 때문이다.

朱註

君子, 成德之名.

군자는 덕을 이룬 사람에 대한 명칭이다.

詳說

○ 此以上, 此一節之字義訓畢.

여기까지 이 한 구절의 글자 의미의 훈고가 끝났다.

○ '君子'二字, 此章之題目; '學'字, 此章之綱領. 題目者, 一章之主是也; 綱領者, 一章之要是也. 後皆以此推之, 今不能逐章悉著焉.

'군자(君子)'라는 두 글자는 이 장의 제목이고, '학(學 : 배우다)'자는 이 장의 강령이다. 제목은 한 장의 주장이 이것이라는 뜻이고, 강령은 한 장의 요점이 이것이라는 말이다. 뒤에는 모두 이렇게 하는 것으로 미루어나가는데, 이제 한 장 한 장마다 모두 나타낼 수는 없을 것이다.

○ 朱子曰 : "『論語』首曰'不亦君子?', 終曰'無以爲君子', 此深有意."[90]

주자(朱子 : 朱熹)가 말하였다. "『논어(論語)』에서 처음에 '그것 또한 군자이지 않

89) 『주자어류(朱子語類)』 권119, 「주자16(朱子十六)」 7조목에 실려 있다. "慍不是大故忿怒, 只心有些不平."라는 구절은 "慍不是大段怒, 但心裏略有不平底意.(성낸다[慍]는 말은 크게 분노하는 뜻이 아니니, 다만 마음속에 다소 불편한 생각이 있는 것이다.)"라고 되어 있다.

90) 『주자어류(朱子語類)』 권50, 「논어32(論語三十二)」, 8조목.

겠는가?'라고 하고, 끝에 '군자라고 할 수 없다.'[91]라고 했으니, 여기에는 깊은 뜻이 있다."

○ **新安陳氏曰 : "首末皆拳拳以君子望學者."**[92]

신안 진씨(新安陳氏 : 陳櫟)가 말하였다. "처음부터 끝까지 모두 정성스럽게 군자가 되기를 배우기 바란 것이다."[93]

朱註

尹氏曰 : "學在己, 知不知在人, 何慍之有?"

윤씨(尹氏 : 尹焞)가 말하였다. "배우는 것은 자신에게 달려 있고, 알아주고 알아주지 않음은 남에게 달려 있으니, 어찌 성낼 것이 있겠는가?"

詳說

○ **『大全』曰 : "名焞, 字彦明, 河南人."**

『논어집주대전』에서 말하였다. "윤씨는 이름이 돈(焞)이고, 자가 언명(彦明)이며, 하남(河南 : 현 하남성 낙양) 출신이다."

○ **朱子曰 : "『論語』中, 程先生及和靖說, 只於本文添一兩字, 甚平淡, 然意味深長."**[94]

주자(朱子 : 朱熹)가 말하였다. "『논어(論語)』 가운데 정선생(程先生 : 程頤)과 화정(和靖 : 尹焞)의 주장은 다만 본문에 한두 글자만 더할 뿐이어서 아주 평범하지만, 의미가 깊고 뛰어나다."

---

91) 군자라고 할 수 없다 : 『논어(論語)』「요왈(堯曰)」에서 "공자가 말하였다. '천명을 알지 못하면 군자라고 할 수 없다.'(子曰 : '不知命, 無以爲君子也.')"라고 하였다.

92) 호광 편(胡廣 編), 『논어집주대전(論語集註大全)』 권1.

93) 처음부터 끝까지 모두 정성스럽게 군자가 되기를 배우기 바란 것이다 : 호광 편(胡廣 編), 『논어집주대전(論語集註大全)』 권1에서 "『논어집주(論語集註)』에서는 대체로 본장에서 본래 의미 이외의 나머지 의미들을 미루어 설명하면 반드시 ○표 하나를 해서 간격을 두었다. 여기에서 또 3절 아래 세 구절에서 나머지 의미를 밝혔으니, 반드시 자신을 이루는 기쁨으로 말미암아 남에게 미치는 즐거움에까지 나아갈 수 있다는 것이다. 그러나 즐거워하는 경지까지 나아간 것이 아니라면 또 덕을 이룬 군자라고 하기에 부족하다. 배우는 자들은 군자가 되기를 배우는 것이다. 배움은 기쁨으로 말미암아 즐거워하는 경지까지 나아가서 군자가 되는 것에 이르러야 배워서 일을 잘할 수 있는 것이 끝난다.(『集註』凡推說本章正意外之餘意, 必加一圈以間隔之. 此又以三節下三句, 發明餘意也, 必由成己之說, 方可進於及人之樂. 然非造於樂之地步, 又不足以言成德君子也. 夫學者, 所以學爲君子. 學由說以進於樂, 而至於能爲君子, 學之能事畢矣.)"라고 하였다.

94) 『주자어류(朱子語類)』 권19, 「논어1(論語一)」, 86조목.

○ 又曰 : "尹氏語言最實."[95]

주자(朱子 : 朱熹)가 또 말하였다. "윤씨의 말은 가장 알차다."

○ 尹氏言, 本不多, 且常依倣於程子說, 故於諸氏最寡過. 程子所稱'我死不失其正', 正爲是耳.

윤씨의 말은 본래 많지 않고 또한 늘 정자(程子 : 程頤)의 말에 의거해서 본받기 때문에 여러 학자 가운데 과오가 가장 적다. 정자가 '내가 죽어도 그 바름을 잃지 않을 것이다.'[96]라고 일컬은 것은 바로 이 점 때문이다.

○ 先擧首節.

'학재기(學在己 : 배우는 것은 자신에게 달려 있고)'라고 한 것은 먼저 '첫째 구절[學而時習之, 不亦說乎?]'을 들어 말한 것이다.

○ 略照次節.

'지부지재인(知不知在人 : 알아주고 알아주지 않음은 남에게 달려 있으니)'에서 '알아줌[知]'이라고 한 것은 간략히 '둘째 구절[有朋自遠方來, 不亦樂乎?]'에 비추어본 것이다.

○ 雙峰饒氏曰 : "朋專主同類, 人兼指衆人, 上而君 · 大夫亦是."[97]

쌍봉 요씨(雙峰饒氏 : 饒魯)[98]가 말하였다. "벗[朋]은 오로지 같은 무리를 위주로 하고, 남[人]은 여러 사람을 겸하여 가리켰으니, 위로 임금 · 대부도 마찬가지이다."

○ 朱子曰 : "先尹氏後程子, 只是順正文解下來."[99]

주자(朱子 : 朱熹)가 말하였다. "윤씨를 앞에 두고 정자를 뒤에 둔 것은 다만 본문을 따라서 풀이해 내려간 것일 뿐이다."[100]

---

95) 『주자어류(朱子語類)』 권19, 「논어1(論語一)」, 91조목.

96) 내가 죽어도 그 바름을 잃지 않을 것이다 : 주희(朱熹), 『이락연원록(伊洛淵源錄)』 권11에서, "정자가 말하였다. '내가 죽어도 그 바름을 잃지 않을 사람은 윤씨일 것이다.'(程夫子曰 : '我死而不失其正者, 尹氏子也.')"라고 하였다.

97) 호병문, 『사서통』「논어통」 권1.

98) 요로(饒魯, 1193~1264) : 자는 백여(伯輿) · 사노(師魯) · 중원(仲元)이고, 호는 쌍봉(雙峰)이다. 남송(南宋) 시대 요주 여간(饒州餘幹 : 현 강서성 소속) 사람으로, 어려서부터 황간(黃榦, 주희의 문인 겸 사위)에게 배워서 '치지(致知) · 역행(力行)'을 근본으로 하였다. 쌍봉 앞에 석동서원(石洞書院)을 지어 강학에 힘썼다. 평생 벼슬하지 않아 그가 죽은 뒤 문인들이 그에게 사시(私謚)를 문원(文元)이라 올렸다. 저서는 『오경강의(五經講義)』, 『논맹기문(論孟紀聞)』, 『춘추절전(春秋節傳)』, 『학용찬술(學庸纂述)』, 『태극삼도(太極三圖)』, 『근사록주(近思錄註)』 등이 있다.

99) 왕무횡, 『주자연보』 권2.

○ 謂先解'不慍', 後解'君子'.

'하온지유(何慍之有 : 어찌 성낼 것이 있겠는가)'라고 한 것은 '성내지 않는다'는 말을 먼저 풀이하고 '군자(君子)'를 뒤에 풀이했음을 말한다.

朱註

程子曰 : "雖樂於及人, 不見是而無悶, 乃所謂君子."[101]

정자(程子 : 程頤)가 말하였다. "남에게 미치는 것을 즐거워하지만 옳다고 인정받지 못해도 서운함이 없어야 이른바 군자이다."

詳說

○ 叔子.

'정자왈(程子曰)'에서 '정자(程子)'는 동생 정이(程頤)이다.

○ 先擧次節.

'수락어급인(雖樂於及人 : 남에게 미치는 것을 즐거워하지만)'이라고 한 것은 먼저 '둘째 구절[有朋自遠方來, 不亦樂乎?]'을 들어 말한 것이다.

○ 出『易』「乾 · 文言」.

'불견시이무민(不見是而無悶 : 옳다고 인정받지 못해도 서운함이 없어야)'라는 말은 『주역(周易)』「건괘(乾卦) · 문언(文言)」에 나온다.[102]

---

100) 윤씨를 앞에 두고 …… 본문을 따라서 풀이해 내려간 것일 뿐이다 : 왕무횡, 『주자연보』 권2에는 "『논어집주(論語集註)』에서는 본문의 아래에 바로 글자의 훈고, 글의 의미, 성스런 경의 바른 뜻을 풀이하였다. 예컨대 여러 학자의 주장에서 적당하고 명백한 것이 있으면, 바로 인용하고 그 성명을 빼지 않았다. 「학이(學而)」 첫 장에서 윤씨(尹氏 : 尹焞)를 앞에 두고 정자(程子 : 程頤)를 뒤에 둔 것이라면, 또한 본문을 순조롭게 풀이해 간 것일 뿐이지, 지위나 권위의 높고 낮음을 취한 것이 아니다.(『集註』於正文之下, 正解說字訓文義與聖經正意. 如諸家之說有切當明白者, 卽引用而不沒其姓名. 如「學而」首章先尹氏而後程子, 亦只是順正文解下來, 非有高下去取也.)"라고 하였다. 주자(朱子 : 朱熹)가 『사서집주』에서 선대 학자의 주장을 인용하는 차례의 기준을 설명하였다.

101) 정이(程頤), 『이천선생경설(伊川先生經說)』 권7, 「논어설(論語說) · 학이」.

102) '불견시이무민(不見是而無悶 …… 『주역(周易)』「건괘(乾卦) · 문언(文言)」에 나온다 : 『주역(周易)』「건괘 · 문언」에서 "초구(初九)에서 '잠겨 있는 용(龍)은 쓰지 말라.'라고 한 것은 무슨 말인가? 공자가 말하였다. '용의 덕을 가지고 은둔한 자로 세상에 따라 변치 않으며 명성을 이루려 하지 않아, 세상에 은둔해도 근심하지 않고, 남에게 인정을 받지 못해도 서운함이 없으며, 즐거운 세상이면 도를 행하고 걱정스런 세상이면 떠나가니, 뜻이 확고하여 뽑을 수 없

○ **新安陳氏曰 : "'不見是於人而無悶於心', 引此語解'不知' · '不慍'."**103)

신안 진씨(新安陳氏 : 陳櫟)가 말하였다. "'남에게 인정받지 못해도 마음에 서운함이 없어야 한다.'라는 말을 인용하여 '알아주지 않음[不知]'과 '성내지 않음[不慍]'을 풀이하였다."104)

○ **文義釋畢.**

여기까지 셋째 구절 글 뜻의 풀이가 끝났다.

朱註

愚謂, 及人而樂者, 順而易, 不知而不慍者, 逆而難, 故惟成德者能之.

내(朱熹) 생각에, 남에게까지 미쳐서 즐거운 것은 순조로워서 쉬운 일이고, 알아주지 않는데도 성내지 않는 것은 거슬러서 어려운 일이기 때문에 덕을 이룬 사람만이 그렇게 할 수 있다.

詳說

○ **承先儒說之下, 而著'愚按' · '愚謂'等字者, 恐其混而別之也, 此註之類是也. 將言聞於師, 而先擧'愚'字者, 致謹之辭也. 若圈下註以'愚按' · '愚謂'等字起頭者, 更端之辭也.**

선대 학자의 주장 아래에 이어서 '내가 살피건대[愚按]' · '내 생각에[愚謂]' 등의 글자를 붙인 것은 혼동될까 우려하여 구별한 것이니, 주석은 이렇게 하는 것이다. 스승에게 들은 것을 말하려고 하면서 먼저 '내가[愚]'라는 말을 제기하는 것은 매우 삼가는 표현이다. '○(圈)' 아래의 주석에 '내가 살피건대' · '내 생각에' 등과 같은 말로 첫머리를 시작하는 것은 다시 시작하는 말이다.

는 것이 잠겨있는 용(龍)이다.'(初九曰, '潛龍勿用', 何謂也? 子曰 : '龍德而隱者也, 不易乎世, 不成乎名, 遯世无悶, 不見是而无悶, 樂則行之, 憂則違之, 確乎其不可拔, 潛龍也.')"라고 하였다.

103) 호광 편(胡廣 編), 『논어집주대전(論語集註大全)』 권1.

104) 남에게 인정받지 못해도 …… '성내지 않음[不慍]'을 풀이했다 : 호광 편(胡廣 編), 『논어집주대전(論語集註大全)』 권1에서 "'옳다고 인정받지 못해도 서운함이 없다.'라는 것은 『주역(周易)』 · 「건괘 · 문언」에 나온다. '남에게 옳다고 인정받지 못해도 마음에 서운함이 없어야 한다.'라는 말을 인용하여 '알아주지 않음[不知]'과 '성내지 않음[不慍]'을 풀이한 것이 아주 절실하다. 이 조목은 즐거움과 성내지 않음과 연관하여 말했기 때문에 윤씨의 주장 뒤에 있다. ('不見是而無悶', 出『易』「乾 · 文言」. '不見是於人而無悶於心', 引此語解'不知' · '不慍'甚切. 此條聯樂與不慍言, 故居尹說之後.)"라고 하였다.

○ 去聲.

'순이이(順而易)'에서 '이(易 : 쉬움)'자는 거성이다.

○ 君子.

'성덕자(成德者 : 덕을 이룬 사람)'은 군자이다.

○ 朱子曰 : "此學之終也, 庶乎其無慕於外矣."105)

주자(朱子 : 朱熹)가 말하였다. "이는 배움의 끝이니, 밖으로 사모하는 것이 거의 없다."

○ 覺軒蔡氏曰 : "程子謂不慍然後君子, 朱子謂君子然後不慍. 朱子非正解本句, 特統而論之耳."106)

각헌 채씨(覺軒蔡氏 : 蔡模)107)가 말하였다. "정자(程子 : 程頤)는 성내지 않은 다음에 군자라 하였고, 주자는 군자인 다음에 성내지 않는다고 하였다. 주자는 이 구절을 정면으로 풀이하지 않고 다만 통틀어서 논했을 뿐이다."

---

105) 『논어혹문(論語或問)』「학이(學而)」.

106) 조순손(趙順孫), 『논어찬소(論語纂疏)』 권1. "朱子謂君子然後不慍"라는 구절은 "朱子謂'故惟成德者能之', 則是君子然後不慍.(주자는 '그러므로 덕을 이룬 사람만이 그렇게 할 수 있다.'라고 말했으니, 군자인 다음에 성내지 않는다는 뜻이다.)"이라고 되어 있다. 주자의 사위이자 수제자인 황간(黃榦)은 『면재집(勉齋集)』 권8, 「복섭미도서(復葉味道書)」에서 "朱先生一部『論語』, 直解到死. 自今觀之, 亦覺有未安處. 且如'不亦君子乎'一句, 乃是第一段幾番改過. 今觀程子云'不見是而無悶乃所謂君子', 是不慍然後君子也; 朱先生云'故惟成德者能之', 則是君子然後不慍. 以悅·樂兩句例之, 則須是如程子之說方爲穩當.(주선생은 『논어(論語)』에 대해 죽을 때까지 바로 풀이를 해왔다. 그런데도 이제 살펴보면 또한 온당치 못한 곳이 있다는 생각이 든다. 예컨대 '그것 또한 군자이지 않겠는가?'라는 구절은 바로 그 첫 번째 단락으로 주자(朱子 : 朱熹)가 여러 차례 고친 것이다. 이제 정자(程子 : 程頤)는 '옳다고 인정받지 못해도 서운함이 없어야 이른바 군자이다.'라고 하였으니, 이는 성내지 않은 다음에 군자가 된다는 것이고, 주선생은 '그러므로 오직 덕을 이룬 사람만이 그렇게 할 수 있다.'라고 하였으니, 이는 군자인 다음에 성내지 않는다는 말이다. 기뻐함(첫째 구절 : 學而時習之, 不亦說乎?)과 즐거워함(둘째 구절 : 有朋自遠方來, 不亦樂乎?)이라는 두 구절로써 견주어 보면 모름지기 정자의 말과 같이 해야 온당할 것이다.)"라고 하였다.

107) 채모(蔡模, 1188~1246) : 자는 중각(仲覺)이고, 호는 각헌(覺軒)이며, 채침의 맏아들이다. 과거 공부를 버리고 평생토록 독실하게 성현의 학문에 몰두하여 건양서원(建陽書院) 석장(席長)을 지냈다. 순우(淳佑) 3년(1243)에 건녕지부(建寧知府) 왕수(王遂)가 조정에 천거하고 이듬해에는 승상 범종(範鍾)이 등용을 상주하여 보적공랑(補迪功郎), 건녕부학교수(建寧府學教授)를 제수하였으나 부임하지 않았다. 저술은 『역전집해(易傳集解)』, 『대학연설(大學衍說)』, 『하락탐색(河洛探賾)』, 『속근사록(續近思錄)』, 『논맹집소(論孟集疏)』 등이 있다.

○ 此亦並擧次節, 而歸重於此節之君子.

이것 또한 다음 구절을 아울러 들어서 중점을 이 구절의 군자로 돌렸다.

朱註

然德之所以成, 亦由學之正, 習之熟, 說之深, 而不已焉耳.

그러나 덕을 이루는 방도는 또한 배움이 올바르고, 익힘이 숙달되며, 기쁨이 깊어서 멈추지 않는 것에 말미암을 뿐이다.

詳說

○ 反辭也, 轉辭也.

'연덕지소이성(然德之所以成)'에서 연(然 : 그러나)은 부정 접속사이고, 말을 전환하는 접속사이다.

○ 此節.

'연덕지소이성(然德之所以成)'까지가 절(節)이다.

○ 首節.

'이불이언이(而不已焉耳)'까지가 이 구절의 제1절이다.

○ 新安陳氏曰 : "學必貴乎正."[108]

신안 진씨(新安陳氏 : 陳櫟)가 말하였다. "배움은 반드시 올바름을 귀하게 여긴다."[109]

○ '正'之一字, 極有力.

'학지정(學之正)'에서 '정(正 : 올바름)'이라는 말은 매우 힘이 있다.

○ 此推此節之君子, 而取重於首節.

여기에서는 이 절의 군자를 미루어나가서 중점을 제1절에서 취하였다.

108) 호광 편(胡廣 編), 『논어집주대전(論語集註大全)』 권1.

109) 배움은 반드시 올바름을 귀하게 여긴다 : 호광 편(胡廣 編), 『논어집주대전(論語集註大全)』 권1에서 "이는 덕을 이루는 근거가 되는 것의 근본을 미루어 보면, 배우고 익히며 기뻐하는 것으로부터 오는 것에 지나지 않는다. 그러나 배움은 반드시 올바름을 귀하게 여기고, 익힘은 반드시 익숙함을 귀하게 여기며, 기뻐함은 반드시 깊음을 귀하게 여기고, 거기에 또 멈추지 않음을 추가하였다. 배움을 때때로 익혀서 기뻐하는 것은 뒤 두 구절의 근본이고 또한 근본에 힘쓴다는 뜻이다.(此推本所以爲成德之由, 不過自學 · 習 · 說中來. 然學必貴乎正, 習必貴乎熟, 說必貴乎深, 而又加以不已焉. 學之時習而說, 乃後二節之本, 亦務本之意.)"라고 하였다.

○ '愚'以下, 以論申釋之.

'우위(愚謂)'의 '우(愚 : 내 생각에)' 이하에서는 '논의[論]'로써 거듭 풀이하였다.

○ 朱子曰 : "章末用圈而列之者, 或發明文外之意, 及反覆此章之餘意, 或通論一章之大旨."110)

주자(朱子 : 朱熹)가 말하였다. "장(章) 끝에 '○(圈)'를 사용하여 나열한 것은 혹은 글 밖의 뜻을 드러내 밝혀 이 장의 나머지 의미를 반복하는 데까지 이르거나 혹은 한 장의 큰 취지를 통틀어 논한 것이다."111)

○ 胡氏曰 : "合諸節而通言之, 欲學者明逐節旨意, 然後通一章之旨意; 或發言外之意, 欲學者先明本旨, 而後及之也."112)

호씨(胡氏 : 胡泳)가 말하였다. "여러 절을 합쳐 통틀어 말한 것은 배우는 사람들이 한 구절 한 구절마다의 취지를 밝힌 뒤에 한 장의 취지에 통달하도록 하거나 혹은 말 밖의 뜻을 밝혀서 배우는 사람들이 본래의 취지를 먼저 밝힌 뒤에 그것에까지 이르도록 하려는 의도이다."113)

○ 此所謂'章下註'者也.

이것이 이른바 '매 장(章) 끝부분의 주자 주석'이라는 것이다.

---

110) 조순손(趙順孫), 『논어찬소(論語纂疏)』「독논맹집주강령(讀論孟集註綱領)」.

111) 장(章) 끝에 '○(圈)'를 사용하여 …… 큰 취지를 통틀어 논한 것이다 : 조순손, 『논어찬소』「독논맹집주강령」에는 "장 끝에 '○(圈)'를 사용하여 여러 학자의 주장을 나열한 것은 혹은 글 밖의 뜻이 본문에 의미를 드러내 밝히는 것이 있어 생략할 수 없는 것이거나 한 장의 나머지 뜻을 통틀어 논하여 그 주장의 긴요한 점을 반복하여 알지 않을 수 없는 것이다.(章末用圈而列諸家之說者, 或文外之意而於正文有所發明不容略去, 或通論一章之意, 反覆其說切要, 而不可不知也.)"라고 하였다.

112) 호광 편(胡廣 編), 『논어집주대전(論語集註大全)』 권1.

113) 여러 절을 합쳐서 통틀어 …… 이르도록 하려는 것이다 : 호광 편(胡廣 編), 『논어집주대전(論語集註大全)』 권1에는 "글자의 의미를 밝히기 어려운 것은 각각 훈석을 하였다. 한 장의 의미를 나눌 수 있는 것은 절에 따라 주석했고, 한 장의 뒤에 또 여러 절과 합하여 통틀어서 말하였다. 이는 배우는 사람들이 글자를 따라 의미를 먼저 밝히고, 그런 다음에 구절에 따라 의미를 밝히며, 그런 다음에 한 장의 의미를 통달하도록 하려는 것이다. 매 장마다 오직 그 장의 의미를 드러내는 것은 주석의 뒤에 붙였다. 간혹 성인의 말 밖의 뜻을 드러내는 것에 따라 별도로 한 단락을 그 뒤에 붙인 것도 또한 배우는 사람들이 본래의 뜻을 먼저 밝힌 뒤에 그것에까지 이르도록 하려는 의도이다.(字義難明者, 各有訓釋. 一章意義可以分斷者, 逐節註之, 一章之後, 又合諸節而通言之. 欲學者, 先明逐字文義, 然後明逐節旨意, 然後通一章之旨意也. 每章只發本章之旨者, 附註後. 或因發聖人言外之意者, 別爲一段以附其後, 亦欲學者先明本旨而後及之也.)"라고 하였다.

朱註

程子曰："樂由說而後得, 非樂不足以語君子."[114]

정자(程子 : 程頤)가 말하였다. "즐거움[樂]은 기쁨[說]을 거친 다음에 얻는 것이고, 즐겁지 않으면 군자라고 말하기에 충분하지 않다."

詳說

○ 叔子.

'정자왈(程子曰)'에서 '정자(程子)'는 동생 정이(程頤)이다.

○ 此總次節首節, 而歸重首節.

'낙유열이후득(樂由說而後得)'은 둘째 구절과 첫째 구절을 총괄하여 중점을 첫째 구절로 돌린 것이다.

○ 總次節末節, 而歸重次節.

'비락부족이어군자(非樂不足以語君子)'는 둘째 구절과 끝 구절을 총괄하여 중심을 둘째 구절로 돌린 것이다.

○ 合此上下兩語, 是爲一章之總論, 而'樂'之一字, 乃其中間之線脈也.

여기에서 위아래 두 가지 말을 합친 것은 한 장의 총론이 되지만, '즐겁다'라는 말은 바로 그 중간의 연결선이다.

○ 此爲書之首章, 故特詳言讀註之法. 以此法求之諸篇, 諸書之註, 亦不外此, 而觸目瞭然, 可如親承朱子之口訣矣.

이는 이 책의 첫째 장이기 때문에 특히 주석을 읽는 방법을 자세하게 말하였다. 이 방법으로 여러 편(篇)을 추구해 가면, 여러 글의 주석도 이를 벗어나지 않고 보는 대로 명료하여 주자의 구전(口傳) 비결을 직접 받는 것과 같게 될 것이다.

---

114) 정호·정이(程顥·程頤), 『하남정씨유서』(河南程氏遺書)』 권17에는 "說先於樂者, 樂由說而後得. 然非樂則亦未足以語君子.(기쁨은 즐거움보다 먼저이니 즐거움은 기쁨을 거친 다음에 얻는 것이다. 그러나 즐겁지 않으면 또한 군자라고 말하기에 충분하지 않다.)"라고 되어 있다.

[1-2-1]

有子曰 : "其爲人也孝弟, 而好犯上者, 鮮矣. 不好犯上, 而好作亂者, 未之有也.
유자(有子 : 有若)가 말하였다. "그 사람됨이 부모에게 효도하고 형에게 공손하면서 윗사람에게 무례를 범하기를 좋아하는 자는 드물다. 윗사람에게 무례를 범하기를 좋아하지 않으면서 난동을 일으키기를 좋아하는 자는 있은 적이 없다.

朱註

'弟·好', 皆去聲. '鮮', 上聲. 下同.

'기위인야효제(其爲人也孝弟)'에서 '제(弟)'자와 '이호범상자(而好犯上者)'에서 '호(好)'자는 모두 거성(去聲)이다. '선의(鮮矣)'에서 '선(鮮)'자는 상성(上聲)이다. 아래도 마찬가지이다.

詳說

○ 朱子曰 : "'爲人也', 指資質."[115]

주자(朱子 : 朱熹)가 말하였다. "'기위인야효제(其爲人也孝弟)'에서 '위인야(爲人也 : 사람됨)'는 자질을 가리킨다."

○ '其'者, 汎指人之辭.

'기위인야효제(其爲人也孝弟)'에서 '기(其)'자는 일반적으로 사람을 가리키는 말이다.

朱註

有子, 孔子弟子, 名若.

유자(有子)는 공자의 제자로, 이름이 약(若)이다.

詳說

○ 『家語』曰 : "魯人, 字子有."[116]

---

115) 『주자어류(朱子語類)』 권20, 「논어2(論語二)」, 62조목에는 "'其爲人也孝弟', 此說資質好底人, 其心和順柔遜, 必不好犯上, 仁便從此生.('그 사람됨이 부모에게 효도하고 형에게 공손하다.'라는 것은, 자질이 좋은 사람은 그 마음이 온화하고 유순하여 반드시 윗사람에게 무례를 범하기를 좋아하지 않을 것이니, 인(仁)함이 바로 여기에서 생겨난다는 것을 말한다.)"라고 하였다.

『공자가어(孔子家語)』에서 말하였다. "유약(有若)은 노(魯)나라 사람이고, 자(字)는 자유(子有)이다."

○ 『史記』「仲尼弟子傳」曰 : "少孔子十三歲."

『사기(史記)』「중니제자열전(仲尼弟子列傳)」에서 말하였다. "유약(有若)은 공자보다 13세 적다."

○ 有子·曾子稱'子', 他弟子稱字, 此書之例也. 而至與君言, 則亦謹而名之.

유자(有子)와 증자(曾子)는 '자(子)'라고 일컫고, 공자의 기타 제자들은 자(字)를 일컫는 것이 『논어(論語)』의 용례이다. 그렇지만 군주와 말할 때의 경우는 또한 삼가서 이름을 적었다.

朱註

善事父母爲孝, 善事兄長爲弟.

부모를 잘 섬기는 것이 효(孝)이고, 형과 어른을 잘 섬기는 것이 제(弟)이다.

詳說

○ 上聲.

'선사형장(善事兄長)'에서 '장(長)'자는 상성(上聲)이다.

○ '孝'·'弟'二字, 此章之題目.

'효(孝)'와 '제(弟)' 두 글자는 이 장(章)의 제목이다.

朱註

'犯上', 謂干犯在上之人.

'범상(犯上)'은 윗자리에 있는 사람에게 무례를 범하는 것을 말한다.

詳說

○ 朱子曰 : "只少有拂戾, 便是犯上, 不必凌犯. 如'疾行先長', 亦是犯上."[117]

116) 『공자가어(孔子家語)』 권9, 「칠십이제자해(七十二弟子解) 제38」에서 "有若, 魯人, 字子有, 少孔子三十六歲· 爲人强識, 好古道也.(유약은 노나라 사람이고, 자(字)는 자유(子有)이며, 공자보다 36세 적다. 사람됨이 잘 기억해서 옛 도(道)를 좋아하였다.)"라고 하였다·

117) 『주자어류(朱子語類)』 권20, 「논어2(論語二)」, 65조목에는 "問 : '有犯上者, 已自不好, 又何至於作亂? 可見其益遠孝弟之所爲.' 曰 : '只言其無此事. 論來犯上, 乃是少有拂意便是犯, 不必至

주자(朱子 : 朱熹)가 말하였다. "다만 조금이라도 거스르는 것이 있으면 바로 윗사람에게 무례를 범하는 것이니, 능멸하여 침범하는 것은 굳이 말할 필요도 없다. 예컨대 '빨리 걸어서 연장자보다 앞서가는 것'118)도 또한 윗사람에게 무례를 범하는 일이다."

○ 又曰 : "干犯是小底亂. 人子諫, 或貽父母之怒, 此是孝裏面事, 不爲干犯."119)

주자(朱子 : 朱熹)가 또 말하였다. "무례를 범하는 것은 바로 작은 난동이다. 자식이 부모에게 간언(諫言)할 때 간혹 부모의 노여움을 사기도 하는데, 이는 효도 속에 있는 일이니 무례를 범하는 것이 되지 않는다."

朱註

鮮, 少也. 作亂, 則爲悖逆爭鬪之事矣.

陵犯處乃爲犯也.'(물었다. '윗사람에게 무례를 범한 자는 이미 스스로 마음이 좋지 못한데, 또한 어찌 난동을 일으키는 데까지 이르겠습니까? 효도와 공손하게 하는 것에서 더욱 멀어짐을 알 수 있겠습니다.' 주자(朱子 : 朱熹)가 대답하였다. '다만 그것은 이러한 일은 없다는 것을 말했을 뿐이다. 윗사람에게 무례를 범하는 것을 논한다면, 조금이라도 윗사람의 뜻을 거스름이 있다면 바로 무례를 범한 것이니, 굳이 능멸하여 침범하는 데까지 이르지 않아도 바로 무례를 범하는 것이다.')"라고 하였다. 『주자어류(朱子語類)』 권20, 「논어2(論語二)」, 64조목에는 "問 : '干犯在上之人, 如'疾行先長者'之類?' 曰 : '然. 干犯便是那小底亂, 到得作亂, 則爲爭鬥悖逆之事矣!'(물었다. '윗자리에 있는 사람에게 무례를 범하는 것은 예컨대 '빨리 걸어서 연장자보다 앞서 가는 것'과 같은 따위입니까?' 주자(朱子 : 朱熹)가 대답하였다. '그렇다. 무례를 범하는 것은 바로 작은 난동이니, 난동을 일으키는 데 이르게 되면 싸우고 거스르는 일이 된다.')"라고 하였다.

118) 빨리 걸어서 연장자보다 앞서가는 것 : 『맹자(孟子)』 「고자하(告子下)」에서 "천천히 걸어서 연장자보다 뒤에 가는 것을 '공경스럽다[弟]'라고 하고, 빨리 걸어서 연장자보다 앞서 가는 것을 '공경스럽지 못하다[不弟]'라고 한다. 다만 천천히 걸어가는 것이 어찌 사람들이 할 수 없는 것이겠는가? 자기가 하지 않는 것일 뿐이니, 요 · 순의 도는 효 · 제일 뿐이다.(徐行後長者, 謂之'弟'; 疾行先長者, 謂之'不弟'. 夫徐行者, 豈人所不能哉? 所不爲也, 堯舜之道, 孝弟而已矣.)"라고 하였다.

119) 『주자어류(朱子語類)』 권20, 「논어2(論語二)」, 64조목에는 "干犯便是那小底亂. …… 問 : '人子之諫父母, 或貽父母之怒, 此不爲干犯否?' 曰 : '此是孝裏面事, 安得爲犯? 然諫又自下氣怡色柔聲以諫, 亦非淩犯也.'(무례를 범하는 것은 바로 작은 난동이다. …… 물었다. '자식이 부모에게 간언할 때, 혹 부모의 노여움을 사기도 하는데, 이는 무례를 범하는 것이 되지 않습니까?' 주자(朱子 : 朱熹)가 대답하였다. '이는 효도 속에 있는 일이니, 어찌 무례를 범하는 것이 되겠는가? 그러나 간언할 때는 또한 당연히 기세를 가라앉히고 얼굴빛을 환하게 하여 부드러운 소리로써 간언하는 것이 또한 능멸하여 침범하는 것이 안 될 것이다.')"라고 하였다.

선(鮮)은 적음이다. 난동을 일으키면 거스르고 싸우는 일을 하게 된다.

詳說

○ 音佩.

'즉위패역쟁투지사의(則爲悖逆爭鬪之事矣)'에서 '패(悖)'자는 음이 패(佩)이다.

○ 極重.

'즉위패역쟁투지사의(則爲悖逆爭鬪之事矣)'에서 '패역(悖逆 : 거스름)'은 그 의미가 매우 중요하다.

○ 少輕.

'즉위패역쟁투지사의(則爲悖逆爭鬪之事矣)'에서 '쟁투(爭鬪 : 싸움)'는 그 의미가 조금 가볍다.

○ '則'字略照上'犯上', 而示其重之辭. 後多放此.

'즉위패역쟁투지사의(則爲悖逆爭鬪之事矣)'에서 '즉(則)'자는 간략히 위의 '윗사람에게 무례를 범한다.'라는 말에 비추어 그것이 중요함을 보여주는 말이다. 뒤에도 대부분 이와 같다.

○ 字訓畢.

이 구절의 글자에 대한 훈고가 끝났다.

朱註

此言人能孝弟, 則其心和順, 少好犯上, 必不好作亂也.

이는 사람이 부모에게 효도하고 형에게 공손하면 그 마음이 온화하고 유순하여 윗사람에게 무례를 범하기를 좋아하는 자가 적으니, 반드시 난동을 일으키기를 좋아하지 않음을 말하였다.

詳說

○ 凡言'此'者, 指此一節而言.

'차언인능효제(此言人能孝弟)'에서 무릇 '차(此 : 이는)'라고 말한 것은 이 하나의 구절을 가리켜 말하였다.

○ 以'則'字換本文之'而'字, 意益分明.

'즉기심화순(則其心和順)'에서 보면 '즉(則)'자로 『논어(論語)』의 본문 '이호범상자(而好犯上者)'의 '이(而)'자를 바꾸어서 뜻을 더욱 분명하게 한 것이다.

○ 添此四字, 是蓋孝弟之效, 而不犯上 · 不作亂之本根也.

'즉기심화순(則其心和順)'에서 『논어(論語)』의 본문에 없는 '기심화순(其心和順)'이라는 네 글자를 보탠 것은 대개 그것이 부모에게 효도하고 형에게 공손하게 하는 효험이며, 윗사람에게 무례를 범하지 않고 난동을 일으키지 않는 근본이라는 뜻이다.

○ 以本文觀之, 此下似宜有'不好犯上則'五字而無者, 何也? 蓋本文'不好犯上而'五字, 朱子謂之重複, 象山謂之支離者也. 故此及下程子說皆略此一句而解之. 讀者必察其所添所略, 則『集註』之權衡有可識矣. 雖然, 其支離者亦不害爲躬行家數馬之篤實云.

『논어(論語)』의 본문으로 살펴보면 이 아래에 마땅히 '불호범상즉(不好犯上則 : 윗사람에게 무례를 범하기를 좋아하지 않는다면)'이라는 다섯 글자가 있어야 할 것 같은데, 없는 것은 무엇 때문인가? 대개 『논어(論語)』 본문의 '불호범상이(不好犯上而 : 윗사람에게 무례를 범하기를 좋아하지 않으면서)'이라는 다섯 글자를 주자는 중복된 것으로 여기고,120) 상산(象山 : 陸九淵121))은 번쇄한 것으로 여겼다.122) 그러므로 이곳과 아래의 정자(程子 : 程頤)의 주석은 모두 이 구절을 생략하고 풀이하였다. 독자들은 반드시 그 보탠 구절과 생략한 구절을 자세히 살펴보아야만 『논어집주(論語集註)』에서 고려한 것을 알 수 있다. 비록 그러하지만 그 번쇄하다고 여긴 구절은 또한 몸소 실천하는 것을 중시하는 사람들이 말의 수를 세는 것과

---

120) 주자는 중복된 것으로 여기고 : 『주자어류(朱子語類)』 권20, 「논어2(論語二)」, 59조목에서 "유자가 효 · 제를 말한 곳에 대해서 물었다. 주자(朱子 : 朱熹)가 대답하였다. '유자의 말은 조금 중복된 곳이 있는 것 같다. 그렇지만 성실하게 실천한 말이니 세밀하게 곱씹어보면 더욱 의미가 깊다.'(問有子言孝悌處. 先生謂 : '有子言語似有些重復處, 然是其誠實踐履之言, 細咀嚼之, 益有味.')"라고 하였다.

121) 육구연(陸九淵, 1139~1192) : 자는 자정(子靜)이고, 호는 존재(存齋) · 상산옹(象山翁)이며, 상산선생(象山先生)이라고 부르기도 한다. 송나라 때 금계(金溪 : 현 강서성 금계현) 사람으로 1172년에 진사에 급제하여 숭안현주부(崇安縣主簿), 지형문군(知荊門軍)을 역임하였다. 맹자(孟子)를 계승하여 정 · 주(程 · 朱)의 이학(理學)과 대비되는 육 · 왕(陸 · 王) 심학(心學)의 학파를 열었다. 주희가 정이천의 학통에 따라 도문학(道問學)을 더 존중한 데 반하여, 육구연은 정명도의 존덕성(尊德性)을 존중하였다. 이 때문에 주희는 격물치지(格物致知)의 '성즉리설(性卽理說)'을 제창하고, 육구연은 치지(致知)를 주로 한 '심즉리설(心卽理說)'을 제창하였다. 주희와 학문방법론 및 무극 · 태극론 등을 논쟁한 '아호지쟁(鵝湖之爭)'으로 유명하다. 그의 학문은 그의 제자 양자호(楊慈湖) 등에 의하여 강서(江西)와 절강(浙江) 각지에서 계승되었다. 저서로는 『상산선생전집(象山先生全集)』이 있다.

122) 상산(象山 : 陸九淵)은 번쇄한 것으로 여겼다 : 『상산집(象山集)』「상산어록(象山語錄)」 권2에서 "공자의 말은 간략하고 쉽지만, 유자의 말은 번쇄하다.(夫子之言簡易, 有子之言支離.)"라고 하였다.

같은 독실함[123]에 해가 되지는 않는다.

○ '鮮'則非絶無也, '未之有'則絶無.

'드물다'는 절대 없다는 뜻이 아니고, '있은 적이 없다'는 절대 없다는 말이다.

○ 文義釋畢.

여기까지 글 뜻의 풀이가 끝났다.

[1-2-2]

君子務本, 本立而道生. 孝弟也者, 其爲仁之本與!"

군자는 근본을 힘쓰니, 근본이 확립되면 도(道)가 생겨난다. 부모에게 효도하고 형에게 공손한 것은 인(仁)을 실천하는 근본일 것이다!"

朱註

> 平聲.
>
> '기위인지본여(其爲仁之本與)'에서 '여(與)'자는 평성(平聲)이다.

詳說

○ 此入德之君子. 凡君子, 有以成德言者, 有以入德言者, 隨文推之可見.

이는 덕에 들어간 군자이다. 무릇 군자에는 덕을 이룬 사람으로 말한 것도 있고, 덕에 들어간 사람으로 말한 것도 있으니, 문장에 따라 미루어 보아야 알 수 있다.

朱註

> 務, 專力也. 本, 猶根也.
>
> 무(務 : 힘쓰다)는 온 힘을 다한다는 말이다. 본(本 : 근본)은 뿌리[根]와 같다.

---

123) 말의 수를 세는 것과 같은 독실함 : 『시(詩)』「국풍(國風) · 용풍(鄘風) · 정지방중(定之方中)」 끝 구절에 '크고 튼실한 암말이 삼천이라네.[騋牝三千.]'라는 구절에 대해, 주자는 『시경집전(詩經集傳)』에서 "『예기(禮記)』에서 '군주의 부유함을 물으면 말의 수를 세어서 대답한다.'라고 하였다.(『記』曰 : '問國君之富, 數馬以對.')"라고 주석하였다. 『예기』「곡례하(曲禮下)」에는 "군주의 부유함을 물으면 땅의 넓이를 헤아려 대답한다.(問國君之富, 數地以對.)"라고 되어 있다.

詳說

○ 朱子曰 : "木有根, 有榦, 有枝葉."[124]

주자(朱子 : 朱熹)가 말하였다. "나무에 뿌리가 있고 줄기가 있으며, 가지와 잎이 있다."

朱註

仁者, 愛之理, 心之德也.

인(仁)은 사랑의 이치[理]이고, 마음의 덕이다.

詳說

○ 程子曰 : "『論語』書要在知仁."[125]

정자(程子)가 말하였다. "『논어(論語)』라는 책은 요점이 인(仁)을 아는 데 있다."

○ 朱子曰 : "'愛之理'是偏言, 則一事, 此章所言之類是也. '心之德'是專言, 則包四者, 後章所言之類是也. 合而言, 則四者心之德, 而仁爲主; 分而言, 則仁是愛之理, 義是宜之理, 禮是恭敬·辭讓之理, 知是分別是非之理. 其實愛之理所以爲心之德."[126]

주자(朱子 : 朱熹)가 말하였다. "'사랑의 이치'는 편언(偏言: 부분을 들어 말하는 것)이니 하나의 일이며, 이 장(章)에서 말하는 부류가 이것이다. '마음의 덕'은 전언(專言: 전체를 들어 말하는 것)이니 인(仁)·의(義)·예(禮)·지(知) 네 가지를 포괄하는 것이며, 뒤 장에서 말하는 부류가 이것이다. 합쳐서 말하면 인·의·예·지 네 가지가 마음의 덕이지만 인이 주체가 되며, 나누어서 말하면 인은 사랑의 이치이고, 의는 마땅함의 이치이고, 예는 공경과 사양의 이치이고, 지는 시비를 분별

---

124) 『주자어류(朱子語類)』 권20, 「논어2(論語二)」, 119조목에서 "又如木有根, 有榦, 有枝葉, 親親是根, 仁民是榦, 愛物是枝葉, 便是行仁以孝弟爲本.(또 나무에 뿌리가 있고, 줄기가 있으며, 가지와 잎이 있는 것과 같이, 부모에게 친밀한 것은 뿌리이고, 백성에게 어진 것은 줄기이며, 만물을 사랑하는 것은 가지와 잎이니, 인을 실천하는 것은 효·제를 근본으로 하는 것이다.)"라고 하였다.

125) 이 구절은 호광 편(胡廣 編), 『논어집주대전(論語集註大全)』에서 정자(程子)의 말로 되어 있다. 하지만 『이정집(二程集)』에는 보이지 않고, 양시(楊時), 『귀산집(龜山集)』 권10, 「어록(語錄)」에 "范濟美問 : '讀『論語』以何爲要?' 曰 : '要在知仁. 孔子說仁處, 最宜玩味.'(범제미가 물었다. '『논어(論語)』를 읽을 때 무엇을 요점으로 삼아야 합니까?' 양시가 대답하였다. '요점은 인(仁)을 아는 데 있다. 공자가 인을 말한 곳은 가장 잘 음미해야 한다.')"라고 하였다.

126) 『사서혹문(四書或問)』 권6.

하는 이치이다. 그렇지만 실제는 사랑의 이치가 마음의 덕이 되는 근거이다."

○ **諸葛氏泰曰 : "『論語』言爲仁, 故先言'愛之理'; 『孟子』首章言仁, 故先言'心之德'."**
제갈태(諸葛泰)[127]가 말하였다. "『논어(論語)』에서는 인을 실천하는 것을 말했기 때문에 주자(朱子 : 朱熹)가 먼저 '사랑의 이치'를 말했고, 『맹자(孟子)』에서는 「양혜왕 상(梁惠王 上)」 제1장에서 인을 말했기 때문에 주자(朱子 : 朱熹)가 먼저 '마음의 덕'을 말하였다.[128]"

○ **又或有單言'心之德', 或有單言'愛之理', 其分合倒置, 各隨其本文而不同耳.**
또 주자(朱子 : 朱熹)가 혹은 단독으로 '마음의 덕'만을 말하기도 했고,[129] 단독으로 '사랑의 이치'만을 말하기도 했는데,[130] 그 말들이 나누어지고 합쳐지며 순서

---

127) 제갈태(諸葛泰) : 자는 안지(安之)이고, 송나라 때 황암(黃巖 : 현 절강성 태주시(台州市) 소속) 사람이다. 단평(端平) 2년(1235년)에 진사에 급제하여 지평양주(知平陽州)를 역임하였다. 저서에는 『사서해(四書解)』가 있었는데 전하지 않는다.

128) 『맹자(孟子)』에서는 「양혜왕상(梁惠王上)」 제1장에서 …… 먼저 '마음의 덕'을 말했다 : 『맹자(孟子)』「양혜왕 상」 제1장에서 "맹자가 대답하였다. '왕께서는 하필 이(利)를 말씀하십니까? 또한 인의가 있을 뿐입니다.'(孟子對曰 : '王何必曰利? 亦有仁義而已矣.')"라고 하였고, 주자는 『맹자집주(孟子集註)』에서 이 구절에 대해 "인(仁)은 마음의 덕이고 사랑의 이치이며, 의(義)는 마음의 제재이고 일의 마땅함이다.(仁者, 心之德, 愛之理; 義者, 心之制, 事之宜也.)"라고 주석하였다.

129) 주자(朱子 : 朱熹)가 혹은 단독으로 '마음의 덕'만을 말하기도 했고 : 『논어(論語)』「옹야(雍也)」에서 "공자가 말하였다. '안회(顏回)는 그 마음이 3개월 동안 인(仁)을 떠나지 않았고, 그 나머지 사람들은 하루나 한 달에 한 번 인에 이를 뿐이다.'(子曰 : '回也, 其心三月不違仁, 其餘則日月至焉而已矣.')"라고 한 구절과 「술이(述而)」에서 "공자가 말하였다. '인이 멀리 있는가? 내가 인을 하려고 하면 이에 인이 이른다.'(子曰 : '仁遠乎哉? 我欲仁, 斯仁至矣.')"라고 한 구절과 「안연(顏淵)」에서 "안연이 인에 대해 물었다. 공자가 대답하였다. '자기의 사욕(私慾)을 이겨 예에 돌아감이 인을 실천하는 것이니, 하루 동안이라도 사욕을 이겨 예에 돌아가면 온 세상 사람들이 인을 인정할 것이다. 인을 실천하는 것은 자신에게 달려 있는데, 남에게서 말미암을 수 上있겠는가?'(顏淵問仁. 子曰 : '克己復禮爲仁, 一日克己復禮, 天下歸仁焉. 爲仁由己, 而由人乎哉?')"라고 한 구절과 「위령공(衛靈公)」에서 "공자가 말하였다. '지사와 인인은 삶을 구하여 인을 해침이 없고, 몸을 죽여 인을 이루는 경우는 있다.'(子曰 : '志士·仁人, 無求生以害仁, 有殺身以成仁.')"라고 한 구절 및 『맹자(孟子)』「고자상(告子上)」에서 "맹자가 말하였다. '인은 사람의 마음이요, 의는 사람의 길이다.'(孟子曰 : '仁, 人心也; 義, 人路也.')"라고 한 구절에 대해 주자는 본문의 '인'자에 대해 단독으로 '마음의 덕'만을 가지고 주석하였다.

130) 단독으로 '사랑의 이치'만을 말하기도 했는데 : 주자는 『사서집주』에서 직접 '사랑의 이치'만으로 본문의 '인'자를 주석한 경우는 없다. 그러나 『주자어류(朱子語類)』에서 『맹자(孟子)』「공손추상(公孫丑上)」의 "사람들은 모두 남에게 차마 해롭게 할 수 없는 마음을 가지고 있다.

가 뒤집히기도 하는 것은 각각 그 본문에 따라서 주석이 같지 않을 뿐이다.

◯ 農巖曰 : "『論語註』訓仁有三 : 愛理 · 心德, 仁之義也; 當理無私, 仁之事也; 全體至極, 仁之分也."131)

농암(農巖 : 金昌協)132)이 말하였다. "『논어집주(論語集註)』에서 인을 해설한 것이 세 가지가 있다. 사랑의 이치이고 마음의 덕이라고 한 것은 인의 의미이고, 이치에 합당하여 사사로운 마음이 없다고 한 것은 인의 일이며, 본체를 온전히 함이 지극하다고 한 것은 인의 본분이다."

◯ '至極', 恐'不息'之訛. '不佞' · '忘食'註可考.

김창협이 '전체지극(全體至極 : 본체를 온전히 함이 지극하다)'이라고 한 말에서, '지극(至極)'은 아마 '불식(不息 : 그치지 않는다)'을 잘못 쓴 것 같다. '말재주가 없다.'133)와 '먹는 것도 잊는다.'134)라는 구절에 대한 주자의 주석을 참고해볼 만하다.

(人皆有不忍人之心.)"라는 구절과 「이루상(離婁上)」의 "인(仁)의 실질은 부모를 섬기는 것이고, 의(義)의 실질은 형을 따르는 것이다.(仁之實, 事親是也; 義之實, 從兄是也.)"라는 구절 및 「진심상(盡心上)」의 "부모에게 친밀히 하고서 백성에게 어질게 대하며, 백성에게 어질게 대하고서 만물을 사랑한다.(親親而仁民, 仁民而愛物.)"라는 구절에 대해 논의할 때 '사랑의 이치'만으로 '인'자를 풀이하고 있다.

131) 김창협(金昌協),『농암집(農巖集)』 권32에 "『論語集註』訓仁有三 : 愛之理, 心之德, 仁之義也; 當理而無私心, 仁之事也; 全體至極, 仁之分也. 學者於第一言, 可以玩索而識其體; 於第二言, 可以存省而致其功; 於第三言, 可以勉强而充其量.(『논어집주(論語集註)』에서 인(仁)을 해설한 것이 세 가지가 있다. 사랑의 이치이고 마음의 덕이라고 한 것은 인의 의미이고, 이치에 합당하여 사사로운 마음이 없다고 한 것은 인의 일이며, 온전한 본체가 지극하다고 한 것은 인의 본분이다. 배우는 사람들은 첫 번째 말에서 완색하여 그 본체를 알 수 있고, 두 번째 말에서 존양 성찰하여 그 공효를 다 할 수 있으며, 세 번째 말에서 힘써서 그 역량을 충만하게 할 수 있을 것이다.)"라고 하였다.

132) 김창협(金昌協, 1651~1708) : 본관은 안동이고, 자는 중화(仲和), 호는 농암(農巖) 또는 삼주(三洲)이며, 시호는 문간(文簡)이다. 1669년 진사시에 합격하고, 1682년 증광문과에 전시장원으로 급제하여 벼슬길에 올랐다. 병조좌랑, 사헌부지평, 함경북도병마평사(咸鏡北道兵馬評事), 이조정랑, 동부승지, 대사성, 예조참의, 대사간 등의 요직을 두루 역임하였다. 학문적으로는 이황(李滉)과 이이(李珥)의 설을 절충했다고 평가된다. 저서에 『농암집』, 『주자대전차의문목(朱子大全箚疑問目)』, 『논어상설(論語詳說)』, 『오자수언(五子粹言)』, 『이가시선(二家詩選)』 등이 있고, 편저로는 『강도충렬록(江都忠烈錄)』, 『문곡연보(文谷年譜)』 등이 있다.

133) 말재주가 없다 : 『논어(論語)』「공야장(公冶長)」에서 "어떤 사람이 말하였다. '염옹(冉雍)은 인(仁)하지만 말재주가 없다.' 공자가 말하였다. '어찌 말재주를 써야만 하는가? 민첩한 말재간으로 남과 논쟁하면 자주 남에게 미움을 받는다. 그가 인한지는 모르겠으나, 어찌 말재주를 쓰겠는가?'(或曰 : '雍也, 仁而不佞.' 子曰 : '焉用佞? 禦人以口給, 屢憎於人. 不知其仁, 焉用

○ 新安陳氏曰:"仁爲『論語』一書之大綱領. 南軒張子嘗類聚『論語』中言仁處, 名曰『洙泗言仁錄』, 此其首章云."135)

신안 진씨(新安陳氏 : 陳櫟)가 말하였다. "인은 『논어(論語)』의 가장 큰 강령이다. 남헌 장자(南軒張子 : 張栻)가 『논어(論語)』 가운데 인을 말한 것을 부류별로 모아서 『수사언인록(洙泗言仁錄)』이라 이름 붙였었는데, 이 구절이 그 첫째 장이었다."

朱註

'爲仁', 猶曰'行仁'.

'위인(爲仁 : 인을 실천하다)'은 '행인(行仁 : 인을 행하다)'이라고 말하는 것과 같다.

詳說

○ 恐讀者把'爲'字意貫至'本'字, 故訓之如此.

독자들이 '기위인지본여(其爲仁之本與)'에서 '위(爲)'자의 뜻을 '본(本)'자에까지 이어지게 볼까 염려했기 때문에, 주자(朱子 : 朱熹)가 이와 같이 훈고하였다.

侫?')"라고 하였다. 여기의 '인'자에 대해 주자는 『논어집주(論語集註)』에서 "인의 도는 지극히 크니, 본체를 온전히 해서 그치지 않는 자가 아니면 그것을 감당하기에 충분하지 않다.(仁道至大, 非全體而不息者, 不足以當之.)"라고 주석하였다.

134) 먹는 것도 잊는다 : 『논어(論語)』「술이(述而)」에서 "섭공(葉公)이 자로(子路)에게 공자의 인물됨을 물었는데, 자로가 대답하지 않았다. 공자가 말하였다. '너는 어찌 그의 사람됨이 분발하면 먹는 것도 잊고, 이치를 깨달으면 즐거워하여 근심을 잊어서 늙음이 장차 닥쳐오는 줄도 모른다고 말하지 않았는가?'(葉公問孔子於子路, 子路不對. 子曰 : '女奚不曰, 其爲人也發憤忘食, 樂以忘憂, 不知老之將至云爾.')"라고 하였다. 주자는 여기의 발분망식(發憤忘食)하는 학문 태도에 대해 『논어집주(論語集註)』에서 "배운 것을 터득하지 못하면 분발하여 먹는 것도 잊고, 이미 터득하면 즐거워 근심을 잊는다. 이 두 가지 태도로써 날마다 부지런히 힘써 시간이 부족한 것도 알지 못하니, 이는 다만 배우기를 독실하게 좋아하는 것을 스스로 말한 것일 뿐이다. 그러나 깊이 음미해 보면, 그 본체를 온전히 함이 지극하여 순수함이 그치지 않는 오묘한 경지는 성인이 아니면 미칠 수 없다는 것을 알 수 있다.(未得則發憤而忘食, 已得則樂之而忘憂. 以是二者, 俛焉日有孳孳, 而不知年數之不足, 但自言其好學之篤爾. 然深味之, 則見其全體至極, 純亦不已之妙, 有非聖人不能及者.)"라고 주석하였다.

135) 호광 편(胡廣 編), 『논어집주대전(論語集註大全)』 권1.

朱註

‘與’者, 疑辭, 謙退不敢質言也.

‘기위인지본여(其爲仁之本與)’에서 ‘여(與)’자는 의문조사이니, 겸양하여 감히 질정(質定)해서 말하지 못한 것이다.

詳說

○ 字訓畢.

글자의 훈고가 끝났다.

朱註

言君子凡事專用力於根本, 根本旣立, 則其道自生.

이 구절은 군자는 모든 일에 대해 오로지 근본에 힘쓰니, 근본이 확립되고 나면 그 도(道)가 저절로 생겨남을 말하였다.

詳說

○ 亦以‘則’字換本文‘而’字.

‘근본기립, 즉기도자생(根本旣立, 則其道自生)’은 또한 ‘즉(則)’자로 본문의 ‘본립이도생(本立而道生)’에서 ‘이(而)’자를 바꾸었다.

○ 朱子曰 : “‘務本’·‘道生’, 是汎言以起下句之實. 所以『集註』下一‘凡’字.”[136)]

주자(朱子 : 朱熹)가 말하였다. “‘근본에 힘쓴다’와 ‘도(道)가 생겨난다’라는 말은 일반적인 말로 아래 구절의 실질적인 측면을 일으키는 것이다. 그러므로 『논어집주(論語集註)』에서는 ‘군자범사전용력어근본(君子凡事專用力於根本)’이라고 하여 ‘범(凡 : 모든)’이라는 글자를 썼다.

○ ‘自生’與下註之‘自此而生’同.

‘즉기도자생(則其道自生)’에서 ‘자생(自生 : 저절로 생겨난다)’이라는 구절은 아래 주자 주석의 ‘자차이생(自此而生 : 이것으로부터 생겨난다)’이라는 말과 같다.

---

136) 주희, 『주문공문집(朱文公文集)』 권48, 「답여자약(答呂子約)」에는 “‘務本’·‘道生’, 是泛言以起下句之實. 『集註』之說宜更詳之.(‘근본에 힘쓴다’와 ‘도(道)가 생겨난다’라는 말은 일반적인 말로써 아래 구절의 실질적인 측면을 일으키는 것이다. 『논어집주(論語集註)』의 설명은 마땅히 더욱 자세하게 하였다.)”라고 되어 있다.

朱註

若上文所謂孝弟, 乃是爲仁之本, 學者務此, 則仁道自此而生也.
위 글에서 이른바 효제(孝弟)와 같은 것이 바로 인(仁)을 실천하는 근본이니,[137] 배우는 사람들이 여기에 힘쓰면 인의 도(道)가 이로부터 생겨난다.

詳說

◯ 以此節'孝弟'而合於上節'孝弟'.

'약상문소위효제(若上文所謂孝弟)'라는 말은 이 구절의 '효제야자, 기위인지본여(孝弟也者, 其爲仁之本與)'에서 '효제'로써 위 구절의 '기위인야효제, 이호범상자, 선의(其爲人也孝弟, 而好犯上者, 鮮矣)'에서 '효제'에 합친 것이다.

◯ 文義釋畢. 此下十二字乃所以補本文未足之意也.

'내시위인지본(乃是爲仁之本)'에서 경문의 의미 해석이 끝났다. 이 아래의 열두 글자 즉 '학자무차, 즉인도자차이생야(學者務此, 則仁道自此而生也)'는 바로 본문에서 충분하지 않은 뜻을 보충한 것이다.

◯ 兩'此'字, 皆指孝弟.

'학자무차, 즉인도자차이생야(學者務此, 則仁道自此而生也)'에서 두 개의 '차(此)'자는 모두 효제(孝弟)를 가리킨다.

◯ 於本文言外爲此二句, 以實上文汎言之'務本'·'道生'語.

본문의 말 밖에 이 두 구절 즉 '학자무차, 즉인도자차이생야(學者務此, 則仁道自此而生也)'를 말한 것은, 그것으로 위 글에서 일반적으로 말한 '근본에 힘쓴다'와 '도가 생겨난다'라는 말을 실질적이게 한 것이다.

---

137) 인(仁)을 실천하는 근본이니 : 『주자어류(朱子語類)』 권20, 「논어2(論語二)」, 84조목에는 "증조도가 '효제는 인을 행하는 근본이다'에 대해 묻자, 주자(朱子 : 朱熹)가 '인을 논한다면, 인은 효제의 근본이고, 인을 행한다면 마땅히 효제로부터 시작해야 한다. 맹자는 인의 실제는 어버이를 섬기는 일이고, 의의 실제는 형에게 순종하는 일이며, 지(智)의 실제는 이 두 가지를 알아서 버리지 않는 일이고, 예(禮)의 실제는 이 두 가지를 절문(節文)하는 일이며, 악(樂)의 실제는 이 두 가지를 즐거워하는 일이라고 하였다. 이를 관찰해보면, 어찌 효제만이 인을 행하는 근본이라고 하겠는가? 사단은 모두 효제를 근본으로 한 후에 볼 수 있다. 그러나 사단 또한 배우는 자가 자세히 성찰함에 달려 있다고 답하였다.(問"孝弟爲仁之本". 曰: "論仁, 則仁是孝弟之本; 行仁, 則當自孝弟始." 又云: "孟子曰: '仁之實, 事親是也; 義之實, 從兄是也; 智之實, 知斯二者弗去是也; 禮之實, 節文斯二者是也; 樂之實, 樂斯二者是也.' 以此觀之, 豈特孝弟爲仁之本? 四端皆本於孝弟而後見也. 然四端又在學者子細省察.")라고 하였다.

朱註

○ 程子曰 : "孝弟, 順德也. 故不好犯上, 豈復有逆理亂常之事?

정자(程子 : 程頤)가 말하였다. "효제(孝弟)는 순응하는 덕이다. 그러므로 윗사람을 범하기를 좋아하지 않는 것이니, 어찌 다시 이치를 거스르고 상도(常道)를 어지럽히는 일이 있겠는가?

詳說

○ 叔子.

'정자왈(程子曰)'에서 '정자(程子)'는 동생 정이(程頤)이다.

○ 上註中'其心和順'四字, 蓋出於此.

위 주자의 주석에서 '기심화순(其心和順 : 그 마음이 온화하고 유순해서)'이라는 네 글자는 대개 여기에서 나왔다.

○ 以'故'字換本文'而'字.

'고불호범상(故不好犯上)'은 '고(故)'자로 『논어(論語)』의 본문 '이호범상자(而好犯上者)'의 '이(而)'자를 바꾸었다.

○ 去聲.

'기부(豈復)'에서 '부(復)'자는 거성(去聲)이다.

○ 於此二字可見作亂之爲犯上上一等惡耳.

'기부(豈復)'라는 두 글자에서 난동을 일으키는 일은 윗사람에게 무례를 범하는 것에서 가장 큰 악(惡)임을 알 수 있다.

○ '悖逆'.

'역리난상지사(逆理亂常之事)'에서 '난상(亂常)'은 '패역(悖逆)'이다.

○ 小惡且無, 況大惡乎?

'기부유역리난상지사(豈復有逆理亂常之事)'라는 말은 작은 악조차도 없는데 하물며 큰 악은 어떻겠는가?라는 뜻이다.

朱註

德有本, 本立則其道充大.

덕은 근본이 있으니, 근본이 확립되면 그 도가 충만하고 커진다.

詳說

○ 汎言德也, 非指上'順德'也.

'덕유본(德有本)'에서 '덕(德)'은 일반적인 덕을 말한 것이지 위의 '순응하는 덕'을 가리키는 것이 아니다.

○ 二字襯'生'字, 蓋生則必至於充大.

'본립즉기도충대(本立則其道充大)'에서 '충대(充大)'라는 두 글자는 '생(生 : 생겨난다)'자와 결부되니, 생겨나면 반드시 충만하고 커지기 때문이다.

朱註

孝弟行於家, 而後仁愛及於物, 所謂'親親而仁民'也.

효제(孝弟)를 집안에서 실천한 뒤에 인애(仁愛)가 남에게 미치니, 이것이 이른바 '부모에게 친밀히 하고 백성에게 어질게 대한다.'[138]라는 뜻이다.

詳說

○ 本立.

'효제행어가(孝弟行於家 : 효제를 집안에서 실천한다)'라는 말은 근본이 확립되는 뜻이다.

○ 道生.

'이후인애급어물(而後仁愛及於物 : 그 뒤 인애가 남에게 미친다)'이라는 구절은 도가 생겨난다는 말이다.

○ 此下將引他書之語, 故著此二字. 後多放此.

'소위친친이인민야(所謂親親而仁民也)'에서 '소위(所謂 : 이른바)'는 이 말 아래에 다른 책의 말을 인용하려는 것이기 때문에 이 두 글자를 붙였다. 뒤에도 대부분 이와 같다.

○ '孝弟'.

'친친이인민(親親而仁民)'에서 '친친(親親)'은 '효제'이다.

---

138) 부모에게 친밀히 하고서 백성에게 어질게 대한다 : 『맹자(孟子)』「진심상(盡心上)」에서 "부모에게 친밀히 하고서 백성에게 어질게 대하며, 백성에게 어질게 대하고서 만물을 사랑한다.(親親而仁民, 仁民而愛物.)"라고 하였다.

○ '仁愛'.

'친친이인민(親親而仁民)'에서 '인민(仁民)'은 '인애'이다.

○ 出『孟子』·「盡心」

'친친이인민(親親而仁民)'이라는 말은 『맹자(孟子)』「진심 상(盡心 上)」에 나온다.

朱註

故爲仁以孝弟爲本. 論性, 則以仁爲孝弟之本."

그러므로 인(仁)을 실천하는 것은 효제를 근본으로 삼는다. 성(性)을 논하면 인으로 효제의 근본을 삼는다."

詳說

○ 慶源輔氏曰 : "以其施於外者言也."139)

경원 보씨(慶源輔氏 : 輔廣)140)가 말하였다. "'위인이효제위본(爲仁以孝弟爲本 : 인을 실천하는 것은 효제를 근본으로 삼는다)'이라는 말은 밖에서 시행하는 것으로 말하였다."

○ 新安陳氏曰 : "以上解此章正意. 下句別是一意, 又推本言之."141)

신안 진씨(新安陳氏 : 陳櫟)가 말하였다. "(程頤의 주석은) '효제, 순덕야(孝弟, 順德也)'에서 '고위인이효제위본(故爲仁以孝弟爲本)'까지로 이 장(章)의 진정한 뜻을 해석하였다. 아래 구절은 별도로 하나의 뜻이니 또 근본을 미루어 말하였다."

○ 慶源輔氏曰 : "以其發於內者言也."142)

---

139) 호광 편(胡廣 編), 『논어집주대전(論語集註大全)』 권1에 보광(輔廣)의 말로서 "'行仁以孝弟爲根', 以其施於外者言也.('인을 행함에 효제를 근본으로 삼는다.'라고 하는 말은 밖에서 시행하는 것으로 말하였다.)"라고 실려 있다.

140) 보광(輔廣) : 자는 한경(漢卿)이고, 호는 잠암(潛菴)이다. 송나라 때 조주 경원(趙州慶源 : 현 강서성 무원현(婺源縣) 동북) 사람이다. 여조겸과 주자에게 배웠다. 경원(慶元) 초기 위학(僞學)을 금하는 일이 일어나 학자들이 대부분 흩어졌지만 보광은 홀로 변함없이 주자를 곁에서 모셨다. 황간(黃榦)·위료옹(魏了翁)과 동문수학하여 주자의 학문을 많이 토론하였다. 전이서원(傳貽書院)을 세워 후학들이 궁행실천에 힘쓰도록 가르쳤다. 당시 사람들이 전이선생(傳貽先生)이라고 불렀다. 저서에 『사서찬소(四書纂疏)』, 『육경집해(六經集解)』, 『주자독서법(朱子讀書法)』, 『통감집의(通鑑集義)』, 『시동자문(詩童子問)』, 『일신록(日新錄)』이 있다.

141) 호광 편(胡廣 編), 『논어집주대전(論語集註大全)』 권1.

142) 호광 편(胡廣 編), 『논어집주대전(論語集註大全)』 권1에 보광(輔廣)의 말로서 "'論性以仁爲孝

경원 보씨(慶源輔氏 : 輔廣)가 말하였다. "'논성, 즉이인위효제지본(論性, 則以仁爲孝弟之本 : 성을 논하면 인으로 효제의 근본을 삼는다)'이라는 말은 안에서 일어나는 것으로 말하였다."

○ 此句與上句爲對擧, 以起下說, 而先總提如此.

'논성, 즉이인위효제지본(論性, 則以仁爲孝弟之本)'이라는 구절은 '위인이효제위본(爲仁以孝弟爲本)'이라고 한 위 구절과 상대로 들어서 아래의 말을 일으켰는데, 먼저 총괄적으로 제시한 것이 이와 같다.

朱註

或問 : "孝弟爲仁之本, 此是由孝弟可以至仁否?"

어떤 사람이 물었다. "효제가 인의 근본이 된다고 한 것은 효제로 말미암아 인에 이를 수 있다는 뜻입니까?"

詳說

○ 一作'謂'.

'혹문(或問)'에서 '문(問)'자는 어떤 판본에는 '위(謂)'자로 되어 있다.

○ 此問非謂'孝弟是仁之本'.

이 질문은 '효제가 인의 근본이다.'라는 뜻을 말하는 것이 아니다.

朱註

曰 : "非也. 謂行仁自孝弟始, 孝弟是仁之一事.

정이가 대답하였다. "아니다. 효제가 인의 근본이 된다고 한 것은, 인을 행하는 일이 효제로부터 시작됨을 말하니, 효제는 인의 한 가지 일이다.

詳說

○ 叔子.

'왈(曰)'의 주체는 동생 정이(程頤)이다.

○ 朱子曰 : "仁是義理, 不是地位, 不可言至."[143]

弟之根', 以其發於內者言也('성을 논함에 인으로 효제의 근본을 삼는다.'라고 하는 말은 안에서 일어나는 것으로 말하였다.)"라고 실려 있다.

주자(朱子 : 朱熹)가 말하였다. "인(仁)은 의리이지 지위가 아니기 때문에 거기에 이른다고 말할 수 없다."

○『集註』之以'行仁'訓'爲仁', 蓋出於此. 凡朱子註多用程子, 旣爲定論, 而又必表出程子本說, 寧涉於辭有重複, 而不欲汲其實云.

『논어집주(論語集註)』에서 '행인(行仁 : 인을 행한다)'이라는 말로 '위인(爲仁 : 인을 실천한다)'이라는 말을 풀이한 것은 대개 여기에서 나온다. 무릇 주자는 주석에서 정자(程子)의 말을 많이 인용하는데, 이미 그것을 정론(定論)으로 삼고서도 또 반드시 정자의 원래 말을 표출한 것은, 차라리 그 말이 중복되어 문제될지언정 그 실제를 자기 것으로 속이려고 하지 않으려는 의도이다.

○ 答或人問意止此. 蓋'自始'二字與'由至'二字略相近, 然彼以地位之遠近言, 此以義理之始終言, 所以曰'非也'.

어떤 사람의 질문에 정이가 대답하는 뜻은 '위행인자효제시(謂行仁自孝弟始 : 인을 행하는 일은 효제로부터 시작된다는 것을 말한다)'라고 한 것에서 그친다. 대개 '자시(自始 : 어떤 것으로부터 시작한다)'라는 말은 '유지(由至 : 어떤 것으로부터 어디에 이른다)'라는 말과 대략 서로 비슷하지만, '유지(由至)'는 지위의 멀고 가까움으로 말하는 것이고, '자시(自始)'는 의리의 시작과 끝으로 말하는 것이기 때문에 정이가 '아니다'라고 말하였다.

○ 此下承或人答問之意, 而乃言仁所以爲孝弟之本之故.

'효제시인지일사(孝弟是仁之一事)'라는 말 아래는 어떤 사람의 질문에 대해 대답하는 뜻을 이어간 것이지만, 여전히 인이 효제의 근본이 되는 까닭을 말하였다.

朱註

謂之行仁之本則可, 謂是仁之本則不可.

---

143)『주자어류(朱子語類)』권20,「논어2(論語二)」, 128조목에는 "問 : '或人問伊川曰 : '孝弟爲仁之本, 此是由孝弟可以至仁否?' 伊川曰 : '非也.' 不知如何.' 曰 : '仁不可言至. 仁者, 義理之言, 不是地位之言. 地位則可以言至. 又不是孝弟在這裏, 仁在那裏, 便由孝弟以至仁, 無此理.'(물었다. '어떤 사람이 이천에게 '효제가 인(仁)의 근본이 된다는 것은 효제로부터 인에 이를 수 있다는 것입니까?'라고 묻으니, 이천은 '아니다.'라고 대답했는데, 무엇 때문인지 모르겠습니다.' 주자(朱子 : 朱熹)가 대답하였다. '인은 거기에 이른다고 말할 수 없다. 인은 의리로서 말하는 것이지 지위로 말하는 것이 아니다. 지위라면 거기에 이른다고 말할 수 있다. 또한 효제는 여기에 있는 것이고 인은 저기에 있는 것이 아니니, 효제로 말미암아서 인에 이른다고 하는 이치는 없다.')"라고 되어 있다.

효제(孝弟)에 대해 인(仁)을 행하는 근본이라고 말하면 되지만, 인의 근본이라고 말하면 안 된다.

詳說

○ 朱子曰："孝弟固具於仁, 以其先發, 故是行仁之本."[144)]

주자(朱子：朱熹)가 말하였다. "효제는 본디 인에 갖추어져 있는데, 그것이 먼저 발휘되기 때문에 인을 행하는 근본인 것이다."

○ '可', 非'僅可'之'可', 猶曰是是.

'위지행인지본즉가(謂之行仁之本則可)'에서 '가(可：~된다)'자는 '근가(僅可：겨우 그렇다고 할 수 있다)'라고 할 때의 '가(可：그렇다고 할 수 있다)'자가 아니라, 옳은 것을 옳다고 말하는 것과 같다.

○ 猶卽也.

'위시인지본칙불가(謂是仁之本則不可)'에서 '시(是：~이다)'자는 '즉(卽：바로 ~이다)'이라는 말과 같다.

○ 至此猶汎論, 此下乃明言之.

정이의 말은 여기까지 오히려 일반적 논의이고, 이 아래에서 비로소 그것을 분명하게 말하였다.

朱註

蓋仁是性也, 孝弟是用也. 性中只有箇仁·義·禮·智四者而已, 曷嘗有孝弟來?

대개 인(仁)은 성(性)이고, 효제는 용(用)이다. 성(性) 가운데는 다만 인·의(義)·예(禮)·지(智) 네 가지가 있을 뿐이니, 어찌 효제가 있었겠는가?

詳說

○ 此等'蓋'字與'夫'字義同, 非疑辭也.

'개인시성야(蓋仁是性也)'에서 '개(蓋：대개)'자는 '부(夫：대저)'자와 의미가 같으니, 의문사가 아니다.

○ 朱子曰："仁之用."[145)]

---

144) 『주자어류(朱子語類)』 권20, 「논어2(論語二)」, 71조목.

145) 『주자어류(朱子語類)』 권20, 「논어2(論語二)」, 122조목에는 "直卿又謂：'但將仁作仁愛看, 便可見. 程子說 '仁主於愛', 此語最切.' 曰：'要從裏面說出來. 仁是性, 發出來是情, 便是孝弟. 孝

주자(朱子 : 朱熹)가 말하였다. "'효제시용야(孝弟是用也)'라는 말은 '효제는 인의 용(用)이다.'라는 것이다."

○ 猶'此'也.

'성중지유개인 · 의 · 예 · 지사자이이(性中只有箇仁 · 義 · 禮 · 智四者而已)'에서 '개(箇)'자는 '차(此 : 이)'자와 같다.

○ 栗谷曰 : "'來', 語辭, 如『莊子』有'以語我來'."[146]

율곡(栗谷 : 李珥)이 말하였다. "'갈상유효제래(曷嘗有孝弟來)'에서 '래(來)'자는 어조사이니, 『장자(莊子)』「인간세(人間世)」에서 '이어아래(以語我來 : 그 이유를 나에게 말해라)'라고 할 때의 어조사 '래(來)'자와 같다."

○ 此以上論'仁爲孝弟之本'之故旣畢. 此下又轉而歸之於本文正意.

여기에서 정이(程頤)가 '인(仁)이 효제의 근본이 된다'라고 한 말의 까닭을 논한 것이 끝났다. 이 아래는 또 되돌려서 『논어(論語)』 본문의 진정한 뜻으로 돌아간다.

朱註

然仁主於愛, 愛莫大於愛親. 故曰 : '孝弟也者, 其爲仁之本與!'"

그러나 인(仁)은 사랑을 위주로 하고, 사랑은 부모를 사랑하는 것보다 더 큰 것이 없다. 그러므로 '효제는 인을 실천하는 근본일 것이다!'라고 말하였다."

詳說

○ 以'愛'一字作仁與孝弟間線脈.

'연인주어애, 애막대어애친(然仁主於愛, 愛莫大於愛親)'에서 '애(愛 : 사랑)'라는 한 글자로 인(仁)과 효제(孝弟) 사이에 한 가닥의 맥락을 만들었다.

弟仁之用, 以至仁民愛物, 只是這箇仁. '行仁自孝弟始', 便是從裏面行將去, 這只是一箇物事.' (직경(直卿 : 黃榦)이 또 말하였다. '다만 인을 인애라고 간주하면 바로 알 수 있습니다. 정자가 '인은 사랑을 위주로 말한다'라고 한 말이 가장 절실합니다.' 주자(朱子 : 朱熹)가 말하였다. '반드시 안에서 말해 나와야 한다. 인은 성이고 발현해 나온 것이 정이니 바로 효제이다. 효제는 인의 쓰임이고, 백성에게 어질게 대하고 만물을 사랑하는 데 이르러야 다만 이 인일 뿐이다. '인을 행하는 것은 효제로부터 시작한다'라는 말은 바로 안에서 행해가는 것이니, 이는 다만 하나의 일일 뿐이다.')"라고 되어 있다.

146) 이이(李珥), 『율곡선생전서(栗谷先生全書)』 권32, 「어록(語錄)」.

[1-3-1]

子曰 : "巧言令色, 鮮矣仁."
공자가 말하였다. "말을 듣기 좋게 하고 얼굴빛을 잘 꾸미는 사람이 인(仁)한 경우는 드물다."

詳說

○ 朱子曰 : "聖門之學, 以求仁爲要. 語其所以爲之者, 必以孝弟爲先; 論其所以賊之者, 必以'巧言令色'爲甚. 記語者所以引二者於首章之次, 而其序如此."[147]
주자(朱子 : 朱熹)가 말하였다. "성인 문하의 학문은 인(仁)을 구하는 것을 요점으로 삼는다. 인을 실천하는 근거를 알려주면 반드시 효제(孝弟)를 우선으로 하고, 인을 해치는 까닭을 논하면 반드시 '말을 듣기 좋게 하고 얼굴빛을 잘 꾸미는 것'을 중요한 일로 여긴다. 알려준 것을 기록한 사람이 첫 번째 장(章) 다음에 이 둘을 인용한 까닭은 그 차례가 이와 같기 때문이다."

朱註

巧, 好; 令, 善也.
교(巧)는 좋게 하는 것이고, 영(令)은 잘 하는 것이다.

詳說

○ 不著'也'字者, 統於下'也'字. 後多放此.
'교, 호(巧, 好)' 뒤에 '야(也)'자를 붙이지 않은 것은 뒤의 '영, 선야(令, 善也)'에서 '야(也)'자에 총괄한 것이다. 뒤에도 대부분 이와 같다.

○ 訓畢.
훈고가 끝났다.

---

147) 『사서혹문(四書或問)』 권6에는 "聖門之學, 必以求仁爲要. 而語其所以行之者, 則必以孝弟爲先; 論其所以賊之者, 則必以'巧言令色'爲甚. 記語者所以列此二章於首章之次, 而其序又如此.(성인 문하의 학문은 반드시 인을 구하는 것을 요점으로 삼는다. 인을 행하는 근거를 알려주면 반드시 효제를 우선으로 하고, 인을 해치는 까닭을 논하면 반드시 '말을 듣기 좋게 하고 얼굴빛을 잘 꾸미는 것'을 중요한 일로 여긴다. 알려준 것을 기록한 사람이 첫 번째 장 다음에 이 두 장을 나열한 까닭은 그 차례가 또 이와 같기 때문이다.)"라고 되어 있다.

朱註

好其言, 善其色, 致飾於外, 務以悅人, 則人欲肆而本心之德亡矣.
그 말을 듣기 좋게 하고 그 얼굴빛을 잘 꾸미며, 밖으로 꾸미기를 극진히 하여 남을 기쁘게 하는 것에 힘쓴다면, 인욕(人欲)이 방자하여 본심(本心)의 덕이 없어질 것이다.

詳說

○ 巧·令之狀.
'치식어외(致飾於外 : 밖으로 꾸미기를 극진히 하다)'라는 것은 말을 듣기 좋게 하고 얼굴빛을 잘 꾸미는 모습이다.

○ 巧令之情.
'무이열인(務以悅人 : 남을 기쁘게 하는 것에 힘쓴다)'이라는 것은 말을 듣기 좋게 하고 얼굴빛을 잘 꾸미는 감정이다.

○ 當理無私者, 仁也. 而人欲肆, 則其不仁可知.
이치에 합당하여 사사로움이 없는 것이 인(仁)이다. 인욕이 방자하면 인하지 않다는 것을 알 수 있다.

○ 心德亡, 則不仁可知.
마음의 덕이 없어지면 인하지 않다는 것을 알 수 있다.

○ 初若不顧本文之'鮮'字, 而直以不仁斷之. 此下乃徐論'鮮'字, 而亦歸之於不仁.
주자(朱子 : 朱熹)가 '인욕사이본심지덕망의(人欲肆而本心之德亡矣 : 인욕이 방자하여 본심의 덕이 없어질 것이다)'라고 한 것은, 애초에 만약 『논어(論語)』 본문의 '선(鮮)'자를 마음에 두지 않았다면 바로 인하지 않다고 단정했을 것이다. 이 아래에서는 '선(鮮)'자를 천천히 논하지만 또한 인하지 않음에 귀결시키고 있다.

○ 新安陳氏曰 : "此章乃專言之仁也."[148]
신안 진씨(新安陳氏 : 陳櫟)가 말하였다. "이 장(章)은 바로 전언(專言: 전체를 들어 말하는 것)으로의 인(仁)이다."

148) 호광 편(胡廣 編), 『논어집주대전(論語集註大全)』 권1에 진력(陳櫟)의 말로, "新安陳氏曰 : '此章'仁'字, 以心之德言, 乃專言之仁也.'(신안 진씨(新安陳氏 : 陳櫟)가 말하였다. '이 장의 인(仁)자는 마음의 덕으로 말한 것이니, 바로 전체를 들어서 말하는 인(仁)이다.')"라고 실려 있다.

朱註

聖人辭不迫切, 專言鮮, 則絶無可知. 學者所當深戒也.

성인의 표현은 각박하지 않으니 정중하게 말했어도 그런 경우는 인(仁)한 사람이 절대로 없다는 것을 알 수 있다. 배우는 사람들은 마땅히 깊이 경계해야 한다.

詳說

○ **此下似宜有'故言鮮'三字而無者, 涵蓄而意已明矣.**

'성인사불박절(聖人辭不迫切)'이라는 말 아래에 마땅히 '고언선(故言鮮 : 그러므로 드물다고 말했다)'이라는 세 글자가 있어야 할 것 같은데 없는 것은 함축하여 그 의미가 이미 분명하기 때문이다.

○ **猶'重'也.**

'전언선(專言鮮)'에서 '전(專)'자는 '중(重 : 정중히)'자와 같다.

○ **下一'專'字以引'鮮'歸'無'.**

'전언선, 즉절무가지(專言鮮, 則絶無可知)'에서 '전(專)'자를 써서 '선(鮮 : 드물다)'자를 끌어당겨 '무(無 : 없다)'자로 귀결시켰다.

○ **朱子曰 : "'絶無'二字, 述程子'非仁'之意."**[149]

주자(朱子 : 朱熹)가 말하였다. "'절무(絶無 : 절대로 없다)'라는 두 글자는 정자(程子 : 程頤)가 '비인(非仁 : 인이 아니다)'이라고 한 뜻[150]을 서술한 것이다."

---

149) 『주자어류(朱子語類)』 권20, 「논어2(論語二)」, 138조목에는 "問 : '鮮矣仁, 『集注』以爲絶無仁, 恐未至絶無處否?' 曰 : '人多解作尙有些箇仁, 便粘滯, 咬不斷了. 子細看, '巧言令色', 心皆逐物於外, 大體是無仁了. 縱有些箇仁, 亦成甚麼? 所以程子以'巧言令色'爲'非仁'. '絶無'二字, 便是述程子之意.'(물었다. '인한 경우가 드물다'에 대해 『논어집주(論語集註)』에서 '절대로 인한 경우가 없다고 하였는데, 아마 절대로 없는 것에까지 이르지는 않은 것이 아닌지요?' 주자(朱子 : 朱熹)가 대답하였다. '사람들은 대부분 '인한 경우가 드물다'에 대해 여전히 약간의 인함은 있다고 풀이하고 있으니 바로 고집스럽게 구애되어 확실히 결단하지 못한 것이다. 자세히 살펴보면, '말을 듣기 좋게 하고 얼굴빛을 잘 꾸민다.'라는 것은 마음이 모두 밖으로 사물을 좇아가서 전체적으로 인함이 없어진 것이다. 설령 약간의 인함이 있다고 할지라도 또한 무엇을 이루겠는가? 그러므로 정이(程頤)는 '말을 듣기 좋게 하고 얼굴빛을 잘 꾸민다.'라는 것을 '인(仁)이 아니다'라고 하였다. '절무(絶無 : 절대로 없다)'라는 두 글자는 바로 정이의 뜻을 서술한 것이다.')"라고 되어 있다.

150) 정자(程子 : 程頤)가 '비인(非仁 : 인이 아니다)'이라고 한 뜻 : 정이(程頤), 『이천선생경설(伊川先生經說)』 권7에서 "'말을 듣기 좋게 하고 얼굴빛을 잘 꾸미는 사람이 인(仁)한 경우는 드물다.'라는 뜻은 인이 아니라는 것을 말한다. '말을 듣기 좋게 하고 얼굴빛을 잘 꾸미는 일'이 인

○ 釋畢.

'전언선, 즉절무가지(專言鮮, 則絶無可知)'에서 이 장(章)에 대한 경문의 풀이가 끝났다.

○ 朱子曰 : "巧令之病所從來, 只是有所爲而然."[151]

주자(朱子 : 朱熹)가 말하였다. "말을 듣기 좋게 하고 얼굴빛을 잘 꾸미는 병통의 유래는 다만 의도가 있어 그렇게 하는 것일 뿐이다."

○ 東陽許氏曰 : "此章大意似聖人觀人, 然其辭甚嚴, 警省學者之意爲多."[152]

동양 허씨(東陽許氏 : 許謙)[153]가 말하였다. "이 장의 큰 뜻은 성인이 사람을 살펴보

이 아니라는 점을 알면 인을 알 수 있을 것이다.('巧言令色, 鮮矣仁', 謂非仁也. 知'巧言令色'之非仁, 則知仁矣.)"라고 하였다.

151) 주희(朱熹), 『주문공문집(朱文公文集)』 권47 「답여자약(答呂子約)」에서 "問: 修省言辭, 誠所以立也; 修飾言辭, 僞所以增也. 發原處甚不同. 夫子所謂'巧令鮮仁', 推原辭意而察巧令之病所從來, 止是有所爲而然. 如未同而言, 以言餂人, 脅肩諂笑, 以喜隨人之類, 皆有所爲也. …… 答: 有所爲之說甚善.(물었다. '말을 가다듬고 살피면 정성스러움이 확립되지만, 말을 꾸미면 거짓이 증가합니다. 그 둘의 근원은 매우 다릅니다. 공자가 이른바 '말을 듣기 좋게 하고 얼굴빛을 잘 꾸미는 사람이 인한 경우는 드물다.'라고 하였으니, 그 말뜻을 근원을 헤아려서 말을 듣기 좋게 하고 얼굴빛을 잘 꾸미는 병통의 유래를 살펴보면 다만 의도가 있어서 그렇게 하는 것일 뿐입니다. 예컨대 상대와 뜻이 다른데도 듣기 좋게 말하여 말로써 남을 꾀어내는 것과 어깨를 움츠리고 아첨하며 웃으면서 기쁘게 남을 따르는 것 따위는 모두 의도가 있는 것입니다.' …… 답하였다. '말을 듣기 좋게 하고 얼굴빛을 잘 꾸미는 것에 대해 그렇게 하는 것에는 의도가 있다고 설명한 것은 매우 훌륭하다.')"라고 하였다. 이를 통해 보면 이 구절은 여조겸의 동생인 여자약(呂子約 : 呂祖儉)이 한 말이고, 주자는 이를 긍정적으로 평가한 것이라고 할 수 있다.

152) 호광 편(胡廣 編), 『논어집주대전(論語集註大全)』 권1에 허겸(許謙)의 말로, "東陽許氏曰 : '此章大意似聖人觀人, 然未嘗不警省學者觀其辭甚嚴, 蓋警省學者之意爲多.'(동양 허씨(東陽許氏 : 許謙)가 말하였다. '이 장(章)의 큰 뜻은 성인이 사람을 살펴보는 것 같지만 배우는 사람들에게 그 표현이 매우 엄숙함을 살펴보도록 경계하여 성찰하지 않음이 없으니, 배우는 사람들에게 경계하여 성찰하도록 한 뜻이 많다.')"라고 실려 있다.

153) 허겸(許謙, 1270~1337) : 자는 익지(益之)이고, 호는 백운산인(白雲山人)이며, 시호는 문의(文懿)이다. 원(元)나라 때 금화(金華) 사람이다. 김이상(金履祥) 문하에서 수업하여 하기(何基)에서 왕백(王柏), 김이상(金履祥)으로 이어지는 주자 학맥을 계승하여 '금화사선생(金華四先生)'으로 일컬어졌고, 북방의 허형(許衡)과 함께 '남북이허(南北二許)'로 불렸다. 천문지리, 전장제도(典章制度), 형법(刑法), 자학(字學), 음운학(音韻學), 술수(術數) 및 불교, 도교 등에도 두루 정통하였다. 과거 시험에는 응시하지 않았고, 금릉강학(金陵講學)을 지냈다. 절강성 동양(東陽) 팔화산(八華山)에 은거하여 강학했는데, 문인이 1천여 명에 달하였다. 저서에 『독사서총설(讀四書叢說)』, 『시집전명물초(詩集傳名物鈔)』, 『춘추온고관규(春秋溫故管窺)』, 『춘추삼전소

는 것 같지만 그 표현이 매우 엄숙하니, 배우는 사람들에게 경계하여 성찰하도록 한 뜻이 많다."

○ 釋義旣畢, 又以此七字終之, 所以致言外丁寧之意. 後多放此. 夫四子之書, 何莫非學者之當務? 而至其最緊要處, 輒表出而爲之言, 曰'所當深戒', 曰'精察', 曰'潛心', 曰'當勉'. 凡如此處, 實是喫緊爲人之法, 而喚醒夢覺之關也. 若讀者歸之例談, 不甚用力, 則殊非朱子之意也.

주자(朱子 : 朱熹)가 이 장에 대해 의미를 풀이한 것이 이미 끝났는데, 또 '학자소당심계야(學者所當深戒也 : 배우는 사람들은 마땅히 깊이 경계해야 할 것이다.)'라는 일곱 글자로 끝맺은 의도는 그것으로 말 밖의 당부하는 뜻을 극진히 한 것이다. 뒤에도 대부분 이와 같다. 무릇 '사자(四子)의 책'[154]이 어찌 배우는 사람들이 당장 힘써야 할 것 아님이 없겠는가? 그렇지만 주자는 그 가장 긴요한 곳에 이르러서는 대번에 '소당심계(所當深戒 : 마땅히 깊이 경계해야 할 것이다)'[155], '정찰(精察 : 정밀하게 살펴보아야 한다)'[156], '잠심(潛心 : 마음을 가라앉히고 깊이 생각해야 한다)'[157], '당면(當勉 : 마땅히 힘써야 한다)'[158]이라고 드러내 놓고 말하였다. 무릇

의(春秋三傳疏義)』, 『치홀기미(治忽幾微)』, 『자성편(自省編)』, 『백운집(白雲集)』 등이 있다.

154) 사자(四子)의 책 : 『논어(論語)』, 『대학(大學)』, 『중용(中庸)』, 『맹자(孟子)』의 사서(四書)를 가리킨다. 사서(四書)가 공자, 증자, 자사, 맹자의 언행록이기 때문에, 합쳐서 '사자(四子)의 책'이라고도 한다.

155) 소당심계(所當深戒 : 마땅히 깊이 경계해야 할 것이다) : 주자는 『사서집주』에서 이 곳 외에 『맹자(孟子)』「진심하(盡心下)」의 "맹자가 말하였다. '본심을 수양하는 데는 욕심을 적게 하는 것보다 더 좋은 것이 없으니, 그 사람됨이 욕심이 적으면 비록 본심이 보존되지 못함이 있더라도 보존되지 못한 것이 적을 것이고, 사람됨이 욕심이 많으면 비록 본심이 보존됨이 있더라도 보존된 것이 적을 것이다.'(孟子曰 : '養心莫善於寡欲, 其爲人也寡欲, 雖有不存焉者, 寡矣; 其爲人也多欲, 雖有存焉者, 寡矣.')"라는 구절의 주석에서 "배우는 사람들은 마땅히 깊이 경계해야 할 것이다.(學者所當深戒也.)"라고 하였다.

156) 정찰(精察 : 정밀하게 살펴보아야 한다) : 주자는 『맹자(孟子)』「양혜왕상(梁惠王上)」의 "왕께서는 또한 인의를 말씀하실 따름이니, 하필 이(利)를 말씀하십니까?(王亦曰仁義而已矣, 何必曰利?)"라는 구절의 주석에서 "배우는 사람들은 마땅히 정밀하게 살펴서 분명하게 분별해야 한다.(學者所宜精察而明辨也.)"라고 하였다.

157) 잠심(潛心 : 마음을 가라앉히고 깊이 생각해야 한다) : 주자는 『논어(論語)』「학이(學而)」의 "자공(子貢)이 말하였다. '선생님께서는 온순하고 어질고 공손하고 검소하고 겸양하여 이것을 얻었으니, 선생님께서 구한 것은 다른 사람들이 구하는 것과는 다를 것이다!'(子貢曰 : '夫子溫良恭儉讓以得之, 夫子之求之也, 其諸異乎人之求之與!')"라는 구절의 주석에서 "배우는 사람들은 마땅히 마음을 가라앉히고 깊이 생각하여 배우기를 힘써야 한다.(學者所當潛心而勉學也.)"라

이와 같은 곳은 실제로 매우 긴요하게 사람들을 배려하는 법도이고 일깨워서 몽매함을 벗어나도록 해 주는 관건이다. 만약 독자들이 그것을 으레 하는 말로 귀결시켜 별로 힘쓰지 않는다면 이는 전혀 주자의 뜻이 아닐 것이다.

朱註

○ 程子曰:"知'巧言令色'之非仁, 則知仁矣."[159]

정자(程子:程頤)가 말하였다. "'말을 듣기 좋게 하고 얼굴빛을 잘 꾸미는 일'이 인이 아니라는 점을 알면 인을 알 수 있을 것이다."

詳說

○ 叔子.

'정자왈(程子曰)'에서 '정자(程子)'는 동생 정이(程頤)이다.

○ 朱子曰:"巧言, 如今世擧子弄筆做文字."[160]

주자(朱子:朱熹)가 말하였다. "듣기 좋게 말하는 것은 예컨대 요즘 과거 응시생이 붓끝을 놀려서 문장을 쓰는 것과 같다."

○ 又曰:"'色厲內荏'是令色之尤者也."[161]

고 하였다. 또 『맹자(孟子)』「이루상(離婁上)」의 "지극히 성실하고도 남을 감동시키지 못하는 사람은 있은 적이 없었으니, 성실하지 못하면 남을 감동시킬 수 없다.(至誠而不動者, 未之有也, 不誠, 未有能動者也.)"라는 구절의 주석에서 "배우는 사람들은 마땅히 마음을 가라앉히고 깊이 생각해야 한다.(學者宜潛心焉.)"라고 하였다.

158) 당면(當勉:마땅히 힘써야 한다):주자는 『논어(論語)』「헌문(憲問)」의 "공자가 말하였다. '가난하면서 원망이 없기는 어렵고, 부자이면서 교만이 없기는 쉽다.'(子曰:'貧而無怨, 難; 富而無驕, 易.')"라는 구절의 주석에서 "사람들은 마땅히 그 어려운 것에 힘써야 하고 그 쉬운 것을 소홀히 해서는 안 된다.(人當勉其難, 而不可忽其易也.)"라고 하였다.

159) 정이(程頤), 『이천선생경설(伊川先生經說)』 권7.

160) 『주자어류(朱子語類)』 권20, 「논어2(論語二)」, 134조목에는 "或以巧言爲言不誠. 曰:'據某所見, 巧言卽所謂花言巧語. 如今世擧子弄筆端做文字者, 便是. 看做這般模樣時, 其心還在腔子裏否?'(어떤 사람이 말을 듣기 좋게 하는 것을 말이 성실하지 않은 것이라고 하였다. 이에 대해 주자(朱子:朱熹)가 말하였다. '내가 알고 있는 것에 의거하면 듣기 좋게 말하는 것은 바로 이른바 감언이설이다. 예컨대 요즘 과거 응시생이 붓끝을 놀려서 문장을 쓰는 것과 같은 것이 바로 이것이다. 이러한 정황을 볼 때 그 마음이 여전히 가슴속에 있다고 할 수 있겠는가?')"라고 되어 있다.

161) 『주자어류(朱子語類)』 권20, 「논어2(論語二)」, 142조목에는 "'巧言令色', 便要人道好, 他便要

주자(朱子 : 朱熹)가 또 말하였다. "'얼굴빛은 위엄이 있으면서 마음이 유약한 것'[162]은 말을 듣기 좋게 하고 얼굴빛을 잘 꾸미는 짓이 심한 것이다."

○ **東陽許氏曰 : "就此翻轉看, 則知直言正色之爲仁. 然此只就言色上論. 蓋本註'人欲肆, 心德亡', 所包者甚廣. 恐學者只於言色上致察, 故著程子之說於圈外, 使人隨事致察."**[163]

동양 허씨(東陽許氏 : 許謙)가 말하였다. "'말을 듣기 좋게 하고 얼굴빛을 잘 꾸미는 것'을 거꾸로 뒤집어 보면, 말을 올곧게 하고 얼굴빛을 올바르게 하는 것이 인함이 되는 것을 알 수 있다. 그렇지만 이는 다만 말과 얼굴빛으로만 논한 것일 뿐이다. 대개 주자(朱子 : 朱熹)가 주석에서 '인욕이 방자하여 본심의 덕이 없어질 것

人道直. '色厲而內荏', 又是令色之尤者也.('말을 듣기 좋게 하고 얼굴빛을 잘 꾸미는 것'은 바로 남들이 좋다고 말하기를 바라는 것이니, 그는 바로 남들이 올바로게 말하기를 바라는 것이다. 『논어(論語)』「양화(陽貨)」의 '얼굴빛은 위엄이 있으면서 마음이 유약한 것'은 또한 말을 듣기 좋게 하고 얼굴빛을 잘 꾸미는 것이 심한 것이다.)"라고 되어 있다.

162) 얼굴빛은 위엄이 있으면서 마음이 유약한 것 : 『논어(論語)』「양화(陽貨)」에서 "공자가 말하였다. '얼굴빛은 위엄이 있으면서 마음이 유약한 것을 소인에게 비유하면 아마 벽을 뚫고 담을 넘는 도적과 같을 것이다!'(子曰 : '色厲而內荏, 譬諸小人, 其猶穿窬之盜也與!')"라고 하였다.

163) 호광 편(胡廣 編), 『논어집주대전(論語集註大全)』 권1에 허겸(許謙)의 말로, "東陽許氏曰 : '知'巧言令色'之非仁, 只就此句翻轉看, 則知直言正色之爲仁. 然此只就言色上論. 蓋仁是心之德, 延平先生所謂當理而無私心者也. 凡欲動於中, 則心私矣. 其接於事不當於理者, 皆非仁也. 夫致飾於外, 不當理也, 務以悅人, 皆私心也. 推此類而言之, 則非禮之視聽言動, 心私, 違理, 皆非仁. 本註 '人欲肆而本心之德亡', 雖就言色上言, 而所包者甚廣. 又恐學者止於言色上致察, 故著程子之說於圈外, 使人隨事致察而立心以公也.'(동양 허씨(東陽許氏 : 許謙)가 말하였다. ''말을 듣기 좋게 하고 얼굴빛을 잘 꾸미는 것'이 인함이 아닌 것을 알고, 다만 이 구절을 거꾸로 뒤집어 보기만 하면 말을 올바로게 하고 얼굴빛을 올바르게 하는 것이 인함이 되는 것은 알 수 있다. 그렇지만 이는 다만 말과 얼굴빛으로만 논한 것일 뿐이다. 대개 인은 마음의 덕이니, 연평선생(延平先生 : 李侗)이 이른바 이치에 합당하여 사사로운 마음이 없는 것이다. 무릇 마음속에서 움직이려고 하면 마음이 사사로워진다. 마음이 일에 접촉하여 이치에 합당하지 않는 것들은 모두 인이 아니다. 무릇 밖으로 꾸미기를 극진히 하는 것은 이치에 합당하지 않으니, 남을 기쁘게 하기에 힘쓰는 것들은 모두 사사로운 마음이다. 이러한 것들을 미루어서 말해보면 예가 아닌데도 보고 들으며 말하고 움직이는 것과 마음이 사사로운 것과 이치에 어긋나는 것들은 모두 인이 아니다. 주자(朱子 : 朱熹)가 주석에서 '인욕이 방자하여 본심의 덕이 없어질 것이다.'라고 한 것은 비록 말과 얼굴빛에서 말한 것이지만 포괄하고 있는 것이 매우 넓다. 또 배우는 사람들이 말과 얼굴빛에서만 자세히 살피고 말까 염려하였기 때문에 정자(程子 : 程頤)의 말을 주석의 범위 밖에 붙여서 사람들에게 일에 따라서 자세히 살피고 공변된 것으로 마음을 세우도록 하였다.')"라고 실려 있다.

이다.'라고 한 것은 포괄하고 있는 것이 매우 넓다. 배우는 사람들이 다만 말과 얼굴빛에서만 자세히 살피고 말까 염려하였기 때문에 정자(程子 : 程頤)의 말을 주석의 '○(圈)' 밖에 붙여서 사람들에게 일에 따라서 자세히 살피도록 하였다."

[1-4-1]

曾子曰："吾日三省吾身：爲人謀而不忠乎? 與朋友交而不信乎? 傳不習乎?"
증자(曾子：曾參)가 말하였다. "나는 날마다 다음의 세 가지로 내 자신을 반성한다. 남을 위하여 일을 도모함에 마음을 다하지 않음이 있었는가? 친구와 사귐에 신의가 없음이 있었는가? 전수(傳受)받은 것을 익히지 않음이 있었는가?"

朱註

'省', 悉井反. '爲', 去聲. '傳', 平聲.
'오일삼성오신(吾日三省吾身)'에서 '성(省)'은 '실(悉)'과 '정(井)'의 반절(反切)이다. '위인모이불충호(爲人謀而不忠乎)'에서 '위(爲)'자는 거성(去聲)이다. '전불습호(傳不習乎)'에서 '전(傳)'자는 평성(平聲)이다.

詳說

○ 最初'子曰'之下, 繼之以有子; 又次'子曰'之下, 繼之以曾子, 此記者之意.
「학이(學而)」 맨 처음에 '자왈(子曰：공자가 말했다)'이라고 한 다음에 유자(有子：有若)로 이었고, 또 그 다음으로 '자왈(子曰)'이라고 한 다음에 증자(曾子：曾參)로 이은 것은 기록한 사람의 뜻이다.

朱註

曾子, 孔子弟子, 名參, 字子輿.
증자(曾子)는 공자의 제자(弟子)로, 이름은 삼(參)이고, 자(字)는 자여(子輿)이다.

詳說

○『史記』「仲尼弟子傳」曰："南武城人, 少孔子四十六歲."
『사기(史記)』「중니제자열전(仲尼弟子列傳)」에서 말하였다. "남무성(南武城：현 산동성 임기시(臨沂市) 평읍현(平邑縣)) 사람으로 공자보다 46세 적다."

朱註

盡己之謂忠, 以實之謂信.164)

자기 마음을 다하는 것을 충(忠)이라 하고, 그것으로 진실되게 하는 것을 신(信)이라고 한다.165)

詳說

◯ 朱子曰:"忠就心上說, 信就事上說, 表裏之謂也, 只是一事."166)

---

164) 정호·정이(程顥·程頤), 『하남정씨유서』(河南程氏遺書)』 권11에서 "盡己之謂忠, 以實之謂信; 發己自盡爲忠, 循物無違謂信; 表裏之義也.(자기 마음을 다하는 것을 충(忠)이라 하고, 그것으로 진실되게 하는 것을 신(信)이라고 한다. 자신을 드러냄에 스스로 다하는 것을 충이라 하고, 사물을 좇음에 어긋남이 없는 것을 신이라고 한다. 이 둘은 안과 밖의 의미이다.)"라고 하였다.

165) 『주자어류(朱子語類)』 권21, 「논어3(論語三)」, 18조목~25조목에는 충(忠)과 신(信)에 관한 설명이 다양한 방식으로 실려 있다. 18조목: "충(忠)과 신(信)은 실제적 이치이다(忠信, 實理也.)" 19조목: "충(忠)과 신(信)은 사람의 관점에서 말한 것이다. 충신(忠信)을 이치로 말하면 하나의 실제적 이치일 뿐이고, 사람으로 말하자면 충(忠)과 신(信)이다. 사람이 하는 일로 보지 않으면 이 도리를 볼 수 없다(忠信, 以人言之. 蓋忠信以理言, 只是一箇實理; 以人言之, 則是忠信. 蓋不因人做出來, 不見得這道理.)" 20조목: "신(信)이란 충(忠)의 징험이다. 충(忠)이란 진기(盡己)일 뿐이다. 일에 드러남이 성실하면, 또 충실함이 이와 같음을 본다(信者, 忠之驗. 忠只是盡己. 因見於事而爲信, 又見得忠如此.)" 21조목: "충(忠)과 신(信)은 하나의 글자일 뿐이다. 마음에서 발단하여 스스로 극진히 하면 충(忠)이 되고, 이치에서 징험하여 어긋나지 않으면 신(信)이 된다. 충(忠)은 신(信)의 근본이고, 신(信)은 충(忠)의 발휘이다(忠信只是一字. 但是發於心而自盡, 則爲忠; 驗於理而不違, 則爲信. 忠是信之本, 信是忠之發.)" 22조목: "충(忠)과 신(信)은 한 가지 일일 뿐이니, 서로 내외(內外)·시종(始終)·본말(本末)이 된다. 자신에게 있으면 충이 되고, 사물에서 드러나면 신이 된다. 한 가지 일이라고 설명해도 되고, 두 가지 일이라고 설명해도 된다(忠信只是一事, 而相爲內外始終本末. 有於己爲忠, 見於物爲信. 做一事說, 也得; 做兩事說, 也得." 23조목: "정가학이 '증자의 충(忠)과 신(信)은 외면(外面)에서 이해해야 합니까?'라고 묻자, 주자(朱子 : 朱熹)가 '이는 글을 지을 때는 성실함에 입각해야 한다는 뜻이다.'라고 하였다(問: "曾子忠信, 卻於外面理會?" 曰: "此是'修辭立其誠'之意.") 24조목 : "증조도가 '충(忠)과 신(信)' 두 글자에 대해 묻자, 주자(朱子 : 朱熹)가 '충(忠)은 자기를 다하는 일(盡己)일 뿐이니, 윗사람을 충성으로 섬긴다는 것과 본질이 같다. 신(信)은 하나의 '실(實)'자라는 의미에 불과하다. 다만 설명하는 방식이 다르다(問'忠信'二字. 曰: '忠則只是盡己, 與事上忠同體. 信不過是一箇'實'字意思, 但說處不同.)" 25조목 :"신(信)은 말과 행동이 함께 하는 것을 일컫는다(信是言行相顧之謂.)"

166) 주자의 이 말은 박문호(朴文鎬)가 『주자어류(朱子語類)』의 다음 구절들을 편집한 것이다. 『주자어류(朱子語類)』 권21, 「논어3(論語三)」, 35조목에서 "問 : ''盡己之謂忠, 以實之謂信.' 信旣是實, 先生前又說道忠是實心, 不知如何分別.' 曰 : '忠是就心上說, 信是指事上說. 如今人要做一

주자(朱子 : 朱熹)가 말하였다. "충은 마음으로 말하는 것이고 신은 일로 말한 것이니, 안과 밖을 말하는 것이지만 다만 하나의 일일 뿐이다."

○ **新安陳氏曰 : "程伯子云'發己自盡爲忠, 循物無違爲信', 『大學章句』已采之. 『集註』乃采程叔子之說, 叔子之說爲切."**[167]

신안 진씨(新安陳氏 : 陳櫟)가 말하였다. "정백자(程伯子 : 程顥)가 '자신을 드러냄에 스스로 다하는 것을 충이라 하고, 사물을 좇음에 어긋남이 없는 것을 신이라고 한다.'라고 한 것을 주자는 『대학장구(大學章句)』에서 이미 가려 썼다.[168] 그런데 『논어집주(論語集註)』에서 또 정숙자(程叔子 : 程頤)의 말을 가려 쓴 것은 정이의 말이 절실하기 때문이다."

朱註

傳, 謂受之於師. 習, 謂熟之於己.

전(傳)은 스승에게 전수받은 것이고, 습(習)은 자기 몸에 익숙히 함을 말한다.

件事, 是忠; 做出在外, 是信. 如今人問火之性是如何, 向他說熱, 便是忠. 火性是熱, 便是信.'(물었다. ''자기 마음을 다하는 것을 충이라 하고, 그것으로 진실 되게 하는 것을 신이라고 한다.'라고 한 것에서, 신이 이미 진실 되게 하는 것인데, 선생님께서 이전에 또 충은 진실 된 마음이고 말했으니, 어떻게 분별해야 하는지 모르겠습니다.' 주자(朱子 : 朱熹)가 대답하였다. '충은 마음으로 말하는 것이고, 신은 일을 가리켜서 말한 것이다. 예컨대 지금 어떤 사람이 어떤 일을 하려고 하는 것은 충이고, 밖으로 그 일을 해 내는 것은 신이다. 또 예컨대 지금 어떤 사람이 불의 성질이 어떠한지에 대해 물었을 때, 그에게 뜨겁다고 말하는 것이 바로 충이고, 불의 성질이 실제로 뜨거운 것임은 바로 신이다.')"라고 하였다. 49조목에서는 "不信必是不曾忠. 所以謂'表裏之謂'也.(신하지 않으면 반드시 충한 적이 없는 것이다. 그러므로 '안과 밖을 말한다.'라고 하였다.)"라고 하였다. 21조목에서는 "忠信只是一事. 但是發於心而自盡, 則爲忠; 驗於理而不違, 則爲信. 忠是信之本, 信是忠之發.(충과 신은 다만 하나의 일일 뿐이다. 그러나 마음에서 일어나 스스로 다하면 충이 되고, 이치에서 증험하여 어긋나지 않으면 신이 된다. 충은 신의 근본이고, 신은 충의 발현이다.)"라고 하였다.

167) 호광 편(胡廣 編), 『논어집주대전(論語集註大全)』 권1에 진력(陳櫟)의 말로, "新安陳氏曰 : '此章'仁'字, 以心之德言, 乃專言之仁也.'(신안 진씨(新安陳氏 : 陳櫟)가 말하였다. '이 장의 '인' 자는 마음의 덕으로 말한 것이니, 바로 전체를 들어서 말하는 인이다.')"라고 실려 있다.

168) 주자는 『대학장구(大學章句)』에서 이미 가려 썼다 : 『대학장구(大學章句)』 전(傳) 10장의 "이 때문에 군자에게는 큰 도가 있으니, 반드시 충과 신으로 그것을 얻고, 교만함과 방자함으로 그것을 잃는다.(是故, 君子有大道, 必忠信以得之, 驕泰以失之.)"라고 한 구절에서 주자(朱子 : 朱熹)가 "자신을 드러냄에 스스로 다 하는 것을 충이라 하고, 사물을 좇음에 어긋남이 없는 것을 신이라고 한다.(發己自盡爲忠, 循物無違謂信.)"라고 주석하였다.

詳說

◯ 平聲, 如字也. 本不必著音, 而恐讀者作爲『書傳』之『傳』, 故特著之. 後篇'所否'之'否', '待賈'之'賈'之類, 皆推此.

'전, 위수지어사(傳, 謂受之於師)'에서 '전(傳)'자는 평성(平聲)이고 본래의 음으로 읽는다. 본래 굳이 음(音)을 드러낼 필요가 없지만 독자들이 『서전(書傳)』의 『전(傳)』으로 볼까 염려했기 때문에 주자(朱子 : 朱熹)가 특별히 그것을 드러내었다. 뒤 편(篇)의 '소부(所否)'의 '부(否)'자[169]와 '대가(待賈)'의 '가(賈)'자[170]와 같은 것들은 모두 이것으로 미루어 보아야 한다.

◯ 亦首章'學習'之意也.

'습, 위숙지어기(習, 謂熟之於己)'에서 '습(習)'자는 또한 첫 번째 장의 '배우고 때로 익힌다'라는 뜻이다.

◯ 訓畢.

훈고가 끝났다.

朱註

曾子以此三者, 日省其身, 有則改之, 無則加勉. 其自治誠切如此, 可謂得爲學之本矣.

증자(曾子)는 이 세 가지로써 날마다 자신을 반성하여 이런 잘못이 있으면 고치고, 없으면 더욱 노력하였다. 그가 자신을 다스림에 정성스럽고 간절함이 이와

---

169) '소부(所否)'의 '부(否)'자 : 『논어(論語)』「옹야(雍也)」에서 "공자께서 남자를 만나니, 자로가 기뻐하지 않았다. 공자께서 맹세하여 말하였다. '내 맹세코 잘못된 짓을 하였다면 하늘이 나를 버릴 것이다, 하늘이 나를 버릴 것이다!'(子見南子, 子路不說. 夫子矢之曰 : '予所否者, 天厭之, 天厭之!')"라고 한 구절에 대해 주자는 『논어집주(論語集註)』에서 "'부(否)'자는 예에 합당하지 않음을 말하니, 도리를 따르지 않는 것이다.(否, 謂不合於禮, 不由其道也.)"라고 주석하였다.

170) '대가(待賈)'의 '가(賈)'자 : 『논어(論語)』「자한(子罕)」에서 "자공이 말하였다. '여기에 아름다운 옥(玉)이 있을 경우, 이것을 궤 속에 넣어 감추어 두시겠습니까? 아니면 좋은 값을 구하여 파시겠습니까?' 공자가 대답하였다. '팔아야지, 팔아야지. 그러나 나는 좋은 값을 기다리는 자이다.'(子貢曰 : '有美玉於斯, 韞匵而藏諸, 求善賈而沽諸?' 子曰 : '沽之哉, 沽之哉. 我待賈者也.')"라고 한 구절에 대해 주자는 『논어집주(論語集註)』에서 "공자는 참으로 팔아야만 하겠지만 다만 값을 기다려야 하지, 팔리기를 구해서는 안 된다고 말한 것이다.(孔子言固當賣之, 但當待賈, 而不當求之耳.)"라고 주석하였다.

같았으니, 학문하는 근본을 얻었다고 할 수 있을 것이다.

詳說

○ 朱子曰："其他固不可不省, 特此三者較急. 只是見得此三事上實有纖毫不到處."[171]
주자(朱子：朱熹)가 말하였다. "다른 것들도 진실로 반성하지 않을 수 없지만, 특히 이 세 가지 일이 비교적 급할 뿐이다. 다만 이 세 가지 일에서 실제로 조금 미흡한 것이 있음을 알았을 뿐이다."

○ 添'以'·'者'二字, 而置'日省'於其下, 然後三省之義瞭然.
'증자이차삼자(曾子以此三者)'에서, 주자는 '이(以)'자와 '자(者)'자 두 글자를 첨가하고 그 아래에 '일성(日省：날마다 반성한다)'이라는 말을 두었는데, 그런 뒤에 세 가지를 반성한다는 의미가 명료해졌다.

○ 釋畢.
'일성기신(日省其身)'에서 풀이가 끝났다.

○ 新安陳氏曰："此二句出於『易』「蹇·大象」『程傳』. 蓋'有則改之', 易知也, '無則加勉', 非深知曾子之心, 不及此. 使自省而無失, 只如此而已, 則三失將又生矣. '無則加勉'四字, 可補本文意之所未盡."[172]

---

171) 『주자어류(朱子語類)』 권21, 「논어3(論語三)」, 4조목에는 "蜚卿言：'曾子三省, 固無非忠信學習之事. 然人之一身, 大倫之目, 自「爲人謀」·「交朋友」之外, 得無猶在所省乎?' 曰：'曾子也不是截然不省別底, 只是見得此三事上, 實有纖毫未到處. 其他處固不可不自省, 特此三事較急耳.'(비경(蜚卿：童伯羽)이 말하였다. '증자가 세 가지로 반성한 것은 본디 충·신과 학습의 일 아님이 없습니다. 그러나 사람에게서 큰 인륜의 조목은 '남을 위하여 일을 도모함'과 '친구와 사귐' 이외에 또한 반성해야 할 것이 없지 않습니까?' 주자(朱子：朱熹)가 대답하였다. '증자도 또한 단연코 다른 것을 반성하지 말라는 것이 아니라, 다만 이 세 가지 일에서 실제로 조금 미흡한 것이 있음을 알았을 뿐이다. 다른 것들도 진실로 스스로 반성하지 않을 수 없지만, 특히 이 세 가지 일이 비교적 급할 뿐이다.')"라고 되어 있다.

172) 호광 편(胡廣 編), 『논어집주대전(論語集註大全)』 권1에 진력(陳櫟)의 말로, "新安陳氏曰：'『易』蹇卦大象曰：'山上有水蹇, 君子以反身脩德.' 『程傳』曰：'君子遇艱蹇, 必自省於身, 有失而致之乎? 有所未善則改之, 無歉於心則加勉.' 『集註』二句之所本蓋在此. '有則改之', 易知也; '無則加勉', 非深知曾子之心, 不及此. 使自省而無失, 只如此而已, 則三失將又生矣. 豈日省勉勉不已之誠心乎? '無則加勉'四字, 可補本文意之所未盡.'(신안 진씨(新安陳氏：陳櫟)가 말하였다. '『주역(周易)』「건괘(蹇卦) 대상전」에 '산 위에 물이 있음이 건(蹇)이니, 군자는 그것으로 자신을 반성하여 덕을 닦는다.'라고 하였다. 『역정전(易程傳)』에서 '군자는 어려움을 만나면 반드시 스스로 자신에게 무슨 잘못이 있어 이렇게 되었는지를 반성한다. 선하지 못한 것이 있으면 고치고 마음에 흡족함이 없으면 더욱 노력한다.'라고 하였다. 주자 『논어집주(論語集註)』

신안 진씨(新安陳氏 : 陳櫟)가 말하였다. "'유즉개지, 무즉가면(有則改之, 無則加勉)'이라는 두 구절은 『주역(周易)』 「건괘(蹇卦) 대상전(大象傳)」에 대한 『역정전(易程傳)』에서 나왔다.[173] 대개 '잘못이 있으면 고친다'는 말은 쉽게 알 수 있는 것이지만, '잘못이 없으면 더욱 노력한다'는 말은 증자의 마음을 깊이 알지 못하면 여기에 미칠 수 없다. 가령 스스로 반성하여 잘못이 없을 때 다만 이와 같을 뿐이라면 세 가지 잘못은 장차 또 생겨날 것이다. '잘못이 없으면 더욱 노력한다'라는 말은 본문 뜻의 미진한 부분을 보충할 수 있다."

○ 此是就本文言外而言. 其'三省'後所做之事, 極實極力, 甚得曾子之意. 若無此, 則'三省'亦徒然耳.

'유즉개지, 무즉가면(有則改之, 無則加勉)'이라는 두 구절은 『논어(論語)』 본문의 말 밖에서 말한 것이다. '세 가지로 반성함' 뒤에 하는 일은 매우 실질적이고 힘이 있으니 증자의 뜻을 잘 터득하였다. 만약 이와 같은 일이 없다면 '세 가지로 반성함' 또한 헛될 뿐이다.

○ 省身.

'기자치성절여차(其自治誠切如此)'에서 '자치(自治 : 자신을 다스림)'는 자신을 반성하는 일이다.

의 이 두 구절이 근원하는 것은 대개 여기에 있다. '선하지 못한 것이 있으면 고친다'는 말은 쉽게 알 수 있는 것이지만, '마음에 흡족함이 없으면 더욱 노력한다'는 말은 증자의 마음을 깊이 알지 못하면 여기에 미칠 수 없다. 가령 스스로 반성하여 잘못이 없을 때 다만 이와 같을 뿐이라면 세 가지 잘못은 장차 또 생겨날 것이니, 어찌 끊임없이 노력하고 또 노력하는 정성스런 마음을 반성한다고 말할 수 있겠는가? '마음에 흡족함이 없으면 더욱 노력한다'라는 말은 본문의 뜻이 미진한 것을 보충할 수 있을 것이다.')"라고 실려 있다.

173) '유즉개지, 무즉가면(有則改之, 無則加勉)'이라는 …… 『역정전(易程傳)』에서 나왔다 : 『주역(周易)』 「건괘(蹇卦) 대상전」에서 "산 위에 물이 있는 것이 건(蹇)이니, 군자는 이것으로 자신을 반성하여 덕을 닦는다.(山上有水蹇, 君子以反身修德.)"라고 하였다. 이 구절에 대해 정이(程頤)는 『역정전(易程傳)』에서 "군자는 어려움과 막힘을 만나면 반드시 자신에게 돌이켜 구하여 더욱 스스로 닦는다. 맹자(孟子)는 '실천하고도 얻지 못하는 것이 있으면 모두 자신에게 돌이켜 구하라.'라고 하였다. 그러므로 어려움을 만났을 때 반드시 스스로 자신에게 무슨 잘못이 있어 이렇게 되었는지를 반성하는 것은 자신을 반성하는 일이고, 선하지 못한 것이 있으면 고치고 마음에 흡족함이 없으면 더욱 노력하는 것은 바로 스스로 덕을 닦는 일이다. 군자는 덕을 닦아 때를 기다릴 뿐이다.(君子之遇艱阻, 必反求諸己而益自修. 孟子曰 : '行有不得者, 皆反求諸己.' 故遇艱蹇, 必自省於身, 有失而致之乎, 是反身也; 有所未善則改之, 无歉於心則加勉, 乃自修其德也. 君子修德以俟時而已.)"라고 주석하였다.

○ 改勉.

'기자치성절여차(其自治誠切如此)'에서 '성절여차(誠切如此 : 정성스럽고 간절함이 이와 같다)'는 고치고 노력하는 일이다.

○ 勉齋黃氏曰 : "曾子天資醇厚, 志學懇篤, 於『大學』既明'誠意'之旨. 至其自省, 又皆一本乎誠."174)

면제 황씨(勉齋黃氏 : 黃榦)175)가 말하였다. "증자는 천부적인 자질이 순박하고 두터우며 배움에 뜻을 둠이 간절하고 독실하니, 그는 『대학(大學)』에서 이미 '성의(誠意 : 뜻을 성실하게 함)'의 뜻을 미루어 밝혔다. 그 스스로 반성하는 데 이른 것은 또한 모두 한결같이 성(誠)에 근본한 것이다."

○ 此一層說也. 三者皆爲本也. 此二句又於言外贊美曾子之善學也.

'기자치성절여차, 가위득위학지본의(其自治誠切如此, 可謂得爲學之本矣)'라고 한 것은 첫 단계의 말이다. 세 가지는 모두 근본이 된다. 이 두 구절은 또한 말 밖에서 증자가 잘 배우는 일을 찬미한 것이다.

朱註

而三者之序, 則又以忠·信爲傳習之本也.

세 가지의 순서는 또 충(忠)·신(信)을 전습(傳習 : 전수받은 것을 익힘)의 근본으로 삼는다.

---

174) 호광 편(胡廣 編), 『논어집주대전(論語集註大全)』 권1에 황간(黃榦)의 말로, "勉齋黃氏曰 : '蓋曾子天資醇厚, 志學懇篤, 其於『大學』既推明'誠意'之旨. 而傳之子思, 又斷以'誠身'之義, 至其自省, 又皆一本乎誠.'(면제 황씨(勉齋黃氏)가 말하였다. '대개 증자는 천부적인 자질이 순박하고 두터우며 배움에 뜻을 둠이 간절하고 독실하니, 그는 『대학(大學)』에서 이미 '성의(誠意 : 뜻을 성실하게 함)'의 뜻을 미루어 밝혔다. 그리고 그것을 자사(子思)에게 전하여 또 『중용(中庸)』의 '성신(誠身 : 자신을 성실하게 함)'의 의미로 이었고, 그 스스로 반성하는 데 이른 것은 또한 모두 한결같이 성(誠)에 근본한 것이다.')"라고 실려 있다.

175) 황간(黃榦, 1152~1221) : 자는 직경(直卿)이고, 호는 면재(勉齋)이다. 송나라 때 복주 민현(福州閩縣 : 현 복건성 복주(福州)) 사람으로 주희의 고족제자인 동시에 사위이다. 주희의 음보(蔭補)로 한양군(漢陽軍), 안경부(安慶府) 등을 역임하고, 뒤에 직학사(直學士)를 지냈다. 주자(朱子 : 朱熹)가 편찬한 『의례경전통해(儀禮經傳通解)』 가운데 「상(喪)」과 「제(祭)」 2편을 집필하고, 나중에 이를 바탕으로 『의례경전통해속편(儀禮經傳通解續編)』을 편찬하였다. 저서는 『서설(書說)』, 『육경강의(六經講義)』, 『오경통의(五經通義)』, 『사서기문(四書記聞)』, 『계사전해(繫辭傳解)』, 『면재집(勉齋集)』 등이 있고, 『주자행장(朱子行狀)』을 집필하였다.

詳說

○ 此又一層說也. 三者之中, 又二者爲本, 所謂本之本也. 此又就言外以己意斷之, 而歸重於'忠信'二字, 可以見朱子之得爲學之本矣.

이는 또 한 단계의 말이다. 세 가지 가운데 또 둘이 근본이 되니, 이른바 근본의 근본이다. 이는 또한 말 밖에서 주자(朱子 : 朱熹)가 자신의 의견으로 판단하여 중점을 '충(忠) · 신(信)' 두 글자로 돌린 것이니, 주자(朱子 : 朱熹)가 학문하는 근본을 터득했음을 알 수 있다.

朱註

○ 尹氏曰 : "曾子守約, 故動必求諸身."

윤씨(尹氏 : 尹焞)가 말하였다. "증자는 자신을 지킴에 잘 단속했기 때문에, 행동할 때 반드시 자신에게서 잘못이 없는지를 찾았다."

詳說

○ 見『孟子』「公孫丑」, 引以襯省身.

'증자수약(曾子守約 : 증자는 자신을 지킴에 잘 단속했다)'이라는 말은 『맹자(孟子)』「공손추 상(公孫丑 上)」에서 인용하여 몸을 반성하는 것으로 결부시킨 것[176]을

176) 『맹자(孟子)』「공손추(公孫丑)」에서 인용하여 몸을 반성하는 것으로 결부시킨 것 : 『맹자(孟子)』「공손추상(公孫丑上)」에서 "맹시사는 증자와 유사하고 북궁유는 자하와 유사하니, 이 두 사람의 용감함은 그 누가 나은지 알지 못하겠지만, 맹시사는 자신을 지킴에 잘 단속하였다. 예전에 증자가 자양에게 '그대는 용감함을 좋아하는가? 나는 공자에게 큰 용감함에 관한 말을 들은 적이 있는데, '스스로 반성하여 정직하지 못하면 비록 갈관박(褐寬博 : 가난하고 비천한 사람)이라도 내가 두려워하지 않겠는가? 그러나 스스로 반성하여 정직하다면 비록 천만 명이 있더라도 나는 가서 대적할 것이다.'라고 하셨다.'라고 하였다. 맹시사의 지킴은 기(氣)이니, 또 증자의 지킴이 잘 단속하는 것만 못하다.(孟施舍似曾子, 北宮黝似子夏, 夫二子之勇, 未知其孰賢, 然而孟施舍守約也. 昔者, 曾子謂子襄曰 : '子好勇乎? 吾嘗聞大勇於夫子矣, '自反而不縮, 雖褐寬博, 吾不惴焉? 自反而縮, 雖千萬人, 吾往矣.'' 孟施舍之守, 氣; 又不如曾子之守約也.)"라고 하였다. 주자는 이 구절의 주석에서 "북궁유는 남을 대적하기를 힘쓰고, 맹시사는 자신을 지키기를 오로지 하였으며, 자하는 공자를 독실하게 믿었고, 증자는 자신에게서 돌이켜 찾았다 …… 맹시사가 비록 증자와 유사하지만 그가 지킨 것은 바로 한 몸의 기(氣)이니, 또 증자가 자신의 몸에 돌이켜 이치를 좇아서 그 지킨 것이 더욱 그 요약을 얻음만은 못하다는 것을 말한다.(黝務敵人, 舍專守己, 子夏篤信聖人, 曾子反求諸己 …… 言孟施舍雖似曾子, 然其所守, 乃一身之氣, 又不如曾子之反身循理, 所守尤得其要也.)"라고 하였다.

볼 수 있다.

○ 朱子曰 : "所守者約."177)

주자(朱子 : 朱熹)가 말하였다. "지킨 것이 요약되었다."

○ 動, 猶動輒也. '謀' · '交' · '傳'非一事, 故言'動'.

'고동필구저신(故動必求諸身)'에서 '동(動)'자는 '동첩(動輒 : 하는 일마다)'이라는 말과 같다. '모(謀 : 도모함)' · '교(交 : 사귐)' · '전(傳 : 전수받음)'은 하나의 일이 아니기 때문에 '동(動 : 행동하다)'이라고 하였다.

○ 尹說重在'約'一字, 而論此章正意.

윤돈의 말은 중점이 '약(約 : 잘 단속함)'이라는 하나의 글자에 있는데, 이 장(章)의 진정한 뜻을 논하였다.

朱註

謝氏曰 : "諸子之學, 皆出於聖人, 其後愈遠而愈失其眞.

사씨(謝氏 : 謝良佐)가 말하였다. "여러 제자의 학문이 모두 성인에게서 나왔지만 그 후에는 멀어지면 멀어질수록 더욱 그 참된 것을 잃었다.

詳說

○ 孔門諸子.

'제자지학(諸子之學)'에서 '제자(諸子)'는 공자 문하의 여러 제자이다.

○ 指諸子之弟子, 又其弟子.

'기후유원이유실기진(其後愈遠而愈失其眞)'에서 '기후(其後)'는 공자 문하의 여러 제자의 제자들과 또 그들의 제자를 가리킨다.

○ 新安陳氏曰 : "如子夏傳田子方, 其流爲莊周之類."178)

신안 진씨(新安陳氏 : 陳櫟)가 말하였다. "예컨대 자하가 전자방(田子方 : 田無擇)179)

---

177) 『주자어류(朱子語類)』 권52, 18조목에서 "曾子守約, 不是守那約, 言所守者約耳.(증자가 자신을 지킴에 잘 단속했다는 것은 약속을 잘 지킨다는 것이 아니라, 지킨 것이 요약되었음을 말할 뿐이다.)"라고 하였다.

178) 호광 편(胡廣 編), 『논어집주대전(論語集註大全)』 권1.

179) 전무택(田無擇) : 자(字)가 자방(子方)이고, 전국 시대 때 위(魏)나라 사람이다. 자공(子貢)에게 공부했지만, 도가적 성향이 강해서 『장자』 외편의 편명이 될 정도로 도가학자로 분류된다. 위문후(魏文侯)의 스승이 되어 많은 일화를 남긴 것으로 유명하다.

에게 전수해 주고, 그 유파가 장주(莊周)의 무리가 된 것과 같다."

○ '眞'謂聖學之正.

'기후유원이유실기진(其後愈遠而愈失其眞)'에서 '진(眞 : 참된 것)'은 공자 학문의 정통을 말한다.

朱註

獨曾子之學, 專用心於內, 故傳之無弊, 觀於子思·孟子可見矣.

유독 증자(曾子)의 학문은 오로지 내면에 신경을 썼다. 그러므로 전수해 줌에 폐단이 없었으니, 자사(子思)와 맹자에게 살펴보면 알 수 있다.

詳說

○ 襯省身.

'전용심어내(專用心於內 : 오로지 내면에 신경을 썼다)'라는 말은 자신을 반성하는 일에 결부된다.

○ 單提本文中一'傳'字以立說.

'고전지무폐(故傳之無弊)'라고 말한 것은 『논어(論語)』 본문 가운데 '전(傳 전수받음)'자만을 단독으로 제기하여, 주장을 세웠다.

○ 觀於子思·孟子之相傳無弊, 而可見其學之專心於內也.

'관어자사·맹자가견의(觀於子思·孟子可見矣)'라고 한 구절은 자사가 맹자에게 전수해 준 것을 살펴보면 폐단이 없으니, 그 학문이 오로지 내면에 신경 씀을 알 수 있다.

朱註

惜乎, 其嘉言善行, 不盡傳於世也! 其幸存而未泯者, 學者其可不盡心乎?"

애석하다, 그 훌륭한 말과 선한 행위가 세상에 다 전해지지 못했구나! 다행히 남아 있어 없어지지 않은 것은, 배우는 자들이 마음을 다하지 않을 수 있겠는가?"

詳說

○ 去聲.

'기가언선행(其嘉言善行)'에서 '행(行)'자는 거성(去聲)이다.

○ 皆失於秦火.

'부진전어세야(不盡傳於世也 : 세상에 다 전해지지 못했다)'라는 구절은, 모두 진(秦)

나라의 분서(焚書) 때 잃어버린 것을 말한다.

○ 彌盡反.

'기행존이미민자(其幸存而未泯者)'에서 '민(泯)'은 '미(彌)'와 '진(盡)'의 반절(反切)이다.

○ 通指『論語』中所載曾子之言行, 而歸重於此章.

'기행존이미민자(其幸存而未泯者 : 다행히 남아 있어 없어지지 않은 것)'는 『논어(論語)』에 실린 증자의 언행을 통틀어 가리키고, 그 중점을 이 장(章)으로 돌렸다.

○ 新安陳氏曰 : "三省, 早年事; 一貫, 晩年事."180)

신안 진씨(新安陳氏 : 陳櫟)가 말하였다. "세 가지로 반성하는 것은 젊을 때의 일이고, 하나로 꿰뚫었다라고 한 것은 늙었을 때의 일이다."

○ 廣平游氏曰 : "推類而日省之, 則學者之所省又不止此而已."181)

광평 유씨(廣平游氏 : 游酢)가 말하였다. "이러한 것들을 미루어 매일 반성한다면 배우는 사람이 반성해야 하는 사안이 또 여기에 그쳐서는 안 된다."

○ 謝說重在'內'一字, 而於此章正意外贊美曾子之學以勉學者云.

사량좌(謝良佐) 말의 중점은 '전용심어내(專用心於內)'에서 '내(內 : 내면)'자에 있으니, 이 장의 진정한 뜻 밖에서 증자의 학문을 찬미하여 배우는 사람들을 권면하였다.

---

180) 호광 편(胡廣 編), 『논어집주대전(論語集註大全)』 권1에 진력(陳櫟)의 말로 "如何反以悟一貫爲早年事, 加三省爲晩年事乎?(무엇 때문에 반대로 해서 하나로 꿰뚫어 깨달은 것이 젊을 때의 일이고, 세 가지로 반성하는 것은 만년의 일이라고 하는가?)"라고 실려 있다.

181) 유초(游酢), 『유치산집(游廌山集』 권1에서 "此特曾子之省身者而已. 若夫學者之所省, 又不止此, 事親有不足於孝, 事長有不足於敬歟? 行或愧於心, 而言或浮於行歟? 慾有所未窒, 而忿有所未懲歟? 推是類而日省之, 則曾子之誠身, 庶乎可以跂及矣. 古之人所謂夜以計過, 無憾而後卽安者, 亦曾子之意. 曾子於正心·誠意之道, 宜無須臾忌也, 惟以應物之際, 恐或失念而違仁, 故日所省者三事而已.(이는 다만 증자가 자신을 반성한 것일 뿐이다. 그런데 배우는 사람이 반성해야 하는 것은 또 여기에 그쳐서는 안 되니, 부모를 섬김에 효도를 충분하게 하지 않았는지 윗사람을 섬김에 공경하지 않았는지를 반성해야 하고, 행동이 간혹 마음에 부끄러움이 없었는지 말이 간혹 행동보다 경솔하지 않았는지를 반성해야 하며, 욕망이 질곡 되지 않음이 있었는지 분노에 뉘우칠 일이 있었는지를 반성해야 한다. 이러한 것들을 미루어서 매일 반성한다면 증자가 자신을 성실하게 한 것에도 거의 이르기를 바랄 수 있을 것이다. 옛사람들이 이른바 밤에 하루 동안 잘못한 일을 헤아려서 유감이 없은 뒤에 바로 편안할 수 있다는 것이 또한 증자의 뜻이다. 증자는 마음을 바로잡고 뜻을 성실하게 하는 도리에 잠깐 동안도 거리낌이 없어야 했으니, 오직 사물과 감응할 때 간혹 염두에 두고 있던 것을 잃어서 인(仁)을 어기게 될까 염려했기 때문에 매일 반성한 것이 세 가지 일일 뿐이었다.)"라고 하였다.

[1-5-1]

子曰:“道千乘之國, 敬事而信, 節用而愛人, 使民以時.”
공자가 말하였다. “천승(千乘)의 나라[182]를 다스림에는 일을 공경스럽게 하고 백성을 믿게 하며, 비용을 절약하고 백성을 사랑하며, 백성을 부리기를 때에 맞게 해야 한다.”

朱註

‘道·乘’, 幷去聲.
‘도천승지국(道千乘之國)’에서 ‘도(道: 다스리다)’와 ‘승(乘: 탈 것)’은 모두 거성(去聲)이다.

詳說

○ 凡文句中間著‘而’字者, 上下爲二義: 著‘以’字者, 上下爲一義.
무릇 글의 구절 중간에 ‘이(而)’자를 쓴 것은 앞뒤가 두 가지 의미이고, ‘이(以)’자를 쓴 것은 앞뒤가 하나의 의미이기 때문이다.

朱註

道, 治也. 千乘, 諸侯之國, 其地可出兵車千乘者也.
도(道)는 다스림이다. 천승(千乘)은 제후의 나라이니, 그 땅에서 군용 수레 천승(千乘)이 나올 수 있는 곳이다.

詳說

○ 朱子曰:“政教·法令, 治之事也; 道者, 治之理也, 以爲政之心言也.”[183]

---

182) 천승(千乘)의 나라: 천승(千乘)은 네 마리 말이 끄는 군용 수레 일 천 량(輛)을 의미한다. 그러므로 천승의 나라는 4천 마리의 말을 동원할 수 있는 나라, 즉 제후국을 가리킨다.

183) 『사서혹문(四書或問)』 권6에는 “或問:‘道之爲治, 何也?’ 曰:‘道者, 治之理也, 以爲政者之心而言也.’ 曰:‘然則曷爲不言治?’ 曰:‘治者, 政教·號令之爲治之事也. 夫子之所言者, 心也非事也.’(어떤 사람이 물었다. ‘도(道)를 다스림이라고 한 것은 무엇 때문입니까?’ 주자(朱子: 朱熹)가 대답하였다. ‘도는 다스림의 이치이니, 위정자의 마음으로 말한 것이다.’ 또 물었다. ‘그렇다면 어찌 다스림이라고 말하지 않았습니까?’ 주자(朱子: 朱熹)가 대답하였다. ‘다스림은 정치적 교시와 명령을 포고하는 다스리는 일이다. 공자가 말한 것은 마음이지 일이 아니다.’)”라고 하였다.

'도, 치야(道, 治也)'에 대해, 주자(朱子 : 朱熹)가 말하였다. "정치적 교시와 법령은 다스림의 일이고, 도(道)는 다스림의 이치이니, 정치를 하는 사람의 마음으로 말한 것이다."

○ 馬氏融曰 : "八百家出車一乘, 甲士三人, 步卒七十二人."[184]

마융(馬融)[185]이 말하였다. "8백 가구에서 수레 1승(乘)에, 갑사(甲士 : 갑등급 전사) 3인과 보병 72인이 나온다."

○ 朱子曰 : "此等處只要識得古制大意, 細微處亦不必大段費力考究."[186]

주자(朱子 : 朱熹)가 말하였다. "이곳은 다만 옛 제도의 큰 뜻만 알면 되지 미세한 곳은 크게 힘을 낭비하면서 고찰할 필요가 없다."

朱註

敬者, '主一無適'之謂.

경(敬)은 '마음을 전일하게 하여 흩어지지 않게 함[主一無適]'을 말한다.

詳說

○ 程子曰 : "'主一'之謂敬, '無適'之謂一."[187]

정자(程子)가 말하였다. "'마음을 전일하게 하는 것'을 경(敬)이라 하고, '흩어지지 않게 하는 것'을 일(一)이라고 한다."

○ 朱子曰 : "自秦以來, 無人識'敬'字, 至程子方說得親切. 故此合而言之."[188]

184) 채청(蔡清), 『역경몽인(四書蒙引)』 권5.

185) 마융(馬融, 79~166) : 자는 계장(季長)이고, 부풍 무릉(扶風茂陵 : 현 섬서성 흥평(興平)) 사람이다. 중국 동한(東漢) 시대의 저명한 경학가로서 고문경학(古文經學)에 밝았다. 안제(安帝)와 환제(桓帝) 때에 벼슬하여 교서랑(校書郎), 남군태수(南郡太守), 의랑(議郎) 등을 역임하였다. 학식이 해박하고 재능이 높아 천여 명의 문도들을 가르쳤는데, 당대의 석학인 정현(鄭玄), 노식(盧植) 등이 그 문하에서 배출되었다. 『춘추삼전이동설(春秋三傳異同說)』을 짓고, 『효경(孝經)』·『논어(論語)』·『시경(詩經)』·『주역(周易)』·『삼례』·『상서(尚書)』·『열녀전』·『노자』·『회남자』·『이소(離騷)』 등을 주석하였다. 문집 21편이 있었으나 지금은 그 단편(斷片)만이 남아 있다.

186) 황진성(黃鎮成), 『상서통고(尚書通考)』 권10.

187) 정호·정이(程顥·程頤), 『이정수언(二程粹言)』 권상(卷上)에는 "或問敬. 子曰 : '主一之謂敬.' 何謂一? 子曰 : '無適之謂一.'(어떤 사람이 경(敬)에 대해 물었다. 정자(程子)가 대답하였다. '마음을 전일하게 하는 것을 경(敬)이라고 한다.' 무엇을 전일하다고 합니까? 정자가 대답하였다. '흩어지지 않게 하는 것을 일(一)이라고 한다.')"라고 되어 있다.

188) 호광 편(胡廣 編), 『논어집주대전(論語集註大全)』 권1에는 "朱子曰 : '自秦以來, 無人識敬字,

주자(朱子 : 朱熹)가 말하였다. "진(秦)나라 이래로 '경'자를 제대로 안 사람이 아무도 없었는데, 정자에 이르러 비로소 친밀하고 절실하게 알았다. 그러므로 이에 합쳐 말하였다.189)"

◯ **覺軒蔡氏曰 : "敬該動靜, 此章主動而言."**190)

각헌 채씨(覺軒蔡氏 : 蔡模)가 말하였다. "경은 움직임과 고요함을 다 갖추고 있는데, 이 장(章)은 움직임을 위주로 말하였다."

朱註

敬事而信者, 敬其事而信於民也.

일을 공경스럽게 하고 백성을 믿게 한다는 것은 자기의 일을 공경스럽게 하고 백성에게 신임을 얻는다는 것이다.

詳說

◯ **'己'也.**

'경기사이신어민야(敬其事而信於民也)'에서 '기(其)'자는 '기(己 : 자기 자신)'이다.

◯ **朱子曰 : "信是不欺其民."**191)

至程子方說得親切. 曰'主一之謂敬,無適之謂一', 故此合而言之.'(주자(朱子 : 朱熹)가 말하였다. '진(秦)나라 이래로 '경'자를 제대로 안 사람이 아무도 없었는데, 정자에 이르러 비로소 친밀하고 절실하게 말하였다. '마음을 전일하게 하는 것을 경이라 하고, 흩어지지 않게 하는 것을 일이라고 한다.'라고 말했으므로, 이는 합쳐서 말한 것이다.')"라고 되어 있다. 하지만 『주자어류(朱子語類)』 권12, 「학문6(學文六)」 73조목에는 "或曰 : '自秦漢以來, 諸儒皆不識這'敬'字, 直至程子方說得親切, 學者知所用力.' 曰 : '程子說得如此親切了.'(어떤 사람이 말하였다. '진한시대 이래로 여러 학자들이 모두 '경'자를 제대로 알지 못했는데, 바로 정자에 이르러 비로소 친밀하고 절실하게 말해서, 배우는 사람들이 노력할 곳을 알게 되었습니다.' 주자(朱子 : 朱熹)가 말하였다. '정자가 말한 것은 이처럼 친밀하고 절실하였다.')"라고 하였다.

189) 그러므로 이에 합쳐서 말하였다 : '경(敬)'자를 설명할 때 '주일(主一 : 마음을 전일하게 함)'과 '무적(無適 : 마음을 흩어지지 않게 함)'을 합쳐서 말했다는 것을 의미한다.

190) 호광 편(胡廣 編), 『논어집주대전(論語集註大全)』 권1에는 채모(蔡模)의 말로서 "敬該動靜, 主一亦該動靜. 此章'敬'字, 乃是主動而言.(경은 움직임과 고요함을 다 갖추고 있고, 마음을 전일하게 하는 것도 또한 움직임과 고요함을 다 갖추고 있다. 이 장의 '경'자는 움직임을 위주로 말하였다.)"라고 실려 있다.

191) 주희, 『주문공문집(朱文公文集)』 권48, 「답여자약(答呂子約)」에는 "信是與民有信, 期會賞罰不欺其民.(신은 백성과 신뢰가 있는 것이니, 기일을 맞추는 것과 상벌에 그 백성을 속이지 않는

주자(朱子 : 朱熹)가 말하였다. “신(信)은 그 백성을 속이지 않는 것이다.”

○ 此十三字, 因訓‘敬’字而遂訓此一句之言, 如上孝弟章之訓‘爲仁’也. 蓋添‘其 · 民’二字, 以足本文未足之言.

‘경사이신자, 경기사이신어민야(敬事而信者, 敬其事而信於民也)’라는 열세 글자는 ‘경(敬)’자의 풀이로 말미암아 마침내 ‘경사이신(敬事而信)’이라는 구절을 해석한 것이니, 예컨대 위의 효제장(孝弟章)에서 ‘인(仁)을 실천하다’라는 말을 해석한 것과 같다. 대개 주자는 『논어(論語)』 ‘경사이신(敬事而信)’에 대한 주석에서 ‘경기사이신어민야(敬其事而信於民也)’라고 하여, ‘기(其)’ · ‘민(民)’이라는 두 글자를 보태어서 『논어(論語)』 본문의 미흡한 말을 충족시켰다.

朱註

‘時’, 謂農隙之時.

‘사민이시(使民以時)’에서 ‘시(時)’는 농사에 여유가 있는 때를 말한다.

詳說

○ 乞逆反.

‘위농극지시(謂農隙之時)’에서 ‘극(隙)’은 ‘걸(乞)’과 ‘역(逆)’의 반절(反切)이다.

○ 訓畢.

여기까지 이 구절에 대한 훈고가 끝났다.

○ 此下當釋文義. 而文義無可釋, 故止通論五者而已.

이 아래는 경문의 의미를 해석해야 하지만 경문의 의미를 해석할 만한 것이 없기 때문에 다섯 가지[敬事, 信, 節用, 愛人, 使民以時]에 대해 총괄적으로 논의했을 뿐이다.

朱註

言治國之要, 在此五者, 亦務本之意也.

나라를 다스리는 요점이 이 다섯 가지에 있다고 말한 것은 또한 근본에 힘쓴다는 뜻이다.

것이다.)”라고 되어 있다.

詳說

◯ 治道非止於五, 而止言五, 故云'要'. '要'字雖是言外, 而實是正意.

나라를 다스리는 일이 이 다섯 가지에 그치는 것은 아니지만 다섯 가지를 말하는 데 그쳤기 때문에 주자는 '요(要 : 요점)'라고 말하였다. '요(要)'자는 비록 말 밖의 것이지만 실제로는 진정하다는 뜻이다.

◯ 敬, 信, 節, 愛, 時.

'재차오자(在此五者)'에서 '오자(五者 : 다섯 가지)'는 경(敬), 신(信), 절(節), 애(愛), 시(時)이다.

◯ 照前章而云'亦'.

'역무본지의야(亦務本之意也)'에서 '역(亦)'이라고 한 것은 앞 장(章)에 비추어서 '역(亦)'이라고 말하였다.

◯ '本'字從'要'字來.

'역무본지의야(亦務本之意也)'에서 '본(本)'자는 '치국지요(治國之要)'에서 '요(要)' 자로부터 왔다.

◯ 慶源輔氏曰 : "前四章是爲學之本, 此五者是治國之本."[192)]

경원 보씨(慶源輔氏 : 輔廣)가 말하였다. "앞의 네 개의 장(章)에서 말한 것은 학문을 하는 근본이었고, 여기의 다섯 가지는 나라를 다스리는 근본이다."

◯ 此雖通論一章, 而此章旣不分節, 故通論者在此, 而只以論餘意者置之圈下.

이는 비록 이 장을 총괄적으로 논한 것이지만, 이 장이 이미 구절이 나누어지지 않았기 때문에 총괄적으로 논한 것이 여기에 있고, 다만 그 나머지 뜻을 논한 것으로 주석의 '◯(圈)' 아래에 두었다.

朱註

◯ 程子曰 : "此言至淺, 然當時諸侯果能此, 亦足以治其國矣.

정자(程子)가 말하였다. "이 말은 지극히 천근(淺近)하지만, 당시 제후들이 과연 이를 잘 해낼 수 있었다면 또한 그 나라를 다스리기에 충분했을 것이다.

192) 호광 편(胡廣 編), 『논어집주대전(論語集註大全)』 권1.

詳說

○ 叔子.

'정자왈(程子曰)'에서 '정자(程子)'는 동생 정이(程頤)이다.

○ 句.

'연당시제후과능차(然當時諸侯果能此)'에서 구절이 끊어진다.

朱註

聖人言雖至近, 上下皆通. 此三言者, 若推其極, 堯舜之治亦不過此.

성인은 그 말이 비록 지극히 평이(平易)하지만 위아래에 모두 소통된다. 여기서 이 세 가지로 말한 것을 만약 그 극한까지 미루어 가면 요순(堯舜)의 다스림도 또한 이를 넘어서지 않을 것이다.

詳說

○ 去聲.

'요순지치역불과차(堯舜之治亦不過此)'에서 '치(治 : 다스림)'자는 거성(去聲)이다.

○ 此以上論此章之文.

여기에서는 이 장(章)의 글을 논의하였다.

朱註

若常人之言近, 則淺近而已矣."[193]

만약 일반인들이 평이한 사안을 말한다면 그것은 천박할 뿐이다."

---

193) 정호 · 정이(程顥 · 程頤), 『하남정씨유서』(河南程氏遺書)』 권6에는 "有愛人之心, 然而使民亦有不時處, 此則至淺. 言當時治千乘之國若如此時, 亦可以治矣. 聖人之言, 雖至近, 上下皆通. 此三句若推其極, 堯舜之治亦不過此. 若常人之言近時, 便卽是淺近去.(남을 사랑하는 마음이 있지만 백성을 부림에 또한 때에 맞지 않은 점이 있다면 이는 지극히 천박할 것이다. 당시 천승(千乘)을 다스리는 나라에서 만약 이와 같이 할 수 있었을 때는 또한 잘 다스릴 수 있었을 것이다. 성인은 그 말이 비록 지극히 평이(平易)하지만 위아래에 모두 소통된다. 여기서 이 세 구절을 만약 그 극한까지 미루어 가면 요순(堯舜)의 다스림도 또한 이것을 넘어서지 않을 것이다. 만약 일반인들이 평이한 것을 말할 때라면 그것은 바로 천박할 것이다.)"라고 되어 있다.

詳說

○ 此又言文外之意, 而收'淺近'二字.

이는 또 글 밖의 뜻을 말했고 '천근(淺近 : 천박함)'이라는 두 글자로 거두어들였다.

朱註

楊氏曰 : "上不敬則下慢, 不信則下疑. 下慢而疑, 事不立矣.

양씨(楊氏 : 楊時)[194]가 말하였다. "윗사람이 공경스럽게 하지 않으면 아랫사람이 태만하고, 믿음을 주지 않으면 아랫사람이 의심한다. 아랫사람이 태만하고 의심하면 일이 성립되지 않는다.

詳說

○ 『大全』曰 : "名時, 字中立, 號龜山. 延平人, 程門高弟."

'양씨왈(楊氏曰)'에서 '양씨(楊氏)'에 대해, 『논어집주대전』에서 말하였다. "이름은 시(時)이고, 자는 중립(中立)이며, 호는 구산(龜山)이다. 연평(延平 : 현 복건성 남평시(南平市) 연평구) 사람으로 정자(程子) 문하의 뛰어난 제자이다."

○ 朱子曰 : "龜山解經, 常有牽引纏底病."[195]

주자(朱子 : 朱熹)가 말하였다. "구산(龜山 : 楊時)이 경전을 풀이한 것에는 늘 견강부회해서 뒤얽어 매는 문제점이 있다."

○ 此下似宜又有'上'字而無者, 蒙上也.

'상불경즉하만(上不敬則下慢)'이라는 구절 아래에 마땅히 또 '상(上 : 윗사람)'이라

---

194) 양시(楊時, 1053~1135) : 자는 중립(中立)이고, 호는 구산(龜山)이며, 시호는 문정(文靖)이다. 북송 시대 검남 장락(劍南將樂 : 현 복건성 장락현) 사람이다. 신종(神宗) 희녕(熙寧) 9년(1076)에 진사에 급제하였지만, 관직에 나가지 않고 10년 동안 칩거하다가 형주교수(荊州教授), 우간의대부(右諫議大夫), 국자감좨주(國子監祭酒), 공부시랑(工部侍郞), 용도각직학사(龍圖閣直學士) 등을 역임하였다. 정호(程顥)·정이(程頤) 형제에게 사사(師事)했는데, 특히 형 정호의 신임을 받았다. 민학(閩學)의 창시자로서, 유초(游酢), 여대림(呂大臨), 사량좌와 함께 정문 사선생(程門四先生)으로 불렸다. 그의 학문 계통에서 주희·장식(張栻)·여조겸(呂祖謙) 등 뛰어난 학자가 많이 배출되었다. 저서에 『구산집(龜山集)』, 『구산어록(龜山語錄)』, 『이정수언(二程粹言)』 등이 있다.

195) 『주자어류(朱子語類)』 권34, 「논어16(論語十六)」, 96조목에는 "龜山解經, 常有箇纏底病.(구산이 경전을 풀이한 것에는 늘 뒤얽어 매는 문제점이 있다.)"라고 되어 있다.

는 글자가 있어야 할 것 같은데 없는 것은 위로 이어지기 때문이다.

○ 收上二句.

'하만이의(下慢而疑)'는 위 두 구절을 거두어들였다.

○ 以'事'字幷該'信', 而把此一句作一串事論之. 蓋依本文三句而爲說, 不復分爲五事, 與朱子意少異.

'사불립의(事不立矣)'에서 '사(事)'자는 '불신즉하의(不信則下疑)'에서 '신(信)'자를 아울러 갖추었고, 이 하나의 구절을 한 맥락의 일로 간주해서 논하였다. 그것은 대개 본문의 3개의 구절에 의거하여 말한 것으로 다시 다섯 가지 일로 나누지 않았으니, 주자의 뜻과는 조금 차이가 있다.

朱註

敬事而信, 以身先之也.

일을 공경스럽게 하고 백성을 믿게 한다는 것은 몸소 솔선수범하는 일이다.

詳說

○ 上之身.

'이신선지야(以身先之也)'에서 '신(身)'은 윗사람의 몸이다.

○ 以上論'敬事而信'一句.

위에서는 '일을 공경스럽게 하고 백성을 믿게 한다.'라는 구절을 논의하였다.

朱註

『易』曰: "節以制度, 不傷財, 不害民." 蓋侈用則傷財, 傷財必至於害民. 故愛民必先於節用.

『역(易)』에서 말하였다. "절약하여 법도를 제정해서 재물을 손상하지 않고 백성을 해롭게 하지 않는다."[196] 대개 비용을 낭비하면 재물을 손상시키고, 재물을 손상시키면 반드시 백성을 해롭게 하는 데 이른다. 그러므로 백성을 사랑하는 것은 반드시 비용을 절약하는 것을 우선으로 한다.

---

196) 『역(易)』 절(節)괘 「단전(彖傳)」에서 "하늘과 땅이 절제하여 사계절을 이루니 절제하여 법도를 제정해서 재물을 손상하지 않고 백성을 해롭게 하지 않는다.(天地節而四時成, 節以制度, 不傷財, 不害民.)"라고 하였다.

詳說

○ 節「彖傳」

'『역』왈(『易』曰)'에서 '『역(易)』'은 「절괘(節卦) 단전(彖傳)」이다.

○ 此申解『易』語, 而此下遂引以歸之本文之意.

이는 『역(易)』의 말을 펼쳐서 풀이하여, 이 아래의 글을 끌어당겨 본문의 뜻으로 귀결시킨 것이다.

○ 猶'以'也.

'고애민필선어절용(故愛民必先於節用)'에서 '어(於)'자는 '이(以)'자와 같다.

○ 以上論節用愛民一句, 而亦把作一串事.

위에서는 비용을 절약하고 백성을 사랑한다는 구절을 논의했고, 또한 그것을 한 맥락의 일로 간주하였다.

朱註

然使之不以其時, 則力本者不獲自盡, 雖有愛人之心, 而人不被其澤矣.

그러나 백성을 부리기를 때에 맞게 하지 않으면 본업(本業 : 농사)에 힘쓰는 사람들은 농사에 자신의 힘을 다할 수 없으니, 비록 윗사람이 사람들을 사랑하는 마음을 가지고 있더라도 사람들이 그 은택을 입지 못할 것이다.

詳說

○ 此'然'字承愛民之意. 蓋將論'使民以時', 而幷帶愛民意下來, 若曰愛民必在於使以時云.

'연사지불이기시(然使之不以其時)'에서 '연(然)'자는 백성을 사랑한다는 뜻을 이어받았다. 대개 '백성을 부리기를 때에 맞게 해야 한다.'라는 것을 논함에 백성을 사랑한다는 뜻을 아울러 겸하여 포함하니, 백성을 사랑하는 것은 반드시 때에 맞추어 부려야 하는 데 달려 있다고 말하는 것과 같다.

○ 新安陳氏曰 : "謂農事."[197]

'즉역본자불획자진(則力本者不獲自盡)'에서 '역본(力本 : 본업에 힘쓰다)'에 대해, 신안 진씨(新安陳氏 : 陳櫟)가 말하였다. "이는 농사를 말한다."

197) 호광 편(胡廣 編), 『논어집주대전(論語集註大全)』 권1.

○ 出『書』「咸有一德」, 言不得自盡其力也.

‘즉역본자불획자진(則力本者不獲自盡)’에서 ‘불획자진(不獲自盡)’이라는 구절은 『서경(書經)』「함유일덕(咸有一德)」에 나오는데,198) 스스로 그 힘을 다 쏟지 못한다는 것을 말한다.

○ 以上論‘使民以時’一句.

위에서는 ‘백성을 부리기를 때에 맞게 해야 한다’라는 구절을 논의하였다.

朱註

然此特論其所存而已, 未及爲政也. 苟無是心, 則雖有政, 不行焉.”

그러나 이는 그 마음속에 보존해야 하는 것을 논의했을 뿐, 정사(政事)를 하는 데는 미치지 못하였다. 이러한 마음이 없다면 정사가 있더라도 시행되지 못할 것이다.”

詳說

○ 此‘然’字通承上三句意.

‘연차특논기소존이이(然此特論其所存而已)’에서 ‘연(然)’자는 위 3개 구절의 뜻을 총괄하여 이어받았다.

○ 謂存於心者.

‘연차특논기소존이이(然此特論其所存而已)’에서 ‘기소존(其所存)’은 마음속에 보존한다는 것을 말한다.

○ 此句通論此章之言.

‘연차특논기소존이이(然此特論其所存而已)’라는 구절은 이 장(章)의 말을 총괄하여 논의한 것이다.

○ 程子曰: “‘敬事’以下論其所存, 未及治具, 故不及禮樂刑政.”199)

---

198) ‘불획자진(不獲自盡)’이라는 구절은 『서경(書經)』「함유일덕(咸有一德)」에 나오는데 : 『서(書)』「상서(商書)·함유일덕(咸有一德)」에서 “군주는 백성이 아니면 부릴 사람이 없으며, 백성은 군주가 아니면 섬길 사람이 없으니, 스스로 크다 하여 남을 좁게 여기지 마십시오. 평범한 사람들이 스스로 그 힘을 다 쏟지 못하면 백성의 주인은 더불어 그 공로를 이루지 못할 것입니다.(后非民, 罔使; 民非后, 罔事, 無自廣以狹人. 匹夫匹婦不獲自盡, 民主罔與成厥功.)”라고 하였다.

199) 정호·정이(程顥·程頤), 『하남정씨외서(河南程氏外書)』 권6에는 “‘敬事而信’以下事論其所存, 未及治具, 故不及禮樂刑政.(‘일을 공경스럽게 하고 백성을 믿게 한다’라는 말 아래의 일은 그

정자(程子 : 程頤)가 말하였다. "'일을 공경스럽게 한다'라는 말 아래는 그 보존할 것을 논의하여 나라를 다스리는 조치를 언급하지 않았기 때문에 예악과 형벌·정치에는 미치지 않았다."

○ '政'則文外之意也.

'미급위정야(未及爲政也)'에서 '정(政)'은 글 밖의 뜻이다.

○ 此又歸重於此章之言.

'구무시심, 즉수유정, 불행언(苟無是心, 則雖有政, 不行焉)'이라는 구절은 또 이 장(章)의 말에 중점을 귀착시킨 것이다.

朱註

胡氏曰 : "凡此數者, 又皆以敬爲主."200)

호씨(胡氏 : 胡寅)201)가 말하였다. "무릇 이 몇 가지는 또 모두 경(敬)을 중심으로 하였다."

詳說

○『大全』曰 : "名寅, 字明仲, 號致堂. 建安人."

'호씨왈(胡氏曰)'에서 '호씨(胡氏)'에 대해, 『논어집주대전』에서 말하였다. "이름은 인(寅)이고, 자는 명중(明仲)이며, 호는 치당(致堂)이다. 건안(建安 : 현 복건성 건구시(建甌市)) 사람이다.

○ 朱子曰 : "欽夫殊不取胡明仲說. 他雖有未至處, 若是說得是者, 豈可廢?"202)

보존할 것을 논의하여 나라를 다스리는 조치를 언급하지 않았기 때문에 예악과 형벌·정치에는 미치지 않았다.)"라고 되어 있다.

200) 조순손(趙順孫), 『논어찬소(論語纂疏)』 권1.

201) 호인(胡寅, 1098~1156) : 자는 명중(明仲)이고, 호는 치당(致堂)이다. 송나라 때 건주 숭안(建州崇安 : 현 복건성 무이산시) 사람이다. 호안국(胡安國)의 동생 호순(胡淳)의 아들로서 호안국의 학술에 크게 영향을 받았다. 1121년에 진사 갑과에 급제하여 비서성교서랑(秘書省校書郞), 예부시랑 겸 시강(禮部侍郞兼侍講), 휘유각직학사(徽猷閣直學士) 등의 관직을 역임하였다. 저서로는 『논어상설(論語詳說)』, 『독사관견(讀史管見)』 등이 있다.

202) 『주자어류(朱子語類)』 권19, 「논어1(論語一)」, 67조목에는 "問 : '『語解』胡氏爲誰?' 曰 : '胡明仲也. 向見張欽夫殊不取其說, 某以爲不然. 他雖有未至處, 若是說得是者, 豈可廢!'(물었다. '장식의 『논어해』에서 호씨(胡氏)는 누구입니까?' 주자(朱子 : 朱熹)가 대답하였다. '호명중(胡明仲 : 胡寅)이다. 예전에 장흠부(張欽夫 : 張栻)가 호인의 주장을 전혀 취하지 않는 것을 보고 나

주자(朱子 : 朱熹)가 말하였다. "장흠부(張欽夫 : 張栻)[203]는 호명중(胡明仲 : 胡寅)의 주장을 전혀 취하지 않았다. 호인이 비록 이르지 못한 곳이 있지만 만약 옳게 말한 것이라면 어찌 폐기할 수 있겠는가?"

○ 五者中歸重於敬而爲之本, 非惟爲五者之本. 凡天下之事寧有敬不爲本者哉?

다섯 가지 가운데서 경(敬)에로 중점이 귀착되어 그것이 근본이 되지만, 경(敬)은 오직 이 다섯 가지의 근본만 되는 것이 아니다. 무릇 천하의 일에 어찌 경(敬)이 근본이 되지 않는 것이 있겠는가?

朱註

愚謂 : 五者反復相因, 各有次第, 讀者宜細推之.

내가 생각건대, 이 다섯 가지는 반복하여 서로 원인이 되어 각각 차례가 있으니, 독자들은 마땅히 자세히 미루어 보아야 할 것이다.

詳說

○ '覆'同, 一作'覆'.

'오자반복상인(五者反復相因)'에서 '복(復)'자는 '복(覆)'과 같으니, 어떤 판본에는 '복(覆)'으로 되어 있다.

○ 朱子曰 : "能敬方能信, 能敬信方能節用, 能節用方能愛人, 能愛人方能使民時, 是下因乎上. 敬了又須信, 信了又須節用, 節用又須愛人, 愛人又須使民時, 是上因乎下. 須看能如此方能如此, 又看能如此又不可不如此之意."[204]

는 그렇지는 않다고 여겼다. 호인이 비록 이르지 못한 곳이 있지만 만약 옳게 말한 것이라면 어찌 폐기할 수 있겠는가?')"라고 되어 있다.

203) 장식(張栻, 1133~1180) : 자는 경부(敬夫)·흠부(欽夫)·낙재(樂齋)이고, 호는 남헌(南軒)이다. 송나라 때 한주 금죽(漢州錦竹 : 현 사천성 광한현(廣漢縣)) 사람이다. 그의 부친 장준(張浚)은 송(宋) 고종(高宗)과 효종(孝宗) 양 조정에서 승상(丞相)을 지냈고 위국공(魏國公)에 봉해졌기 때문에, 그도 일찍이 출사하여 이부시랑(吏部侍郞) 겸 시강(侍講), 비각수찬(秘閣修撰), 우문전수찬(右文殿修撰) 등을 역임하였으나, 잦은 직언 때문에 퇴임하였다. 주희보다 세 살 어리지만 여조겸(呂祖謙)과 더불어 친구로 지냈으며, 후대에 이들 셋을 '동남삼현(東南三賢)'이라고 부른다. 장식은 스승 호굉(胡宏)으로부터 이어지는 호상학파(胡湘學派)를 정립하였으며, 그의 찰식단예설(察識端倪說)은 주희의 중화구설(中和舊說)을 확립하는 데 중요한 역할을 하였다. 저서는 『남헌역설(南軒易說)』, 『계사논어해(癸巳論語解)』, 『맹자설(孟子說)』, 『이천수언(伊川粹言)』, 『남헌집(南軒集)』 등이 있다.

204) 이 구절은 전체가 주자의 말로는 보이지 않고, 진식과 주자의 말을 함께 편집한 것으로 보인

주자(朱子 : 朱熹)가 말하였다. “공경스럽게 할 수 있어야 비로소 백성에게 믿게 할 수 있고, 백성에게 공경스럽고 믿게 할 수 있어야 비로소 비용을 절약할 수 있으며, 비용을 절약할 수 있어야 비로소 사람들을 사랑할 수 있고, 사람들을 사랑할 수 있어야 비로소 때에 맞추어 백성을 부릴 수 있으니, 이는 아랫사람이 윗사람을 따르는 것이다. 공경스럽게 하고도 또 백성에게 믿게 해야 하고, 백성에게 믿게 하고도 또 비용을 절약해야 하며, 비용을 절약하고도 또 사람들을 사랑해야 하고, 사람들을 사랑하고도 또 백성을 때에 맞추어 부려야 하니, 이는 윗사람이 아랫사람을 따르는 것이다. 모름지기 이와 같이 할 수 있어야 비로소 이와 같이 할 수 있다는 것을 볼 수 있고, 또 이와 같이 할 수 있으면서 또 이와 같이 하지 않을 수 없다는 뜻을 볼 수 있다.”

다. 진식(陳埴), 『목종집(木鍾集)』 권1에서 “能敬方能信, 能信方能節用, 能節用方能愛人, 能愛人方能以時使民, 此相因之序. 敬又須信, 信又須節用, 節用又須愛人, 愛人又須使民以時, 此反覆相因也.(공경스럽게 할 수 있어야 비로소 백성에게 믿게 할 수 있고, 백성에게 믿게 할 수 있어야 비로소 비용을 절약할 수 있으며, 비용을 절약할 수 있어야 비로소 사람들을 사랑할 수 있고, 사람들을 사랑할 수 있어야 비로소 때에 맞추어 백성을 부릴 수 있으니, 이것이 서로 원인이 되는 순서이다. 공경스럽게 하고도 또 백성에게 믿게 해야 하고, 백성에게 믿게 하고도 또 비용을 절약해야 하며, 비용을 절약하고도 또 사람들을 사랑해야 하고, 사람들을 사랑하고도 또 백성을 때에 맞추어 부려야 하니, 이것이 반복해서 서로 원인이 되는 것이다.)”라고 하였다. 주희(朱熹), 『주문공문집(朱文公文集)』 권57, 「답이요경(答李堯卿)」에서 “此等處, 須看有能如此, 後方能如此之意; 又看有能如此, 後又不可不如此之意. 反復推之乃見曲折.(이러한 곳은 반드시 어떤 사람이 이와 같이 할 수 있은 뒤에 비로소 이와 같이 할 수 있다는 뜻을 보아야 하고, 또 어떤 사람이 이와 같이 할 수 있은 뒤에 또 이와 같이 하지 않을 수 없다는 뜻을 보아야 한다. 반복해서 그것을 미루어 가야 그 속의 복잡한 내용을 알 수 있다.)”라고 하였다.

[1-6-1]

子曰:“弟子入則孝, 出則弟, 謹而信, 汎愛衆, 而親仁. 行有餘力, 則以學文.”
공자가 말하였다. “제자(弟子 : 초학자)는 집에 들어가서는 효도하고, 나와서는 공손하며, 행동을 삼가고 말을 진실하게 하며, 널리 여러 사람들을 사랑하되 인(仁)한 사람을 가까이해야 한다. 이것을 실행하고 여력이 있으면 문(文 : 六藝)을 배워야 한다.”

朱註

‘弟子’之‘弟’, 上聲. ‘則弟’之‘弟’, 去聲.

‘제자입즉효(弟子入則孝)’에서 ‘제(弟)’자는 상성(上聲)이고, ‘출즉제(出則弟)’에서 ‘제(弟)’자는 거성(去聲)이다.[205)]

詳說

○ ‘弟子’, 指初學. ‘行’, 謂行上有六事.

‘제자입즉효(弟子入則孝)’에서 ‘제자(弟子)’는 초학자를 가리킨다. ‘행유여력(行有餘力)’에서 ‘행(行)’은 앞에 있는 여섯 가지 일 즉 효(孝), 제(弟), 근(謹), 신(信), 애중(愛衆), 친인(親仁)을 실행하는 것을 말한다.

○ 二‘弟’字, 恐其相混, 故兩著音.

주자는 독자들이 ‘제자입즉효(弟子入則孝)’에서 ‘제(弟)’자와 ‘출즉제(出則弟)’에서 ‘제(弟)’자를 서로 혼동할까 염려했기 때문에 그 둘의 음(音)을 드러냈다.

朱註

‘謹’者, 行之有常也. 信者, 言之有實也.

‘근이신(謹而信)’에서 ‘근(謹)’은 행동에 항상됨이 있는 것이고, ‘신(信)’은 말에 진실함이 있는 것이다.

詳說

○ 去聲, 下‘德行’同.

---

205) ‘제자입즉효(弟子入則孝)’에서 ‘제(弟)’자는 상성(上聲)이고, …… ‘제(弟)’자는 거성(去聲)이다 : 상성(上聲)의 ‘제(弟)’자는 아우의 의미이고, 거성(去聲)의 ‘제(弟)’자는 공손하다는 의미이다.

'행지유상야(行之有常也)'에서 '행(行)'자는 거성(去聲)이고, 아래의 '덕행, 본야(德行, 本也)'에서 '덕행(德行)'도 마찬가지이다.

○ 專指言之信.

'신자, 언지유실야(信者, 言之有實也)'는 오로지 말이 진실한 것을 가리킨다.

○ 『易』「乾文言」曰 : "庸言之信, 庸行之謹."

『주역(周易)』「건괘(乾卦) · 문언전」에서 말하였다. "평상시의 말이 진실하고 평상시의 행동이 신중하다."206)

○ 朱子曰 : "謹愼, 言行相顧之謂."207)

주자(朱子 : 朱熹)가 말하였다. "행동을 삼가고 말을 진실하게 하는 것은 말과 행동이 서로 돌아봄을 말한다."

朱註

'汎', 廣也; '衆', 謂衆人. '親', 近也; '仁', 謂仁者.

'범애중(汎愛衆)'에서 '범(汎)'은 넓음이고, '중(衆)'은 여러 사람을 말한다. '이친인(而親仁)'에서 '친(親)'은 가까이하는 것이고, '인(仁)'은 어진 사람을 말한다.

詳說

○ 添'人'字.

주자는 '중, 위중인(衆, 謂衆人)'이라고 하여 '중(衆)'자에 '인(人)'자를 보탰다.

○ 惡人不在此中.

'위중인(謂衆人)'에서 '중인(衆人)'에는 악인(惡人)이 그 가운데 포함되지 않는다.

○ '者', 猶'人'也. 添此一字而本文乃明.

---

206) 평상시의 말이 진실하고 평상시의 행동이 신중하다 : 『주역(周易)』「건괘(乾卦) · 문언전」에서는 "구이(九二)에서 '나타난 용이 밭에 있으니 대인을 봄이 이롭다'라고 한 것은 무엇을 말하는가? 공자가 말하였다. '용의 덕으로 정중한 사람이니, 평상시의 말이 진실 되고 평상시의 행동이 신중하다. 사악한 것을 막고 성실함[誠]을 보존하며, 세상을 선하게 하고도 자신의 공로를 자랑하지 않으며, 덕이 넓어 교화한다. 『역(易)』에서 '나타난 용이 밭에 있으니 대인을 봄이 이롭다.'라고 하였으니, 이는 군주의 덕이다.'(九二曰, '見龍在田, 利見大人.' 何謂也? 子曰 : '龍德而正中者也, 庸言之信, 庸行之謹. 閑邪存其誠, 善世而不伐, 德博而化. 『易』 : '見龍在田, 利見大人.' 君德也.')"라고 하였다.

207) 『주자어류(朱子語類)』 권21, 「논어3(論語三)」, 25조목에는 "'信'是言行相顧之謂.('진실되다'는 말과 행동이 서로 돌아본다는 것을 말한다.)"라고 되어 있다.

‘위인자(謂仁者)’에서 ‘자(者)’자는 ‘인(人)’자와 같다. 이 한 글자를 보태어 본문이 더욱 분명해졌다.

○ **朱子曰 : “汎愛而不親仁, 又流於兼愛.”208)**

주자(朱子 : 朱熹)가 말하였다. “널리 사랑하되 인한 사람을 가까이하지 않으면, 또한 겸애로 흘러갔을 것이다.”

朱註

餘力, 猶言暇日. ‘以’, 用也. ‘文’, 謂詩書 · 六藝之文.

여력(餘力)은 겨를이 있을 때라고 말하는 것과 같다. ‘즉이학문(則以學文)’에서 ‘이(以)’자는 ‘용(用 : ~을 가지고)’이고, ‘문(文)’은 시서(詩書 : 시와 문장)와 육예(六藝)의 글을 말한다.

詳說

○ **雲峰胡氏曰 : “六事中, 每行一事有暇.”209)**

‘여력, 유언가일(餘力, 猶言暇日)’에서 ‘가일(暇日)’에 대해, 운봉 호씨(雲峯胡氏 : 胡炳文)가 말하였다. “여섯 가지 일 가운데 매번 하나의 일을 실행하고 겨를이 있을 때를 말한다.”

○ **言以暇日也. 於‘則以’二字, 可見汲汲孜孜 · 惟日不足之意.**

‘이, 용야(以, 用也)’에서 ‘용(用)’자는 겨를이 있을 때를 쓴다는 말이다. ‘즉이학문(則以學文)’의 ‘즉이(則以)’라는 두 글자에서 부지런히 노력하여 종일토록 실행했

---

208) 『주자어류(朱子語類)』 권21, 「논어3(論語三)」, 77조목에는 “聖人說出話, 兩頭都平. 若只說汎愛, 又流於兼愛矣.(성인이 말을 하면 양쪽이 모두 공평하다. 만약 다만 널리 사랑하라고만 말했다면 또한 겸애로 흘러갔을 것이다.)”라고 되어 있다.

209) 호병문, 『사서통』「논어통」 권1에는 “學文以六事爲先, 六事以孝弟爲先, 蓋孔子爲人弟子者言也. 然必欲盡行此六事而後學文, 行之不給, 則恐終無學文之時矣. ‘行有餘力’者, 亦謂六事之中, 每行一事有暇, 則便學文, 非謂每日盡行此六事畢, 然後學文也.(문(文)을 배우는 것에는 이 여섯 가지 일을 우선으로 삼고, 여섯 가지 일에는 효 · 제를 우선으로 삼으니, 이는 대개 공자가 사람들과 제자들을 위해 말한 것이다. 그러나 반드시 이 여섯 가지 일을 모두 다 실행하고 난 뒤에 문(文)을 배우려고 하다가 실행해 낼 수 없다면, 아마 끝내 문(文)을 배울 시간이 없을 것이다. ‘이것을 실행하고 여력이 있으면’이라는 말은, 또한 여섯 가지 일 가운데 매번 하나의 일을 실행하고 짬이 있으면 바로 문(文)을 배우는 것이지, 매일 이 여섯 가지 일을 모두 다 실행하고 난 뒤에 문(文)을 배운다는 사안을 말하는 것이 아니다.)”라고 되어 있다.

는데도 오히려 부족하게 여기는 뜻[210]을 알 수 있다.

○ 朱子曰 : "古人小學."[211]

'시서 · 육예지문(詩書 · 六藝之文)'에 대해, 주자(朱子 : 朱熹)가 말하였다. "이는 옛사람들이 어려서 배우는 것이다."

○ 訓畢. 無釋.

훈고가 끝났다. 경문의 풀이는 없다.

○ '學文'二字, 此章之題目.

'학문(學文 : 글을 배우다)' 두 글자가 이 장의 제목이다.

朱註

○ 程子曰 : "爲弟子之職, 力有餘則學文, 不修其職而先文, 非爲己之學也."

정자(程子 : 程頤)가 말하였다. "제자의 직분을 실천하고 힘이 남음이 있으면 문(文)을 배우는 것이니, 그 직분을 닦지 않고 문(文)을 먼저 하는 것은 자신을 위하는 학문[212]이 아니다."

詳說

○ 叔子.

'정자왈(程子曰)'에서 '정자(程子)'는 동생 정이(程頤)이다.

○ 行也.

'위제자지직(爲弟子之職)'에서 '위(爲)'자는 행함이다.

---

210) 종일토록 실행했는데도 오히려 부족하게 여기는 뜻 : 『서경(書經)』「주서(周書) · 태서(泰誓) 중(中)」에서 "내가 듣기로는, '길한 사람은 선행을 종일토록 실행했는데도 오히려 부족하게 여기고, 흉한 사람은 날마다 불선을 종일토록 실행했는데도 또한 오히려 부족하게 여긴다.'(我聞, '吉人爲善, 惟日不足; 凶人爲不善, 亦惟日不足.')"라고 하였다.

211) 『주자어류(朱子語類)』 권21, 「논어3(論語三)」, 82조목에는 "'文是詩書六藝之文. 詩書是大概詩書, 六藝是禮 · 樂 · 射 · 御 · 書 · 數. 古人小學便有此等, 今皆無之, 所以難.(문(文)은 시서(詩書 : 시와 문장)와 육예(六藝)의 글이다. 시서는 일반적인 시와 문장이고, 육예는 예 · 악 · 사 · 어 · 서 · 수이다. 옛사람들이 어려서 배우는 것에 바로 이러한 것들이 있었는데, 지금은 모두 없앴으니 어렵다.)"라고 되어 있다.

212) 자신을 위하는 학문 : 『논어(論語)』「헌문(憲問)」에서 "공자가 말하였다. '옛날에 배우는 사람들은 자신을 위한 학문을 하였는데, 지금 배우는 사람들은 남을 위한 학문을 한다.'(子曰 : '古之學者, 爲己; 今之學者, 爲人.')"라고 하였다.

○ 六事.

'위제자지직(爲弟子之職)'에서 '직(職)'은 위에서 말한 여섯 가지 일이다.

○ 正說此章.

'역유여즉학문(力有餘則學文)'은 바로 이 장을 설명한 것이다.

○ 去聲.

'비위기지학야(非爲己之學也)'에서 '위(爲)'자는 거성(去聲)이다.

○ 南軒張氏曰: "篤實爲己."213)

'비위기지학야(非爲己之學也)'에서 '위기지학(爲己之學)'에 대해, 남헌 장씨(南軒張氏: 張栻)가 말하였다. "독실하게 자신을 위하는 일이다."

○ 又反說之.

'비위기지학야(非爲己之學也)'라고 한 것은 또한 반대로 그 의미를 설명하였다.

朱註

尹氏曰: "德行, 本也; 文藝, 末也. 窮其本末, 知所先後, 可以入德矣."

윤씨(尹氏: 尹焞)가 말하였다. "덕행은 근본이고 문예(文藝)는 말단이다. 그 근본과 말단을 궁구하여 먼저 하고 뒤에 할 것을 알면 도덕 수양의 경지에 들어갈 수 있을 것이다."

詳說

○ 亦務本之意.

'덕행, 본야(德行, 本也)'라는 말은 또한 근본에 힘쓴다는 뜻이다.

○ 以小學言, 故云'入德'. '入德'卽此章之七事.

'가이입덕의(可以入德矣)'라고 한 것은 소학(小學)으로 말했기 때문에 '입덕(入德)'이라고 하였다. '입덕'은 바로 이 장의 일곱 번째 일이다.

○ 按: 程·尹二說以行爲重, 乃此章之正意.

---

213) 장식(張栻), 『계사논어해(癸巳論語解)』 권1에는 "有餘力而後學文也, 言當以是數者爲本, 以其餘力學文也. 若先以學文爲心, 則非篤實爲己者矣.(남은 힘이 있은 뒤에 문(文)을 배우라는 것은 마땅히 이 몇 가지를 근본으로 삼아야 하고, 그 남은 힘으로 문(文)을 배우라는 것을 말한다. 만약 먼저 문(文)을 배우는 것을 마음에 두면 독실하게 자신을 위하는 것이 아니다.)"라고 되어 있다.

내가 생각건대, 정이와 윤돈의 주장은 실행을 중요한 것으로 여겼으니, 바로 이 장의 진정한 뜻이다.

朱註

洪氏曰："未有餘力而學文, 則文滅其質; 有餘力而不學文, 則質勝而野."
홍씨(洪氏 : 洪興祖)214)가 말하였다. "남은 힘이 없는데 문(文)을 배우면 문(文)이 그 질(質)을 없애게 될 것이고, 남은 힘이 있는데도 문(文)을 배우지 않으면 질(質)이 지나쳐서 거칠게 될 것이다."

詳說

○『大全』曰："名興祖, 字慶善, 丹陽人."
'홍씨(洪氏)'에 대해, 『논어집주대전』에서 말하였다. "이름은 흥조(興祖)이고 자는 경선(慶善)이며, 단양(丹陽 : 현 강소성 진강시(鎭江市) 소속) 사람이다."

○ 此章之正意.
'미유여력이학문, 즉문멸기질(未有餘力而學文, 則文滅其質)'이라고 한 것은 이 장의 진정한 뜻이다.

○ 勝文.
'즉질승이야(則質勝而野)'에서 '승(勝)'은 문(文)을 이긴다는 말이다.

○ '野', 猶今言無識.
'즉질승이야(則質勝而野)'에서 '야(野)'는 요즘 무식하다고 말하는 것과 같다.

○ 此言外之意.
'유여력이불학문, 즉질승이야(有餘力而不學文, 則質勝而野)'라고 한 것은 말 밖의 뜻이다.

---

214) 홍흥조(洪興祖, 1090~1155) : 자는 경선(慶善)이고, 호는 연당(練塘)이다. 휘종(徽宗) 정화(政和) 8년(1118) 진사(進士)가 되었다. 남송 시대 진강 단양(鎭江丹陽 : 현 강소성 진강시 소속) 사람이다. 고종(高宗) 초에 비서성정자(秘書省正字)가 되었다가 고종의 신임을 받아 태상박사(太常博士)로 옮겼다. 소흥(紹興) 4년(1134) 소주(蘇州)의 지진에 대처하는 상소문을 올려 조정의 기강 문란을 논했는데, 재상 진회(秦檜)의 미움을 사 좌천되고 나중에 소주(昭州)로 쫓겨났다가 그곳에서 죽었다. 저서에 『주역통의(周易通義)』, 『좌역고이(左易考異)』, 『고금역총지(古今易總志)』, 『논어설(論語說)』, 『좌씨통해(左氏通解)』, 『고경서찬(考經序贊)』, 『노장본지(老莊本旨)』, 『초사보주(楚辭補注)』, 『초사고이(楚辭考異)』 등이 있다.

○ 按：洪說對擧文行，而微有重文之意.

내가 생각컨대, 홍흥조(洪興祖)의 말은 문장[215]과 덕행을 상대하여 들었는데, 조금 문장을 중시하는 뜻이 있다.

朱註

愚謂：力行而不學文，則無以考聖賢之成法，識事理之當然，而所行或出於私意，非但失之於野而已.

내가 생각하건대, 실행에 힘쓰고 문(文)을 배우지 않으면, 성현이 만들어 놓은 법도를 고찰할 수 없고 사리(事理)의 당연함을 알 수가 없어, 실행한 것이 간혹 사사로운 뜻에서 나오기도 할 것이니, 단지 거칠게 되는 잘못뿐만이 아니다.

詳說

○ 直情妄行.

'이소행혹출어사의(而所行或出於私意)'라는 말은 마음이 내키는 대로 함부로 행동하는 것이다.

○ 雙峰饒氏曰："朱子發明'文'字甚重，蓋但知'文'輕則將有廢學之弊，故交致抑揚之意."[216]

쌍봉 요씨(雙峰饒氏：饒魯)가 말하였다. "주자(朱子：朱熹)가 '문(文)'자를 분명하게 드러낸 것이 매우 무거우니, 대개 다만 '문'자가 가벼운 것만 알면 장차 배움을 폐지하는 폐단이 있기 때문에 서로 억누르거나 찬양하는 뜻을 다하였다."

---

215) 문장：엄밀하게 말하면, 선진 시기의 문(文)의 뜻은 문장(文章)만을 의미하지는 않는다. 그것을 포괄하면서도 문화나 문명 전반을 아우르는 광범위한 뜻의 언표이다. 여기서는 편의상 문장으로 표현하며, 다른 곳에서도 동일하게 적용한다.

216) 호병문, 『사서통』「논어통」 권1에 요로(饒魯)의 말로서 "『集註』三說不同：尹氏說得'文'字全輕，洪氏說得'文'字差重，朱子說得'文'字極重. 三者互相發明. 若但知文之爲輕而不知其爲重，則將有廢學之弊，故不得不交致抑揚之意.(『논어집주(論語集註)』의 세 가지 주장은 같지 않다. 윤돈이 말한 '문(文)'자는 아주 가볍고, 홍흥조가 말한 '문(文)'자는 조금 무거우며, 주자(朱子：朱熹)가 말한 '문(文)'자는 매우 무겁다. 그러나 그 세 가지는 서로 간에 분명하게 드러내는 것이 있다. 만약 다만 '문(文)'자가 가벼운 것만 알고 그것이 무거운 것을 알지 못하면 장차 배움을 폐지하는 폐단이 있을 것이기 때문에 서로 억누르거나 찬양하는 뜻을 다하였다.)"라고 실려 있다.

○ 按：朱子又因洪氏下說而推言'野'字之弊. 雖是言外, 實足以補此章未足之意.

내 생각에, 주자(朱子：朱熹)가 또 홍흥조가 말한 것 때문에 '야(野：거칠다)'자의 폐단을 미루어서 말한 듯하다. 비록 말 밖의 것이지만, 실제로는 이 장의 미흡한 뜻을 보충하기에 충분하다.

○ 勿軒熊氏曰："此章是小學, 故先行, 四敎章是大學, 故先文."

물헌 웅씨(勿軒熊氏：熊禾)217)가 말하였다. "이 장은 소학(小學)이기 때문에 실행을 먼저 말했고, 사교장(四敎章)은 대학(大學)이기 때문에 문장을 먼저 말하였다.218)"

---

217) 웅화(熊禾, 1247~1312)：자는 거비(去非) 또는 위신(位辛)이고, 호는 물헌(勿軒) 또는 퇴재(退齋)이며 물헌선생(勿軒先生)이라고 불렸다. 송말 원초시기의 건주 건양(建州建陽) 사람이다. 주희(朱熹)의 문인인 보광(輔廣)에게서 수학하여 오경(五經)을 널리 통했고, 절강(浙江)으로 가서 유경당(劉敬堂)에게서 수업하여 주희 만년 학풍의 요지를 얻었다고 한다. 도종(度宗) 함순(咸淳) 10년(1274) 진사시에 급제하고 사호참군(司戶參軍)을 지냈으나, 송나라가 망하자 은거하여 운곡서원(雲谷書院)을 창건하고 여러 생도들을 모아 도학(道學)을 연구하였다. 또 무이산(武夷山)에 오봉서당(鰲峰書堂)을 세우고 제자 양성에 전념하였다. 후대에 "주희는 성인의 문하에 공을 세웠고, 웅화는 주희에게 공을 세웠다."라고 평가되었다. 저서에 『역경강의(易經講義)』, 『역학도존(易學圖存)』, 『주역집소(周易集疏)』, 『시경집소(詩經集疏)』, 『서경집소(書經集疏)』, 『춘추집소(春秋集疏)』, 『춘추논고(春秋論考)』, 『사서표제(四書標題)』, 『경서학해(經序學解)』, 『대학광의(大學廣義)』, 『사서소학집소(四書小學集疏)』, 『문공요어(文公要語)』, 『물헌집(勿軒集)』 등이 있다.

218) 사교장(四敎章)은 대학(大學)이기 때문에 문장을 먼저 말했다：『논어(論語)』「술이(述而)」에서 "공자께서는 네 가지로써 가르쳤으니, 문(文)·행(行)·충(忠)·신(信)이었다.(子以四敎, 文·行·忠·信.)"라고 하였다.

[1-7-1]

子夏曰："賢賢易色, 事父母能竭其力, 事君能致其身, 與朋友交言而有信, 雖曰未學, 吾必謂之學矣."
자하(子夏)가 말하였다. "현명한 사람을 현명하게 여김에 색(色)을 좋아하는 마음과 바꿀 수 있고, 부모를 섬김에 그 힘을 다 쏟을 수 있으며, 군주를 섬김에 그 몸을 바칠 수 있고, 친구와 사귐에 말이 믿을 수 있으면, 비록 그 사람이 배우지 않았다고 하더라도 나는 반드시 그를 배운 사람이라고 할 것이다."

朱註

子夏, 孔子弟子, 姓卜, 名商.
자하(子夏)는 공자의 제자(弟子)이니, 성은 복(卜)이고, 이름은 상(商)이다.

詳說

○ 『家語』曰："衛人."[219]

'자하(子夏)'에 대해, 『공자가어(孔子家語)』에서 말하였다. "위(衛)나라 사람이다."

○ 『史記』「仲尼弟子傳」曰："少孔子四十四歲."[220]

'자하(子夏)'에 대해, 『사기(史記)』「중니제자열전(仲尼弟子列傳)」에서 말하였다. "공자보다 44세 적다."

朱註

賢人之賢而易其好色之心, 好善有誠也.
남의 현명함을 현명하게 여기되 색(色)을 좋아하는 마음과 바꿀 수 있다면, 선(善)을 좋아함에 성실함이 있는 것이다.

詳說

○ 添'人之'二字.

'현인지현(賢人之賢)'은 『논어(論語)』 본문 '현현(賢賢)' 중간에 '인지(人之)'라는 두 글자를 보탠 것이다.

---

219) 『공자가어(孔子家語)』 권9, 「칠십이제자해(七十二弟子解)」 제38.
220) 사마천, 『사기(史記)』 권67, 「중니제자열전(仲尼弟子列傳)」 제7.

○ 去聲. 下同.

'역기호색지심(易其好色之心)'에서 '호(好)'자는 거성(去聲)이다. 아래도 마찬가지이다.

○ 朱子曰:"伊川云'見賢而變易顔色', 變易顔色有僞爲者. 孔子兩言'未見好德如好色',『中庸』亦以'遠色'爲勸賢之事, 范氏好色之說爲長."[221]

주자(朱子 : 朱熹)가 말하였다. "이천(伊川 : 程頤)은 '현명한 사람을 만나면 안색을 바꾼다는 것이다.'라고 했으니, 안색을 바꾸는 데는 인위적인 면이 있다.[222] 공자는 두 번이나 '덕을 좋아하기를 색(色)을 좋아하듯이 하는 사람을 보지 못하였다.'라고 말했고,[223] 『중용(中庸)』에서도 또한 '색을 멀리한다.'라는 말을 현명한 사람

221) 『사서혹문(四書或問)』 권6에는 "或問, '七章之說.' 曰 : '此章諸說, 大旨略同而程子·游·尹氏爲優. 惟'賢賢易色'當從舊說. 蓋孔子兩言'未見好德如好色', 而『中庸』亦以'遠色'爲勸賢之事, 則古人之言, 其以德·色相爲消長也舊矣. 范·謝之說, 於此爲得, 但范氏論好賢色之優劣, 失之; 而謝氏便以如好色爲易色, 亦非是.'(어떤 사람이 「학이(學而)」 제7장의 주장에 관해 물었다. 주자(朱子 : 朱熹)가 대답하였다. '이 장에 대한 여러 주장은 그 큰 뜻은 대략 같지만 정자(程子), 유초(游酢), 윤돈(尹焞)의 주장이 뛰어나다. 오직 '현명한 사람을 현명하게 여김에 색을 좋아하는 마음과 바꾼다.'라는 구절에 대해서는 옛사람들의 주장을 따라야 할 것이다. 대개 공자는 두 번이나 '덕을 좋아하기를 색을 좋아하듯이 하는 사람을 보지 못하였다.'라고 말했고, 『중용(中庸)』에서도 또한 '색을 멀리한다.'라는 것을 현명한 사람을 권면하는 것으로 여겼으니, 옛사람들의 말에 그 덕과 색이 서로 줄어들고 불어난다고 한 것이 오래되었다. 범조우(范祖禹)와 사량좌(謝良佐)의 주장이 이러한 점에서 터득한 것이 있지만, 범조우가 현명한 사람과 색을 좋아함에 우열이 있다고 논한 것은 잘못되었고, 사량좌가 색을 좋아하는 것과 같은 것을 바로 안색을 바꾸는 것으로 여긴 것도 또한 옳지 않다.')"라고 하였다.

222) 이천(伊川 : 程頤)은 현명한 사람을 만나면 …… 인위적인 면이 있다 : 정호·정이(程顥·程頤), 『하남정씨유서(河南程氏遺書)』 권22 상(上)에서는 "장사숙이 물었다. '현명한 사람을 현명하게 여긴다'라고 하는 것은 어떻게 하는 것입니까?' 정이(程頤)가 대답하였다. '현명한 사람을 만나면 바로 안색을 바꾸고 게다가 공경함을 더하는 것이다.'(張思叔問 : '賢賢易色'如何?' 曰 : '賢卽變易顔色, 愈加恭敬.')"라고 하였다. 『주자어류(朱子語類)』 권21, 「논어3(論語三)」, 88조목에서는 "경지(敬之 : 주자 문인)가 물었다. '현명한 사람을 현명하게 여긴다'라는 것에는 두 가지 주장이 있는 것 같습니다.' 주자(朱子 : 朱熹)가 대답하였다. '안색을 바꾸는 것에는 인위적으로 그렇게 하는 점이 있으니, 상채(上蔡 : 謝良佐)의 주장을 따르는 것만 못하다. 그 색을 좋아하는 마음으로 바꾸어야 비로소 그 성실함을 볼 수 있다.'(敬之問 : ''賢賢易色'有二說.' 曰 : '變易顔色, 有僞爲之者, 不若從上蔡說. 易其好色之心, 方見其誠也.')"라고 하였다.

223) 공자는 두 번이나 '덕을 좋아하기를 색(色)을 좋아하듯이 하는 사람을 보지 못하였다.'라고 말했고 : 『논어(論語)』「자장(子張)」에서 "공자가 말하였다. '나는 덕을 좋아하기를 색을 좋아하듯이 하는 사람을 보지 못하였다.'(子曰 : '吾未見好德如好色者也.')"라고 하였다. 또 『논어(論

을 권면하는 것으로 여겼으니,[224] 범씨(范氏 : 范祖禹)가 색을 좋아하는 것에 대해 주장한 말이 뛰어나다."

○ 添'其好'·'之心'四字, 然後'易色'之義乃明. 此等處訓詁甚覺費力.

'역기호색지심(易其好色之心)'은 본문 '역색(易色)'에 '기호(其好)'·'지심(之心)'이라는 네 글자를 보탠 것이니, 그런 뒤에 '역색'의 의미가 더욱 분명해졌다. 이러한 곳의 훈고는 매우 힘을 쏟았을 것으로 생각된다.

○ '好善'襯'賢賢', '有誠'襯'易色'. 『大學』論'誠'亦曰'如好好色'.

'호선유성야(好善有誠也)'에서 '호선(好善)'은 '현현(賢賢)'과 결부되고, '유성(有誠)'은 '역색(易色)'과 결부된다. 『대학(大學)』에서 '성(誠)'을 논할 때 또한 '여호호색(如好好色 : 호색을 좋아하는 것과 같다)'이라고 하였다.[225]

朱註

'致', 猶委也. 委致其身, 謂不有其身也.

'사군능치기신(事君能致其身)'에서 '치(致)'자는 위(委 : 맡기다)와 같다. 그 몸을 맡긴다는 의미는 몸을 자신의 것으로 여기지 않음을 말한다.

詳說

○ 朱子曰 : "不爲己之私計."[226]

語)』「위령공(衛靈公)」에서 "공자가 말하였다. '어쩔 수 없구나! 나는 덕을 좋아하기를 색을 좋아하는 것과 같이 하는 사람을 보지 못하였다.'(子曰 : '已矣乎! 吾未見好德如色者也.')"라고 하였다.

224) 『중용(中庸)』에서도 또한 '색을 멀리한다.'라는 말을 현명한 사람을 권면하는 것으로 여겼으니 : 『중용장구(中庸章句)』 20장에서 "참소하는 이를 제거하고 색을 멀리 하며, 재물을 비천하게 여기고 덕을 귀중하게 여기는 것은 현명한 사람을 권면(勸勉)하는 것이다.(去讒遠色, 賤貨而貴德, 所以勸賢也.)"라고 하였다.

225) 『대학(大學)』에서 '성(誠)'을 논할 때 …… 이라고 하였다 : 『대학장구(大學章句)』 전(傳) 6장에서 "이른바 그 뜻을 성실히 한다는 말은 스스로를 속이지 않는 것이니, 악을 미워하기를 악취를 미워하는 것과 같이 하며, 선을 좋아하기를 호색을 좋아하는 것과 같이 해야 하니, 이것을 자겸이라고 한다. 그러므로 군자는 반드시 혼자 있을 때를 삼가는 것이다.(所謂誠其意者, 毋自欺也, 如惡惡臭, 如好好色, 此之謂自謙. 故君子必愼其獨也.)"라고 하였다.

226) 『주자어류(朱子語類)』 권21, 「논어3(論語三)」, 92조목에는 "'事君能致其身', 『集注』謂'不有其身', 是不爲己之私計也.('군주를 섬김에 그 몸을 바칠 수 있다.'라는 것에 대해 『논어집주(論語集註)』에서 '그 몸을 자신의 것으로 여기지 않는다.'라고 한 것은 자기의 사사로운 계산을 하지 않는다는 말이다.)"라고 되어 있다.

‘위불유기신야(謂不有其身也)’에 대해, 주자(朱子 : 朱熹)가 말하였다. “자기의 사사로운 이익을 위해 계산을 하지 않는다는 것이다.”

○ 訓畢.

훈고가 끝났다.

朱註

四者皆人倫之大者, 而行之必盡其誠, 學求如是而已.

이 네 가지는 모두 인륜(人倫) 가운데 큰 것인데, 이를 실행함에 반드시 그 성실함을 다해야 하니, 배움은 이와 같은 것을 구할 뿐이다.

詳說

○ 雙峰饒氏曰 : “賢賢亦朋友之倫也. 好善有誠, 方能行下三事. 『中庸』亦以‘尊賢’先‘親親’.”227)

‘사자개인륜지대자(四者皆人倫之大者)’에 대해, 쌍봉 요씨(雙峰饒氏 : 饒魯)가 말하였다. “현명한 사람을 현명하게 여기는 것은 또한 친구의 윤리이다. 선을 좋아함에 성실함이 있어야 비로소 아래의 세 가지 일228)을 실행할 수 있다. 『중용(中庸)』에서도 또한 ‘현명한 사람을 높이는 일’을 ‘부모를 친하게 여기는 일’ 앞에 두었다.229)”

---

227) 호광 편(胡廣 編), 『논어집주대전(論語集註大全)』 권1에서는 요로(饒魯)의 말로 “賢賢亦朋友之倫也. 尊賢取友, 雖均屬朋友之倫, 而賢賢爲重. 『集註』以四者言之, 人倫莫重於君親, 此以‘賢賢’居先者, 以好善有誠, 方能行下三事也. 『中庸』‘九經以‘尊賢’先‘親親’, 亦此意.(현명한 사람을 현명하게 여기는 것은 또한 친구의 윤리이다. 현명한 사람을 높이고 벗을 취하는 것은 비록 모두 친구의 윤리에 속하지만 현명한 사람을 현명하게 여기는 것이 중요하다. 『논어집주(論語集註)』에서 네 가지로서 말함에, 인륜은 군주와 부모보다 더 중요한 것이 없는데도 여기에서 ‘현명한 사람을 현명하게 여기는 것’을 앞에 둔 것은 선을 좋아함에 성실함이 있어야 비로소 아래의 세 가지 일을 실행할 수 있기 때문이다. 『중용(中庸)』의 ‘구경(九經 : 아홉 가지 법도)’에서 ‘현명한 사람을 높이는 일’을 ‘부모를 친하게 여기는 일’ 앞에 둔 것도 또한 이러한 뜻이다.)”라고 실려 있다.

228) 세 가지 일 : ‘부모를 섬김에 그 힘을 다 쏟는 일[事父母能竭其力]’, ‘군주를 섬김에 그 몸을 바치는 일[事君能致其身]’, ‘친구와 사귐에 말이 진실된 일[與朋友交言而有信]’을 말한다.

229) 『중용(中庸)』에서도 또한 ‘현명한 사람을 높이는 일’을 ‘부모를 친하게 여기는 일’ 앞에 두었다 : 『중용장구(中庸章句)』 20장에서 “무릇 천하 국가를 다스림에 구경(九經 : 아홉 가지 법도)이 있으니, 자신을 수양함과 현명한 사람을 높임과 친밀한 사람을 친하게 여김과 대신(大臣)

○ 此'誠'字自'好善有誠'來, 而幷誠於三者.

'이행지필진기성(而行之必盡其誠)'에서 '성(誠)'자는 '호선유성(好善有誠)'에서 온 것이고, 아울러 아래의 세 가지에 성실히 하는 사안이다.

○ 猶曰'學也'者.

'학구여시이이(學求如是而已)'에서 '학(學)'은 마치 '학야(學也 : 배움이라는 것은)' 라고 말하는 것과 같다.

○ '學'一字, 此章之題目.

'학(學 : 배움)'자는 이 장(章)의 제목이다.

○ 四事.

'학구여시이이(學求如是而已)'에서 '시(是)'자는 네 가지 일이다.

○ 此句本伊川說.

이 구절은 본래 이천(伊川 : 程頤)의 주장이다.[230]

○ 先汎論, 此下乃釋其文.

먼저 일반적으로 논의한 것이고, 이 아래는 바로 그 경문을 풀이하였다.

朱註

故子夏言 : "有能如是之人, 苟非生質之美, 必其務學之至. 雖或以爲未嘗爲學, 我必謂之已學也."

그러므로 자하(子夏)는 "어떤 사람이 이와 같이 할 수 있는데, 만일 타고난 자질이 아름다운 것이 아니라면 반드시 배움에 힘쓰기를 지극히 해서이다. 어떤 사람은 그가 배운 적이 없다고 여기겠지만, 나는 반드시 그를 이미 배운 사람이라

을 공경함과 여러 신하들의 마음을 체찰(體察)함과 여러 백성을 자식처럼 사랑함과 백공들을 오게 함과 먼 지방의 사람을 회유함과 제후들을 품어주는 것이다.(凡爲天下國家 有九經, 曰, 修身也, 尊賢也, 親親也, 敬大臣也, 體群臣也, 子庶民也, 來百工也, 柔遠人也, 懷諸侯也.)"라고 하였다.

230) 이 구절은 본래 이천(伊川 : 程頤)의 주장이다 : 정이(程頤), 『이천선생경설(伊川先生經說)』 권7에서 "자하가 '현명한 사람을 현명하게 여김에 색을 좋아하는 마음과 바꿀 수 있다.'라고 하였는데, 현명한 사람을 보고 안색을 바꾸는 것에는 현명한 사람을 공경하는 성실함이 있다. 부모를 섬기는 일과 군주를 섬기는 일 및 친구와 사귀는 것에는 모두 그 성실함을 다해야 한다. 배움은 이와 같은 것을 구하는 일일 뿐이다.(子夏曰 : '賢賢易色', 見賢改色有敬賢之誠也. 事親·事君, 與朋友交, 皆盡其誠, 學求如是而已.)"라고 하였다.

고 하겠다."라고 하였다.

詳說

○ 能行四事之人.

'유능여시지인(有能如是之人)'은 위의 네 가지 일을 실행할 수 있는 사람을 가리킨다.

○ 胡氏曰 : "以未學爲生質之美者, 人固有氣稟淸粹, 所爲暗與理合."[231)]

호씨(胡氏 : 胡泳)가 말하였다. "아직 배우지 않았는데도 타고난 자질이 훌륭하다고 한 것은 그 사람이 본디 기품이 맑고 순수해서 행위가 의도하지 않았는데도 이치와 부합하기 때문이다."

○ 此句先破言外意, 此下乃緊及本意. 蓋生質在天, 難矣; 務學在己, 易至.

'고자하언유능여시지인, 구비생질지미(故子夏言有能如是之人, 苟非生質之美)'라고 한 구절은 먼저 말 밖의 뜻을 설파한 것이고 이 아래는 바로 긴밀하게 본래의 뜻을 언급하였다. 대개 타고난 자질은 하늘에 달려 있으니 그것을 얻기는 어렵고, 힘써 배우는 것은 자기에게 달려 있으니 쉽게 도달할 수 있다.

○ 亦於文外爲此一句, 先作吾必謂學之根基, 以救子夏之語病.

'필기무학지지(必其務學之至)'라고 한 것은 또한 글의 의미 밖에 이 구절을 쓴 것이니, 먼저 나는 반드시 배움의 밑바탕을 말할 것이라고 하여 자하(子夏) 말의 병폐를 구원하였다.

○ 對吾言或.

'수혹이위미상위학(雖或以爲未嘗爲學)'에서 '혹(或)'자는 나의 말에 대한 어떤 사람의 생각을 가리킨다.

○ 添'嘗'·'已'字.

'수혹이위미상위학, 아필위지이학야(雖或以爲未嘗爲學, 我必謂之已學也)'는 본문 '수왈미학, 오필위지학의(雖曰未學, 吾必謂之學矣)'에 '상(嘗)'·'이(已)'라는 두 글

---

231) 호병문, 『사서통』「논어통」 권1에 호영(胡泳)의 말로서 "以未學爲生質之美者, 人固有得氣之淸, 而所爲與理暗合. 然質之美有限, 而學之益無窮, 故吳氏又慮其抑揚之有偏也.(아직 배우지 않았는데도 타고난 자질이 훌륭하다고 한 것은 그 사람이 본디 맑은 기(氣)를 얻어서 행위가 의도하지 않았는데도 이치와 부합하기 때문이다. 그러나 자질의 훌륭함에는 한계가 있고 배움의 유익함은 끝이 없기 때문에 오씨(吳氏 : 吳棫)는 또한 억누르거나 찬양함에 치우침이 있다고 우려하였다.)"라고 실려 있다.

자를 보탠 것이다.

○ 釋畢.

경문의 풀이가 끝났다.

○ 蓋上四事已明於訓詁, 故至此只以'如是'二字省文總提, 而特反覆釋末二句.

대개 위의 네 가지 일에 대해 이미 훈고를 분명히 했기 때문에, 여기에 이르러서는 다만 '유능여시지인(有能如是之人)'에서 '여시(如是 : 이와 같은)'라는 두 글자로 글을 생략하여 총괄적으로 제시하고, 특별히 끝 두 구절을 반복해서 풀이하였다.

朱註

○ 游氏曰 : "三代之學, 皆所以明人倫也. 能是四者, 則於人倫厚矣. 學之爲道, 何以加此?

유씨(游氏 : 游酢)가 말하였다. "삼대(三代 : 夏·殷·周)의 학문은 모두 인륜(人倫)을 밝힌 근거이다. 이 네 가지를 잘 할 수 있다면 인륜에 두터운 것이다. 배움의 도(道)에 무엇이 이를 넘어설 수 있겠는가?

詳說

○ 『大全』曰 : "名酢, 字定夫, 建安人."

'유씨(游氏)'에 대해, 『논어집주대전』에서 말하였다. "이름은 '초(酢)'이고, 자는 '정부(定夫)'이며, 송나라 때 건안(建安) 사람이다.

○ 此二句檃栝『孟子』經界章語, 以入本文之意. 但『孟子』以學舍言, 此以學問言.

'삼대지학, 개소이명인륜야(三代之學, 皆所以明人倫也)'라는 두 구절은 『맹자(孟子)』 경계장(經界章)의 말을 개괄하여 본문의 뜻에 넣은 것이다.[232] 그러나 『맹자(孟子)』에서는 학사(學舍 : 배우는 곳)로서 말했는데, 여기에서는 학문(學問)으로 말하였다.

---

232) 『맹자(孟子)』 경계장(經界章)의 말을 개괄하여 본문의 뜻에 넣은 것이다 : 『맹자(孟子)』「등문공상(滕文公上)」에서 "상(庠)·서(序)·학(學)·교(校)를 설치하여 백성을 가르쳤으니, 상은 봉양한다는 뜻이고, 교는 가르친다는 뜻이며, 서는 활쏘기를 익힌다는 뜻입니다. 하나라에서는 교라 하였고, 은나라에서는 서라 하였으며, 주나라에서는 상이라 하였고, 학은 삼대가 이름을 공통으로 썼으니, 이는 모두 인륜을 밝히는 것이었습니다. 인륜이 위에서 밝으면 일반 백성이 아래에서 친해집니다.(設爲庠·序·學·校, 以敎之, 庠者, 養也; 校者, 敎也; 序者, 射也. 夏曰校, 殷曰序, 周曰庠, 學則三代共之, 皆所以明人倫也. 人倫明於上, 小民親於下.)"라고 하였다.

○ 猶曰學之道.

'학지위도(學之爲道)'라는 말은 배움의 도(道)라고 말하는 것과 같다.

○ '過'也.

'하이가차(何以加此)'에서 '가(加)'자는 '과(過 : 넘어서다)'자의 뜻이다.

○ 本文意畢.

본문의 뜻은 여기까지 마쳤다.

朱註

子夏以文學名, 而其言如此, 則古人之所謂學者可知矣. 故「學而」一篇, 大抵皆在於務本."

자하(子夏)는 문학(文學)으로 이름이 났는데도 그 말이 이와 같았으니, 그렇다면 옛사람들의 이른바 학문이란 것을 알 수 있다. 그러므로 「학이(學而)」 한 편(篇)은 대체로 모두 근본을 힘쓰는 일에 중심을 두고 있다."

詳說

○ '知名'.

'자하이문학명(子夏以文學名)'에서 '명(名)'은 '이름이 알려지다'라는 의미이다.

○ 凡'則'字上之爲將然之辭, 常也, 而又有作已然之辭, 此等處是也. 須察之.

'자하이문학명, 이기언여차(子夏以文學名, 而其言如此 : 자하는 문학으로 이름이 났는데도 그 말이 이와 같았으니)'라고 한 것에서, 무릇 '즉(則)'자 앞에는 앞으로 그렇게 하라는 말을 하는 것이 일반적인데, 또한 이미 그러했다는 말을 쓴 것도 있으니, 이곳이 그러하다. 모름지기 자세히 살펴야 한다.

○ 新安陳氏曰 : "非事文藝之末, 而重躬行之本."[233]

'즉고인지소위학자가지의(則古人之所謂學者可知矣)'에 대해, 신안 진씨(新安陳氏 : 陳櫟)가 말하였다. "문예의 말단에 종사하는 것이 아니라 몸소 실천하는 근본을 중시한 말이다."

---

233) 호광 편(胡廣 編), 『논어집주대전(論語集註大全)』 권1에 진력(陳櫟)의 말로 "可見子夏之文學, 非事文藝之末, 而重躬行之本.(자하의 문학이 문예의 말단에 종사하는 것이 아니라 몸소 실천하는 근본을 중시한 것을 알 수 있다.)"라고 실려 있다.

○ 此又就言外而論子夏之學之有本.

'즉고인지소위학자가지의(則古人之所謂學者可知矣)'라고 한 구절은 또 말 밖에서 자하(子夏)의 학문적 근본이 있음을 논의한 것이다.

○ 此又通論首章以下, 而歸重於第二章之'務本'二字.

'고「학이」일편, 대저개재어무본(故「學而」一篇, 大抵皆在於務本)'라고 한 구절은 또 「학이(學而)」 첫 장 아래의 글을 총괄적으로 논의하여 제2장의 '무본(務本 : 근본에 힘쓴다)'이라는 말에 그 중점을 귀결시킨 것이다.

朱註

吳氏曰 : "子夏之言, 其意善矣. 然詞氣之間, 抑揚太過, 其流之弊, 將或至於廢學. 必若上章夫子之言, 然後爲無弊也."

오씨(吳氏 : 吳棫)[234]가 말하였다. "자하(子夏)의 말은 그 뜻이 훌륭하다. 그러나 말의 기세에 억누르거나 찬양함이 너무 지나치니, 그 흐름의 폐단이 장차 간혹 학문을 폐지하는 데 이를 것이다. 반드시 윗 장의 공자의 말과 같이 한 뒤에야 폐단이 없게 된다."

詳說

○ 『大全』曰 : "名棫, 字才老, 建安人."

'오씨(吳氏)'에 대해, 『논어집주대전』에서 말하였다. "이름은 역(棫)이고, 자는 재로(才老)이며, 송나라 때 건안(建安) 사람이다.

○ 先揚子夏之意.

'자하지언, 기의선의(子夏之言, 其意善矣)'라고 말한 것은 먼저 자하(子夏)의 뜻을

---

234) 오역(吳棫, 1100~1154) : 자는 재로(才老)이고, 송나라 때 건주(建州) 건안(建安) 사람 혹은 서주(舒州 : 안휘성 잠산(潛山)) 사람이라고도 한다. 휘종(徽宗) 정화(政和) 8년(1118) 진사에 급제하여 고종(高宗) 소흥(紹興) 연간에는 태상승(太常丞)에 올랐지만, 진회(秦檜)의 눈 밖에 나 천주통판(泉州通判)으로 쫓겨났다. 강직하고 계책이 많았으며, 결단력도 갖추었다고 한다. 음운학에 밝아 최초로 『고문상서(古文尙書)』에 대해 위서라고 회의를 제기하였다. 저서에도 『시보음(詩補音)』과 『자학보운(字學補韻)』, 『서비전(書裨傳)』, 『운보(韻補)』, 『자학보운(字學補韻)』, 『초사석음(楚辭釋音)』 등 많은 운서(韻書)를 저술하였는데, 주자(朱子)는 "근대의 훈석학(訓釋學)은 오로지 재로(才老)가 가장 낫다."라고 평가하였다. 특히 주자는 『시전집주(詩傳集註)』와 『초사보주(楚辭補注)』를 편찬할 때 오역의 주장을 주로 인용하였다. 그 외의 저술에 『논어지장(論語指掌)』, 『설례(說例)』 등이 있다.

찬양한 것이다.

○ ‘雖曰未學’.

‘연사기지간, 억양태과(然詞氣之間, 抑揚太過)’에서 ‘억(抑 : 억누름)’이라고 한 것은 본문의 ‘수왈미학(雖曰未學 : 비록 그 사람이 배우지 않았다고 하더라도)’을 가리킨다.

○ ‘吾必謂學’與二‘能’字.

‘연사기지간, 억양태과(然詞氣之間, 抑揚太過)’에서 ‘양(揚 : 찬양함)’이라고 한 것은 본문의 ‘오필위학(吾必謂學 : 나는 반드시 그를 배운 사람이라고 할 것이다)’과 ‘사부모능갈기력, 사군능치기신(事父母能竭其力, 事君能致其身)’에서 두 개의 ‘능(能)’자를 가리킨다.

○ 一作‘大’.

‘억양태과(抑揚太過)’에서 ‘태(太)’자는 어떤 판본에는 ‘대(大)’라고 되어 있다.

○ 朱子曰 : “子夏之論矯枉過正.”[235]

‘기류지폐, 장혹지어폐학(其流之弊, 將或至於廢學)’에 대해, 주자(朱子 : 朱熹)가 말하였다. “자하(子夏)의 논의는 잘못을 고치다가 정상적인 한도를 넘어섰다.”

○ 又曰 : “與子路‘何必讀書’之說同.”[236]

‘기류지폐, 장혹지어폐학(其流之弊, 將或至於廢學)’에 대해, 주자(朱子 : 朱熹)가 또 말하였다. “이 말은 자로(子路)가 ‘어찌 반드시 책을 읽어야 하는가?’라고 한 말[237]

---

235) 『주자어류(朱子語類)』 권21, 「논어3(論語三)」, 82조목에는 “人須是知得古人之法, 方做不錯. 若不學文, 任意自做, 安得不錯? 只是不可先學文耳. 子夏矯枉過正, 放重一邊, 又忒重了, 不似此章聖人說得兩無欠闕.(사람은 반드시 옛사람들의 학문하는 방법을 알아야 비로소 잘못되지 않을 것이다. 만약 문(文)을 배우지 않고 자기 마음대로 한다면, 어찌 잘못되지 않을 수 있겠는가? 다만 먼저 문(文)을 배워서는 안 된다는 것일 뿐이다. 자하는 잘못을 고치다가 정상적인 한도를 넘어섰고, 한쪽을 중시하다가 또다시 어긋나버렸으니, 이 장에서 성인이 말한 양쪽 모두 결함이 없는 것과는 같지 않다.)”라고 되어 있다.

236) 『주자어류(朱子語類)』 권21, 「논어3(論語三)」, 98조목에는 “問 : ‘伊川曰‘學求如是而已’, 如何?’ 曰 : ‘這卻和‘學’字說在裏面. 子夏本言, 卻作不須學底意思. 吳才老以子夏此言, 與子路‘何必讀書’之說同, 其意固善, 然其弊皆至於廢學.’(물었다. ‘이천(伊川)이 ‘배움은 이와 같은 것을 구할 뿐이다.’라고 했는데, 어떻습니까?’ 주자(朱子 : 朱熹)가 대답하였다. ‘이는 또한 ‘학(學)’자와 함께 그 속에서 말한 것이다. 자하가 원래 말한 것은 또한 반드시 배울 필요는 없다는 의미로 말한 것이다. 오재로(吳才老 : 吳棫)는 자하의 이 말이 자로가 ‘어찌 반드시 책을 읽어야 하는가?’라고 한 말과 같아서, 그 뜻은 진실로 좋지만 그 폐단이 모두 배움을 없애는 데까지 이를 것이라고 여겼다.’)”라고 되어 있다.

237) 자로(子路)가 ‘어찌 반드시 책을 읽어야 하는가?’라고 한 말 : 『논어(論語)』「선진(先進)」에서

과 같다."

○ '將或', 謹而不敢質言之辭.

'장혹지어폐학(將或至於廢學)'에서 '장혹(將或 : 장차 간혹)'은 삼가 감히 직접적으로 말하지 못하는 말이다.

○ 末流之弊, 非惟廢學而已, 遂至於爲異端耳.

'기류지폐, 장혹지어폐학(其流之弊, 將或至於廢學)'이라고 했지만, 말류의 폐단은 오직 학문을 폐지하는 것뿐만 아니라 마침내 이단이 되는 데 이르게 될 것이다.

○ 此乃抑子夏之言, 而知其學之有弊.

'기류지폐, 장혹지어폐학(其流之弊, 將或至於廢學)'이라는 표현은 바로 자하의 말을 억누른 것이니, 그의 학문에 폐단이 있음을 알 수 있다.

○ 決之之辭.

'필약상장부자지언(必若上章夫子之言)'에서 '필(必)'자는 결단하는 말이다.

○ 朱子曰 : "子夏欲人務本, 不可謂不是. 但以夫子之言比之, 則見其偏. 其言傾側不平正, 險絶不和易, 狹隘不廣大, 故未免有弊."238)

주자(朱子 : 朱熹)가 말하였다. "자하가 사람들에게 근본에 힘쓰도록 하려고 한 것은 옳지 않다고 할 수 없다. 다만 공자의 말에 비교해 보면 그 치우침을 알 수 있다. 그의 말이 한쪽으로 기울어져서 공정하지 않으니, 몹시 험하여 온화하고 평이하지 않으며, 협소하여 광대하지 않기 때문에 폐단을 벗어나지 못하였다."

"자로가 말하였다. '백성이 있고 사직이 있으니, 어찌 반드시 책을 읽은 뒤에라야 학문을 하는 것이겠는가?'(子路曰 : '有民人焉, 有社稷焉, 何必讀書然後爲學?')"라고 하였다.

238) 『주자어류(朱子語類)』 권21, 「논어3(論語三)」, 102조목에는 "或問 : '夫子言'則以學文', 子夏言'吾必謂之學矣'兩章.' 曰 : '聖人之言, 由本及末, 先後有序. 其言平正, 無險絶之意. 子夏則其言傾側而不平正, 險絶而不和易, 狹隘而不廣大, 故未免有弊. 然子夏之意欲人務本, 不可謂之不是. 但以夫子之言比之, 則見其偏之若此也.'(어떤 사람이 물었다. '공자가 '남은 힘이 있으면 문(文)을 배워야 한다.'라고 한 말과 자하가 '나는 반드시 그를 배운 사람이라고 할 것이다.'라고 말한 두 장에 대해 묻습니다.' 주자(朱子 : 朱熹)가 대답하였다. '성인의 말은 근본에서 말단으로 나아가니 선후에 순서가 있다. 그 말이 공정하여 몹시 험한 뜻이 없다. 자하는 그 말이 한쪽으로 기울어져서 공정하지 않고, 몹시 험하여 온화하고 평이하지 않으며, 협소하여 광대하지 않기 때문에 폐단을 벗어나지 못하였다. 그러나 자하의 뜻은 사람들에게 근본에 힘쓰도록 하려고 한 것이기 때문에 옳지 않다고 할 수 없다. 다만 공자의 말에 비교해 보면 그 치우침이 이와 같음을 알 수 있다.')"라고 되어 있다.

○ 勉齋黃氏曰："子夏務實行而抑文學, 曾子三省務實行而兼傳習, 是則子夏之所不能及."[239]

면제 황씨(勉齋黃氏 : 黃榦)가 말하였다. "자하는 실행에 힘쓰고 문학을 억누르지만 증자는 세 가지로 반성하여 실행에 힘쓰면서 전수받은 내용 익히기를 겸하니, 이는 자하가 미칠 수 없는 것이다."

○ 此又引夫子之言, 以救子夏之弊.

'필약상장부자지언, 연후위무폐야(必若上章夫子之言, 然後爲無弊也)'라는 것은 또한 공자의 말을 인용하여 자하의 폐단을 구원한 것이다.

○ 凡『語』中夫子之言, 無間然矣, 顔·曾亦然. 其餘諸子之言行少有病者, 『集註』必救正之. 朱子之功, 於是爲大矣.

무릇 『논어(論語)』에 있는 공자의 말은 흠잡을 데가 없고, 안회와 증자의 말도 또한 그러하다. 그 나머지 여러 제자의 언행에서 조금 병폐가 있는 것에 대해서는 『논어집주(論語集註)』에서 반드시 그것을 바로잡았다. 주자의 공로는 이에 위대하다.

---

239) 호병문(胡炳文), 『사서통(四書通)』「논어통(論語通)」 권1에는 "子夏此語與曾子三省, 是皆心存乎誠, 求造其極者也. 然子夏專用力於人之所重, 曾子尤致意於人之所輕; 子夏務實行而抑文學, 曾子務實行而兼傳習, 則曾子之用功愈密, 而用心愈弘. 是則子夏之所不能及矣.(자하의 이 말과 증자의 세 가지로 반성한다는 것은 모두 마음에 성실함을 보존하여 그 극한에 이르기를 구하는 것이다. 그러나 자하는 오로지 사람들이 중시하는 것에 힘을 쏟지만 증자는 특히 사람들이 경시하는 것에 심려를 기울이며, 자하는 실행에 힘쓰고 문학을 억누르지만 증자는 실행에 힘쓰면서 전수받은 내용 익히기를 겸하니, 증자의 노력이 더욱 정밀하고 마음 씀이 더욱 넓다. 이는 자하가 미칠 수 없는 것이다.)"라고 되어 있다.

[1-8-1]

子曰 : "君子不重則不威, 學則不固.
공자가 말하였다. "군자가 중후하지 않으면 위엄이 없고, 배운 것도 견고하지 못하다.

詳說

○ 朱子曰 : "此是說君子之道大槪如此."240)
주자(朱子 : 朱熹)가 말하였다. "이는 군자의 도(道)가 대체로 이와 같음을 말한 것이다."

○ 二'則'字, 上實下虛.
'군자불중즉불위, 학즉불고(君子不重則不威, 學則不固)'에서 두 개의 '즉(則)'자는 앞의 것은 실질적인 의미가 있고, 뒤의 것은 실질적인 의미가 없다.

朱註

重, 厚重; 威, 威嚴; 固, 堅固也. 輕乎外者, 必不能堅乎內. 故不厚重則無威嚴, 而所學亦不堅固也.
중(重)은 중후함이고, 위(威)는 위엄이며, 고(固)는 견고함이다. 바깥으로 가벼운 자는 반드시 안으로 견고할 수 없다. 그러므로 중후하지 못하면 위엄이 없고 배운 것도 또한 견고하지 못하다.

詳說

○ 訓畢.
'중, 후중; 위, 위엄; 고, 견고야(重, 厚重; 威, 威嚴; 固, 堅固也)'까지 훈고가 끝났다.

○ 襯'不重'·'不威'.
'경호외자(輕乎外者)'는 '부중(不重 : 중후하지 못함)'과 '불위(不威 : 위엄이 없음)'와

240) 『주자어류(朱子語類)』 권21, 「논어3(論語三)」, 103조목에는 "'君子不重則不威.' 旣曰君子, 何以不重·不威? 此是大槪說君子之道如此.('군자가 중후하지 않으면 위엄이 없다.'라고 한 것에서, 이미 군자라고 했는데 무엇 때문에 중후하지 않고 위엄이 없는가? 이는 대략 군자의 도(道)가 이와 같음을 말한 것이다.)"라고 되어 있다.

결부된다.

○ 襯'不固'.

'필불능견호내(必不能堅乎內)'는 '불고(不固 : 견고하지 못함)'와 결부된다.

○ 添'而'字以引'不固', 幷蒙於'不重'耳. '不威'之『諺』讀, 恐失此'而'字義, 讀者察之.

'고불후중칙무위엄, 이소학역불견고야(故不厚重則無威嚴, 而所學亦不堅固也)'라고 한 것은 본문에 '이(而)'자를 보태어서 '불고(不固 : 견고하지 못함)'를 끌어내었고, 아울러 '중후하지 못함'에로 이어지고 있다. '불위(不威 : 위엄이 없음)'에 대한 『언해』본 독법은 아마 이 '이(而)'자의 뜻을 잃은 것 같으니,[241] 독자들은 살펴야 할 것이다.

○ 以'亦'字換'則'字, 『諺』釋猶泥'則'字, 而失此'亦'字義.

주자(朱子 : 朱熹)가 본문의 '학즉불고(學則不固)'를 '이소학역불견고야(而所學亦不堅固也)'라고 주석한 것은 '역(亦)'자로 '즉(則)'자를 바꾼 것인데, 『언해』본의 해석은 여전히 '즉(則)'자에 구애되고 있으니[242] 이 '역(亦)'자의 의미를 잃은 것이다.

○ 朱子曰 : "輕最害事."[243]

'경호외자(輕乎外者)'에 대해, 주자(朱子 : 朱熹)가 말하였다. "가벼움은 가장 일을 해친다."

○ 慶源輔氏曰 : "人不重厚, 則見於外者無威, 存於中者不固."[244]

경원 보씨(慶源輔氏 : 輔廣)가 말하였다. "사람이 중후하지 않으면 밖으로 나타나는 것은 위엄이 없고, 마음속에 보존된 것은 견고하지 않다."

---

241) '불위(不威 : 위엄이 없음)'에 대한 『언해』본 독법은 아마 이 '이(而)'자의 뜻을 잃은 것 같으니 : 교정청(校正廳) 『언해』본에 "威티 아니ᄒᆞᄂᆞ니"라고 되어 있는 것을 가리킨다. 참고로 율곡 『언해』본에는 "威티 몯ᄒᆞ고"라고 되어 있다. 이 구절에 대해 박문호(朴文鎬)는 율곡 『언해』본의 주장을 따랐다.

242) 『언해』본의 해석은 여전히 '즉(則)'자에 구애되고 있으니 : 교정청(校正廳) 『언해』본에 "學ᄒᆞ면"이라고 되어 있는 것을 가리킨다. 율곡 『언해』본에는 "學도"라고 되어 있다.

243) 『주자어류(朱子語類)』 권21, 「논어3(論語三)」, 104조목에는 "輕最害事. 飛揚浮躁, 所學安能堅固? 故'學則不固', 與'不重'·'不威', 只一套事.(가벼움은 가장 일을 해친다. 방종하고 경솔하면 배운 것이 어찌 견고할 수 있겠는가? 그러므로 '배운 것도 견고하지 못하다.'라는 것은 '부중(不重 : 중후하지 못함)'·'불위(不威 : 위엄이 없음)'와 다만 일련의 일일 뿐이다.)"라고 되어 있다.

244) 호광 편(胡廣 編), 『논어집주대전(論語集註大全)』 권1에 보광(輔廣)의 말로 "人不重厚, 則見於外者, 必無威嚴; 存於中者, 必不堅固, 此表裏自然之符.(사람이 중후하지 않으면 밖으로 나타나는 것은 반드시 위엄이 없을 것이고, 마음속에 보존된 것은 반드시 견고하지 않을 것이니, 여기에서 안과 밖이 저절로 그러하게 부합하는 것이다.)"라고 실려 있다.

○ 釋畢.

경문의 풀이가 끝났다.

○ 此節重在一'重'字. 若論一章之題目, 則'學'一字是也.

이 절(節)의 중점은 '중(重 : 중후함)' 한 글자에 있다. 「학이(學而)」 제1장의 제목을 논하면 '학(學 : 배움)' 한 글자가 이것이다.

[1-8-2]

主忠 · 信,

충(忠) · 신(信)을 중심으로 하고,

朱註

人不忠 · 信, 則事皆無實, 爲惡則易, 爲善則難. 故學者必以是爲主焉.

사람이 충(忠) · 신(信)하지 못하면 일이 모두 실질이 없어 악을 행하기 쉽고, 선을 행하기는 어렵다. 그러므로 배우는 사람은 반드시 이를 중심으로 해야 한다.

詳說

○ 朱子曰 : "忠爲實心, 信爲實事."245)

'인불충 · 신, 즉사개무실(人不忠 · 信, 則事皆無實)'에 대해, 주자(朱子 : 朱熹)가 말하였다. "충(忠)은 진실한 마음이고, 신(信)은 진실한 일이다."

245) 『주자어류(朱子語類)』 권21, 「논어3(論語三)」, 35조목에서 "問 : ''盡己之謂忠, 以實之謂信.' 信旣是實, 先生前又說道忠是實心, 不知如何分別.' 曰 : '忠是就心上說, 信是指事上說. 如今人要做一件事, 是忠; 做出在外, 是信. 如今人問火之性是如何, 向他說熱, 便是忠. 火性是熱, 便是信.'(물었다. ''자기 마음을 다하는 것을 충이라 하고, 그것으로 진실하게 하는 것을 신이라고 한다.'라고 한 것에서, 신(信)이 이미 진실하게 하는 것인데, 선생님께서 이전에 또 충(忠)은 진실한 마음이라고 말했으니, 어떻게 분별해야 하는지 모르겠습니다.' 주자(朱子 : 朱熹)가 대답하였다. '충은 마음으로 말하는 것이고, 신은 일을 가리켜서 말한 것이다. 예컨대 지금 어떤 사람이 어떤 일을 하려고 하는 것은 충이고, 밖으로 그 일을 해내는 것은 신이다. 또 예컨대 지금 어떤 사람이 불의 성질이 어떠한지에 대해 물었을 때, 그에게 뜨겁다고 말하는 것이 바로 충이고, 불의 성질이 실제로 뜨거운 것은 바로 신이다.')"라고 하였다.

○ 去聲.

‘위악즉이(爲惡則易)’에서 ‘이(易)’자는 거성(去聲)이다.

○ 先反論之, 以襯本意.

‘위선즉난(爲善則難)’이라고 한 것은 먼저 반대로 그것을 논의하여 본래의 뜻에 곁부시켰다.

○ 照上節‘學’字.

‘고학자필이시위주언(故學者必以是爲主焉)’에서 ‘학(學)’자는 위 절(節)의 ‘학(學)’자[246]를 비추어 보라.

○ 『諺』釋依此‘以’字勢.

‘고학자필이시위주언(故學者必以是爲主焉)’에 대해 『언해』본의 풀이는 이 ‘이(以)’자의 어세에 의거하였다.[247]

○ 朱子曰 : “此章四者皆是修身之要, 就其中‘主忠信’又最要.”[248]

‘고학자필이시위주언(故學者必以是爲主焉)’에 대해, 주자(朱子 : 朱熹)가 말하였다. “이 장의 네 가지 일은 모두 수신(修身)의 요체인데, 그 가운데 ‘충(忠) · 신(信)을 중심으로 한다.’라는 말이 또 가장 요체이다.”

○ 有釋無訓.

본문 ‘주충 · 신(主忠 · 信)’에 대해 주자의 주석에는 경문의 풀이는 있으나 훈고는 없다.

○ 此下一有圈.

이 아래에 어떤 판본에는 ‘○(圈)’가 있다.

朱註

> 程子曰 : “人道惟在忠 · 信, 不誠則無物. 且‘出入無時, 莫知其鄕’者, 人心也. 若無忠 · 信, 豈復有物乎?”

---

246) 위 절(節)의 ‘학(學)’자 : 바로 위 주자 주석의 ‘이소학역불견고야(而所學亦不堅固也 : 배운 것도 또한 견고하지 못하다)’에서 ‘학(學)’자를 가리킨다.

247) 『언해』본의 풀이는 이 ‘이(以)’자의 어세에 의거했다 : 교정청(校正廳) 『언해』본에 “忠信으로 主ᄒᆞ며”라고 한 것을 말한다. 참고로 율곡 『언해』본에는 “忠信을 主ᄒᆞ며”라고 되어 있다.

248) 『주자어류(朱子語類)』 권21, 「논어3(論語三)」, 106조목에는 “如此四者, 皆是修身之要. 就其中‘主忠信’, 又是最要.(이와 같은 네 가지는 모두 자신을 수양하는 요체이다. 그 가운데 ‘충(忠) · 신(信)을 위주로 한다.’라는 것이 또 가장 요체이다.)”라고 되어 있다.

정자(程子 : 程顥)가 말하였다. "사람의 도(道)는 오직 충(忠) · 신(信)에 있으니, 성(誠 : 성실함)하지 않으면 아무 것도 없다. 또 '나가고 들어오는 것이 일정한 때가 없고 그 방향을 알 수 없다.'라는 것은 사람의 마음이다.[249] 만약 충 · 신이 없다면 어찌 다시 사물이 있을 수 있겠는가?"

詳說

○ 伯子.

'정자왈(程子曰)'에서 '정자(程子)'는 형 정호(程顥)이다.

○ 朱子曰 : "以人言之, 則爲忠 · 信; 不以人言之, 則只是實理."[250]

주자(朱子 : 朱熹)가 말하였다. "사람의 입장에서 말하면 충 · 신이 되고, 사람의 입장이 아닌 것에서 말하면 다만 실질적인 이치일 뿐이다."

○ 出『中庸』.

'불성즉무물(不誠則無物)'이라는 말은 『중용(中庸)』에 나온다.[251]

○ 此'物'字蓋指上'人'字, 言人道滅矣.

---

249) '나가고 들어오는 것이 일정한 때가 없고 …… 사람의 마음이다 : 『맹자(孟子)』「고자상(告子上)」에서 "공자가 말하였다. '마음이라는 것은 잡아 두면 보존되고 놓아두면 잃어버리는 것으로, 나가고 들어오는 것이 일정한 때가 없고, 그 방향을 알 수 없으니, 오직 사람의 마음을 두고 말한 것이다!'(孔子曰 : '操則存, 舍則亡, 出入無時, 莫知其鄕, 惟心之謂與!')"라고 하였다.

250) 『주자어류(朱子語類)』 권21, 「논어3(論語三)」, 107조목에는 "問 : '伊川曰 '忠 · 信者, 以人言之, 要之則實理', 何也?' 曰 : '以人言之, 則爲忠 · 信; 不以人言之, 則只是箇實理. 如'誠者, 天之道', 則只是箇實理; 如'惟天下之至誠', 便是以人言之.'(물었다. '이천(伊川 : 程頤)이 '충 · 신은 사람의 입장에서 말한 것이고 그것을 요약하면 실질적인 이치이다.'라고 말한 것은 어떻습니까?' 주자(朱子 : 朱熹)가 대답하였다. '사람의 입장에서 말하면 충 · 신이 되고, 사람의 입장이 아닌 것에서 말하면 다만 하나의 실질적인 이치일 뿐이다. 예컨대 '성실함은 하늘의 도이다.'라는 말과 같은 것은 다만 하나의 실질적인 이치일 뿐이고, '오직 천하에서 지극히 성실한 사람이라야'라는 말과 같은 것은 바로 사람의 입장에서 말한 것이다.')"라고 되어 있다. 『주자어류(朱子語類)』 권21, 「논어3(論語三)」, 19조목에서 "忠 · 信, 以人言之. 蓋忠 · 信以理言, 只是一箇實理; 以人言之, 則是忠 · 信. 蓋不因人做出來, 不見得這道理.(충 · 신은 사람의 입장에서 말한 것이다. 대개 충 · 신을 이치로서 말하면 다만 하나의 실질적인 이치일 뿐이고, 사람의 입장에서 말하면 충 · 신이다. 대개 사람이 지어내는 것에 기인하지 않으면 이 도리를 알 수 없다.)"라고 한 것도 참조할 만하다.

251) '불성즉무물(不誠則無物)'이라는 말은 『중용(中庸)』에 나온다 : 『중용장구(中庸章句)』 25장에서 "성실함은 사물의 처음과 끝이니, 성실하지 못하면 아무런 것도 없다. 이 때문에 군자는 성실함을 귀하게 여긴다.(誠者, 物之終始, 不誠, 無物. 是故, 君子誠之爲貴.)"라고 하였다.

'불성즉무물(不誠則無物)'에서 '물(物)'자는 대개 앞의 '인도유재충·신(人道惟在忠·信)'에서 '인(人)'자를 가리키니, 인도(人道 : 사람의 도리)가 없어지는 것을 말한다.

○ 更端之辭.

'차'출입무시, 막지기향'자(且'出入無時, 莫知其鄕'者)'에서 '차(且 : 또)'자는 시작을 바꾸는 말이다.

○ 方也.

'막지기향(莫知其鄕)'에서 '향(鄕)'자는 방향이다.

○ 出『孟子』「告子」.

''출입무시, 막지기향'자, 인심야('出入無時, 莫知其鄕'者, 人心也)'라는 말은 『맹자(孟子)』「고자상(告子上)」에 나온다.[252)]

○ 西山眞氏曰 : "盡得忠·信, 卽是誠."[253)]

'약무충·신(若無忠·信)'에 대해, 서산 진씨(西山眞氏 : 眞德秀)[254)]가 말하였다. "충·신을 다 발휘하면 바로 성(誠)이다."

---

252) 『맹자(孟子)』「고자상(告子上)」에 나온다 : 『맹자(孟子)』「고자상(告子上)」에서 "공자가 말하였다. '마음이라는 것은 잡아 두면 보존되고 놓아두면 잃어버리는 것으로, 나가고 들어오는 것이 일정한 때가 없고, 그 방향을 알 수 없으니, 오직 사람의 마음을 두고 말한 것이다!'(孔子曰 : '操則存, 舍則亡, 出入無時, 莫知其鄕, 惟心之謂與!')"라고 하였다.

253) 호병문(胡炳文), 『사서통(四書通)』「논어통(論語通)」 권1에는 "『論語』止言忠·信, 子思·孟子始言誠. 程子於此, 乃合忠·信與誠言之. 蓋誠指全體言, 忠·信指人用力處言. 盡得忠·信, 卽是誠. 孔子教人只就行處說, 行到盡處, 自然識得本原. 子思·孟子, 則倂本原發以示人, 其義一也. (『논어(論語)』에서는 다만 충·신을 말했고, 자사와 맹자가 비로소 성(誠)을 말하였다. 정자는 이에 바로 충·신과 성을 합쳐서 말하였다. 대개 성은 전체를 가리켜서 말하는 것이고, 충·신은 사람들이 힘을 쓸 곳을 가리켜 말하는 것이다. 그러므로 충·신을 다 발휘하면 바로 성이다. 공자는 사람들을 가르칠 때 다만 실행하는 곳에서 말했으니, 실행을 다하는 곳에서 저절로 본원을 알 수 있었다. 자사와 맹자는 사람들에게 본원을 함께 드러내어 보여주었는데, 그 의미는 마찬가지이다.)"라고 되어 있다.

254) 진덕수(眞德秀, 1178~1235) : 자는 희원(希元)·경원(景元)·경희(景希)이고, 호는 서산(西山)이며, 시호는 문충(文忠)이다. 송나라 때 포성(浦城 : 복건성 포성(蒲城)) 사람으로, 1199년에 진사에 급제하여 호부상서(戶部尙書), 한림학사(翰林學士), 태학정(太學正), 참지정사(參知政事) 등을 역임하였다. 어려서는 주희의 문인인 첨체인(詹體仁)에게 배우고, 스스로 "주희를 사숙하여 얻은 것이 있다."라고 하였다. 특히 『대학(大學)』을 중시하여 궁리(窮理)·지경(持敬)을 강조하였다. 경원당금(慶元黨禁) 이후 정주(程朱)의 이학(理學)이 다시 성행하는 데 크게 공헌하였다. 저서는 『대학연의(大學衍義)』, 『사서집편(四書集編)』, 『독서기(讀書記)』, 『문장정종(文章正宗)』, 『당서고의(唐書考疑)』, 『서산문집(西山文集)』 등이 있다.

○ 去聲.

'기부유물호(豈復有物乎)'에서 '부(復)'자는 거성(去聲)이다.

○ 此'物'字蓋指上'心'字言, 人心亡矣. '人心'尤切於'人道'矣.

'기부유물호(豈復有物乎)'에서 '물(物)'자는 대개 위의 ''출입무시, 막지기향'자, 인심야('出入無時, 莫知其鄕'者, 人心也)'에서 '심(心)'자를 가리켜, 사람의 마음이 없어진 것을 말한다. '사람의 마음'이라 한 것은 '사람의 도(道)'라 한 것보다 더욱 절실하다.

○ 農巖曰 : "程子此說語意曲折, 從前所未洞然."255)

농암(農巖 : 金昌協)이 말하였다. "정자(程子 : 程顥)의 이 말에 대한 자세한 의미는 예전부터 명확하게 이해하지 못하였다."

[1-8-3]

無友不如己者,
자기보다 못한 사람을 친구로 삼지 말며,

朱註

無, 毋通, 禁止辭也. 友所以輔仁, 不如己, 則無益而有損.

무(無)는 무(毋)와 통하니 금지하는 말이다. 친구는 인(仁)을 돕는 근거이니, 자기보다 못하다면 유익함은 없고 손해만 있다.

---

255) 김창협(金昌協), 『농암집(農巖集)』 권19, 「답도이논어문목(答道以論語問目)」에는 "程子曰不誠無物云云 : 此一段語意曲折, 從前所未洞然, 只得如來說看耳. '不誠無物', 朱先生說得已詳, 今不必更添註脚.(정자(程子 : 程顥)가 '성(誠)하지 않으면 아무런 것도 없다.'라고 한 말 등에 대해 : 이 단락의 자세한 의미는 예전부터 명확하게 이해하지 못하고 다만 그대의 말과 같이 보았을 뿐입니다. '성하지 않으면 아무 것도 없다.'에 대해서는 주선생이 이미 상세히 말했으니, 지금 다시 각주를 보탤 필요는 없습니다.)"라고 되어 있다.

詳說

○ 見「顔淵」.

'우소이보인(友所以輔仁)'이라는 말은 「안연(顔淵)」에 보인다.[256]

○ 益·損見「季氏」.

'불여기, 즉무익이유손(不如己, 則無益而有損)'이라는 말은 「계씨(季氏)」에 보인다.[257]

○ 朱子曰:"不如己者來, 又焉得却之? 我求勝己者, 不如己者又來求我."[258]

주자(朱子:朱熹)가 말하였다. "나보다 못한 사람이 나에게 찾아오면 또 어떻게 거절할 수 있겠는가? 내가 나보다 나은 사람을 찾으니, 나보다 못한 사람은 또 나를 찾아온다."

○ 有訓無釋.

훈고는 있으나 경문의 풀이는 없다.

---

256) '우소이보인(友所以輔仁)'이라는 말은 「안연(顔淵)」에 보인다:『논어(論語)』「안연(顔淵)」에서 "증자가 말하였다. '군자는 문(文)으로 친구를 모으고, 친구로써 인(仁)을 돕는다.'(曾子曰:'君子, 以文會友, 以友輔仁.')"라고 하였다.

257) '불여기, 즉무익이유손(不如己, 則無益而有損)'이라는 말은 「계씨(季氏)」에 보인다:『논어(論語)』「계씨(季氏)」에서 "공자가 말하였다. '유익한 친구 세 가지가 있고, 손해되는 친구 세 가지가 있다. 친구가 바르고, 친구가 성실하며, 친구가 견문이 넓으면 유익하고, 친구가 다른 사람의 비위를 잘 맞추고, 친구가 유순하기를 잘하며, 친구가 듣기 좋은 말을 잘하면 손해가 된다.'(孔子曰:'益者三友, 損者三友. 友直, 友諒, 友多聞, 益矣; 友便辟, 友善柔, 友便佞, 損矣.')"라고 하였다.

258)『주자어류(朱子語類)』권21, 「논어3(論語三)」, 116조목에서 "'無'者, 禁止之辭. 我但不可去尋求不如己者, 及其來也, 又焉得而卻之! 推此, 則勝己者亦自可見.('무(無)'는 금지하는 말이다. 내가 단지 나보다 못한 사람을 찾아서 구하면 안 되는 것이니, 만약 나보다 못한 사람이 나에게 찾아오면 또 어떻게 거절할 수 있겠는가! 이것을 미루어 가면 나보다 나은 사람도 또한 저절로 만날 수 있을 것이다.)"라고 하였다. 또한 119조목에서 "這是我去求勝己者爲友. 若不如我者, 他又來求我, 這便是'童蒙求我, 匪我求童蒙'也.(이는 내가 나보다 나은 사람을 찾아가서 친구를 삼으라는 것이다. 만약 나보다 못한 사람이 또 나를 찾아온다면 이는 바로『역(易)』몽괘(蒙卦) 괘사에 '철부지 어린이가 나를 찾는 것이지 내가 철부지 어린이를 찾는 것이 아니다'라는 것이다.)"라고 하였다.

[1-8-4]

過則勿憚改."
허물이 있으면 고치기를 꺼려하지 말아야 한다."

朱註

勿, 亦禁止之辭. 憚, 畏難也. 自治不勇, 則惡日長. 故有過則當速改, 不可畏難而苟安也.

'물(勿)'도 또한 금지하는 말이다. '탄(憚)'은 두려워하고 어렵게 여기는 것이다. 자신을 다스림이 용감하지 못하면 악이 나날이 자라난다. 그러므로 허물이 있으면 마땅히 빨리 고쳐야 하지, 두려워하고 어렵게 여겨서 구차하게 편안해서는 안 된다.

詳說

○ 照上註.
'물, 역금차지사(勿, 亦禁此之辭)'에서 '역(亦)'자는 위의 주석에 비추어 보라.[259]

○ 訓畢.
'탄, 외난야(憚, 畏難也)'에서 훈고가 끝났다.

○ 上聲.
'즉악일장(則惡日長)'에서 '악(惡)'자는 상성(上聲)이다.

○ 雲峰胡氏曰: "過流而爲惡."[260]
'자치불용, 즉악일장(自治不勇, 則惡日長)'에 대해, 운봉 호씨(雲峯胡氏: 胡炳文)가 말하였다. "허물이 흘러가서 악이 된다."

○ 亦反言之以襯本意.

---

259) '역(亦)'자는 위의 주석에 비추어 보라: 바로 위 절(節)에서 "무(無)는 무(毋)와 통하니 금지하는 말이다.(無, 毋通, 禁止辭也.)"라고 했으니, 여기서 또 '역'자를 썼다는 말이다.

260) 호병문(胡炳文), 『사서통(四書通)』「논어통(論語通)」 권1에는 "此過也, 而『集註』以爲'惡日長'者, 無心失理爲過, 有心悖理爲惡. 自治勇則過可反而爲善, 自治不勇則過必流而爲惡.(이는 허물이지만 『논어집주(論語集註)』에서 '악이 날로 자라난다'라고 여긴 것은 마음먹은 사안도 없이 이치에 잘못되는 일은 허물이지만 마음먹고 이치를 어기는 것은 악이기 때문이다. 자신을 다스림이 용감하면 허물은 도리어 선이 될 수 있지만 자신을 다스림이 용감하지 못하면 허물은 반드시 흘러가서 악이 될 것이다.)"라고 되어 있다.

'자치불용, 즉악일장(自治不勇, 則惡日長)'이라고 한 것은 또한 반대로 말해서 본래의 뜻에 결부시킨 것이다.

○ 朱子曰: "最要在'速'字上著力."[261]

'고유과즉당속개(故有過則當速改)'에 대해, 주자(朱子 : 朱熹)가 말하였다. "가장 중요한 것은 '속(速 : 빨리함)'에 노력을 기울이는 데 달려 있다."

○ 釋畢.

경문의 풀이가 끝났다.

朱註

程子曰: "學問之道, 無他也, 知其不善, 則速改以從善而已."

정자(程子 : 程頤)가 말하였다. "학문의 도(道)는 다른 것이 없으니, 그 선(善)하지 않음을 알면 빨리 고쳐 선을 따르는 일일 뿐이다."

詳說

○ 叔子.

'정자왈(程子曰)'에서 '정자(程子)'는 동생 정이(程頤)이다.

○ 照首節'學'字.

'학문지도, 무타야(學問之道, 無他也)'에서 '학(學)'자는 첫 절 '학즉불고(學則不固)'의 '학(學)'자에 비추어 보라.

○ 見『孟子』「告子」.

'학문지도, 무타야(學問之道, 無他也)'는 『맹자(孟子)』「고자상(告子上)」에 보인다.[262]

○ 重釋餘意.

'지기불선, 즉속개이종선이이(知其不善, 則速改以從善而已)'라는 구절은 나머지 뜻

---

261) 『주자어류(朱子語類)』 권21, 「논어3(論語三)」, 120조목에는 "最要在'速'字上著力. 凡有過, 若今日過愈深, 則善愈微; 若從今日便改, 則善可自此而積.(가장 중요한 것은 '속(速 : 빨리함)'에 노력을 기울이는 데 달려 있다. 무릇 허물이 있는데, 만약 오늘이 지나 그 허물이 더욱 깊어지면 선은 더욱 적어지며, 만약 오늘부터 바로 고치면 선은 이로부터 쌓이게 될 것이다.)"라고 되어 있다.

262) '학문지도, 무타야(學問之道, 無他也)'는 『맹자(孟子)』「고자상(告子上)」에 보인다 : 『맹자(孟子)』「고자상(告子上)」에서 "학문하는 방법은 다른 것이 없다. 그 놓아버린 마음을 찾는 일일 뿐이다.(學問之道, 無他. 求其放心而已矣.)"라고 하였다.

을 거듭하여 풀이한 것이다.

朱註

程子曰 : "君子自修之道, 當如是也."

정자(程子 : 程頤)가 말하였다. "군자가 스스로 수양하는 방법은 마땅히 이와 같아야 한다."

詳說

○ 叔子.

'정자왈(程子曰)'에서 '정자(程子)'는 동생 정이(程頤)이다.

○ '自修'與'自治'同.

'군자자수지도(君子自修之道)'에서 '자수(自修)'는 '자치불용(自治不勇)'의 '자치(自治 : 자신을 다스림)'와 같다.

○ 新安陳氏曰 : "提首句'君子'字, 總說全章四節."[263)]

신안 진씨(新安陳氏 : 陳櫟)가 말하였다. "첫 구절 '군자부중즉불위(君子不重則不威 : 군자가 중후하지 않으면 위엄이 없고)'에서 '군자(君子)'라는 글자를 제기하여 전체 장(章) 네 개의 구절을 총괄하여 설명하였다."

朱註

游氏曰 : "君子之道, 以威重爲質, 而學以成之. 學之道, 必以忠·信爲主, 而以勝己者輔之. 然或吝於改過, 則終無以入德, 而賢者亦未必樂告以善道, 故以過勿憚改終焉."

유씨(游氏 : 游酢)가 말하였다. "군자의 도(道)는 위엄과 중후함을 바탕으로 삼고, 배워서 그것을 이루는 일이다. 배우는 도는 반드시 충(忠)·신(信)을 중심으로 하고 자기보다 나은 사람으로 돕게 하는 일이다. 그러나 간혹 허물을 고치는 데 인색하면 끝내 도덕 수양의 경지에 들어갈 수 없어 현명한 사람이라도 꼭 선한 도로 말해 주기를 즐겨하지 않을 것이기 때문에, 허물이 있으면 고치기를 꺼려하지 말라는 말로 끝맺었다."

---

263) 호광 편(胡廣 編), 『논어집주대전(論語集註大全)』 권1.

詳說

○ 慶源輔氏曰 : "先言威, 便文耳."264)

'이위중위질(以威重爲質)'에 대해, 경원 보씨(慶源輔氏 : 輔廣)가 말하였다. "위엄을 먼저 말한 것은 편한 대로 글을 쓴 것뿐이다."

○ 一無'亦'字.

'이현자역미필락고이선도(而賢者亦未必樂告以善道)'에서 어떤 판본에는 '역(亦)'자가 없다.

○ 音'洛'.

'이현자역미필락고이선도(而賢者亦未必樂告以善道)'에서 '락(樂)'자는 음이 '락(洛)'이다.

○ 慶源輔氏曰 : "自始學至成德, 惟改過最急."265)

'고이과물탄개종언(故以過勿憚改終焉)'에 대해, 경원 보씨(慶源輔氏 : 輔廣)가 말하였다. "처음 배울 때부터 덕을 이루는 데 이르기까지 오직 허물을 고치는 일이 가장 시급하다."

○ 此章『集註』分節之意, 蓋以四者各爲一意. 而游說則以'質'·'成'·'終'·'必'·'而'·'然'等字作線脈, 連接四節爲一串意, 而歸重於末節. 亦自備一義, 然終有牽合底意, 不如程子說之爲自在耳.

『논어집주(論語集註)』에서 이 장(章)의 절(節)을 나눈 뜻은 대개 네 개를 각각 하나의 뜻으로 삼은 것이다. 그런데 유초(游酢)의 말은 '이위중위질(以威重爲質)'에서 '질(質)'자와 '이학이성지(而學以成之)'에서 '성(成)'자와 '즉종무이입덕(則終無

---

264) 호광 편(胡廣 編), 『논어집주대전(論語集註大全)』 권1에 보광(輔廣)의 말로 "慶源輔氏曰 : '威由重生, 先言威, 便文耳.'(경원 보씨(慶源輔氏 : 輔廣)가 말하였다. '위엄은 중후함으로부터 생겨나는데, 위엄을 먼저 말한 것은 편한 대로 글을 쓴 것일 뿐이다.)"라고 실려 있다.

265) 호광 편(胡廣 編), 『논어집주대전(論語集註大全)』 권1에 보광(輔廣)의 말로 "慶源輔氏曰 : '苟未至於聖人, 孰能無過? 儻或畏難而苟安, 則過益以大, 志益以惛, 不惟勝己之友, 將舍我而去, 而忠·信之德, 亦無以自進矣. 故以過勿憚改終焉. 要之自始學至於成德, 唯改過爲最急.'(경원 보씨(慶源輔氏 : 輔廣)가 말하였다. '만약 아직 성인의 경지에 이르지 않았다면 누가 허물이 없을 수 있겠는가? 혹시라도 두려워하고 어렵게 여겨서 구차하게 편안하면 허물은 더욱 커지고 의지는 더욱 혼미해지니, 자기보다 나은 친구가 나를 버리고 떠나갈 뿐 아니라 충·신의 덕조차도 또한 스스로 진보할 것이 없을 것이다. 그러므로 허물이 있으면 고치기를 꺼려하지 말라는 말로써 끝을 맺었다. 요컨대 처음 배울 때부터 덕을 이루는 데 이르기까지 오직 허물을 고치는 것이 가장 시급하다.')"라고 실려 있다.

以入德)'에서 '종(終)'자와 '필이충·신위주(必以忠·信爲主)'에서 '필(必)'자와 '이이승기자보지(而以勝己者輔之)'에서 '이(而)'자와 '연혹린어개과(然或吝於改過)'에서 '연(然)'자 등으로 한 가닥의 맥락을 만들어, 네 개의 구절을 연이어서 하나로 관통하는 뜻으로 삼아 그 중점을 끝 절에 귀결시켰다. 이렇게 한 것은 또한 그 자체로 하나의 의미를 갖추지만 끝내 견강부회하는 뜻이 있으니, 정자(程子)의 말처럼 자연스럽지는 못하다.

[1-9-1]

曾子曰："愼終追遠, 民德歸厚矣."
증자(曾子)가 말하였다. "상례를 삼가고 먼 조상을 추모하면 백성의 덕이 돈후한 데로 돌아갈 것이다."

朱註

愼終者, 喪盡其禮; 追遠者, 祭盡其誠. 民德歸厚, 謂下民化之, 其德亦歸於厚. 蓋終者, 人之所易忽也, 而能謹之; 遠者, 人之所易忘也, 而能追之, 厚之道也. 故以此自爲, 則己之德厚, 下民化之, 則其德亦歸於厚也.

신종(愼終 : 상례를 삼가다)은 상례에 그 예(禮)를 다하는 일이고, 추원(追遠 : 먼 조상을 추모하다)은 제사에 그 정성을 다하는 일이다.266) 백성의 덕이 돈후한 데로 돌아간다는 것은 백성이 교화되어 그 덕이 또한 돈후한 데로 돌아감을 말한다. 대개 종(終 : 죽음)은 사람들이 소홀히 하기 쉬운 일인데 이를 삼갈 수 있고, 원

266) 『주자어류(朱子語類)』 권22, 「논어4(論語四)」, 2조목에서는 "'상례를 삼가고 먼 조상을 추모하다'에 대해, 전적으로 상제(喪祭)를 위주로 말한 것이다. 만약 상제사(喪祭事)를 중시해야 할 때라고 본다면, 또한 스스로 바꿀 수 없다. 다만 상제(喪祭)에서 미루어가도 또한 많은 일이 있다. 어떤 사람은 세상의 일에는 모두 초상을 삼가고 멀리 돌아가신 분을 추모해야 한다고 말하는데, 또한 맞는 말이다('愼終追遠', 專主喪祭而言. 若看得喪祭事重時, 亦自不易. 只就喪祭上推, 亦是多少事. 或說天下事皆要愼終追遠, 亦得.)"라고 하였다. 3조목에서는 '먼 조상을 추모한다'에 대해, "호안지가 '추원(追遠)하는 대상은 친척이 아닙니까?'하고 묻자, 주자(朱子 : 朱熹)가 '추모한다고 말한 것은 친척이 아니다.'고 하였다. 포양이 '먼 조상 때의 사람에 대해 다시 추념하는 생각을 갖는다고 해석할 수 없으니, 생각하는 것은 단지 친척일 뿐입니다.'라고 하자, 주자(朱子 : 朱熹)가 '단지 강남에서 온 사람들이 이와 같이 하지 않을 뿐이다. 호북 지방 사람들은 무덤에 가면 먼 조상인가 아닌가를 따지지 않고 곡을 하는데, 이것이 도리어 좋다. 사람은 그가 어디에서 왔는가를 미루어 가면 반드시 근본이 있기 마련인데 바로 먼 조상일 것이고, 나는 필시 그의 혈맥일 것이다. 이렇게 생각한다면, 자연스럽게 추념의 감정이 없을 수 없다. 지금 노인이 손자도 보지 못하였는데 이제 10대 손을 만나게 되면 또한 안타까워할 것이고, 끝내는 자기의 골육(骨肉)으로 느끼는 것과 같다. 사람이 단지 여기까지 생각하지 않은 까닭에 추념의 정성이 지극하지 않은 것이다.(胡叔器問 : '追遠', 是親否? 曰: 言追, 則不是親了. 包顯道問 : 遠祖時人不解更有追念之意, 想只是親. 曰 : 只江南來不如此. 湖北人上墳, 不問遠祖也哭, 這卻好. 人之一身, 推其所自, 則必有本, 便是遠祖, 畢竟我是它血脈. 若念及此, 則自不能無追感之情. 且如今老人不能得見箇孫子, 今若便見十世孫時, 也惜, 畢竟是自家骨肉. 人只是不思量到這裏, 所以追感之誠不至也.)라고 하였다.

(遠 : 먼 조상)은 사람들이 잊기 쉬운 일인데 추모할 수 있는 것은 돈후하게 하는 방도이다. 그러므로 이를 스스로 실천하면 자신의 덕이 돈후해지고, 백성을 그것으로 교화하면 그 덕이 또한 돈후한 데로 돌아간다.

詳說

○ 凡朱子註諸書, 遇'愼'字輒以'謹'字易之, 避孝宗諱也. 此訓字義, 故本文不動, 而下釋義乃用'謹'字. 凡諱處以此推之.

무릇 주자(朱子 : 朱熹)가 여러 책들에 주석을 할 때 '신(愼)'자를 보면 매번 '근(謹)'자로 바꾸었는데, 효종(孝宗)의 휘(諱 : 이름)를 직접 쓰기를 피한 것이다.[267] 이는 글자의 뜻을 훈고한 것이기 때문에 본문은 그대로 두고, 아래에서 의미를 풀이할 때는 바로 '근(謹)'자를 쓴 것이다. 무릇 이름을 직접 쓰기를 피하는 곳은 이것으로 미루어 볼 수 있다.

○ 雲峰胡氏曰 : "『集註』依伊川說, 以'禮'·'誠'二字易古註'哀'·'敬'二字."[268]

'신종자, 상진기례; 추원자, 제진기성(愼終者, 喪盡其禮; 追遠者, 祭盡其誠)'에 대해, 운봉 호씨(雲峯胡氏 : 胡炳文)가 말하였다. "『논어집주(論語集註)』는 이천(伊川 : 程頤)의 말에 의거하여 '상진기례(喪盡其禮)'의 '예(禮)'자와 '제진기성(祭盡其誠)'의 '성(誠)'자로 옛 주석의 '애(哀)'자와 '경(敬)'자를 바꾸었다.[269]"

○ 指民.

'기덕역귀어후(其德亦歸於厚)'에서 '기(其)'자는 백성을 가리킨다.

---

267) 효종(孝宗)의 휘(諱 : 이름)를 직접 쓰기를 피한 것이다 : 남송 제2대 황제인 효종은 휘(諱)가 신(昚)으로 '신(愼)'자와 통용된다. 그러므로 주자는 '신(愼)'자를 직접 쓰기를 피한 것이다.

268) 호병문(胡炳文), 『사서통(四書通)』「논어통(論語通)」 권1에는 "古註云, '愼終者喪盡其哀 追遠者祭盡其敬.' 『集註』依伊川說, 以'禮'與'誠'易之.'(고주(古註)에서 '신종(愼終)은 상례에 그 슬픔을 다하는 일이고, 추원(追遠)은 제사에 그 경건함을 다하는 일이다.'라고 하였다. 『논어집주(論語集註)』에서는 이천(伊川)의 말에 의거하여 '애(哀)'자와 '경(敬)'자를 '예(禮)'자와 '성(誠)'자로 바꾸었다.)"라고 하였다."로 되어 있다.

269) 『논어집주(論語集註)』는 이천(伊川 : 程頤)의 말에 의거하여 …… 옛 주석의 '애(哀)'자와 '경(敬)'자를 바꾸었다 : 정이(程頤), 『이천선생경설(伊川先生經說)』 권7에서 "증자는 '상례를 삼가고 먼 조상을 추모하면 백성의 덕이 돈후한 데로 돌아갈 것이다.'라고 말하였다. 상중에 있을 때 예를 다하고, 제사에 정성을 극진히 하는 것은 상례를 삼가고 먼 조상을 추모하는 일 가운데 큰 것이다. 모든 일에 상례를 삼갈 수 있고 먼 조상을 잊지 않을 수 있으면 백성을 교화시켜 돈후한 덕에로 귀결시키기에 충분하다.(曾子曰 : '愼終追遠, 民德歸厚矣.' 居喪盡禮, 祭祀致誠, 愼終追遠之大者也. 凡事能愼其終, 不忘於遠, 足以化民, 歸於厚德矣.)"라고 하였다.

○ 添'亦'字以歸重君上.

'기덕역귀어후(其德亦歸於厚)'라고 한 것은 '역(亦)'자를 보태어 그 중점을 군주에게 귀결시켰다.

○ 訓兼釋.

'기덕역귀어후(其德亦歸於厚)'라고 한 것은 훈고에 경문의 풀이를 겸하였다.

○ 去聲, 下同.

'인지소이홀야(人之所易忽也)'에서 '이(易)'자는 거성(去聲)이고, 아래도 마찬가지이다.

○ 以常人之情言之, 以緊本意.

'원자, 인지소이망야, 이능추지(遠者, 人之所易忘也, 而能追之)'라고 한 것은 일반인들의 정서로 말해 본래의 뜻을 긴밀하게 하였다.

○ 添二句以歸責於君上.

'고이차자위, 즉기지덕후(故以此自爲, 則己之德厚)'라는 두 구절을 보태어 군주에게 책임을 귀결시켰다.

○ 釋兼論.

'하민화지, 즉기덕역귀어후야(下民化之, 則其德亦歸於厚也)'라고 한 것은 경문 풀이에 의미설명을 겸하였다.

[1-10-1]

子禽問於子貢曰："夫子至於是邦也, 必聞其政, 求之與? 抑與之與?"
자금(子禽)이 자공(子貢)에게 물었다. "공자께서는 어떤 나라에 이르면 반드시 그 나라의 정사(政事)를 들으시는데, 자신이 그것을 구합니까? 아니면 그 나라 군주가 공자께 그렇게 해 줍니까?"

朱註

'之與'之'與', 平聲, 下同.

'지여(之與)'에서 '여(與)'자는 평성(平聲)이고 아래도 마찬가지이다.

詳說

○ '夫子', 指孔子; '是邦', 猶云一邦. '求之·與之', 言夫子求之與, 或時君自與之政與?

'부자지어시방야(夫子至於是邦也)'에서 '부자(夫子)'는 공자를 가리키고, '시방(是邦)'은 '어떤 한 나라'라고 말하는 것과 같다. '구지여? 억여지여?(求之與? 抑與之與?)'에서 '구지(求之)'·'여지(與之)'는 공자가 그것을 구하는 것인지, 혹은 당시 군주가 스스로 공자에게 정사(政事)를 알려주는지를 말한다.

○ 本文中又有上聲'與'字, 故特表出'之與'之'與'字. 後多放此.

주자(朱子 : 朱熹)가 ''지여'지'여', 평성('之與'之'與', 平聲)'이라고 주석한 것은 본문 가운데 또 상성(上聲)의 '여(與)'자가 있기 때문에 특별히 '지여(之與)'의 '여(與)'자라고 드러내었다. 뒤에도 대부분 이와 같다.

朱註

子禽, 姓陳, 名亢; 子貢, 姓端木, 名賜, 皆孔子弟子. 或曰："亢, 子貢弟子." 未知孰是. 抑, 反語辭.

자금(子禽)은 성(姓)이 진(陳)이고 이름은 강(亢)이며, 자공(子貢)은 성이 단목(端木)이고 이름은 사(賜)이니, 모두 공자의 제자이다. 어떤 사람은 "진강(陳亢)은 자공의 제자이다."라고 하는데, 누가 옳은지 알 수 없다. 억(抑)은 반어사(反語辭 : 역접 접속사)이다.

詳說

○ 音剛.

'명강(名亢)'에서 '강(亢)'자는 음이 강(剛)이다.

○ 『家語』曰 : "陳人."[270]

자금에 대해, 『공자가어(孔子家語)』에서 말하였다. "진(陳)나라 사람이다."

○ 『家語』曰 : "衛人."[271]

자공에 대해, 『공자가어(孔子家語)』에서 말하였다. "위(衛)나라 사람이다."

○ 『史記』「仲尼弟子傳」曰 : "少孔子三十一歲."[272]

자공에 대해, 『사기(史記)』「중니제자열전(仲尼弟子列傳)」에서 말하였다. "공자보다 31세 적다."

○ 『語』中亢之問於子貢者二, 問於伯魚者一, 而未嘗問於孔子, 故知其爲子貢弟子.

『논어(論語)』에서 진강이 자공에게 질문한 것이 두 번 있고,[273] 백어(伯魚 : 공자 아들)에게 질문한 것이 한 번 있는데,[274] 공자에게 질문한 적은 없기 때문에 그가 자공의 제자임을 알 수 있다.

○ 朱子曰 : "『集註』有兩存者, 是二說皆通. 然大率前一說勝."[275]

---

270) 『공자가어(孔子家語)』 권9, 「칠십이제자해(七十二弟子解)」 제38에서 "陳亢, 陳人, 字子亢, 一字子禽, 少孔子四十歲.(진강은 진(陳)나라 사람으로, 자는 자강 또는 자금이고 공자보다 40세 적다.)"라고 하였다.

271) 『공자가어(孔子家語)』 권9, 「칠십이제자해(七十二弟子解)」 제38에서 "端木賜, 字子貢, 衛人, 有口才著名.(단목사는 자는 자공이고 위나라 사람으로, 말재주가 있는 것으로 유명하였다.)"라고 하였다.

272) 사마천, 『사기(史記)』 권67, 「중니제자열전(仲尼弟子列傳)」 제7.

273) 진강이 자공에게 질문한 것이 두 번 있고 : 이 구절과 또 『논어(論語)』「자장(子張)」에서 "진자금이 자공에게 말하였다. '그대가 공손해서 그렇지, 중니(仲尼 : 孔子)가 어찌 그대보다 현명하겠는가?'(陳子禽謂子貢曰 : '子爲恭也, 仲尼豈賢於子乎?')"라고 하였다.

274) 백어(伯魚 : 공자 아들)에게 질문한 것이 한 번 있는데 : 『논어(論語)』「계씨(季氏)」에서 "진강(陳亢)이 백어(伯魚 : 공자 아들)에게 물었다. '그대는 또한 별다른 들음이 있는가?'(陳亢問於伯魚曰 : '子亦有異聞乎?')"라고 하였다.

275) 『주자어류(朱子語類)』 권19, 「논어1(論語一)」, 66조목에는 "或問 : '『集注』有兩存者, 何者爲長?' 曰 : '使某見得長底時, 豈復存其短底? 只爲是二說皆通, 故幷存之. 然必有一說合得聖人之本意, 但不可知爾.' 復曰 : '大率兩說, 前一說勝.'(어떤 사람이 물었다. '『논어집주(論語集註)』에서 두 가지 주장을 모두 남겨 둔 것이 있는데, 어느 것이 낫습니까?' 주자(朱子 : 朱熹)가 대

'미지숙시(未知孰是)'에 대해, 주자(朱子 : 朱熹)가 말하였다. "『논어집주(論語集註)』에 두 가지 주장을 모두 남겨 두었는데, 그것은 두 가지 주장이 모두 통하기 때문이다. 그러나 대체로 앞의 주장이 낫다."

○ 又曰 : "有兩說相似而少異者, 亦要相資. 有說全別者, 是未定也."276)

'미지숙시(未知孰是)'에 대해 주자(朱子 : 朱熹)가 또 말하였다. "『논어집주(論語集註)』에서 두 가지 주장이 서로 비슷하면서도 조금 다른 부분이 있는 것도 또한 서로 보완하려는 뜻이다. 주장들이 전혀 다른 부분은 아직 확정하지 못한 것이다."

○ 後皆以此兩說推之, 可見凡兩存二說之下, 必有朱子斷辭. 曰'未知孰是'者, 兩疑之辭; 曰'亦通'者, 略予下說之辭; 其無斷辭者, 以上說爲主之意也.

뒤에는 모두 이 두 가지 말로 미루어 보면, 무릇 두 가지 주장을 모두 남겨 둔 것 아래에는 반드시 주자(朱子 : 朱熹)가 단정하는 말이 있음을 알 수 있다. '누가 옳은지 알 수 없다'라고 한 것은 두 가지를 의심하는 말이고, '또한 통한다'라고 한 것은 뒤의 주장을 대략 인정하는 말이며, 단정하는 말이 없는 것은 앞의 주장을 중심으로 한다는 뜻이다.

○ 猶云'不然則'.

'억, 반어사(抑, 反語辭)'라고 한 것은 '그렇지 않다면'이라고 말하는 것과 같다.

○ 有訓無釋.

훈고는 있으나 경문의 풀이는 없다.

답하였다. '가령 내가 두 가지 주장 가운데 나은 것을 알았다면 어찌 다시 그 가운데 못한 것을 남겨 두었겠는가? 다만 그 두 가지 주장이 모두 통하기 때문에 함께 남겨 둔 것이다. 그러나 반드시 그 가운데 하나의 주장이 성인의 본래 뜻에 부합할 것이겠지만, 알 수 없을 따름이다.' 조금 뒤 다시 말하였다. '대체로 두 가지 주장에서 앞의 주장이 나을 것이다.')"라고 되어 있다.

276) 『주자어류(朱子語類)』 권19, 「논어1(論語一)」, 65조목.

[1-10-2]

子貢曰："夫子溫·良·恭·儉·讓以得之. 夫子之求之也, 其諸異乎人之求之與!"

자공(子貢)이 말하였다. "공자께서는 온화하고 선량하며 공손하고 검소하며 겸양하여 정사(政事)를 듣는 것을 얻었다. 공자가 그렇게 하기를 구한 것은 아마 다른 사람들이 그렇게 하기를 구하는 것과는 다르리라!"

詳說

○ '以'字當輕看.

'양이득지(讓以得之)'에서 '이(以)'자는 가볍게 보아야 한다.

朱註

溫, 和厚也. 良, 易直也. 恭, 莊敬也. 儉, 節制也. 讓, 謙遜也. 五者, 夫子之盛德光輝接於人者也. '其諸', 語辭也. 人, 他人也.

온(溫 : 온화함)은 온화하고 중후한 것이다. 양(良 : 선량함)은 마음이 평탄하고 바른 것이다. 공(恭 : 공손함)은 정중하고 공경하는 것이다. 검(儉 : 검소함)은 절제하는 것이다. 양(讓 : 겸양함)은 겸손한 것이다. 이 다섯 가지는 공자의 융성한 덕이 눈부시게 빛나면서 사람들과 만나는 것이다. '기제(其諸)'는 어조사이다. 인(人)은 다른 사람이다.

詳說

○ 去聲, 下同.

'이직야(易直也)'에서 '이(易)'자는 거성(去聲)이고, 아래도 마찬가지이다.

○『禮記』「樂記」曰 : "易直慈良."[277]

---

277)『예기』「악기(樂記)」에는 "君子曰 : '禮樂不可斯須去身.' 致樂以治心, 則易直子諒之心油然生矣. 易直子諒之心生則樂, 樂則安, 安則久, 久則天, 天則神. 天則不言而信, 神則不怒而威, 致樂以治心者也.(군자가 말하였다. '예악은 잠시라도 자신에게서 떨어뜨릴 수 없다.' 음악을 지극히 연구하여 마음을 다스리면 평이하고 바르며 자애롭고 선량한 마음이 저절로 생겨난다. 평이하고 바르며 자애롭고 선량한 마음이 생겨나면 즐겁고, 즐거우면 편안하고, 편안하면 오래가며, 오래가면 천리를 깨닫고, 천리를 깨달으면 신령해진다. 천리를 깨달으면 말을 하지 않아도 믿으며, 신령하면 화를 내지 않아도 위엄이 있으니, 이것이 바로 음악을 지극히 연구하여 마음을

'이직야(易直也)'에 대해, 『예기』「악기(樂記)」에서 말하였다. "평이하고 바르며 자애롭고 선량한 것이다."

○ **西山眞氏曰 : "莊主容, 敬主心, 自中發外."**[278)]

'공, 장경야(恭, 莊敬也)'에 대해, 서산 진씨(西山眞氏 : 眞德秀)가 말하였다. "장(莊 : 정중함)은 용모를 중심으로 하고, 경(敬 : 공경함)은 마음을 중심으로 하니, 안에서 밖으로 발현하는 것이다."

○ **朱子曰 : "非止儉約, 只是收斂之意."**[279)]

'검, 절제야(儉, 節制也)'에 대해, 주자(朱子 : 朱熹)가 말하였다. "단지 검약(儉約 : 아껴 씀)하는 것이 아니라, 다만 수렴하는 뜻일 뿐이다."

○ **積中.**

'부자지성덕광휘접어인자야(夫子之盛德光輝接於人者也)'에서 '성덕(盛德)'은 마음속에 쌓는 것이다.

○ **發外.**

'부자지성덕광휘접어인자야(夫子之盛德光輝接於人者也)'에서 '광휘(光輝)'는 밖으로 발현되는 것이다.

○ **此以上本伊川語.**

'부자지성덕광휘접어인자야(夫子之盛德光輝接於人者也)'까지는 본래 이천(伊川 : 程頤)이 말한 것이다.[280)]

다스리는 것이다.)"라고 되어 있다. 그리고 『주자어류(朱子語類)』 권87, 「예4(禮四)」149조목에는 "讀書自有可得參考處. 如'易直子諒之心'一句, '子諒', 從來說得無理會. 卻因見『韓詩外傳』'子諒'作'慈良'字, 則無可疑.(독서에는 본래 참고할 곳이 있어야 한다. 예컨대 '평이하고 바로으며 자애롭고 선량한 마음[易直子諒之心]'이라는 구절에서 '자량(子諒)'은 여태껏 말을 해도 이해할 수 없었다. 그런데 『한시외전』에서 '자량(子諒)'을 '자량(慈良)'으로 쓴 것을 보고는 의심할 것이 없어졌다.)"라고 하였다.

278) 진덕수(眞德秀), 『서산문집(西山文集)』 권30에는 "**莊主容貌而言, 敬主內心而言. 自中而發外, 故曰恭.**(장(莊 : 정중함)은 용모를 중심으로 말했고, 경(敬 : 공경함)은 속마음을 중심으로 말하였다. 안에서 밖으로 발현하기 때문에 공(恭 : 공손함)이라고 하였다.)"라고 되어 있다.

279) 『주자어류(朱子語類)』 권22, 「논어4(論語四)」, 15조목에는 "**儉, 謂節制, 非謂儉約之謂. 只是不放肆, 常收斂之意.**(검(儉 : 검소함)은 절제하는 것을 말하지 검약(儉約 : 아껴 씀)하는 것을 말하는 뜻이 아니다. 다만 방종하지 않고 늘 수렴하는 뜻이다.)"라고 되어 있다.

280) 본래 이천(伊川 : 程頤)이 말한 것이다 : 정이(程頤), 『이천선생경설(伊川先生經說)』 권7에서 "자공(子貢)이 '공자는 온화하고 선량하며 공손하고 검소하며 겸양하여 정사(政事)를 듣는 것을 얻었다.'라고 말했는데, 이는 온(溫) · 량(良) · 공(恭) · 검(儉) · 양(讓) 다섯 가지의 융성한

○ 不敢質言之辭.

"'기제', 어사야('其諸', 語辭也)"라고 한 것은 감히 직접적으로 말하지 못하는 말이다.

○ 訓畢.

훈고가 끝났다.

朱註

言夫子未嘗求之, 但其德容如是, 故時君敬信, 自以其政就而問之耳, 非若他人必求之而後得也.

공자는 정사(政事)를 듣기를 구한 적이 없었지만 다만 그 덕을 갖춘 용모가 이와 같았기 때문에, 당시의 군주들이 공경하고 믿어 스스로 그 정사를 가지고 찾아와 물었을 뿐이니, 다른 사람들이 반드시 정사를 듣기를 구한 뒤에 얻는 것과는 같지 않다.

詳說

○ 四字先從言外打破'求'字.

'언부자미상구지(言夫子未嘗求之)'에서 '미상구지(未嘗求之)' 네 글자는 먼저 말을 벗어나 구하는 '구(求 : 구한다)'자를 타파한 것이다.

○ 五者.

'단기덕용여시(但其德容如是)'에서 '시(是)'자는 온(溫)·량(良)·공(恭)·검(儉)·양(讓)의 다섯 가지를 가리킨다.

○ 此二句亦伊川語. 後凡如此者, 不能盡錄焉.

'단기덕용여시, 고시군경신(但其德容如是, 故時君敬信)'이라는 두 구절도 또한 이천(伊川 : 程頤)이 말한 것이다.[281] 뒤에 무릇 이와 같은 것들은 모두 다 기록할 수

덕이 눈부시게 빛나면서 사람들과 만나는 것이다. 온(溫 : 온화함)은 온화하고 중후한 것이다. 양(良 : 선량함)은 마음이 평탄하고 바른 것이다. 공(恭 : 공손함)은 정중하고 공경하는 것이다. 검(儉 : 검소함)은 절제하는 것이다. 양(讓 겸양함)은 겸손한 것이다. 덕을 갖춘 용모가 이와 같았기 때문에, 제후들이 공자를 공경하고 믿었다.(子貢曰 : '夫子溫·良·恭·儉·讓以得之', 溫·良·恭·儉·讓, 盛德之輝光接於人者也. 溫, 和厚也; 良, 易直也; 恭, 莊敬也; 儉, 節制也; 讓, 謙遜也. 德容如是, 是以諸侯敬而信之.)"라고 하였다.

281) 또한 이천(伊川 : 程頤)이 말한 것이다 : 정이(程頤), 『이천선생경설(伊川先生經說)』 권7에서

없다.

○ 此三句釋'得之'·'求之'二語, 而全換面目以明其不求而自得也. 蓋子禽問'求·與'二字, 而子貢只答'求'字, 未嘗答'與'字. 然其辭則'求'也, 其意則'與'也.

'단기덕용여시, 고시군경신, 자이기정취이문지이(但其德容如是, 故時君敬信, 自以其政就而問之耳)'라는 세 구절은 '득지(得之 : 얻은 것)'와 '구지(求之 : 구한 것)'라는 두 가지 말을 풀이한 것이지만, 완전히 상황을 바꾸어서 구하지 않아도 저절로 얻은 것이라는 점을 밝혔다. 대개 자금(子禽 : 陳亢)은 공자가 정사에 대해 듣기를 구한 것인지 얻은 것인지를 물었는데, 자공은 다만 '구(求 : 구하다)'라는 말로만 대답했지, '여(與 : 그렇게 해 주다)'라는 말로는 대답한 적이 없다. 그러나 그 말은 '구(求 : 구하다)'이지만 그 뜻은 '여(與 : 그렇게 해 주다)'이다.

○ 朱子曰 : "子貢謂夫子之求之, 此承子禽之言, 借其'求'字而反言之, 以明夫子未嘗求. 如孟子言伊尹以堯·舜之道要湯也. 子貢他語亦多類此, 此正其善爲說辭處."[282]

주자(朱子 : 朱熹)가 말하였다. "자공이 공자께서 제후에게 정사에 대해 듣기를 구했다고 말한 것은 자금의 말을 이어받아 '구했다'라는 말을 빌려서 반대로 말하여 공자가 구한 적이 없음을 밝혔다. 예컨대 맹자가 이윤(伊尹)이 요(堯)·순(舜)의 도(道)를 가지고 탕(湯) 임금에게 임용을 요구했다고 말했다[283]는 것과 같다. 자공의

"자공(子貢)이 '공자는 온화하고 선량하며 공손하고 검소하며 겸양하여 정사(政事)를 듣는 것을 얻었다.'라고 말했는데, 이는 온(溫)·량(良)·공(恭)·검(儉)·양(讓) 다섯 가지의 융성한 덕이 눈부시게 빛나면서 사람들과 만나는 것이다. 온(溫 : 온화함)은 온화하고 중후한 것이다. 양(良 : 선량함)은 마음이 평탄하고 바로은 것이다. 공(恭 : 공손함)은 정중하고 공경하는 것이다. 검(儉 : 검소함)은 절제하는 것이다. 양(讓 겸양함)은 겸손한 것이다. 덕을 갖춘 용모가 이와 같았기 때문에, 제후들이 공자를 공경하고 믿었다.(子貢曰, '夫子溫·良·恭·儉·讓以得之', 溫·良·恭·儉·讓, 盛德之輝光接於人者也. 溫, 和厚也; 良, 易直也; 恭, 莊敬也; 儉, 節制也; 讓, 謙遜也. 德容如是, 是以諸侯敬而信之.)"라고 하였다.

282) 『사서혹문(四書或問)』 권6에는 "或問 : '夫子未嘗求聞諸侯之政, 而子貢有夫子求之之說, 何也?' 曰 : '此就子禽之言, 借其'求'字而反言之, 以明夫子之未嘗求. 如孟子之言伊尹以堯舜之道要湯也.'(어떤 사람이 물었다. '공자께서는 제후에게 정사에 대해 듣기를 구한 적이 없는데, 자공이 공자가 그것을 구했다고 말하는 것은 무엇 때문입니까?' 주자(朱子 : 朱熹)가 대답하였다. '이는 자금의 말에서 '구했다'라는 말을 빌려서 반대로 말하여 공자가 구한 적이 없음을 밝힌 것이다. 예컨대 맹자가 이윤이 요·순의 도를 가지고 탕 임금에게 임용을 요구했다고 말했다는 것과 같다.')"라고 되어 있다.

283) 맹자가 이윤(伊尹)이 요(堯)·순(舜)의 도(道)를 가지고 탕(湯) 임금에게 임용을 요구했다고 말했다 : 『맹자(孟子)』「만장상(萬章上)」에서 "나는 이윤이 요·순의 도를 가지고 탕 임금에게 임용을 요구했다고 말했다는 말은 들었지만, 요리를 잘 하는 것으로 임용을 요구했다는 말은

다른 말도 또한 이와 같은 것들이 많으니, 이는 바로 그가 말을 잘한 곳이다."

○ 釋畢.

경문의 풀이가 끝났다.

○ 此下又於言外贊美夫子之德以勉學者.

이 아래는 또한 말 밖에서 공자의 덕을 찬미하여 배우는 사람들을 권면한 것이다.

朱註

聖人過化·存神之妙, 未易窺測, 然卽此而觀, 則其德盛禮恭而不願乎外, 亦可見矣. 學者所當潛心而勉學也.

성인이 지나가는 곳에는 사람들이 교화됨과 마음에 보존하면 신묘(神妙)해지는 오묘함은 엿보아 헤아리기가 쉽지 않지만, 이것에서 살펴보면 그 덕이 융성하고 예(禮)가 공손하여 바깥의 것을 원하지 않음을 또한 알 수 있다. 배우는 사람들은 마땅히 마음을 가라앉히고 깊이 생각하여 힘써 배워야 할 것이다.

詳說

○ '所過者化, 所存者神', 出『孟子』「盡心」, 引之以觀時君敬信之意.

'성인과화·존신지묘(聖人過化·存神之妙)'에서 '과화(過化)'·'존신(存神)'은 '지나는 곳에는 사람들이 교화되고, 마음에 보존하면 신묘해진다.'[284]라는 말로 『맹자(孟子)』「진심 상(盡心 上)」에 나오는데, 이 말을 인용하여 당시 군주들이 공경하고 믿는 뜻을 살펴보았다.

○ 雙峰饒氏曰: "此語微寓抑揚之意."[285]

들어보지 못하였다.(吾聞其以堯舜之道要湯, 未聞以割烹也.)"라고 하였다. 주자는 주석에서 "임씨(林氏 : 林之奇)가 말하였다. '요·순의 도를 가지고 탕 임금에게 임용을 요구했다는 것은 실제로 이것을 가지고 요구했다는 말이 아니다. 도가 자신에게 있는데 탕 임금의 초빙이 그 자체로 왔을 뿐이니, 자공이 공자께서 제후에게 정사에 대해 듣기를 구한 것은 다른 사람이 그것을 구하는 일과는 다르다고 한 말과 같다.'(林氏曰: '以堯舜之道要湯者, 非實以是要之也. 道在此而湯之聘自來耳, 猶子貢言夫子之求之, 異乎人之求之也.')"라고 하였다.

284) 지나는 곳에는 사람들이 교화되고, 마음에 보존하면 신묘해진다 : 『맹자(孟子)』「진심상(盡心上)」에서 "군자가 지나는 곳에는 사람들이 교화가 되고, 마음에 보존하면 신묘해진다. 그러므로 아래위로 모든 것이 천지와 더불어 함께 흐르니, 어찌 조금 보탬이 있다고 하겠는가?(夫君子, 所過者化, 所存者神. 上下與天地同流, 豈曰小補之哉?)"라고 하였다.

285) 호병문(胡炳文), 『사서통(四書通)』「논어통(論語通)」 권1에는, 요로(饒魯)의 말로 "饒氏謂此卽

'미이규측(未易窺測)'에 대해, 쌍봉 요씨(雙峰饒氏 : 饒魯)가 말하였다. "이 말은 억누르거나 찬양하는 뜻이 조금 깃들어 있다."

○ 此節.

'연즉차이관(然卽此而觀)'에서 '차(此)'는 '성인이 지나가는 곳에는 사람들이 교화됨과 마음에 보존하면 신묘(神妙)해지는 오묘함은 엿보아 헤아리기가 쉽지 않다'라는 구절이다.

○ '德言盛, 禮言恭', 出『易』「繫辭」, 引之以襯五者.

'즉기덕성예공이불원호외(則其德盛禮恭而不願乎外)'에서 '덕성예공(德盛禮恭)'은 '덕은 성대함을 말하고 예는 공손함을 말한다.'라는 의미로 『주역(周易)』「계사전」에 나오는데,[286] 그것을 인용하여 온(溫)·량(良)·공(恭)·검(儉)·양(讓)의 다섯 가지를 결부시켰다.

○ 此出『中庸』, 引之以襯'不求'.

'즉기덕성예공이불원호외(則其德盛禮恭而不願乎外)'에서 '불원호외(不願乎外)'는 『중용(中庸)』에 나오는데,[287] 그것을 인용하여 '구하지 않았다'라는 말과 결부시켰다.

○ 照'未易'字.

'역가견의(亦可見矣)'에서 '역(亦)'자는 '미이규측(未易窺測)'에서 '미이(未易)'라는 글자에 비추어 보라.

聖人中和氣象. 又曰 : '『集註』'過化·存神, 未易窺測'之語, 與謝説三'亦'字, 皆微寓抑揚之意.'(요씨(饒氏 : 饒魯)는 이것이 바로 성인이 지닌 중화의 기상이라고 하였다. 요로는 또 '『논어집주(論語集註)』에서 '지나가는 곳에는 사람들이 교화됨과 마음에 보존하면 신묘해지는 오묘함은 엿보아 헤아리기가 쉽지 않다.'라는 말과 아래 『집주(集註)』에서 사량좌가 말한 세 개의 '역(亦 : 또한)'자는 모두 억누르거나 찬양하는 뜻이 조금 깃들어 있다.')"라고 되어 있다.

286) '덕은 성대함을 말하고 예는 공손함을 말한다.'라는 의미로 『주역(周易)』「계사전」에 나오는데 : 『주역(周易)』「계사전(繫辭傳) 상(上)」에서 "공로가 있으면서도 겸손하니 군자가 끝마침이 있어 길하다. 공자가 말하였다. '공로가 있어도 자랑하지 않고 공적이 있어도 덕으로 여기지 않음은 돈후함이 지극한 것이다. 이는 공적이 있으면서도 남에게 몸을 낮추는 것을 말한다. 덕은 성대함을 말하고 예는 공손함을 말한다. 겸손함은 공손함을 지극히 하여 그 지위를 보존하는 일이다.'(勞謙, 君子有終, 吉. 子曰 : '勞而不伐, 有功而不德, 厚之至也. 語以其功下人者也. 德言盛, 禮言恭. 謙也者, 致恭以存其位者也.')"라고 하였다.

287) '불원호외(不願乎外)'는 『중용(中庸)』에 나오는데 : 『중용장구(中庸章句)』 14장에서 "군자는 현재의 처지에 따라 실행하고, 그 밖의 것을 원하지 않는다.(君子素其位而行, 不願乎其外.)"라고 하였다.

○ 朱子曰 : "此子貢擧夫子可親之一節耳. 若論全體, 須如'溫而厲, 威而不猛, 恭而安'."288)

'즉기덕성예공이불원호외, 역가견의(則其德盛禮恭而不願乎外, 亦可見矣)'에 대해, 주자(朱子 : 朱熹)가 말하였다. "이는 자공이 공자를 친하게 여길 수 있는 한 가지 절목을 들었을 뿐이다. 만약 전체를 논하면 반드시 '온화하면서도 엄숙하고, 위엄이 있으면서도 사납지 않으며, 공손하면서도 편안하였다.'289)라는 말과 같아야 한다."

○ 朱子曰 : "要看此五字是如何氣象, 體之於我則見得."290)

'학자소당잠심이면학야(學者所當潛心而勉學也)'에 대해, 주자(朱子 : 朱熹)가 말하였다. "이 다섯 글자가 어떤 기상인지 잘 살펴보아야 하고, 그것을 자신에게 체인(體認)하면 알 수 있다."

朱註

○ 謝氏曰 : "學者觀於聖人威儀之間, 亦可以進德矣. 若子貢亦可謂善觀聖人矣, 亦可謂善言德行矣. 今去聖人千五百年, 以此五者想見其形容, 尚能使人興起, 而況於親炙之者乎?"

사씨(謝氏 : 謝良佐)가 말하였다. "배우는 사람들이 성인의 위엄 있고 예의 바른

---

288) 『주자어류(朱子語類)』 권22, 「논어4(論語四)」, 7조목에는 "敬子問, '夫子溫 · 良 · 恭 · 儉 · 讓.' 曰 : '此子貢擧夫子可親之一節, 溫之一事耳. 若論全體, 須如'子溫而厲, 威而不猛, 恭而安'.(경자(敬子 : 주자 문인 李燔)가 '공자는 온화하고 선량하며 공손하고 검소하며 겸양했다'에 대해 물었다. 주자(朱子 : 朱熹)가 대답하였다. '이는 자공이 공자를 친하게 여길 수 있는 한 가지 절목으로 온순함이라는 한 가지 일을 거론했을 뿐이다. 만약 전체를 논하면, 반드시 「술이(述而)」에서 '공자께서는 온화하면서도 엄숙하고, 위엄이 있으면서도 사납지 않으며, 공손하면서도 편안하였다.'라고 말한 것과 같아야 한다.')"라고 되어 있다.

289) 온화하면서도 엄숙하고, 위엄이 있으면서도 사납지 않으며, 공손하면서도 편안하였다 : 『논어(論語)』 「술이(述而)」에서 "공자께서는 온화하면서도 엄숙하고, 위엄이 있으면서도 사납지 않으며, 공손하면서도 편안하였다.(子溫而厲, 威而不猛, 恭而安.)"라고 하였다.

290) 『주자어류(朱子語類)』 권22, 17조목에는 "伯游問'溫 · 良 · 恭 · 儉 · 讓'一章. 曰 : '最要看得此五字 : 溫是如何氣象, 良是如何氣象, 恭 · 儉 · 讓又是如何. 深體之於我, 則見得聖人有不求人而人自卽之底意思.'(백유(伯游)가 『논어(論語)』 「학이(學而)」의 온량공검양장(溫良恭儉讓章)에 대해 물었다. 주자(朱子 : 朱熹)가 대답하였다. '이 다섯 글자 즉 온(溫 : 온화함)은 어떤 기상인지, 양(良 : 선량함)은 어떤 기상인지, 공(恭 : 공손함) · 검(儉 : 검소함) · 양(讓 겸양함)은 또 어떤 기상인지를 가장 잘 살펴보아야 한다. 그것을 자신에게서 깊이 체인하면 성인이 남에게 구하지 않았는데 남이 스스로 다가온 의미를 알 수 있다.')"라고 되어 있다.

태도를 살펴보면 또한 덕을 향상시킬 수 있을 것이다. 자공과 같다면 또한 성인을 잘 살펴보았다고 할 수 있을 것이고, 또한 덕행을 잘 말했다고 할 수 있을 것이다. 지금 성인과의 거리가 1500년인데, 이 다섯 가지를 가지고 그 형상을 상상해 보아도 또한 사람을 감동시켜 분발하도록 하는데, 하물며 직접 수업을 받은 사람은 어떻겠는가?"

詳說

◯ 汎論以入子貢.

'학자관어성인위의지간, 역가이진덕의(學者觀於聖人威儀之間, 亦可以進德矣)'라고 한 것은 일반적으로 논의하여 자공(子貢)의 말에 넣은 것이다.

◯ 去聲.

'역가위선언덕행의(亦可謂善言德行矣)'에서 '행(行)'자는 거성(去聲)이다.

◯ 雙峰饒氏曰:"三'亦'字, 微寓抑揚之意."[291]

'역가이진덕의. 약자공역가위선관성인의, 역가위선언덕행의(亦可以進德矣. 若子貢亦可謂善觀聖人矣, 亦可謂善言德行矣)'에 대해, 쌍봉 요씨(雙峰饒氏 : 饒魯)가 말하였다. "여기에서 사량좌가 말한 세 개의 '역(亦 : 또한)'자는 억누르거나 찬양하는 뜻이 조금 깃들어 있다."

◯ 善言德行, 出『孟子』「公孫丑」. 蓋善觀固不易, 而善言爲尤難.

'역가위선언덕행의(亦可謂善言德行矣)'에서 '선언덕행(善言德行)'은 『맹자(孟子)』「공손추 상(公孫丑 上)」에 나온다.[292] 대개 잘 살펴보는 것도 참으로 쉽지 않은데 잘 말하기는 더욱 어렵다.

◯ '以'字照'進德'.

'이차오자상견기형용, 상능사인흥기(以此五者想見其形容, 尙能使人興起)'에서 '이(以)'자는 '역가이진덕의(亦可以進德矣)'에서 '진덕(進德 : 덕을 향상시킴)'에 비추어 보라.

---

291) 호병문(胡炳文), 『사서통(四書通)』「논어통(論語通)」 권1.

292) '선언덕행(善言德行)'은 『맹자(孟子)』「공손추(公孫丑)」에 나온다 : 『맹자(孟子)』「공손추상(公孫丑上)」에서 "재아와 자공은 말을 잘했고, 염우, 민자(閔子騫), 안연은 덕행을 잘 말하였다. 공자께서는 이것을 겸하고도 '나는 응대하는 말에 대해 잘하지 못한다.'라고 말했습니다. 그렇다면 선생님[夫子 : 맹자]께서는 이미 성인이십니다!(宰我·子貢, 善爲說辭; 冉牛·閔子·顏淵, 善言德行. 孔子兼之, 曰:'我於辭命則不能也.' 然則夫子, 旣聖矣乎!)"라고 하였다.

○ 出『孟子』「盡心」. 炙, 薰也. 親炙以喩親受業.

'황어친자지자호(況於親炙之者乎)'라는 구절은 『맹자(孟子)』「진심 하(盡心 下)」에 나온다.[293] '자(炙)'자는 훈도(薰陶)하는 것이다. '친자(親炙)'라는 것으로 직접 수업 받는 일에 비유하였다.

○ 由今而後, 歸之於子貢.

'황어친자지자호(況於親炙之者乎)'라는 구절은 지금 이후는 자공에게 귀의한다는 것이다.

○ 按 : 謝說因子貢之善言而歎其善觀.

내가 생각하건대, 사량좌의 말은 자공이 잘 말한 것에 근거하여 잘 살펴본 일을 찬탄하였다.

朱註

張敬夫曰 : "夫子至是邦必聞其政, 而未有能委國而授之以政者. 蓋見聖人之儀刑而樂告之者, 秉彝好德之良心也, 而私欲害之. 是以終不能用耳."

장경부(張敬夫 : 張栻)가 말하였다. "공자는 어떤 나라에 이르면 반드시 그 나라의 정사를 들었는데, 나라를 맡기고 정권을 준 사람이 없었다. 대개 성인의 예의법도를 보고 알려주기를 좋아하는 것은 타고난 본성이 덕을 좋아하는 양심(良心)이지만, 사사로운 욕심이 이를 해친다. 이 때문에 끝내 공자를 등용하지 못하였다."

詳說

○『大全』曰 : "名栻, 號南軒, 廣漢人."[294]

'장경부(張敬夫)'에 대해, 『논어집주대전』에서 말하였다. "이름은 식(栻)이고, 호

---

293) '황어친자지자호(況於親炙之者乎)'라는 구절은 『맹자(孟子)』「진심(盡心)」에 나온다 : 『맹자(孟子)』「진심하(盡心下)」에서 "맹자가 말하였다. '성인은 백세의 스승이니, 백이와 유하혜가 그렇다. 그러므로 백이의 기풍을 들은 사람은 탐욕스런 사람이 청렴해지고, 나약한 사람이 의지를 확립하게 되며, 유하혜의 기풍을 들은 사람은 경박한 사람이 돈후해지고, 비루한 사람이 관대해진다. 백세 이전에 드날렸는데, 백세 이후에도 그 기풍을 들은 사람이 흥기하지 않은 경우가 없으니, 성인이 아니고서 이와 같을 수 있겠는가? 하물며 그들에게 직접 수업을 받은 사람은 어떻겠는가!'(孟子曰 : '聖人百世之師也, 伯夷 · 柳下惠是也. 故聞伯夷之風者, 頑夫廉, 懦夫有立志; 聞柳下惠之風者, 薄夫敦, 鄙夫寬. 奮乎百世之上, 百世之下, 聞者莫不興起也, 非聖人而能若是乎? 而況於親炙之者乎!)"라고 하였다.

294) 호광 편(胡廣 編), 『논어집주대전(論語集註大全)』 권1.

는 남헌(南軒)이며, 광한(廣漢 : 현 사천성 광한현(廣漢縣)) 사람이다.”

◯ 凡不稱‘氏’而稱字者, 皆朱子同時朋友也. 惟『詩』註稱廣漢張氏云.

‘장경부(張敬夫)’에 대해, 무릇 ‘씨(氏)’라고 호칭하지 않고 자(字)를 호칭한 것은 모두 주자와 같은 시대의 친구이다. 오직 『시경(詩經)』의 주석에서는 ‘광한 장씨(廣漢張氏)’라고 호칭하였다.

◯ 此章之本意.

‘부자지시방필문기정(夫子至是邦必聞其政)’은 이 장(章)의 본래 뜻이다.

◯ 言外之意.

‘이미유능위국이수지이정자(而未有能委國而授之以政者)’라고 한 것은 말 밖의 뜻이다.

◯ 以上先設疑, 此下乃解之.

‘이미유능위국이수지이정자(而未有能委國而授之以政者)’까지는 먼저 의문을 가설한 것이고, 이 아래는 바로 그것을 풀이하였다.

◯ 法也.

‘개견성인지의형이락고지자(蓋見聖人之儀刑而樂告之者)’에서 ‘형(刑)’자는 법(法)자의 뜻이다.

◯ 音洛.

‘개견성인지의형이락고지자(蓋見聖人之儀刑而樂告之者)’에서 ‘락(樂)’자는 음이 락(洛)이다.

◯ 問之.

‘개견성인지의형이락고지자(蓋見聖人之儀刑而樂告之者)’에서 ‘고지(告之)’는 알려준다는 뜻이다.

◯ 所執之常性.

‘병이호덕지양심야(秉彝好德之良心也)’에서 ‘병이(秉彝)’는 가지고 있는 바뀌지 않는 본성이다.

◯ 去聲.

‘병이호덕지양심야(秉彝好德之良心也)’에서 ‘호(好)’자는 거성(去聲)이다.

◯ ‘秉彝好德’, 出『詩』「烝民」.

‘병이호덕지양심야(秉彝好德之良心也)’에서 ‘병이호덕(秉彝好德)’은 『시경(詩經)』「증민(烝民)」에 나온다.[295]

○ 解'必聞其政'之故, 而倒言之.

'병이호덕지양심야(秉彝好德之良心也)'라고 한 것은 '필문기정(必聞其政 : 반드시 그 정사를 들었다)'이라고 한 이유를 풀이하였는데, 거꾸로 말한 것이다.

○ 解未能授政之故, 而順言之.

'이사욕해지. 시이종불능용이(而私欲害之. 是以終不能用耳)'라고 한 것은 정권을 주지 못한 까닭을 풀이하였는데, 순조롭게 말한 것이다.

○ 按 : 張說因時君之問政, 而惜其不能授政.

내가 생각컨대, 장식의 말은 당시 군주들이 정치에 대해 공자에게 물은 일에 근거하여 그들이 정권을 공자에게 주지 못한 점을 애석하게 여긴 것이다.

---

295) '병이호덕(秉彝好德)'은 『시경(詩經)』「증민(烝民)」에 나온다 : 『시경(詩經)』「대아(大雅) · 증민」에서 "백성이 타고난 본성은 이 아름다운 덕을 좋아한다.(民之秉彝, 好是懿德.)"라고 하였다.

[1-11-1]

子曰："父在, 觀其志; 父沒, 觀其行. 三年無改於父之道, 可謂孝矣."
공자가 말하였다. "아버지가 살아 계실 때는 그 자식의 의지를 살펴보고 아버지가 돌아가셨을 때는 그 자식의 행동을 살펴본다. 돌아가신 뒤 3년 동안 아버지의 도(道 : 일)를 고침이 없으면 효도라고 말할 수 있을 것이다."

朱註

'行', 去聲.
'관기행(觀其行)'에서 '행(行)'자는 거성(去聲)이다.

詳說

○ 朱子曰："'道', 猶事也. 言道者, 尊父之辭."296)
'삼년무개어부지도, 가위효의(三年無改於父之道, 可謂孝矣)'에 대해, 주자(朱子 : 朱熹)가 말하였다. "여기에서 '도(道)'자는 일[事]과 같다. 도(道)라고 말한 것은 아버지를 높이는 말이다."

○ 其, 指子也.
'부재, 관기지; 부몰, 관기행(父在, 觀其志; 父沒, 觀其行)'에서 '기(其)'자는 자식을 가리킨다.

朱註

父在, 子不得自專, 而志則可知; 父沒, 然後其行可見. 故觀此足以知其人之善惡, 然又必能三年無改於父之道, 乃見其孝. 不然, 則所行雖善, 亦不得爲孝矣.
아버지가 살아 계실 때는 자식이 자기 마음대로 할 수 없지만 그 의지는 알 수 있고, 아버지가 돌아가신 뒤에야 그 행동을 볼 수 있다. 그러므로 이것을 살펴보면 그 사람의 선·악을 알기에 충분하지만, 또한 반드시 3년 동안 아버지의 도를 고침이 없어야 그 효도를 알 수 있다. 그렇지 않으면 행동이 비록 선하더라도 또한 효도라고 할 수 없을 것이다.

---

296) 『주자어류(朱子語類)』 권22, 「논어4(論語四)」, 24조목.

詳說

◯ 志在內, 故言知.

'이지즉가지(而志則可知)'에서 '지(志)'는 내면에 있는 것이기 때문에 알 수 있다고 말하였다.

◯ 朱子曰 : "'父在觀其志'一句, 已有處變意思, 必有爲而言. 觀其文意, 其子志·行與父不同者."297)

주자(朱子 : 朱熹)가 말하였다. "'아버지가 살아 계실 때는 그 자식의 의지를 살펴본다.'라는 구절은 이미 비정상적인 일에 대처하는 의미가 있으니, 반드시 의도한 일이 있어서 그렇게 말한 것이다. 그 문장의 뜻을 살펴보면, 그 자식의 의지와 행동이 아버지와 같지 않은 것이다."

◯ 行在外, 故言見.

'연후기행가견(然後其行可見)'이라고 한 것은, 행동은 밖으로 나타나는 것이기 때문에 볼 수 있다고 말하였다.

◯ 志·行.

'고관차족이지기인지선악(故觀此足以知其人之善惡)'에서 '차(此)'자는 의지와 행동을 가리킨다.

◯ 朱子曰 : "上二句觀人之大概."298)

---

297) 『주자어류(朱子語類)』 권22, 「논어4(論語四)」, 19조목에서 "論'父在觀其志', 曰 : '此一句已有處變意思, 必有爲而言.'('아버지가 살아 계실 때는 그 자식의 의지를 살펴본다.'라는 구절을 논하여 말하였다. '이 구절은 이미 비정상적인 일에 대처하는 의미가 있으니 반드시 의도하는 일이 있어서 그렇게 말한 것이다.')"라고 하였다. 34조목에서 "或問, '父在, 觀其志; 父沒, 觀其行.' 曰 : '觀其文意, 便是父在時, 其子志·行已自有與父不同者. 然於此三年之間, 必能不改父道, 乃見其孝. 不然, 所行雖善, 亦未得爲孝. 此必有爲而言, 然緊要在看游氏·尹氏兩節意.'(어떤 사람이 '아버지가 살아 계실 때는 그 자식의 의지를 살펴보고 아버지가 돌아가셨을 때는 그 자식의 행동을 살펴본다.'라는 구절에 대해 물었다. 주자(朱子 : 朱熹)가 말하였다. '그 문장의 뜻을 살펴보면, 바로 아버지가 살아 계실 때 그 자식의 의지와 행동이 이미 본래 아버지와 같지 않음이 있는 것이다. 그러나 아버지가 돌아가신 뒤 3년 동안 반드시 아버지의 도를 고치지 않을 수 있으면, 그 효도를 알 수 있다. 그렇지 않으면 행동하는 것이 비록 선하더라도 또한 효도한다고 할 수 없을 것이다. 이는 반드시 의도하는 일이 있어서 그렇게 말한 것이지만, 긴요한 점은 아래의 유초(游酢)와 윤돈(尹焞) 두 사람의 주석을 보라.')"라고 하였다.

298) 『주자어류(朱子語類)』 권22, 「논어4(論語四)」, 23조목에는 "問 : '此章上二句見守身之行, 下一句見愛親之心.' 曰 : '也不必做兩截說, 只是折轉說. 上二句觀人之大概, 下一句就'觀其行'細看其

'고관차족이지기인지선악(故觀此足以知其人之善惡)'에 대해, 주자(朱子 : 朱熹)가 말하였다. "이 장(章)의 앞 두 구절은 사람들의 대체적인 측면을 살펴본 것이다."

○ 此八字就言外補本文未足之意.

'족이지기인지선악(足以知其人之善惡 : 그 사람의 선·악을 알기에 충분하지만)'이라는 여덟 글자는 말 밖에서 본문의 미흡한 뜻을 보충한 것이다.

○ 添'然又'二字, 而後'三年'以下, 乃爲轉辭.

'연우필능삼년무개어부지도(然又必能三年無改於父之道)'라고 한 것은 본문에 '연우(然又)'라는 두 글자를 보태서 뒤의 '삼년무개어부지도, 가위효의(三年無改於父之道, 可謂孝矣)'라는 구절을 전환하는 말이 되었다.

○ 著'必能'二字以難其事.

'연우필능삼년무개어부지도(然又必能三年無改於父之道)'라고 한 것은 '필능(必能 : 반드시 ~할 수 있어야)'이라는 두 글자로써 3년 동안 아버지의 도(道)를 고치지 않는 일이 어렵다는 점을 드러내었다.

○ 朱子曰 : "此是言父之所行有不善."299)

'연우필능삼년무개어부지도(然又必能三年無改於父之道)'에 대해, 주자(朱子 : 朱熹)가 말하였다. "이는 아버지가 행동한 것에 선하지 않음이 있음을 말한 것이다."

用心之厚薄如何. 行雖善矣, 父道可以未改, 而輕率改之, 亦未善也.'(물었다. '이 장의 앞 두 구절은 자기의 의지를 견지하는 행동을 볼 수 있고, 아래 한 구절은 부모를 사랑하는 마음을 볼 수 있습니다.' 주자(朱子 : 朱熹)가 대답하였다. '또한 굳이 두 가지 말로 볼 필요가 없으니 다만 전환하여 말한 것일 뿐이다. 앞의 두 구절은 사람들의 대체적인 측면을 살펴본 것이고 아래 한 구절은 '그 행동을 살펴본다'라는 것에서 그 마음 씀의 두터운 정도가 어떠한지를 자세히 본 것이다. 행동이 비록 선하더라도 아버지의 도는 아직 고치지 않을 수 있는데, 경솔하게 그것을 고치면 또한 선하지 않다.')"라고 되어 있다.

299) 『주자어류(朱子語類)』 권22, 「논어4(論語四)」, 29조목에는 "或曰 : ''孟莊子之孝也, 其他可能也, 其不改父之臣與父之政, 是難能也.' 與此同否?' 曰 : '不同. 此章是言父之所行有不善, 而子不忍改, 乃見其孝. 若莊子之父獻子, 自是箇賢者, 其所施之政, 所用之臣皆是. 莊子能不改之, 此其所以爲難.'(어떤 사람이 말하였다. '『논어(論語)』「자장(子張)」에서 '맹장자의 효도는 그 다른 것은 해낼 수 있지만, 아버지의 신하와 아버지의 정사(政事)를 고치지 않은 것은 해 내기가 어렵다.'라고 한 것은 이와 같은 것입니까?' 주자(朱子 : 朱熹)가 대답하였다. '같지 않다. 이 장은 아버지가 행동한 것에 선하지 않음이 있지만 자식이 차마 고치지 않을 때 그 효도를 알 수 있음을 말하였다. 맹장자의 아버지 헌자와 같은 경우는 본래 현명한 사람으로, 그가 시행한 정사와 그가 등용한 신하는 모두 옳았다. 맹장자는 그것을 고치지 않을 수 있었으니, 이것이 그렇게 하기 어렵다는 말이다.')"라고 되어 있다.

○ 以'乃'易'可', 而後'可'不爲'僅可'之歸.

'내견기효(乃見其孝)'라고 하여 '내(乃)'자로써 '가위효의(可謂孝矣)'에서 '가(可)'자를 바꿨는데, 뒤의 '가(可)'자는 '근가(僅可 : 겨우 ~할 수 있다)'라고 하는 데로 귀결되지 않았다.

○ 朱子曰 : "下二句[300]就其行細看其用心."[301]

'연우필능삼년무개어부지도, 내견기효(然又必能三年無改於父之道, 乃見其孝)'에 대해, 주자(朱子 : 朱熹)가 말하였다. "아래의 한 구절은 그 행동에서 그 마음 씀을 자세히 본 것이다."

○ 本意畢. 此下又就言外反言之.

여기까지 본래의 뜻을 마쳤다. 이 아래는 또한 말 밖에서 그것을 반대로 말하였다.

○ 如字.

'즉소행수선(則所行雖善)'에서 '행(行)'은 본래의 음으로 읽는다.[302]

○ 慶源輔氏曰 : "就事而言."[303]

'불연, 즉소행수선(不然, 則所行雖善)'에 대해, 경원 보씨(慶源輔氏 : 輔廣)가 말하였다. "이는 일에서 말한 것이다."

○ 此'善'字卽上'善惡'之'善'字.

'불연, 즉소행수선(不然, 則所行雖善)'에서 '선(善)'자는 바로 위의 '고관차족이지기인지선악(故觀此足以知其人之善惡)'에서 '선악(善惡)'이라고 한 것의 '선(善)'자이다.

○ 照'雖'字.

'역부득위효의(亦不得爲孝矣)'에서 '역(亦)'자는 '불연, 즉소행수선(不然, 則所行雖善)'에서 '수(雖)'자에 비추어 보라.

○ 慶源輔氏曰 : "就心而言."[304]

'역부득위효의(亦不得爲孝矣)'에 대해, 경원 보씨(慶源輔氏 : 輔廣)가 말하였다. "이

---

300) 下二句 : 내용상으로 보거나, 『주자어류(朱子語類)』 권22, 「논어4(論語四)」, 23조목에 의거하더라도 '하일구(下一句)'라고 수정하는 것이 옳다. 본 연구번역도 수정한 것에 따른다.

301) 『주자어류(朱子語類)』 권22, 「논어4(論語四)」, 23조목.

302) '행(行)'자는 음이 글자 그대로와 같다. : '행(行)'자를 '항(行)'자로 읽지 않는다는 것을 말한다.

303) 호광 편(胡廣 編), 『논어집주대전(論語集註大全)』 권1에 보광(輔廣)의 말로 "慶源輔氏曰 : '就事而言雖是, 就心而言, 則不得爲孝矣.'(경원 보씨(慶源輔氏)가 말하였다. '일에서 말하면 비록 옳지만 마음에서 말하면 효도하는 것이 될 수 없다.')"라고 실려 있다.

304) 호광 편(胡廣 編), 『논어집주대전(論語集註大全)』 권1.

는 마음에서 말한 것이다."

○ 有釋無訓.

경문의 풀이는 있으나 훈고는 없다.

朱註

○ 尹氏曰 : "如其道, 雖終身無改可也. 如其非道, 何待三年? 然則三年無改者, 孝子之心有所不忍故也."

윤씨(尹氏 : 尹惇)가 말하였다. "만약 아버지가 한 일이 도리에 맞는다면 비록 죽을 때까지 고침이 없더라도 괜찮다. 만약 그것이 도리에 맞지 않는다면 어찌 3년을 기다리겠는가? 그렇다면 3년 동안 고침이 없다는 것은 효자의 마음에 차마 그렇게 하지 못함이 있기 때문이다."

詳說

○ 二'道'字與本文'道'字微異.

'여기도, 수종신무개가야. 여기비도, 하대삼년(如其道, 雖終身無改可也. 如其非道, 何待三年)'에서 두 개의 '도(道)'자는 본문 '삼년무개어부지도(三年無改於父之道)'에서 '도(道)'자와는 조금 다르다.

○ 此上以事而汎言之, 此下乃入本文.

'여기비도, 하대삼년?(如其非道, 何待三年?)'이라는 구절까지는 일을 가지고 일반적으로 말했고, 이 구절 아래는 바로 본문에 진입한다.

○ 朱子曰 : "存得不忍之心, 雖或改, 亦不害其爲孝."305)

'연즉삼년무개자, 효자지심유소불인고야(然則三年無改者, 孝子之心有所不忍故也)'에 대해, 주자(朱子 : 朱熹)가 말하였다. "차마 그렇게 하지 못하는 마음을 보존하고 있다면 비록 간혹 고치더라도 또한 효도를 함에 방해가 없을 것이다."

○ 按 : 宋元祐之改元豐也, 嘗有此議, 朱子改其事, 存其心之說, 蓋有爲而發. 此足以補本文言外未盡之意. 但孔子此言未必指帝王家也. 夫帝王家事, 非一人之所得專,

---

305) 주희(朱熹), 『주문공문집(朱文公文集)』 권41, 「답정윤부(答程允夫)」에는 "'三年無改', 只是說孝子之心如此, 非指事而言也. 存得此心, 則雖或不得已而改焉, 亦無害其爲孝矣.('아버지가 돌아가신 뒤 3년 동안 아버지의 도를 고침이 없다.'라는 구절은, 다만 효자의 마음이 이와 같음을 말한 것이지 일을 가리켜서 말한 것이 아니다. 이 마음을 보존하고 있다면 비록 간혹 어쩔 수 없이 고치더라도 또한 효도를 함에 방해가 없을 것이다."라고 되어 있다.

與士大夫之家不同. 況元祐之改, 以母改子, 非以子改父者耶!

내가 생각컨대, 송(宋)나라 때 원우(元祐 : 哲宗의 연호, 1086~1094) 연간에 원풍(元豐 : 神宗의 연호, 1078~1085) 연간의 일을 고친 것[306]은 일찍이 이러한 의론이 있었는데, 주자(朱子 : 朱熹)가 그 일을 고쳐서 그 마음을 보존해야 한다고 말한 부분은 대개 의도하는 것이 있어서 그렇게 말하였다. 이는 본문의 말 밖의 미진한 뜻을 보충하기에 충분하다. 그러나 공자의 이 말은 꼭 제왕의 집안 일을 가리키는 것만은 아니다. 무릇 제왕의 집안 일은 한 사람이 자기 마음대로 할 수 있는 일이 아니니, 사대부 집안의 일과는 같지 않다. 하물며 원우 연간에 고친 것은 어머니로써 자식을 고친 일이지 자식으로 아버지를 고친 일이 아님에 있어서랴![307]

○ 此三句以心而推言之.

윤돈의 이 세 구절은 마음으로 미루어 말한 것이다.

朱註

游氏曰 : "三年無改, 亦謂在所當改而可以未改者耳."

유씨(游氏 : 游酢)가 말하였다. "3년 동안 고침이 없다는 것은 또한 마땅히 고쳐야 할 상황이지만 아직 고치지 않아도 괜찮음을 말한다."

詳說

○ '在'字釋於此.

'역위재소당개(亦謂在所當改)'에서 '재(在)'자는 '여기에서'라고 풀이한다.

---

306) 송(宋)나라 때 원우(元祐 : 哲宗의 연호, 1086~1094) 연간에 …… 일을 고친 것 : 송나라 때 신종은 왕안석(王安石)의 건의를 받아 들여 신법(新法)을 시행했으나 신종이 승하한 뒤 철종이 즉위하여 구법당(舊法黨 : 보수파)인 사마광(司馬光)을 재상으로 삼고는 모두 바꾸었다. 이때 신법당(新法黨 : 개혁파)의 여러 사람이, '3년 동안 아버지의 도를 바꾸지 않는 것이 효도가 아닌가?'라고 이의를 제기했지만, 사마광은 '왕안석 등이 건의한 천하에 해가 되는 법은 불끄듯이 바꾸어야 한다.'라고 말하였다.

307) 원우 연간에 고친 것은 어머니로써 …… 고친 것이 아님에 있어서랴 : 철종 시기에 신종의 정사(政事)를 고친 것은 10세에 즉위한 철종이 아버지인 신종의 정사를 고친 것이 아니라, 철종 시기에 수렴청정하던 신종의 어머니 즉 고태후(高太后)가 아들인 신종의 정사를 고친 것이라는 말이다. 이 말은 당시 복권한 사마광이 신종 시기 왕안석의 신법을 타파하기 위한 명분으로 내세운 상소문에 나온다.

○ 此句重說.

'역위재소당개(亦謂在所當改)'라는 구절이 중점이 되는 말이다.

○ 此句輕說.

'이가이미개자이(而可以未改者耳)'라는 구절은 가볍게 여긴 말이다.

○ 朱子曰 : "是半上落下之事, 事之權衡, 游氏之說盡之. 游氏於事理上說得聖人語意出. 尹氏說得心, 未說得事."[308]

주자(朱子 : 朱熹)가 말하였다. "3년 동안 고침이 없다는 것은 중도에 그만두는 일로서 일의 경중으로 볼 때 유초의 말이 그것을 모두 설명하였다. 유초는 일의 이치에서 성인의 말뜻을 설명하였다. 윤돈은 마음으로 설명하였으나 일에 대해서는 설명하지 못하였다."

○ 按 : 尹 · 游二說與'圈'上正意微不同, 蓋爲元祐回護耳.

내가 생각하건대, 윤돈과 유초의 설명과 '○(圈)' 위의 진정한 뜻은 조금 같지 않으니, 대개 원우 연간의 일을 비호하기 위한 것일 뿐이다.

308) 『주자어류(朱子語類)』 권22, 「논어4(論語四)」, 26조목에는 "三年無改, 謂是半上半下底事, 在所當改者. 但不可匆遽急改之, 若有死其親之心, 有揚其親之過之意. 待三年然後徐改之, 便不覺. 若是大故不好底事, 則不在此限耳.(3년 동안 고침이 없다는 것은 중도에 그만두는 일로서 마땅히 고쳐야 할 상황을 말한다. 그러나 갑작스럽게 급히 고쳐서는 안 되니, 마치 그 어버이를 죽은 것으로 여기는 마음이나 아버지의 허물을 드러내는 뜻이 있는 것과 같다. 3년을 기다린 뒤 천천히 고치면 깨닫지 못할 것이다. 만약 매우 좋지 않은 일이라면, 이 기한에 메여있을 상황이 아니다.)"라고 되어 있다. 또 36조목에는 "三年無改, 尹氏說得心, 於事上未盡. 游氏於事理上說得好, 故並載之, 使互相發.(3년 동안 고침이 없다는 구절에 대해, 윤돈이 말한 마음은 일에 있어서는 미진하다. 유초가 일의 이치에서 말한 것은 훌륭하기 때문에 함께 실어서 서로 드러나게 하였다.)"라고 되어 있다.

[1-12-1]

有子曰 : "禮之用, 和爲貴. 先王之道斯爲美, 小大由之.
유자(有子)가 말하였다. "예(禮)의 작용[用]은 조화[和]를 귀한 것으로 삼는다. 선왕의 도(道)는 이를 아름답게 여겼으니, 큰일과 작은 일 할 것 없이 모두 이로 말미암는다.

詳說

○ 新安陳氏曰 : "斯, 指禮之和."[309]
'선왕지도사위미(先王之道斯爲美)'에 대해, 신안 진씨(新安陳氏 : 陳櫟)가 말하였다. "여기에서 '사(斯 : 이것)'는 예의 조화를 가리킨다."

朱註

禮者, 天理之節文, 人事之儀則也. 和者, 從容不迫之意.
예(禮)는 천리(天理)의 절문(節文 : 꾸밈을 절도에 맞게 함)이요, 인사(人事)의 의칙(儀則 : 따라야 할 법칙)이다. 화(和)는 침착하여 급박하지 않는다는 뜻이다.

詳說

○ 朱子曰 : "'節'者, 等級也; '文'者, 不直截而回互之貌."[310]
'절문(節文)'에 대해, 주자(朱子 : 朱熹)가 말하였다. "'절(節)'이라는 것은 등급이고, '문(文)'이라는 것은 바로 자르는 것이 아니라 완곡한 모습이다."

○ 勉齋黃氏曰 : "如三加揖讓升降, 此是儀. 若天子冠禮則當如何, 諸侯則當如何, 此是則."[311]

---

309) 호광 편(胡廣 編), 『논어집주대전(論語集註大全)』 권1에 진력(陳櫟)의 말로서, 아래 주자 주석의 '선왕지도, 차기소이위미(先王之道, 此其所以爲美)'를 설명하는 가운데 "新安陳氏曰 : ''此'字貼'斯'字, 指禮之和而言.'(신안 진씨(新安陳氏 : 陳櫟)가 말하였다. '여기에서 '차(此)'자는 '선왕지도사위미(先王之道斯爲美)'에서 '사(斯)'자를 따른 것이니, 예의 조화를 가리켜 말한 것이다.')"라고 하였다.

310) 『주자어류(朱子語類)』 권56, 51조목에는 "節者, 等級也; 文, 不直, 回互之貌.('절'이라는 것은 등급이고, '문'이라는 것은 바른 것이 아니라 완곡한 모습이다.)"라고 되어 있다.

311) 황간(黃幹), 『면재집(勉齋集)』 권16에는 "若冠禮裏面, 有三加揖讓升降處, 此是儀. 若天子元子冠禮則當如何, 婚禮則當如何, 嫡子則如何, 各有則樣, 此是則處. 則如曰恰好.(예컨대 관례에서

'인사지의칙야(人事之儀則也)'에 대해, 면재 황씨(勉齋黃氏 : 黃榦)가 말하였다. "예컨대 관례(冠禮)를 행할 때 세 번 관(冠)을 갈아 씌우는 의식과 읍하고 사양하면서 계단을 오르내리는 예절, 이러한 것이 의(儀)이다. 천자의 관례라면 어떻게 해야 하는지, 제후의 관례라면 어떻게 해야 하는지, 이러한 것이 칙(則)이다."

○ 陳氏曰 : "'儀'與'文'相應, '則'與'節'相應."312)

'천리지절문, 인사지의칙야(天理之節文, 人事之儀則也)'에 대해, 진씨(陳氏 : 陳淳)가 말하였다. "'의(儀)'와 '문(文)'이 서로 호응하고, '칙(則)'과 '절(節)'이 서로 호응한다."

○ 胡氏曰 : "天理, 體, 故先'節'後'文'; 人事, 用, 故先'儀'後'則'."313)

'천리지절문, 인사지의칙야(天理之節文, 人事之儀則也)'에 대해, 호씨(胡氏)가 말하였다. "천리는 본체이기 때문에 '절'을 먼저 말하고 '문'을 뒤에 말했으며, 인사는 작용이기 때문에 '의'를 먼저 말하고 '칙'을 뒤에 말하였다."

세 번 관(冠)을 갈아 씌우는 의식과 읍하고 사양하면서 계단을 오르내리는 것이 있으니, 이러한 것이 의(儀)이다. 만약 천자의 원자 관례라면 어떻게 해야 하는지, 혼례라면 어떻게 해야 하는지, 적자라면 어떻게 해야 하는지, 각각 본보기[則樣]가 있으니 이러한 것이 칙(則)이다. 칙은 마치 아주 적절하다고 말하는 것과 같다.)"라고 되어 있다.

312) 진순(陳淳), 『북계자의』 권상(卷上), 「인의예지신(仁義禮智信)」에는 "文公曰 : '禮者天理之節文, 而人事之儀則', 以此兩句對言之, 何也? 蓋天理, 只是人事中之理而具於心者也. 天理在中而著見於人事, 人事在外而根於中, 天理其體而人事其用也. '儀', 謂'容儀'而形見於外者, 有粲然可象底意, 與'文'字相應. '則', 謂法則·準則, 是箇骨子所以存於中者, 乃確然不易底意, 與'節'字相應. 文而後儀, 節而後則, 必有天理之節文, 而後有人事之儀則.(문공(文公 : 주희)은 '예는 천리의 절문이고 인사의 의칙(儀則 : 마땅히 지켜야 할 규범)이다.'라고 했으니, 이 두 구절로 짝지어 말한 것은 어째서인가? 대개 천리는 다만 인사 가운데의 이치로서 마음에 갖추어진 것이다. 천리는 마음속에 있으면서 인사에서 드러나고, 인사는 바깥에 있으면서 마음속에 근본하니, 천리는 체이고 인사는 용이다. '의'는 '몸가짐의 형식'으로 모습이 바깥으로 드러난 것을 말하니, 조리가 분명하여 형상화할 수 있는 뜻이 있어서, '절문'의 '문'자와 서로 호응한다. '칙'은 법칙이나 준칙으로, 핵심이 마음속에 보존되어 있는 것을 말하니, 바로 확연히 바꿀 수 없는 뜻이 '절문'의 '절'자와 서로 호응한다. 문채가 있은 뒤에 의식이 있고, 절도가 있은 뒤에 법칙이 있으니, 반드시 천리의 절문이 있은 뒤에 인사의 의칙이 있게 된다.)"라고 되어 있다.

313) 호광 편(胡廣 編), 『논어집주대전(論語集註大全)』 권1에 호씨(胡氏)의 말로 "胡氏曰 : '天理其體, 故先'節'而後'文'; 人事其用, 故先'儀'而後'則'.'(호씨(胡氏)가 말하였다. '천리는 그 본체이기 때문에 '절'을 먼저 말하고 '문'을 뒤에 말했으며, 인사는 그 작용이기 때문에 '의'를 먼저 말하고 '칙'을 뒤에 말하였다.')"라고 되어 있다.

○ 七容反, 下同.

'종용부박지의(從容不迫之意)'에서 '종(從)'은 '칠(七)'과 '용(容)'의 반절(反切)이고, 아래도 같다.

○ 訓畢.

훈고가 끝났다.

○ '和'字, 此章之題目.

'화(和 : 조화)'자가 이 장(章)의 제목이다.

朱註

蓋禮之爲體雖嚴, 然皆出於自然之理. 故其爲用, 必從容而不迫, 乃爲可貴. 先王之道, 此其所以爲美, 而小事大事無不由之也.

대개 예(禮)의 본체는 비록 엄격하지만 모두 저절로 그러한 이치에서 나왔다. 그러므로 예의 작용은 반드시 침착하여 급박하지 않아야 귀하게 여길 만한 것이 된다. 선왕의 도는 이에 그것을 아름답게 여긴 까닭에 큰일과 작은 일 할 것 없이 모두 이것에 말미암지 않음이 없었다.

詳說

○ '嚴'是禮之本.

'개예지위체수엄(蓋禮之爲體雖嚴)'에서 '엄(嚴)'자는 예(禮)의 근본이다.

○ '自然'字襯'和'字.

'연개출어자연지리(然皆出於自然之理)'에서 '자연(自然)'이라는 글자는 '화위귀(和爲貴)'에서 '화(和)'자와 결부된다.

○ 朱子曰 : "吾心安處便是和. 禮中本來有和, 不可分作兩截."314)

314) 『주자어류(朱子語類)』 권22, 「논어4(論語四)」, 43조목에는 "問 : '禮之用, 和爲貴.' 曰 : '禮如此之嚴, 分明是分毫不可犯, 卻何處有箇和? 須知道吾心安處便是和. 如'入公門, 鞠躬如也', 須是如此, 吾心方安. 不如此, 便不安; 才不安, 便是不和也. 以此見得禮中本來有箇和, 不是外面物事也.'('예의 작용은 조화를 귀한 것으로 삼는다.'에 대해 물었다. 주자(朱子 : 朱熹)가 대답하였다. '예는 이와 같이 엄격하니 조금도 범해서는 안 된다는 것이 분명한데, 또한 어디에서 조화가 있겠는가? 모름지기 내 마음이 편안한 곳이 바로 조화임을 알아야 한다. 예컨대 '관공서의 문을 들어갈 때에는 몸을 굽히듯이 한다.'라고 한 것과 같이 반드시 이와 같이 해야 내 마음이 비로소 편안하다. 이와 같이 하지 않으면 바로 마음이 편안하지 못하고, 마음이 편안하지

주자(朱子 : 朱熹)가 말하였다. “내 마음이 편안한 것이 바로 조화이다. 예에는 본래 조화가 있으니, 그것을 두 가지 일로 나눌 수 없다.”

○ **覺軒蔡氏曰 : “有子專以禮之用言和, 朱子兼以禮之體言和.”**[315)]

각헌 채씨(覺軒蔡氏 : 蔡模)가 말하였다. “유자(有子)는 오로지 예의 작용으로 조화를 말했지만 주자는 예의 본체를 겸하여 조화를 말하였다.”

○ **添‘事’字, 蓋從‘由’字而得.**

‘이소사대사무불유지야(而小事大事無不由之也)’라고 한 것은 ‘소대유지(小大由之)’에 ‘사(事)’자를 보탠 것인데, 그것은 대개 ‘유(由)’자에서 그렇게 할 수 있었다.

○ **由於和也.**

‘이소사대사무불유지야(而小事大事無不由之也)’에서 ‘무불유지야(無不由之也)’는 조화에서 말미암는다는 것이다.

○ **釋畢.**

경문의 풀이가 끝났다.

○ **此節重在‘和’.**

이 구절의 중점은 ‘조화’에 있다.

않으면 그것이 바로 조화롭지 못한 것이다. 이것으로 예에는 본래 조화가 있음을 알 수 있으니, 밖에 있는 어떤 것이 아니다.’)”라고 되어 있다.

315) 호병문(胡炳文), 『사서통(四書通)』「논어통(論語通)」 권1에는, 채모(蔡模)의 말로서 “覺軒蔡氏曰 : ‘有子專以禮之用言, 朱子兼以禮之體言. 論禮之用固以和爲貴, 論禮之體則禮中本有自然之和. 若謂知和而和不以禮節之, 則禮與和成二物矣. 朱子所以因有子言禮之用, 而以禮之體發其所未發, 可謂有功於聖經矣.’(각헌 채씨(覺軒蔡氏 : 蔡模)가 말하였다. ‘유자는 오로지 예의 작용으로 말했지만 주자는 예의 본체를 겸해서 말하였다. 예의 작용을 논하면 본디 조화를 귀한 것으로 여기지만 예의 본체를 논하면 예 가운데 본래 저절로 그러한 조화가 있다. 만약 조화를 알아서 조화를 하기만 하고 그것을 예로써 절도 있게 하는 것이 아니라고 한다면 예와 조화는 두 가지가 된다. 주자는 유자가 예의 작용을 말한 것에 따랐지만 예의 본체로써 유자가 드러내지 못한 것을 드러내었으니, 성인의 경전에 공로가 있다고 말할 수 있다.’)”라고 실려 있다.

[1-12-2]

有所不行, 知和而和, 不以禮節之, 亦不可行也."
그렇게 하고도 실행하지 못하는 것이 있으니, 조화를 알아서 조화하기만 하고, 예(禮)로 그것을 절도 있게 하지 않는다면 이 또한 실행할 수 없다."

詳說

○ '行'字自上節'由'字而來. 始而汎言, 曰'不行'; 指其事而切言, 曰'不可行'. '亦'字承上之辭.

'유소불행(有所不行)'에서 '행(行)'자는 위 구절의 '유(由)'자에서 왔다. 처음에는 일반적으로 말하여 '실행하지 못한다'라고 했지만, 그 일을 가리켜 딱 잘라 말할 때는 '실행할 수 없다'라고 하였다. '역불가행야(亦不可行也)'에서 '역(亦)'자는 앞의 내용을 이어받는 말이다.

朱註

承上文而言, "如此而復有所不行者, 以其徒知和之爲貴而一於和, 不復以禮節之, 則亦非復禮之本然矣. 所以流蕩忘返, 而亦不可行也."
위 글을 이어받아 "이와 같은데도 다시 실행하지 못할 것이 있으니, 다만 조화가 귀하다는 것만을 알아서 조화에만 전일(專一)하고 다시 예로써 그것을 절도 있게 하지 않으면, 또한 다시 예의 본연(本然)이 아니다. 그러므로 방탕하게 흘러가서 되돌아올 것을 잊으니 또한 실행할 수 없다."라고 말하였다.

詳說

○ 小大由之.

'여차이부유소불행자(如此而復有所不行者)'에서 '여차(如此)'는 큰일과 작은 일 할 것 없이 모두 이것에 말미암는다는 말이다.

○ 去聲, 下幷同.

'여차이부유소불행자(如此而復有所不行者)'에서 '부(復)'자는 거성(去聲)이고, 아래도 모두 마찬가지이다.

○ 照上節'貴'字.

'이기도지화지위귀이일어화(以其徒知和之爲貴而一於和)'에서 '귀(貴)'자는 위 구절

'화위귀(和爲貴)'의 '귀(貴)'자에 비추어 보라.

○ 添'徒'·'貴'·'一'三字.

'이기도지화지위귀이일어화(以其徒知和之爲貴而一於和)'라고 한 것은 '지화이화(知和而和)'에 '도(徒)'·'귀(貴)'·'일(一)'의 세 글자를 보탠 것이다.

○ 指嚴也. 蓋言其本然曰嚴, 言其自然曰和.

'불부이예절지, 즉역비부예지본연의(不復以禮節之, 則亦非復禮之本然矣)'에서 '예지본연(禮之本然)'은 엄격함을 가리킨다. 대개 예의 본연을 말하면 엄격함이고, 그저절로 그러함을 말하면 조화로움이다.

○ 一作'反'.

'소이류탕망반(所以流蕩忘返)'에서 '반(返)'자는 어떤 판본에는 '반(反)'자로 되어있다.

○ 此言和而流.

'소이류탕망반(所以流蕩忘返)'이라고 한 것은 조화하여 방탕하게 흘러가는 것[316]을 말한다.

○ 沙溪曰: "猶言不可爲."[317]

'이역불가행야(而亦不可行也)'에 대해, 사계(沙溪: 金長生)[318]가 말하였다. "이는

---

316) 조화하여 방탕하게 흘러가는 것: 『중용장구(中庸章句)』 10장에서 "그러므로 군자는 조화하지만 방탕하게 흘러가지 않으니, 강하다, 꿋꿋함이여! 중립하여 치우치지 않으니, 강하다, 꿋꿋함이여! 나라에 도가 있을 때는 곤궁할 때의 의지를 변치 않으니, 강하다, 꿋꿋함이여! 나라에 도가 없을 때는 죽음에 이르러도 지조를 변치 않으니, 강하다, 꿋꿋함이여!(故君子和而不流, 强哉矯! 中立而不倚, 强哉矯! 國有道不變塞焉, 强哉矯! 國無道至死不變, 强哉矯!)"라고 하였다.

317) 정경세(鄭經世), 『우복선생문집(愚伏先生文集)』 권14, 「잡저(雜著)·김사계경서의문변론(金沙溪經書疑問辨論)」에서 "'有所不行', 退溪曰: '禮不行.' 承上文言, 如此而又有所不可行者. '不可行', 猶言不可爲也, 恐非謂'禮不行'.(『논어(論語)』의 '실행하지 못할 것이 있다.'라는 구절에 대해 퇴계(退溪)는 '예가 실행되지 않는 것이다.' 하였다. 이에 대한 나의 생각: 위 글을 이어받아서 이와 같이 하고서도 또 실행할 수 없는 것이 있다고 말한 것입니다. '불가행(不可行: 실행할 수 없다)'은 할 수 없다고 말하는 것과 같으니, 아마 '예가 실행되지 않는 것이다.'라고 말하는 것은 아닐 것입니다.)"라고 되어 있다.

318) 김장생(金長生, 1548~1631): 본관은 광산(光山)이고, 자는 희원(希元)이며, 호는 사계(沙溪)이고 시호는 문원(文元)이다. 한양 정릉동(貞陵洞: 현 서울 중구 정동)에서 태어났다. 1560년 송익필(宋翼弼)로부터 사서(四書)와 『근사록(近思錄)』 등을 배웠고, 20세 무렵에 이이(李珥)의 문하에 들어갔다. 1578년 학행(學行)으로 천거되어 창릉참봉(昌陵參奉)이 되고, 성균관 사업(司業), 집의(執義), 공조참의, 형조참판 등을 역임하였다. 인조반정 이후로는 서인의 영수

할 수 없다고 말하는 것과 같다."

○ 有釋無訓.

경문의 풀이는 있으나 훈고는 없다.

○ 此節重在'禮'而亦不遂拋却'和'字.

이 구절은 중점이 '예(禮)'자에 있지만 또한 끝내 '화(和)'자를 포기하지 않았다.

朱註

○ 程子曰:"禮勝則離, 故禮之用, 和爲貴. 先王之道以斯爲美, 而小大由之. 樂勝則流, 故有所不行者, 知和而和不以禮節之, 亦不可行."

정자(程子:程頤)가 말하였다. "예(禮)가 지나치면 소원하게 되기 때문에 예의 작용은 조화를 귀한 것으로 삼는다. 선왕의 도는 이것을 아름답게 여겼으니, 큰일과 작은 일 할 것 없이 모두 이에 말미암았다. 음악이 지나치면 방탕하게 흘러가기 때문에[319] 실행하지 못하는 것이 있으니, 조화를 알아서 조화하기만 하고, 예로써 그것을 절도 있게 하지 않는다면 이 또한 실행할 수 없다."

詳說

○ 叔子.

'정자왈(程子曰)'에서 '정자(程子)'는 동생 정이(程頤)이다.

○ 出『禮記』「樂記」. '禮勝'言一於嚴也. '離', 不合也.

'예승즉리(禮勝則離)'라는 구절은 『예기』「악기(樂記)」에 나온다. '예승(禮勝:예가 지나치면)'은 엄격함에 전일한 것을 말한다. '리(離:소원해짐)'는 합치지 못하는

격으로 영향력이 매우 컸다. 학문적으로 송익필, 이이, 성혼(成渾) 등의 영향을 받았다. 이이와 성혼(成渾)을 제향하는 황산서원(黃山書院)을 세웠다. 특히 둘째 아들이 그와 함께 문묘에 종사된 신독재(愼獨齋) 김집(金集, 1574~1656)이다. 저서로는 1583년 첫 저술인 『상례비요(喪禮備要)』 4권을 포함하여, 『가례집람(家禮輯覽)』·『전례문답(典禮問答)』·『의례문해(疑禮問解)』 등 예에 관한 것으로, 조선 예학의 기반을 마련하였다. 스승 이이가 시작한 『소학집주(小學集註)』를 1601년에 완성하고 『근사록석의(近思錄釋疑)』, 『경서변의(經書辨疑)』, 시문집을 모은 『사계선생전서(沙溪先生全書)』가 있다.

319) '예(禮)가 지나치면 소원하게 되기 때문에', '음악이 지나치면 방탕하게 흘러가기 때문에':『예기』「학기(學記)」에서 "음악은 같게 하는 것이고 예(禮)는 다르게 하는 것이다. 같으면 서로 친하게 되고, 다르면 서로 공경하게 된다. 그러나 음악이 지나치면 방탕하게 흘러가고, 예가 지나치면 소원하게 된다.(樂者爲同, 禮者爲異. 同則相親, 異則相敬. 樂勝則流, 禮勝則離.)"라고 하였다.

것이다.

○ 此四字與上註'此其爲美'之意微有不同.

'선왕지도이사위미(先王之道以斯爲美)'에서 '이사위미(以斯爲美 : 이것을 아름답게 여겨서)'라는 네 글자는 위 주석의 '차기위미(此其爲美 : 이에 그것을 아름답게 여겨)'[320]라는 뜻과 조금 같지 않음이 있다.

○ 亦出「樂記」. '樂勝'言一於和.

'악승즉류(樂勝則流)'라는 구절도 또한 『예기』「악기」에 나온다. '악승(樂勝 : 음악이 지나치면)'은 조화에 전일한 것을 말한다.

○ 新安陳氏曰 : "借'樂'字以言'和'字."[321]

'악승즉류(樂勝則流)'에 대해, 신안 진씨(新安陳氏 : 陳櫟)가 말하였다. "'악(樂)'자를 빌려서 '화(和)'자를 말하였다."

○ 於上下節各引「樂記」一句, 以襯本意. 其下直用本文, 而只添'以'·'而'·'者'三字, 而意亦明矣. 程子說每如此, 尹氏說亦然, 朱子蓋善之云.

앞 구절과 뒤 구절에서 각각 『예기』「악기」의 한 구절을 인용하여 본래의 뜻에 결부시켰다. 그 아래는 바로 본문을 썼는데, 다만 '선왕지도이사위미(先王之道以斯爲美)'에서 '이(以)'자와 '이소대유지(而小大由之)'에서 '이(而)'자와 '고유소불행자(故有所不行者)'에서 '자(者)'자를 보태어서 뜻이 또한 분명해졌다. 정자의 말은 매번 이와 같고 윤씨(尹氏 : 尹焞)의 말도 또한 그러하니, 주자는 모두 훌륭하다고 하였다.

朱註

范氏曰 : "凡禮之體主於敬, 而其用則以和爲貴. 敬者, 禮之所以立也; 和者, 樂之所由生也. 若有子可謂達禮樂之本矣."

범씨(范氏 : 范祖禹)[322]가 말하였다. "무릇 예(禮)의 본체는 경(敬)을 중심으로 하

320) 위 주석의 '차기위미(此其爲美 : 이에 그것을 아름답게 여겨)' : 위의 주자 주석에서는 '차기소이위미(此其所以爲美 : 이에 그것을 아름답게 여긴 까닭에)'라고 되어 있다.

321) 호광 편(胡廣 編), 『논어집주대전(論語集註大全)』 권1에 진력(陳櫟)의 말로서, "新安陳氏曰 : '此章本只論禮, 未嘗論樂. 程子特借'樂'字以言'和'字耳.'(신안 진씨(新安陳氏 : 陳櫟)가 말하였다. '이 장(章)은 본래 다만 예(禮)를 논했지 음악을 논하지 않았다. 정자(程子 : 程頤)는 특히 '악(樂)'자를 빌려서 '화(和)'자를 말했을 뿐이다.')"라고 하였다.

322) 범조우(范祖禹, 1041~1098) : 자는 순보(淳甫) 또는 몽득(夢得)이고 호는 화양선생이며, 송나

고, 그 작용은 조화를 귀하게 여긴다. 경은 그것으로 예가 확립되는 근거이고, 조화는 음악[樂]이 그것에 말미암아 생겨나는 것이다. 유자(有子) 같은 경우는 예악(禮樂)의 근본을 통달했다고 말할 수 있다."

詳說

○ 『大全』曰 : "名祖禹, 字淳夫, 成都人."
'범씨(范氏)'에 대해, 『논어집주대전』에서 말하였다. "이름은 조우(祖禹)이고, 자는 순보(淳夫)이며, 성도(成都 : 현 사천성 성도) 사람이다."

○ 猶嚴也.
'범예지체주어경(凡禮之體主於敬)'에서 '경(敬)'자는 엄격함[嚴]과 같다.

○ 首節之意.
'범예지체주어경, 이기용즉이화위귀(凡禮之體主於敬, 而其用則以和爲貴)'라고 한 것은 본문 첫 구절의 뜻이다.

○ 此則'禮'與'和'對言之, 不復歸重於'和'.
'경자, 예지소이립야; 화자, 악지소유생야(敬者, 禮之所以立也; 和者, 樂之所由生也)'라고 한 것은 '예(禮)'와 '화(和)'를 짝지어 말한 것이니, 다시 '화(和)'에 중점이 귀결되지 않았다.

○ 至此遂以'和'字硬作'樂'字.
'약유자가위달예악지본의(若有子可謂達禮樂之本矣)'라고 한 데 이르러 마침내 '화(和)'자를 확실히 '악(樂)'자로 바꾸었다.

朱註

愚謂 : 嚴而泰, 和而節, 此理之自然, 禮之全體也. 毫釐有差, 則失其中正, 而各倚於一偏, 其不可行均矣.

내가 생각하건대, 엄격하면서도 평안하고, 조화로우면서도 절제하는 것, 이는

라 때 성도 화양(成都華陽 : 현 사천성 성도(成都))사람이다. 시호는 정헌(正獻)이다. 가우(嘉祐) 8년에 진사에 급제하여, 시교서랑(試校書郎), 지룡수현(知龍水縣) 등을 지냈다. 15년간 사마광이 『자치통감』을 편찬하는데 참여했으며, 사마광의 추천으로 비서성정자(秘書省正字)에 임명되고 철종 때는 급사중(給事中), 한림학사(翰林學士)를 역임하였다. 정호(程顥) · 정이(程頤)를 사사했으며, 사마광의 학문을 추종하였다. 저서는 『시해(詩解)』, 『고문효경설(古文孝經說)』, 『제의(祭儀)』, 『삼경요어(三經要語)』, 『당감(唐鑒)』, 『범태사집(范太史集)』 등이 있다.

이치의 저절로 그러함이고, 예의 온전한 본체이다. 만약 여기에 조금이라도 차이가 있으면 그 중정(中正)함을 잃어 각각 한쪽으로 치우치니, 그것을 실행할 수 없는 점은 똑같다.

詳說

○ 新安陳氏曰："指上節."323)

'엄이태(嚴而泰)'에 대해, 신안 진씨(新安陳氏：陳櫟)가 말하였다. "이는 앞 구절 즉 '범예지체주어경(凡禮之體主於敬)'을 가리킨다."

○ 新安陳氏曰："指下節."324)

'화이절(和而節)'에 대해, 신안 진씨(新安陳氏：陳櫟)가 말하였다. "이는 뒤 구절 즉 '이기용즉이화위귀(而其用則以和爲貴)'를 가리킨다."

○ '泰·和'.

'차리지자연(此理之自然)'은 '엄이태(嚴而泰)'에서 '태(泰)'와 '화이절(和而節)'에서 '화(和)'이다.

○ '嚴·節'.

'예지전체야(禮之全體也)'는 '엄이태(嚴而泰)'에서 '엄(嚴)'과 '화이절(和而節)'에서 '절(節)'이다.

○ 雲峰胡氏曰："嚴而失其中, 和而失其正."325)

---

323) 호광 편(胡廣 編), 『논어집주대전(論語集註大全)』 권1에 진력(陳櫟)의 말로 "嚴, 謂禮之體嚴; 泰, 謂自然之理, 及從容不迫. 此指上一節.(엄은 예의 본체가 엄격하다는 말이고, 태는 저절로 그러한 이치가 침착하여 급박하지 않음에 미친다는 것을 말한다. 이는 앞 구절 즉 '범예지체주어경(凡禮之體主於敬)'을 가리킨다.)"라고 하였다.

324) 호광 편(胡廣 編), 『논어집주대전(論語集註大全)』 권1에 진력(陳櫟)의 말로 "和, 謂'知和'之'和'; 節, 謂以禮節之之節. 此指下一節.(화는 '지화(知和)'의 '화'를 말하고, '절'은 예로써 절도 있게 한다는 것의 절도[節]이다. 이는 뒤 구절 즉 '이기용즉이화위귀(而其用則以和爲貴)'를 가리킨다.)"라고 하였다.

325) 호병문(胡炳文), 『사서통(四書通)』「논어통(論語通)」 권1에는 "然禮之全體, 嚴者未嘗不泰, 人則有嚴而失其中者矣, 未免倚於嚴之一偏, 不可行矣. 禮之全體, 和者未嘗不節, 人則有和而失其正者矣, 未免倚於和之一偏, 亦不可行矣.(그러나 예의 온전한 본체는 엄격한 것이 평안하지 않은 적이 없지만, 사람의 경우에는 엄격하면 그 중(中：알맞음)을 잃으니 엄격함이라는 한쪽에 치우치는 것을 모면하지 못하여 예를 실행할 수 없다. 또 예의 온전한 본체는 조화로운 것이 절도 있지 않은 적이 없지만, 사람의 경우에는 조화로우면 그 정(正：올바름)을 잃으니 조화로움이라는 한쪽에 치우치는 것을 모면하지 못하여 또한 예를 실행할 수 없다.)"라고 되어 있다.

'호리유차, 즉실기중정(毫釐有差, 則失其中正)'에 대해, 운봉 호씨(雲峯胡氏 : 胡炳文)가 말하였다. "엄격하면 그 중(中 : 알맞음)을 잃고, 조화로우면 그 정(正 : 올바름)을 잃는다."

○ 猶云'不可行者'.

'기불가행균의(其不可行均矣)'에서 '불가행(不可行)'은 '불가행자(不可行者 : 실행할 수 없는 것)'라고 말하는 것과 같다.

○ 引下節之'不可行'三字, 而幷蒙得上節之意.

'기불가행균의(其不可行均矣)'에서 '균의(均矣)'는 아래 구절의 '불가행(不可行)'이라는 세 글자를 끌어 당겨서 위 구절의 뜻으로 아울러 이어지도록 하였다.

[1-13-1]

有子曰："信近於義，言可復也；恭近於禮，遠恥辱也；因不失其親，亦可宗也."

유자(有子)가 말하였다. "약속이 의로움에 가까우면 약속한 말을 실천할 수 있고, 공손함이 예(禮)에 가까우면 치욕을 멀리할 수 있으며, 주인을 정할 때에 그 친할 만한 사람을 잃지 않으면 또한 그 사람을 끝까지 종주(宗主)로 삼을 수 있다."

朱註

'近·遠', 皆去聲.

'근(近)'자와 '원(遠)'자는 모두 거성(去聲)이다.

詳說

○ 朱子曰："'也'字只是個'矣'字."[326)]

주자(朱子：朱熹)가 말하였다. "'언가복야(言可復也)'와 '원치욕야(遠恥辱也)'와 '역가종야(亦可宗也)'에서 '야(也)'자는 다만 '의(矣：종결어조사)'자일 뿐이다."

朱註

信，約信也. 義者，事之宜也. 復，踐言也. 恭，致敬也. 禮，節文也. 因，猶依也. 宗，猶主也.

신(信)은 약속이다. 의(義：의로움)는 일의 마땅함이다. 복(復)은 말을 실천하는

326) 『주자어류(朱子語類)』 권22, 「논어4(論語四)」, 95조목에는 "問：'橫渠云：'寧言之不顧，不規規於非義之信；寧身被恥辱，不徇人以非禮之恭；寧孤立無助，不失親於可賤之人.' 此卻似倒看了文義矣. 重在下句相似，如何?' 曰：'此便是先儒舊底說. 它爲惑箇'也'字，故然. 如某解底'也'字，便只是箇'矣'字.'(물었다. '횡거(橫渠：張載)는 '군자는 차라리 말을 돌아보지 않을지언정 의롭지 않은 약속에 얽매이지 않고, 차라리 몸이 치욕을 입을지언정 예가 아닌 공경으로 남을 좇지 않으며, 차라리 고립되어 도움을 받지 못할지언정 천박하게 여길 수 있는 사람에게 친밀히 하는 잘못을 하지 않는다.'라고 말했습니다. 이는 도리어 문장의 뜻을 거꾸로 본 것 같습니다. 중점은 아래의 구절에 있는 것 같은데, 어떻습니까?' 주자(朱子：朱熹)가 대답하였다. '이는 선대 학자들의 오래된 설명이다. 그것은 '야(也)'자에 미혹되었기 때문에 그렇다. 내가 풀이한 '야(也)'자의 경우는 다만 '의(矣)'자일 뿐이다.')"라고 되어 있다.

것이다. 공(恭)은 공경을 지극히 하는 것이다. 예(禮)는 절문(節文 : 꾸밈을 절도에 맞게 함)이다. 인(因)은 의지함과 같다. 종(宗)은 주인과 같다.

詳說

○ 『禮記』「曲禮」曰 : "約信曰誓."327)

『예기』「곡례(曲禮)」에서 말하였다. "약속은 맹세하는 일이다."

○ 胡氏曰 : "約信 · 致敬, 皆指人之行此而言, 非信 · 恭之本體也."328)

'신, 약신야(信, 約信也) …… 공, 치경야(恭, 致敬也)'에 대해, 호씨(胡氏)가 말하였다. "약속과 '공경을 지극히 하는 것'은 모두 사람이 이를 실행하는 부분을 가리켜 말한 것이지, 신(信)과 공(恭)의 본체가 아니다."

○ 雲峰胡氏曰 : "義, 心之制 · 事之宜, 此獨曰'事之宜'. 禮, 天理之節文, 此獨曰'節文'. 蓋所謂信 · 恭者非信 · 恭之本體, 故所謂禮 · 義者,329) 亦非指本體. 『集註』未嘗輕下一字."330)

'신, 약신야(信, 約信也) …… 예, 절문야(禮, 節文也)'에 대해, 운봉 호씨(雲峯胡氏 : 胡炳文)가 말하였다. "의는 마음의 제재이고 일의 마땅함인데,331) 여기에서는 다만 '일의 마땅함'만을 말하였다. 예는 천리(天理)의 절문(節文)인데 여기에서는 '절문'만을 말하였다. 대개 여기에서 신 · 공이라고 말한 것은 신 · 공의 본체가 아니기 때문에 예 · 의라고 한 것도 또한 본체를 가리키는 것이 아니다. 『논어집주(論語集註)』에서는 한 글자도 가볍게 쓴 적이 없다."

---

327) 『예기』「곡례(曲禮) 하」.

328) 호광 편(胡廣 編), 『논어집주대전(論語集註大全)』 권1에 호씨(胡氏)의 말로, "胡氏曰 : '信爲約信, 恭爲致敬, 皆指人之行此而言, 非信 · 恭之本體也.'(호씨가 말하였다. '신은 약속이고 공은 공경을 지극히 하는 것이니 이는 모두 사람이 이것들을 실행하는 일을 가리켜 말한 것이지, 신과 공의 본체가 아니다.')"라고 되어 있다.

329) 故所謂禮 · 義者 : 호병문(胡炳文), 『사서통(四書通)』「논어통(論語通)」 권1에는 '故所謂義 · 禮者(의 · 예라고 말한 것)'라고 되어 있다.

330) 호병문(胡炳文), 『사서통(四書通)』「논어통(論語通)」 권1.

331) 의는 마음의 제재이고 일의 마땅함인데 : 『맹자(孟子)』「양혜왕상(梁惠王上)」 1장에서 "맹자가 대답하였다. '왕께서는 하필 이(利)를 말씀하십니까? 또한 인의가 있을 뿐입니다.'(孟子對曰 : '王何必曰利? 亦有仁義而已矣.')"라고 하였고, 이 구절에 대해 주자는 『맹자집주(孟子集註)』에서 "인은 마음의 덕이고 사랑의 이치이며, 의는 마음의 제재이고 일의 마땅함이다.(仁者, 心之德, 愛之理; 義者, 心之制, 事之宜也.)"라고 주석하였다.

○ 朱子曰："勢敵而交淺, 如先主之依劉表."[332]

'인, 유의야(因, 猶依也)'에 대해, 주자(朱子 : 朱熹)가 말하였다. "세력이 대적하여 교분이 얕으니, 예컨대 선주(先主 : 劉備)가 유표(劉表)에게 의지한 것과 같다."

○ 朱子曰："彼尊我賤, 而以之爲歸, 如孔子之主司城貞子."[333]

'종, 유주야(宗, 猶主也)'에 대해, 주자(朱子 : 朱熹)가 말하였다. "그는 존귀하고 나는 비천하여 그에게 귀의하는 것이니, 예컨대 공자가 사성정자(司城貞子)를 주인으로 삼은 것[334]과 같다."

○ 訓畢.

훈고가 끝났다.

朱註

言約信而合其宜, 則言必可踐矣. 致恭而中其節, 則能遠恥辱矣. 所依者不失其可親之人, 則亦可以宗而主之矣.

약속을 하면서 그 마땅함에 부합하면 약속한 말을 반드시 실천할 수 있을 것이다. 공손함을 지극히 하면서 그 절도에 알맞게 하면 치욕을 멀리할 수 있을 것이다. 의지한 사람이 그 친하게 여길 수 있는 사람을 잃지 않는다면 또한 그를 중심으로 하여 주인으로 삼을 만할 것이다.

332) 호광 편(胡廣 編), 『논어집주대전(論語集註大全)』 권1에 주자의 말로 "朱子曰 : '因之爲依, 勢敵而交淺, 如先主之依劉表是也.'(주자(朱子 : 朱熹)가 말하였다. '인(因)자를 의지함이라고 하는 것은 세력이 대적하여 교분이 얕으니, 예컨대 선주(先主 : 劉備)가 유표에게 의지한 것과 같다.')"라고 되어 있다.

333) 호광 편(胡廣 編), 『논어집주대전(論語集註大全)』 권1에 주자의 말로 "朱子曰 : '宗之爲主, 彼尊我賤, 而以之爲歸, 如孔子之於司城貞子 · 蘧伯玉 · 顔讎由, 是也.'(주자(朱子 : 朱熹)가 말하였다. '종(宗)'자를 주인으로 삼는다고 한 것은, 그는 존귀하고 나는 비천하여 그에게 귀의하는 것이니, 예컨대 공자가 사성정자와 거백옥과 안수유를 주인으로 삼은 것이 이것이다.')"라고 되어 있다.

334) 공자가 사성정자(司城貞子)를 주인으로 삼은 것 : 『맹자(孟子)』 「만장상(萬章上)」에서 "공자가 노나라와 위나라에서 머물기를 좋아하지 않아서 노 · 위를 떠났는데, 송나라 환사마가 죽이려고 하는 것을 맞닥트려 미복(微服)으로 송나라를 지나갔다. 이때에 공자는 곤경에 처해졌지만, 진후(陳侯) 주(周)의 신하가 된 사성정자를 주인으로 삼았다.(孔子不悅於魯 · 衛, 遭宋桓司馬將要而殺之, 微服而過宋. 是時, 孔子當阨, 主司城貞子爲陳侯周臣.)"라고 하였다.

詳說

○ **朱子曰 : "未言之前, 先度其事之合宜."**335)

'언약신이합기의(言約信而合其宜)'에 대해, 주자(朱子 : 朱熹)가 말하였다. "말을 하기 전에 먼저 그 일이 의로움에 부합하는지를 헤아려 보아야 한다."

⊙ 去聲.

'치공이중기절(致恭而中其節)'에서 '중(中)'자는 거성(去聲)이다.

○ **雙峰饒氏曰 : "有子氣象從容, 辭不迫切, 於禮 · 義皆以近言. 『集註』恐其寬緩, 故直以合義 · 中節言之."**336)

'언약신이합기의, 즉언필가천의. 치공이중기절(言約信而合其宜, 則言必可踐矣. 致恭而中其節)'에 대해, 쌍봉 요씨(雙峰饒氏 : 饒魯)가 말하였다. "유자는 기상이 침착하여 말이 박절하지 않으니, 예 · 의에 대해서도 모두 가까운 것으로 말하였다. 『논어집주(論語集註)』에서는 그 말이 너무 느슨할까 염려했기 때문에 바로 의로움이 부합함과 절도에 알맞음으로 그것을 말하였다."

○ **朱子曰 : "過與不及, 必取辱矣."**337)

---

335) 『주자어류(朱子語類)』 권22, 「논어4(論語四)」, 68조목에는 "問 : '信近於義, 言可復也.' 曰 : '如今人與人要約, 當於未言之前, 先度其事之合義與不合義. 合義則言, 不合義則不言. 言之, 則其言必可踐而行之矣. 今不先度其事, 且鶻突恁地說了, 到明日卻說這事不義, 我不做, 則是言之不可踐也. 言而不踐, 則是不信; 踐其所言, 又是不義, 是不先度之故.'('약속이 의로움에 가까우면 약속한 말을 실천할 수 있다'라는 것에 대해 물었다. 주자(朱子 : 朱熹)가 대답하였다. '지금 어떤 사람이 다른 사람과 약속을 하려고 할 때, 말을 하기 전에 마땅히 그 일이 의로움에 부합하는지 부합하지 않는지를 먼저 헤아려 보아야 한다. 의로움에 부합하면 말하고, 의로움에 부합하지 않는다면 말하지 말아야 한다. 말을 했으면 그 말을 반드시 실천하여 행동해야 한다. 지금 먼저 그 일을 헤아려 보지 않고 얼떨결에 그렇게 말해 놓고는, 다음 날 도리어 이 일은 의롭지 않기 때문에 나는 하지 않겠다고 말하면 이는 말을 실천할 수 없는 것이다. 말하고서 실천하지 않으면 이는 약속을 지키지 못하는 것이고, 그렇게 말한 것을 실천하는 것은 또한 의롭지 못한 것이니, 이는 약속할 내용을 먼저 헤아려 보지 않았기 때문이다.')"라고 되어 있다.

336) 호광 편(胡廣 編), 『논어집주대전(論語集註大全)』 권1에 요로(饒魯)의 말로 "雙峰饒氏曰 : '有子氣象從容, 辭不迫切, 於禮 · 義皆以近言. 『集註』恐其寬緩, 故直以合義 · 中節言之, 不用其辭而用其意也.'(쌍봉 요씨(雙峰饒氏 : 饒魯)가 말하였다. '유자는 기상이 침착하여 말이 박절하지 않으니, 예 · 의에 대해서도 모두 근사한 것으로 말하였다. 『논어집주(論語集註)』에서는 그 말이 너무 느슨할까 염려했기 때문에 바로바로 의로움이 부합함과 절도에 알맞음으로 그것을 말했으니, 그 말을 사용하지 않고 그 뜻을 사용하였다.')"라고 되어 있다.

337) 『주자어류(朱子語類)』 권22, 「논어4(論語四)」, 89조목에는 "問 : '信近於義'一段. 曰 : '未說著

'치공이중기절, 즉능원치욕의(致恭而中其節, 則能遠恥辱矣)'에 대해, 주자(朱子 : 朱熹)가 말하였다. "지나침과 미치지 못함은 반드시 치욕을 부를 것이다."

○ **添'所'·'者'·'可'三字.**

'소의자불실기가친지인(所依者不失其可親之人)'이라고 한 것은 본문 '인불실기친(因不失其親)'이라는 구절에 '소(所)'·'자(者)'·'가(可)' 세 글자를 보탠 것이다.

○ **朱子曰 : "今日依之, 後日主之"**[338]

'소의자불실기가친지인, 즉역가이종이주지의(所依者不失其可親之人, 則亦可以宗而主之矣)'에 대해, 주자(朱子 : 朱熹)가 말하였다. "오늘 그에게 의지하고 뒷날 그를 종주로 삼는다."

○ **東陽許氏曰 : "三事各開看, 非相因之辭."**[339]

不必信, 只是信合於宜. 且如一人相約爲事, 已許之, 少間卻不行, 是不合義, 不可踐矣. 恭, 凡致敬皆恭也. 禮則辨其異. 若與上大夫接, 而用下大夫之恭, 是不及也; 與下大夫接, 而用上大夫之恭, 是過也. 過與不及, 必取辱矣.'('약속이 의로움에 가깝다'라는 단락에 대해 물었다. 주자(朱子 : 朱熹)가 대답하였다. '꼭 약속이라고 말하지 않을 필요는 없고, 다만 약속이 마땅함에 부합한 것일 뿐이다. 예컨대 어떤 사람이 다른 사람과 일을 하기로 서로 약속하고 이미 그것을 허락했는데, 조금 있다가 도리어 실행하지 않는다면 이는 의로움에 부합하지 않고 실천할 수 없는 말이다. 공손함은 무릇 경을 지극히 하는 것이 모두 공이다. 예는 그 다름을 분별하는 것이다. 만약 상대부와 접견하면서 하대부의 공손함을 쓴다면, 이는 미치지 못한 것이다. 하대부와 접견하면서 상대부의 공손함을 쓴다면 이는 지나친 것이다. 지나침과 미치지 못함은 반드시 치욕을 부를 것이다.')"라고 되어 있다.

338) 호광 편(胡廣 編), 『논어집주대전(論語集註大全)』 권1에 주자의 말로, "朱子曰 : '依失其親, 若未甚害; 所宗而失其親, 其害大矣. 然今日依之, 則後日有時而宗之. 是以君子之有所因也, 必求不失其親焉, 則異日亦可宗主之矣.'(주자(朱子 : 朱熹)가 말하였다. '의지한 사람이 그 친하게 여길 수 있는 사람을 잃는 것은 별로 해롭지 않은 것 같은데, 종주로 삼은 사람이 그 친하게 여길 수 있는 사람을 잃는 것은 그 해로움이 크다. 그러나 오늘 그에게 의지하면 뒷날 어느 때 그를 종주로 삼을 수도 있을 것이다. 이 때문에 군자가 의지할 때 반드시 그 친하게 여길 수 있는 사람을 잃지 않기를 구한다면 다른 날 또한 그를 종주로 삼을 만할 것이다.')"라고 되어 있다.

339) 호광 편(胡廣 編), 『논어집주대전(論語集註大全)』 권1에 허겸(許謙)의 말로, "東陽許氏曰 : '約言必合於事之宜, 防其過也; 致恭必中於禮之節, 無過不及也. 因不失親, 擇交之道也. 上兩節欲明理, 下一節要知人, 則皆無失. 上兩節言行, 是脩己之事; 因親, 是知人之事, 三者皆明理者能之. 三事各開看, 非相因之辭.'(동양 허씨(東陽許氏 : 許謙)가 말하였다. '약속하는 말은 반드시 일의 마땅함에 부합해야 그 허물을 방지할 수 있고, 공손함을 지극히 하는 것은 반드시 예의 절도에 알맞아야 지나치거나 미치지 못함이 없을 수 있다. 주인을 정할 때 그 친할 만한 사람을 잃지 않는 것은 친구를 선택하는 도(道)이다. 위 두 구절 즉 '신근어의, 언가복야; 공근어예, 원치욕야(信近於義, 言可復也; 恭近於禮, 遠恥辱也)'로서 이치를 밝히려 하고, 아래 한 구

동양 허씨(東陽許氏 : 許謙)가 말하였다. "이 세 가지 일은 각각 분리해서 보아야지 서로 원인이 되는 말이 아니다."

○ 釋畢.

경문의 풀이가 끝났다.

○ 此下又通論之.

이 아래는 또한 그것을 총괄적으로 논의하였다.

朱註

此言人之言行交際, 皆當謹之於始而慮其所終, 不然, 則因仍苟且之間, 將有不勝其自失之悔者矣.

이는 사람의 언행과 교제가 모두 마땅히 처음을 삼가고 그 끝날 것을 고려해야 되니, 그렇지 않으면 옛것을 그대로 따르고 구차히 하는 사이에 장차 그 스스로 잘못되었다는 후회를 이기지 못하게 될 것임을 말하였다.

詳說

○ 去聲.

'인지언행교제(人之言行交際)'에서 '행(行)'자는 거성(去聲)이다.

○ 朱子曰 : "言是約信, 行是致恭, 交際是依人."[340]

'차언인지언행교제(此言人之言行交際)'에 대해, 주자(朱子 : 朱熹)가 말하였다. "언(言)은 약속이고, 행(行)은 경(敬)을 지극히 하는 것이며, 교제는 다른 사람에게 의

절 즉 '인불실기친, 역가종야(因不失其親, 亦可宗也)'로서 남을 알려고 하면 모두 잘못이 없을 것이다. 위 두 구절은 실행을 말하니 자신을 수양하는 일이고, 주인을 정할 때 그 친할 만한 사람으로 하는 것은 남을 아는 일이니, 이 세 가지는 모두 이치에 밝은 사람이 그것을 잘 해낼 수 있다. 이 세 가지 일은 각각 분리해서 보아야지 서로 원인이 되는 말이 아니다.')"라고 실려 있다.

340) 『주자어류(朱子語類)』 권22, 「논어4(論語四)」, 90조목에는 "又問 : '『集注』'人之言行交際'一段, 恐言是約信, 行是致敬, 交際是依人.' 曰 : '大綱如此說, 皆交際也. 言可復, 便是行.'(또 물었다. '『논어집주(論語集註)』의 '사람의 언행과 교제'라는 단락에서 아마 언(言)은 약속이고, 행(行)은 경(敬)을 지극히 하는 것이며, 교제는 다른 사람에게 의지하는 일인 듯합니다.' 주자(朱子 : 朱熹)가 대답하였다. '대체로 이와 같이 말할 수 있지만, 모두 교제이다. 말을 실천할 수 있으면 바로 실행하는 것이다.')"라고 되어 있다. 이 말은 문인인 정남승(程南升)이 질문한 내용이다. 주자의 대답은 수긍은 하지만 한 단계 뛰어넘을 것을 요구하고 있다.

지하는 일이다."

○ **朱子曰:"上一截'信'·'恭'·'因'."**341)

'개당근지어시이려기소종(皆當謹之於始而慮其所終)'에서 '근지어시(謹之於始)'에 대해, 주자(朱子:朱熹)가 말하였다. "이는 위 한 토막인 '신근어의(信近於義)'에서 '신(信)'과 '공근어예(恭近於禮)'에서 '공(恭)'과 '인불실기친(因不失其親)'에서 '인(因)'이다."

○ **朱子曰:"下一截'復'·'遠'·'宗'."**342)

'개당근지어시이려기소종(皆當謹之於始而慮其所終)'에서 '려기소종(慮其所終)'에 대해, 주자(朱子:朱熹)가 말하였다. "이는 아래 토막인 '언가복야(言可復也)'에서 '복(復)'과 '원치욕야(遠恥辱也)'에서 '원(遠)'과 '역가종야(亦可宗也)'에서 '종(宗)'이다."

○ **二'可'字有慮之之意.**

'언가복야(言可復也)'와 '역가종야(亦可宗也)'에서 두 개의 '가(可)'자는 고려한다는 뜻이 있다.

○ **雲峰胡氏曰:"此章皆謹始之意."**343)

---

341) 호병문(胡炳文), 『사서통(四書通)』「논어통(論語通)」 권1에는 주자의 말로, "此一節須用兩截看. 上面一截, 信近於義, 恭近於禮, 因不失其親, 是交際之初, 合下便自量到底.(이 구절은 모름지기 두 토막으로 보아야 한다. 위 한 토막인 '신근어의(信近於義)'·'공근어예(恭近於禮)'·'인부실기친(因不失其親)'은 교제하는 처음이니 원래 스스로 끝까지 헤아려야 한다.)"라고 실려 있다.

342) 호병문(胡炳文), 『사서통(四書通)』「논어통(論語通)」 권1에는 주자의 말로, "此一節須用兩截看 …… 下面一截, 言可復也, 遠恥辱, 亦可宗, 乃是久後到底無弊之效.(이 구절은 모름지기 두 토막으로 보아야 한다 …… 아래 한 토막인 '언가복야(言可復也)'·'원치욕야(遠恥辱也)'·'역가종야(亦可宗也)'는 바로 오래 지난 뒤에 끝내 폐단이 없는 효험이다.)"라고 실려 있다.

343) 이 말은 호병문의 말이 아니라 주자의 말이다. 호광 편 『논어집주대전』 권1에 호병문의 말로 "雲峯胡氏曰:'此章皆謹始之意. 與其悔於終, 孰若謹之於始.'(운봉 호씨(雲峯胡氏:胡炳文)가 말하였다. '이 장은 모두 시작을 삼가라는 뜻이다. 그 끝에 후회하는 것보다 어찌 시작에 삼가는 것만 같겠는가?')"라고 하였다. 하지만 호병문(胡炳文), 『사서통(四書通)』「논어통(論語通)」 권1에는 "與其悔於終, 孰若謹之於始.(그 끝에 후회하는 것보다 어찌 시작에 삼가는 것만 같겠는가?)"라는 말만 있을 뿐 "此章皆謹始之意.(이 장은 모두 시작을 삼가라는 뜻이다.)"라는 말은 없다. 이 말은 『주자어류(朱子語類)』 권22, 「논어4(論語四)」, 91조목에 "此一章, 皆是言謹始之意. 只如初與人約, 便用思量他日行得, 方可諾之. 若輕諾之, 他日言不可復, 便害信也. '恭近於禮', 且如合當在堂上拜, 卻下堂拜, 被人非笑, 固是辱; 合當堂下拜, 卻在堂上拜, 被人斥罵, 亦是辱. '因失其親', 且如此人不好, 初去親他時, 似不害, 將來主之, 便錯了. 須是揀擇見得是好, 方可親他. 且如趨事上位, 其人或不可親, 旣去親了他, 一日, 或以擧狀與我, 我受了, 便用主之非

운봉 호씨(雲峯胡氏 : 胡炳文)가 말하였다. "이 장(章)은 모두 시작을 삼가라는 뜻이다."

○ 慮終是謹始中最要事.

'개당근지어시이려기소종(皆當謹之於始而慮其所終)'에서 '려기소종(慮其所終 : 그 끝날 것을 고려한다)'이라는 것은 시작을 삼가는 가장 중요한 일이다.

○ 正意畢.

'개당근지어시이려기소종(皆當謹之於始而慮其所終)'에서 진정한 뜻이 끝났다.

○ 此下又反言之.

이 아래는 또 반대로 그것을 말하였다.

○ 朱子曰 : "'因仍'與'苟且'一樣字."344)

'즉인잉구차지간(則因仍苟且之間)'에서 '인잉구차(因仍苟且)'에 대해, 주자(朱子 :

其人, 雖悔何及! 大率有子說底言語奧澀難曉, 裏面儘有滋味, 須用子細玩味.(이 장은 모두 시작을 삼가라는 뜻을 말한 것이다. 예컨대 처음 다른 사람과 약속하는 경우라면, 뒷날 실행할 것을 생각해야지 비로소 그것을 승낙할 수 있다. 만약 경솔하게 승락하면 뒷날 그 약속한 말을 실천할 수 없으니 이는 바로 약속을 해치는 것이다. '공손함이 예에 가깝다'라는 것은 예컨대 당상에서 절해야 합당한데 도리어 당하에서 절하면 사람들에게 비난받고 웃음거리가 되니 진실로 치욕이며, 또 당하에서 절해야 합당한데 도리어 당상에서 절하면 사람들에게 배척받고 욕먹으니 또한 치욕인 것과 같다. '주인을 정할 때 그 친할 만한 사람을 잃는다.'라는 것은 예컨대 이 사람은 좋은 사람이 아닌데 처음에 그에게 가서 친하게 했을 때는 해로움이 없는 것 같아 장차 그를 주인으로 삼으려고 하면 바로 잘못되는 것과 같다. 모름지기 좋은 사람인지를 알아보고 선택해야, 비로소 그를 친할 만한 사람으로 삼을 수 있다. 예컨대 윗사람을 받들어 섬길 때 그 사람이 간혹 친할 만한 사람이 아닌데 이미 그와 친해진 경우, 어느 날 간혹 나에게 천거라는 문서를 주고 내가 그것을 받아들였다면 이는 바로 그 잘못된 사람을 주인으로 삼는 것이니, 비록 후회하더라도 무슨 소용이 있겠는가! 대체로 유자가 하는 말은 심오하고 난해해서 이해하기 어렵지만, 그 안에는 모두 깊은 맛이 있으니 모름지기 자세하게 완미해야 한다.)"라고 되어 있다.

344) 『주자어류(朱子語類)』 권22, 「논어4(論語四)」, 78조목에는 "問 : 『注』'因仍苟且.' 曰 : '因仍與苟且一樣字. 因仍, 猶因循; 苟且, 是事恁地做. 一般人初間不謹擇, 便與他交. 下梢他有氣勢, 便道是我來宗他, 豈不被他累? 孔子當時若不擇揀, 去主癰疽, 便被壞了.'(『논어집주(論語集註)』에서 '인잉구차(因仍苟且)'에 대해 물었다. 주자(朱子 : 朱熹)가 대답하였다. '인잉(因仍)과 구차(苟且)는 같은 뜻의 글자이다. 인잉은 인순(因循 : 그대로 따름)과 같고, 구차는 일을 그대로 하는 것이다. 일반 사람들은 처음에 삼가서 선택하고 않고 바로 다른 사람과 교제한다. 나중에 그가 기세가 있으면 내가 그를 주인으로 삼았다고 말하니, 어찌 그에게 얽매인 것이 아니겠는가? 공자가 당시 만약 가려 선택하지 않고 옹저를 주인으로 삼았다면 일을 그르치게 되었을 것이다.')"라고 되어 있다.

朱熹)가 말하였다. "'인잉(因仍)'과 '구차(苟且)'는 같은 뜻의 글자이다."

○ 平聲.

'장유불승기자실지회자의(將有不勝其自失之悔者矣)'에서 '승(勝)'자는 평성(平聲)이다.

○ 引下句之'失'字, 而幷蒙得上二事之意.

'장유불승기자실지회자의(將有不勝其自失之悔者矣)'라는 구절은 아래 구절의 '실(失)'자를 끌어당겨서 아울러 위 두 가지 일 즉 '신근어의, 언가복야(信近於義, 言可復也)'와 '공근어예, 원치욕야(恭近於禮, 遠恥辱也)'의 뜻으로 아울러 이어지도록 하였다.

○ 至此則無及矣.

'장유불승기자실지회자의(將有不勝其自失之悔者矣)'라는 지경에 이르면 어쩔 수 없게 된다.

[1-14-1]

子曰 : "君子食無求飽, 居無求安, 敏於事而愼於言, 就有道而正焉, 可謂好學也已."

공자가 말하였다. "군자가 먹을 때 배부르기를 추구하지 않고, 거처할 때 편안하기를 추구하지 않으며, 일에는 민첩하고 말은 삼가며, 도(道)를 갖춘 사람에게 찾아가서 질정(質正)한다면 배우기를 좋아한다고 말할 만하다."

朱註

'好', 去聲.

'가위호학야이(可謂好學也已)'에서 '호(好)'자는 거성(去聲)이다.

朱註

不求安 · 飽者, 志有在而不暇及也. 敏於事者, 勉其所不足. 愼於言者, 不敢盡其所有餘也.

편안함과 배부름을 구하지 않음은 뜻을 둔 사안이 있어서 거기에 미칠 겨를이 없는 것이다. 일에 민첩함은 그 부족한 일에 힘쓰는 것이다. 말을 삼감은 그 여유 있는 부분을 감히 다하지 못하는 것이다.

詳說

○ 換'無'以'不', 以便文耳.

'불구안 · 포자(不求安 · 飽者)'라고 한 것은 '군자식무구포, 거무구안(君子食無求飽, 居無求安)'에서 '무(無)'자를 '불(不)'자로 바꾸어서 글을 편하게 하였다.

○ 新安陳氏曰 : "在學."[345]

'지유재이불가급야(志有在而不暇及也)'에서 '지유재(志有在)'에 대해, 신안 진씨(新安陳氏 : 陳櫟)가 말하였다. "뜻을 둔 것이 배움에 있다."

345) 호광 편(胡廣 編), 『논어집주대전(論語集註大全)』 권1에 진력(陳櫟)의 말로, "新安陳氏曰 : '志在學, 自不暇及於求安 · 飽.'(신안 진씨(新安陳氏 : 陳櫟)가 말하였다. '뜻을 둔 것이 배움에 있으니, 저절로 편안함과 배부름을 구하는 데 미칠 겨를이 없다.)"라고 하였다.

○ 朱子曰 : "不求安 · 飽, 是存心處."[346)]

'불구안 · 포자, 지유재이불가급야(不求安 · 飽者, 志有在而不暇及也)'에 대해, 주자(朱子 : 朱熹)가 말하였다. "편안함과 배부름을 추구하지 않는 것은 마음을 보존해야 하는 측면이다."

○ 此合二事而訓釋以作一事.

'불구안 · 포자, 지유재이불가급야(不求安 · 飽者, 志有在而不暇及也)'라고 한 것은 편안함과 배부름의 두 가지 일을 합쳐서 한 가지 일로 훈석(訓釋 : 글자의 훈고와 해석)하였다.

○ 一作謹.

'신어언자(愼於言者)'에서 '신(愼)'자는 어떤 판본에는 '근(謹)'자로 되어 있다.

○ 『中庸』曰 : "不足不敢不勉, 有餘不敢盡."[347)]

『중용(中庸)』에서 말하였다. "부족한 것은 감히 힘쓰지 않음이 없고, 여유 있는 것은 감히 다하지 않는다."

○ 朱子曰 : "行常苦不足, 言常苦有餘."[348)]

주자(朱子 : 朱熹)가 말하였다. "행동은 항상 부족한 것을 괴로워하고, 말은 항상 여유 있는 것을 괴로워한다."

○ 又曰 : "敏事 · 謹言是用功處."[349)]

'민어사이신어언(敏於事而愼於言)'에 대해, 주자(朱子 : 朱熹)가 또 말하였다. "일을 민첩하게 하고 말을 삼가는 것은 그 공부해야 하는 측면이다."

---

346) 『주자어류(朱子語類)』 권22, 「논어4(論語四)」, 100조목에는 "事難行, 故要敏; 言易出, 故要謹. 就有道而正其言行之是非. 蓋求飽求安, 是其存心處; 敏行謹言, 是其用工處. 須是正, 方得.(일은 실행하기가 어렵기 때문에 민첩해야 되고, 말은 하기가 쉽기 때문에 삼가야 된다. 도를 갖춘 사람에게 나아가서 자신의 말과 행동의 옳고 그름을 바로잡아야 된다. 대개 배부름을 추구하고 편안함을 추구하는 것은 그 마음을 보존해야 하는 측면이고, 행동을 민첩하게 하고 말을 삼가는 것은 그 공부해야 하는 측면이다. 모름지기 바로잡아야 한다.)"라고 되어 있다.

347) 『중용장구(中庸章句)』 13장에서는 "庸德之行, 庸言之謹, 有所不足不敢不勉, 有餘不敢盡, 言顧行, 行顧言, 君子胡不慥慥爾!(떳떳한 덕을 실행하며, 떳떳한 말을 삼가되, 부족한 것이 있으면 감히 힘쓰지 않음이 없고, 여유 있는 것은 감히 다하지 않는다. 말은 행동을 돌아보고 행동은 말을 돌아보아야 하니, 군자가 어찌 독실하게 하지 않겠는가!)"라고 하였다.

348) 『주자어류(朱子語類)』 권22, 「논어4(論語四)」, 98조목에는 "行常苦於不足, 言常苦於有餘.(행동은 항상 부족하기 때문에 괴롭고, 말은 항상 여유 있기 때문에 괴롭다.)"라고 되어 있다.

349) 『주자어류(朱子語類)』 권22, 「논어4(論語四)」, 100조목.

○ 雙峯饒氏曰 : "非特行事, 凡學問窮理皆事也."350)

'민어사자(敏於事者)'에서 '사(事)'자에 대해, 쌍봉 요씨(雙峰饒氏 : 饒魯)가 말하였다. "다만 어떤 일을 하는 것만을 가리켜 말하는 것이 아니라, 무릇 배우고 물으며 생각하고 분별하며 이치를 궁구하는 일들이 모두 일이다."

○ 此以二事作對而訓釋之.

'민어사자, 면기소부족. 신어언자, 불감진기소유여야(敏於事者, 勉其所不足. 愼於言者, 不敢盡其所有餘也.)'는 두 가지 일로 짝을 만들어서 훈석한 것이다.

朱註

然猶不敢自是, 而必就有道之人, 以正其是非, 則可謂好學矣.

그러나 오히려 스스로 옳다 여기지 않고, 반드시 도를 갖춘 사람에게 찾아가서 그 옳고 그름을 질정(質正)한다면 배우기를 좋아한다고 말할 만하다.

詳說

○ 勉齋黃氏曰 : "此言足以見好學."351)

'연유불감자시(然猶不敢自是)'에 대해, 면재 황씨(勉齋黃氏 : 黃榦)가 말하였다. "이는 배우기를 좋아한다는 것을 알기에 충분함을 말한다."

---

350) 호병문(胡炳文), 『사서통(四書通)』「논어통(論語通)」 권1에는 요로(饒魯)의 말로, "雙峯饒氏曰 : '敏於事之事, 非特指行事而言, 凡學問思辨窮理之事, 皆事也.'(쌍봉 요씨(雙峰饒氏 : 饒魯)가 말하였다. '일에 민첩하다고 할 때의 일은 다만 어떤 일을 하는 것만을 가리켜 말하는 것이 아니라, 무릇 배우고 물으며 생각하고 분별하며 이치를 궁구하는 일들이 모두 일이다.')"라고 되어 있다.

351) 이 말은 호광 편(胡廣 編), 『논어집주대전(論語集註大全)』에 황간(黃榦)의 말이 아닌 호병문(胡炳文)의 말로 실려 있다. 호병문(胡炳文), 『사서통(四書通)』「논어통(論語通)」 권1에는 "夫子自謂好學, 門弟子中獨謂顔回好學. 蓋必無求, 然後見其有好之之志; 必敏事, 然後見其有好之之實. 然必取正有道, 然後不差. 夫好之之路, 此所以見好學者之甚難得也.(공자는 스스로 배우기를 좋아한다고 했으며, 문하의 제자들 가운데 유독 안연(顔淵)만이 배우기를 좋아한다고 말하였다. 대개 반드시 편안함과 배부름을 추구하지 않은 뒤에 배우기를 좋아하는 의지가 있다는 것을 알 수 있고, 반드시 일에 민첩한 뒤에 배우기를 좋아하는 실질이 있다는 것을 알 수 있다. 그러나 반드시 도(道)를 갖춘 사람에게 찾아가서 그 옳고 그름을 질정(質正)한 뒤에야 잘못되지 않는다. 이것으로 볼 때 배우기를 좋아하는 사람을 찾기가 매우 어렵다는 것을 알 수 있다.)"라고 되어 있다. 이것으로 보면, 박문호(朴文鎬)가 여기에서 단장취의 한 것은 정반대의 의미가 된다.

○ '然猶', 承上之辭也. 猶云雖已能此四事矣, 猶且爾爾.

'연유불감자시(然猶不敢自是)'에서 '연유(然猶)'는 위를 이어받는 말이다. 이는 마치 비록 이미 이 네 가지 일을 잘 해낼 수 있지만 또한 그저 그러할 뿐이라고 말하는 것과 같다.

○ 此四字先以就正之心而言.

'연유불감자시(然猶不敢自是)'에서 '불감자시(不敢自是)'라는 네 글자는 우선 도(道)를 갖춘 사람에게 찾아가서 질정하려고 하는 마음 측면으로 말한 것이다.

○ 添二字.

'이필취유도지인(而必就有道之人)'에서 '취유도지인(就有道之人)'은 본문의 '취유도(就有道)'에 '지인(之人)'이라는 두 글자를 보탠 것이다.

○ 換'而'以'以', 而後上下之文不爲二事.

'이정기시비(以正其是非)'라고 한 것은 본문 '취유도이정언(就有道而正焉)'에서 '이(而)'자를 '이(以)'자로 바꾼 것이니, 그런 뒤에 위와 아래의 글이 두 가지 일이 되지 않았다.

○ 本文不言所正何事, 故添'是非'字.

'이정기시비(以正其是非)'라고 한 것은 본문 '취유도이정언(就有道而正焉)'에서 어떤 일을 바르게 할 것인지 말하지 않았기 때문에 '시비(是非)'라는 글자를 보탰다.

○ 就正一句, 是此章之歸重所在. 非惟『集註』說爲然, 本文之意亦然, 詳味之可見.

'취유도이정언(就有道而正焉)'이라는 구절은 이 장(章)의 중점이 귀결된 것이다. 오직 『논어집주(論語集註)』에서 말한 것이 그러할 뿐 아니라 본문의 뜻도 또한 그러하니 상세히 음미하면 알 수 있다.

○ 以上訓兼釋畢.

위에서 훈고에 경문의 풀이를 겸한 것이 끝났다.

○ 此下又摘出'道'字而別訓之.

이 아래는 또한 '도(道)'자를 끄집어내어 별도로 훈고하였다.

○ '好學'二字, 此章之題目.

'호학(好學 : 배우기를 좋아하다)'이 이 장(章)의 제목이다.

朱註

凡言道者, 皆謂事物當然之理, 人之所共由者也.

무릇 도(道)라고 말하는 것은 모두 사물의 당연한 이치이니, 사람들이 공통적으로 경유해야 하는 것을 말한다.

詳說

○ 通指一貫之'道'字, 而他書'道'字亦可該矣.

'범언도자(凡言道者)'라고 한 것은 하나로 꿰뚫을 수 있는 '도(道)'자를 통틀어 가리키니, 다른 글에서 '도(道)'자도 또한 포괄할 수 있을 것이다.

○ 雲峰胡氏曰 : "共由者, 大路也."352)

'인지소공유자야(人之所共由者也)'에 대해, 운봉 호씨(雲峯胡氏 : 胡炳文)가 말하였다. "공통적으로 경유해야 하는 것은 큰 길이다."

○ 朱子曰 : "以其各有條理, 則謂之理; 以其共由, 則謂之道."353)

주자(朱子 : 朱熹)가 말하였다. "그 각각 조리가 있는 것으로 말하면 리(理)라고 하며, 사람들이 공통적으로 경유하는 것으로 말하면 도라고 한다."

○ 雲峰胡氏曰 : "此篇三言道. '父之道', '先王之道'字汎; 此一'道'字切, 故獨於此釋之."354)

352) 호병문(胡炳文), 『사서통(四書通)』「논어통(論語通)」 권1에는 "'道'猶'路'然, 人所由者, 謂之非路不可, 不若人之所共由者則大路也.('도(道)'자는 '로(路 : 길)'자와 같고, 사람들이 경유해야 하는 것은 길이 아니면 안 된다고 말할 수 있으니, 사람들이 공통적으로 경유해야 하는 것은 큰 길이라고 말하는 것만 못하다.)"라고 되어 있다.

353) 주희(朱熹), 『주문공문집(朱文公文集)』 권49, 「답왕자합(答王子合)」에는 "道卽理也. 以人所共由而言, 則謂之道; 以其各有條理而言, 則謂之理.(도는 바로 리(理)이다. 사람들이 공통적으로 경유하는 것으로 말하면 도라고 하며, 그 각각 조리가 있는 것으로 말하면 리라고 한다.)"라고 되어 있다.

354) 호병문(胡炳文), 『사서통(四書通)』「논어통(論語通)」 권1에는 "「學而」篇言道者三, 前兩'道'字汎, 此一'道'字切. 父之道是父之所由, 先王之道是先王之所由, 故『集註』獨於此釋之曰, '人之所共由.' '道'猶'路'然, 人所由者, 謂之非路不可, 不若人之所共由者則大路也.(「학이(學而)」에서 도를 말한 곳이 세 군데인데, 앞의 두 곳의 '도'자는 일반적으로 말한 것이고, 여기의 '도'자는 절실하게 말한 것이다. 아버지의 도는 아버지가 경유한 것이고 선왕의 도는 선왕이 경유한 것이다. 그러므로 『논어집주(論語集註)』에서 유독 여기에서 '도'자를 풀이하여 '사람들이 공통적으로 경유해야 하는 것'이라고 하였다. '도'자는 '로(路 : 길)'자와 같고, 사람들이 경유해야 하는 것은 길이 아니면 안 된다고 말할 수 있으니, 사람들이 공통적으로 경유해야 하는 것은

운봉 호씨(雲峯胡氏 : 胡炳文)가 말하였다. “「학이(學而)」에서 도를 말한 곳이 세 군데이다. 앞의 ‘삼년무개어부지도(三年無改於父之道)’에서 ‘부지도(父之道)’와 ‘선왕지도사위미(先王之道斯爲美)’에서 ‘선왕지도(先王之道)’ 두 곳의 ‘도(道)’자는 일반적으로 말한 것이다. 여기의 ‘도’자는 절실하게 말한 것이기 때문에 유독 여기에서 ‘도’자를 풀이하였다.”

朱註

○ 尹氏曰 : “君子之學, 能是四者, 可謂篤志力行者矣. 然不取正於有道, 未免有差, 如楊·墨學仁義而差者也. 其流至於無父無君, 謂之好學可乎?”

윤씨(尹氏 : 尹惇)가 말하였다. “군자의 배움이 이 네 가지를 잘할 수 있다면 뜻을 둔 것이 독실하고 행동을 힘쓰는 사람이라고 말할 수 있을 것이다. 그러나 도를 갖춘 사람에게 질정(質正)을 받지 않으면 잘못되는 것을 모면하지 못하니, 예컨대 양주(楊朱)와 묵적(墨翟)이 인의를 배웠지만 잘못된 것과 같다. 그 말류는 아버지도 없고 군주도 없는 상황에 이르렀으니,[355] 배움을 좋아했다고 말하는 것이 옳겠는가?”

詳說

○ 援末句之‘學’字而冠於首.

‘군자지학(君子之學)’은 끝 구절 즉 ‘가위호학야이(可謂好學也已)’의 ‘학(學)’자를 끌어당겨서 첫머리에 둔 것이다.

○ 上四句.

‘능시사자(能是四者)’에서 ‘사자(四者)’는 본문 앞의 네 구절, 즉 ‘군자식무구포, 거무구안, 민어사이신어언, 취유도이정언(君子食無求飽, 居無求安, 敏於事而愼於言, 就有道而正焉)’을 가리킨다.

큰 길이라고 말하는 것만 못하다.)”라고 되어 있다.

355) 그 말류는 아버지도 없고 군주도 없는 상황에 이르렀으니 : ‘위아(爲我)’를 주장하는 양주는 자신의 지조를 지킬 것만을 주장하여 세상에서 은둔하여 군신 간에 의리를 무시했으므로 군주가 없다고 하였고, ‘겸애(兼愛)’를 주장하는 묵적은 사람을 널리 사랑할 것을 주장하여 길가는 사람을 자신의 부모와 똑같이 사랑해야 한다고 했으므로 부모가 없다고 한 것이다.

○ 勉齋黃氏曰 : "不求安飽, 篤志; 敏事愼言, 力行."356)

'가위독지역행자의(可謂篤志力行者矣)'에 대해, 면재 황씨(勉齋黃氏 : 黃榦)가 말하였다. "편안함과 배부름을 추구하지 않음은 뜻을 둔 것이 독실하다는 뜻이고, 일은 민첩하게 하고 말을 삼감은 실행에 힘쓴다는 말이다."

○ 此因本文上四事而一揚之.

'가위독지역행자의(可謂篤志力行者矣)'라고 한 것은 본문 앞의 네 가지 일, 즉 '군자식무구포, 거무구안, 민어사이신어언, 취유도이정언(君子食無求飽, 居無求安, 敏於事而愼於言, 就有道而正焉)'에 근거하여 한 번 발휘한 것이다.

○ 上註'然'字蓋出於此.

위의 주자 주석 중 '연유불감자시(然猶不敢自是)'에서 '연(然)'자는 대개 '연불취정어유도(然不取正於有道)'에서 나왔을 것이다.

○ '假如'之辭.

'여양 · 묵학인의이차자야(如楊 · 墨學仁義而差者也)'에서 '여(如)'자는 '가령'이라고 가정하는 말이다.

○ 墨仁 · 楊義.

'여양 · 묵학인의이차자야(如楊 · 墨學仁義而差者也)'에서 '양 · 묵학인의(楊 · 墨學仁義)'는 묵자가 인(仁)을 배우고, 양주가 의(義)를 배웠다는 말이다.

○ 末流.

'기류지어무부무군(其流至於無父無君)'에서 '류(流)'는 말류이다.

○ 見『孟子』「滕文公」.

'기류지어무부무군(其流至於無父無君)'에서 '무부무군(無父無君)'은 『맹자(孟子)』「등문공하(滕文公下)」에 보인다.357)

---

356) 조순손(趙順孫), 『논어찬소(論語纂疏)』 권1에는 "勉齋黃氏曰 : '尹氏所謂篤志, 爲不求安飽而言也; 所謂力行, 爲敏事愼言而言也.'(면재 황씨(勉齋黃氏 : 黃榦)가 말하였다. '윤돈이 이른바 뜻을 둔 것이 독실하다는 말은 편안함과 배부름을 추구하지 않은 일로 말한 것이고, 이른바 실행에 힘쓴다는 말은 일은 민첩하게 하고 말을 삼가는 것으로 말한 것이다.')"라고 되어 있다.

357) '무부무군(無父無君)'은 『맹자(孟子)』「등문공(滕文公)」에 보인다 : 『맹자(孟子)』「등문공하(滕文公下)」에서 "양주(楊朱)는 자신만을 위하니 이는 군주가 없는 것이고, 묵적(墨翟)은 모든 사람을 한결같이 사랑하니 이는 아버지가 없는 것이다. 아버지가 없고 군주가 없으면 이는 금수이다.(楊氏爲我, 是無君也; 墨氏兼愛, 是無父也. 無父無君, 是禽獸也.)"라고 하였다.

○ 此又反說本文末二句之意, 且引楊·墨之弊而一抑之以警學者, 亦歸重之意.

'위지호학가호(謂之好學可乎)'는 또한 본문 끝 두 구절, 즉 '취유도이정언, 가위호학야이(就有道而正焉, 可謂好學也已)'의 뜻을 반대로 말한 것이고, 또 양자와 묵자의 폐단을 인용하여 한결같이 물리쳐서 배우는 사람들을 경계한 것은 또한 중점을 귀결시키는 뜻이다.

[1-15-1]

子貢曰 : "貧而無諂, 富而無驕, 何如?" 子曰 : "可也. 未若貧而樂, 富而好禮者也."
자공(子貢)이 말하였다. "가난하되 아첨함이 없고, 부유하되 교만함이 없으면 어떻습니까?" 공자가 대답하였다. "괜찮다. 그러나 가난하면서도 즐거워하고, 부유하면서도 예(禮)를 좋아하는 것만은 못하다."

朱註

'樂', 音洛. '好', 去聲.
'미약빈이락(未若貧而樂)'에서 '락(樂)'자는 음이 락(洛)이다. '부이호예자야(富而好禮者也)'에서 '호(好)'자는 거성(去聲)이다.

詳說

○ 不求安 · 飽, 則能無諂而樂, 上下章之意, 實相承.
편안함과 배부름을 추구하지 않으면 아첨함이 없고 즐거워할 수 있으니, 위 장(章)과 아래 장의 뜻이 실제로 서로 이어진다.

○ '者'字指事, 或曰指人.
'부이호예자야(富而好禮者也)'에서 '자(者)'자는 일을 가리키는데, 어떤 사람은 사람을 가리킨다고 한다.

朱註

諂, 卑屈也; 驕, 矜肆也. 常人溺於貧富之中, 而不知所以自守, 故必有二者之病. 無諂無驕, 則知自守矣, 而未能超乎貧富之外也.
첨(諂)은 자신을 낮추고 굽히는 것이고, 교(驕)는 자랑하고 방자한 것이다. 일반 사람들은 가난함이나 부유함의 가운데 빠져 스스로 지킬 것을 알지 못하기 때문에 반드시 이 두 가지의 병통이 있다. 아첨함이 없고 교만함이 없으면 스스로 지킬 것을 알지만, 아직 가난함이나 부유함을 넘어 초월하지는 못하였다.

詳說

○ 先訓二字.

'첨, 비굴야; 교, 긍사야(諂, 卑屈也; 驕, 矜肆也)'라고 하여 먼저 두 글자를 훈고하였다.

○ 慶源輔氏曰 : "爲貧所困, 爲富所張."358)

'상인닉어빈부지중(常人溺於貧富之中)'에 대해, 경원 보씨(慶源輔氏 : 輔廣)가 말하였다. "가난함 때문에 곤궁하고, 부유함 때문에 떠벌린다."

○ 諂驕.

'고필유이자지병(故必有二者之病)'에서 '이자지병(二者之病)'은 아첨함과 교만함이다.

○ 次就言外反說常人之病, 以緊接本文.

'상인닉어빈부지중, 이부지소이자수, 고필유이자지병(常人溺於貧富之中, 而不知所以自守, 故必有二者之病)'이라고 한 것은, 다음으로 말 밖에서 반대로 일반 사람들의 병통을 말하여 본문과 긴밀하게 이어졌다.

○ '自'字有未能忘其貧富之意.

'이부지소이자수(而不知所以自守)'에서 '자(自)'자에는 아직 그 가난함과 부유함을 잊을 수 없는 뜻이 있다.

○ 一揚之, 此子貢之意也.

'이미능초호빈부지외야(而未能超乎貧富之外也)'는 한 번 발휘한 것이니, 이는 자공(子貢)의 뜻이다.

○ 朱子曰 : "子貢初年也, 與子路'不忮不求'相似."359)

---

358) 호광 편(胡廣 編), 『논어집주대전(論語集註大全)』 권1에 보광(輔廣)의 말로 "慶源輔氏曰 : '爲貧所困, 則氣隨以歉而爲卑屈, 故多求而諂. 爲富所張, 則氣隨以盈而爲矜肆, 故有悖而驕.'(경원 보씨(慶源輔氏 : 輔廣)가 말하였다. '가난함 때문에 곤궁하면, 기(氣)가 따라서 결핍되어 비굴하게 되기 때문에 구하고 아첨하는 경우가 많다. 부유함 때문에 떠벌리면, 기가 따라서 충만하여 자랑하고 방자하게 되기 때문에 어그러지고 교만함이 있다.')"라고 실려 있다.

359) 『주자어류(朱子語類)』 권22, 「논어4(論語四)」, 114조목에는 "問 : '子貢問貧無諂, 富無驕. 伊川諸說, 大抵謂其貨殖非若後人之豐財, 但此心未忘耳. 今『集注』謂其先貧後富, 則是亦嘗如後世之生産作業矣.' 曰 : '怕是如此. 聖人旣說貨殖, 須是有些如此. 看來子貢初年也是把貧與富煞當事了.'(물었다. '자공은 가난하면서도 아첨함이 없는 것과 부유하면서도 교만함이 없는 것에 대해 공자에게 질문했습니다. 이천(伊川 : 程頤)의 여러 말은 대체로 그가 재물을 늘린 것이 후세 사람들이 재물을 풍요하게 한 것만 같지는 않지만, 이 마음을 잊지 않았음을 말한 것입니다. 지금 『논어집주(論語集註)』에서는 그가 먼저는 가난했고 뒤에 부유해졌다고 말하니, 이것 또한 일찍이 후세 사람들이 재물을 늘리는 작업과 같은 것입니다.' 주자(朱子 : 朱熹)가 대

'이미능초호빈부지외야(而未能超乎貧富之外也)'에 대해, 주자(朱子 : 朱熹)가 말하였다. "이는 자공이 젊었을 때의 일이니, 자로(子路)의 '남을 해치지도 않고 탐내지도 않는다'라는 뜻[360]과 서로 비슷하다."

○ 厚齋馮氏曰 : "猶有所用力."[361]

답하였다. '아마 이와 같을 것이다. 성인이 이미 재화의 증식을 말했으니, 모름지기 조금은 이와 같이 한 것이 있었을 것이다. 생각컨대 자공이 젊었을 때는 또한 가난함과 부유함을 매우 중시한 것 같다.')"라고 되어 있고, 또 121조목에는 "陶安國問貧而無諂章. 曰 : '聖門學者工夫確實縝密, 逐步挨去, 下學上達. 如子貢之無諂無驕, 是它實做到這裏, 便只見得這裏. 聖人知其已是實了得這事, 方進它一步. 它方知道上面更有箇樂與好禮, 便豁然曉得義理無窮. 學問不可少得而遽已也, 聖門爲學工夫皆如此. 子路衣敝縕袍而不恥, 孔子稱其'不忮不求'. 它實到此位, 但便以此自喜, 故孔子曰 : '是道也, 何足以臧?' 它方知道尙有功夫在. 此正與子貢'無諂無驕'一章相似.'(도안국(陶安國)이 '빈이무첨장(貧而無諂章)에 대해 물었다. 주자(朱子 : 朱熹)가 대답하였다. '성인 문하에서 배우는 사람들의 공부는 확실히 주도면밀해서 한 걸음 한 걸음 나아가며 아래로 인간의 일을 배워서 위로 천리(天理)를 통달하려고 하였다. 예컨대 자공의 아첨함이 없고 교만함이 없음은 그가 실제로 이렇게 한 것이니 바로 다만 이러한 경지를 알았을 뿐이다. 성인은 그가 이미 실제로 이러한 경지를 터득했음을 알고 비로소 그가 한 걸음 더 나가게 한 것이다. 그는 비로소 그 위에 다시 즐거워함과 예를 좋아함이 있다는 것을 알았으니, 의리가 무궁함을 확연히 깨달은 것이다. 학문은 조금 터득했다고 해서 성급히 그쳐서는 안 되니, 성인 문하의 공부가 모두 이와 같다. 자로는 헤진 옷을 입고도 부끄러워하지 않았으니, 공자가 그를 '남을 해치지도 않고 탐내지도 않는다'라고 칭찬하였다. 그는 실제 이러한 경지에 도달했지만, 바로 이것으로 스스로 기뻐했기 때문에 공자는 '이 도가 어찌 충분히 선하다고 하겠는가?'라고 하였다. 그는 비로소 아직도 해야 할 공부가 있다는 것을 알았다. 이는 바로 자공의 '아첨함이 없고 교만함이 없다'라고 한 장(章)과 서로 비슷하다.')라고 되어 있다.

360) 자로(子路)의 '남을 해치지도 않고 탐내지도 않는다'라는 뜻 : 『논어(論語)』「자한(子罕)」에서 "공자가 말하였다. '해진 솜옷을 입고서 여우나 담비가죽으로 만든 갖옷을 입은 자와 같이 서 있으면서도 부끄러워하지 않는 자는 자로일 것이다. 남을 해치지 않으며, 남의 것을 탐하지 않는다면 어찌 착하지 않겠는가?' 자로가 평생 동안 그것을 외우고 있었다. 공자가 말하였다. '이 도가 어찌 충분히 선하다고 하겠는가.'(子曰 : '衣縕袍, 與衣狐者, 立而不恥者, 其由也與! 不忮不求, 何用不臧?' 子路終身誦之. 子曰 : '是道也, 何足以臧?')"라고 하였다.

361) 호병문, 『사서통』「논어통」 권1에 풍의(馮椅)의 말로 "馮氏曰 : '無諂無驕, 則貧富知自守矣. 然猶有所用力焉, 力少不逮, 則諂驕復形. 樂且好禮, 則貧富兩忘矣. 蓋知樂天循理, 而無復事於人爲也.'(후재 풍씨(厚齋馮氏 : 馮椅)가 말하였다. '아첨함이 없고 교만함이 없으면 가난함과 부유함은 스스로 지켜야 한다는 것을 안다. 그러나 또한 힘을 쏟을 곳이 있으니, 힘이 조금이라도 미치지 못하면 아첨함과 교만함이 다시 드러난다. 즐거워하고 예(禮)를 좋아하면 가난함과 부유함은 둘 다 잊게 될 것이다. 대개 천리를 즐거워하여 이치를 따를 줄 알면 다시는 인위적인 것을 일삼지 않을 것이다.')"라고 실려 있다.

‘이미능초호빈부지외야(而未能超乎貧富之外也)’에 대해, 후재 풍씨(厚齋馮氏 : 馮椅)가 말하였다. “이는 또한 힘을 쓸 곳이 있다는 말과 같다.”

○ ‘超’字已含‘忘’字.

‘이미능초호빈부지외야(而未能超乎貧富之外也)’에서 ‘초(超)’자는 이미 ‘망(忘 : 잊다)’자의 뜻을 포함하고 있다.

○ 一抑之, 此則下句夫子之意也.

‘이미능초호빈부지외야(而未能超乎貧富之外也)’는 한 번 억누른 것이니, 이는 아래 구절의 공자의 뜻이다.

朱註

凡曰可者, 僅可而有所未盡之辭也. 樂則心廣體胖, 而忘其貧; 好禮則安處善·樂循理, 亦不自知其富矣.

무릇 가(可 : 괜찮다)라고 말하는 것은 겨우 괜찮을 뿐이어서 미진한 점이 있다는 말이다. 즐거워하면 마음이 넓어지고 몸이 펴져서 그 가난함을 잊을 것이고, 예(禮)를 좋아하면 선(善)에 처하는 것을 편안히 여기고 이치에 따르기를 즐거워하니, 또한 저절로 그 부유함을 알지 못할 것이다.

詳說

○ 與上章註‘凡言道者’同. 後凡此類皆同.

‘범왈가자(凡曰可者)’라고 한 것은 위 장(章) 주석에서 ‘범언도자(凡言道者)’라고 한 것과 같다. 뒤에 무릇 이런 부류들은 모두 같다.

○ 音盤.

‘낙즉심광체반(樂則心廣體胖)’에서 ‘반(胖)’자는 음이 반(盤)이다.

○ 四字出『大學』.

‘낙심광체반(樂則心廣體胖)’에서 ‘심광체반(心廣體胖)’이라는 네 글자는 『대학(大學)』에 나온다.362)

---

362) ‘심광체반(心廣體胖)’이라는 네 글자는 『대학(大學)』에 나온다 : 『대학장구(大學章句)』 전(傳) 6장에서 “부유함은 집을 윤택하게 하고, 덕은 몸을 윤택하게 하니, 덕이 있으면 마음이 넓어지고 몸이 펴진다. 그러므로 군자는 반드시 그 뜻을 성실히 한다.(富潤屋, 德潤身, 心廣體胖. 故君子必誠其意.)”라고 하였다.

○ 東陽許氏曰 : “烏得有卑屈?”[363]

‘낙즉심광체반(樂則心廣體胖)’에 대해, 동양 허씨(東陽許氏 : 許謙)가 말하였다. “어찌 비굴함이 있을 수 있겠는가?”

○ 朱子曰 : “只是不奢侈.”[364]

‘호례즉안처선 · 락순리(好禮則安處善 · 樂循理)’에서 ‘호례(好禮)’에 대해, 주자(朱子 : 朱熹)가 말하였다. “이는 다만 사치하지 않는 것일 뿐이다.”

○ 上聲.

‘호례즉안처선 · 락순리(好禮則安處善 · 樂循理)’에서 ‘처(處)’자는 상성(上聲)이다.

○ 六字出『漢書』「董仲舒傳」, 言安於處善, 樂於循理也.

‘호례즉안처선 · 락순리(好禮則安處善 · 樂循理)’에서 ‘안처선 · 락순리(安處善 · 樂循理)’라는 여섯 글자는 『한서(漢書)』「동중서전(董仲舒傳)」에 나오는데,[365] 선에 처

---

363) 호광 편(胡廣 編), 『논어집주대전(論語集註大全)』 권1에 허겸(許謙)의 말로, “東陽許氏曰 : ‘樂與好禮, 皆是心上言, 故上面說心廣, 下面說樂循理. 心旣廣大寬平, 則體自然舒泰, 此由內以達外. 行事安於處善, 蓋其心樂於循理也, 此由外以原內也. ‘樂’一字全是心, 故先言內. 禮有節文, 於事上見, 其好之則在心也, 故先言外. 然體旣安舒, 烏得有卑屈; 心旣樂循理, 烏得有矜肆? 却暗關上兩句, 見得‘未若’兩字意.’(동양 허씨(東陽許氏 : 許謙)가 말하였다. ‘즐거워함과 예를 좋아함은 모두 마음에서 말한 것이기 때문에 앞에서 마음이 넓어진다고 말했고, 아래에서 이치에 따르기를 즐거워한다고 말하였다. 마음이 이미 광대하여 너그럽고 평안하면 몸은 저절로 편안해지니, 이는 안에서 말미암아서 밖으로 도달한 것이다. 어떤 일을 할 때 선(善)에 처하는 것을 편안히 여기는 것은 대개 그 마음이 이치에 따르기를 즐거워하는 것이니, 이는 밖에서 말미암아 안으로 근본을 추구하는 것이다. 즐거워한다는 것은 온전히 마음에서 나온 것이기 때문에 먼저 안을 말하였다. 예는 꾸밈을 절도 있게 하는 것이 있으니 일에서 볼 수 있고, 그것을 좋아하는 것은 마음에 달려 있기 때문에 먼저 밖을 말하였다. 그러나 몸이 이미 편안한데 어찌 비굴함이 있을 수 있겠으며, 마음속으로 이미 이치에 따르기를 즐거워하는데 어찌 자랑하고 방자할 수 있겠는가? 또한 위 두 구절을 몰래 연결시킨다면 ‘미약빈이락, 부이호례자야(未若貧而樂, 富而好禮者也)’에서 ‘미약(未若 : 하는 것만 못하다)’이라는 글자의 뜻을 알 수 있을 것이다.’)”라고 실려 있다.

364) 『주자어류(朱子語類)』 권22, 「논어4(論語四)」, 107조목에는 “問 : ‘富而好禮.’ 曰 : ‘只是不奢侈. 凡事好循理, 不恁地勉强. 好, 有樂意, 便全不見那驕底意思. 有人亦合禮, 只是勉强如此, 不是好.’(‘부유하면서도 예(禮)를 좋아한다.’라는 것에 대해 물었다. 주자(朱子 : 朱熹)가 대답하였다. ‘다만 사치하지 않는 것일 뿐이다. 모든 일에 이치에 따르는 것을 좋아하고 이렇게 억지로 하지 않는 것이다. 좋아함에는 즐거워한다는 뜻이 있으니, 교만의 의미가 전혀 보이지 않는 것이다. 어떤 사람이 또한 예에는 부합하는데, 다만 억지로 이와 같이 한다면 좋아하는 것이 아니다.’)”라고 되어 있다.

365) ‘안처선 · 락순리(安處善 · 樂循理)’라는 여섯 글자는 『한서(漢書)』「동중서전(董仲舒傳)」에 나

함을 편안히 여기고 이치에 따름을 즐거워한다는 것을 말한다.

○ 東陽許氏曰 : "烏得有矜肆?"366)

'호례즉안처선 · 락순리(好禮則安處善 · 樂循理)'에 대해, 동양 허씨(東陽許氏 : 許謙)가 말하였다. "어찌 자랑하고 방자할 수 있겠는가?"

○ 照上'忘'字.

'역부자지기부의(亦不自知其富矣)'에서 '역(亦)'자는 앞의 '이망기빈(而忘其貧)'에서 '망(忘)'자에 비추어 보라.

○ 三字亦一'忘'字.

'역부자지기부의(亦不自知其富矣)'에서 '부자지(不自知)'라는 세 글자도 또한 '망(忘)'자의 의미이다.

○ 以上訓而兼論.

위에서는 훈고하면서 의미 설명을 겸하였다.

○ 此下釋而兼論.

이 아래는 경문 풀이를 하면서 의미 설명을 겸하였다.

朱註

子貢貨殖, 蓋先貧後富, 而嘗用力於自守者, 故以此爲問.

자공(子貢)이 재화를 증식한 것은 먼저는 가난하고 뒤에는 부유해서 일찍이 스스로 지킬 것에 노력을 기울였기 때문에 이를 가지고 질문한 것이다.

詳說

○ 音湜.

'자공화식(子貢貨殖)'에서 '식(殖)'자는 음이 식(湜)이다.

오는데 : 『전한서(前漢書)』 권56, 「동중서전」 제26에서 "천성에 밝으면 자신이 사물보다 귀한 것을 알고, 자신이 사물보다 귀한 것을 안 뒤에 인의(仁誼)을 알게 되고, 인의를 안 뒤에 예절을 중시하고, 예절을 중시한 뒤에 선에 처하는 것을 편안히 여기며, 선을 편안히 여긴 뒤에 이치에 따르는 것을 즐거워하며, 이치에 따르는 것을 즐거워한 뒤에 군자라고 할 수 있다. 그러므로 공자는 '천명을 알지 못하면 군자라고 할 수 없다.'라고 말했으니, 이것을 말한다.(明於天性, 知自貴於物; 知自貴於物, 然後知仁誼; 知仁誼, 然後重禮節; 重禮節, 然後安處善; 安處善, 然後樂循理; 樂循理, 然後謂之君子. 故孔子曰, '不知命, 亡以爲君子', 此之謂也.)"라고 하였다.

366) 호광 편(胡廣 編), 『논어집주대전(論語集註大全)』 권1.

○ 見「先進」.

'자공화식(子貢貨殖)'은 『논어(論語)』「선진(先進)」에 보인다.[367]

○ 貧時用力於無諂, 富時用力於無驕.

'이상용력어자수자(而嘗用力於自守者)'는 가난할 때는 아첨함이 없는 일에 노력을 기울였고, 부유할 때는 교만함이 없는 일에 노력을 기울였다는 말이다.

○ 引其事以實其言.

'자공화식, 개선빈후부, 이상용력어자수자(子貢貨殖, 蓋先貧後富, 而嘗用力於自守者)'는 그 일을 끌어 당겨서 그 말을 실질되게 한 것이다.

○ 此'此'字指上一半.

'고이차위문(故以此爲問)'에서 '차(此)'자는 본문의 앞부분 절반, 즉 '자공왈 : '빈이무첨, 부이무교, 하여(子貢曰 : '貧而無諂, 富而無驕, 何如)'를 가리킨다.

○ 不云'問曰'而直下'曰'字, 又以'何如'二字繫之. 玩其辭, 有自足其能, 自信其說之意.

'자공왈 : '빈이무첨, 부이무교, 하여(子貢曰 : '貧而無諂, 富而無驕, 何如)'에서 '문왈(問曰 : 물어서 말하기를)'이라고 하지 않고 바로 '왈(曰)'자를 쓴 것은 또한 그 문장 끝의 '하여(何如 : 어떻습니까?)'라는 두 글자와 연계되기 때문이다. 그 표현을 음미해 보면 그것을 해낼 수 있는 점에 스스로 만족하고 그 말을 스스로 믿는 뜻이 있다.

朱註

而夫子答之如此, 蓋許其所已能, 而勉其所未至也.

그러나 공자께서 이와 같이 대답하였으니, 이는 그 이미 잘 해낼 수 있는 것을 인정하고, 아직 그 이르지 못한 부분을 힘쓰게 한 것이다.

詳說

○ 夫子之所答, 亦夫子所能之事.

'이부자답지여차(而夫子答之如此)'는 공자가 대답한 내용이 또한 공자가 잘 해낼 수 있는 것이라는 뜻이다.

---

367) '자공화식(子貢貨殖)'은 『논어(論語)』「선진(先進)」에 보인다 : 『논어(論語)』「선진(先進)」에서 "공자가 말하였다. '안회(顔回)는 도(道)에 가까웠고 자주 끼니를 굶었다. 사(賜 : 子貢)는 천명을 받아들이지 않고 재화를 증식시켰으나 생각대로 헤아리면 자주 맞았다.'(子曰 : '回也, 其庶乎, 屢空. 賜, 不受命, 而貨殖焉, 億則屢中.')"라고 하였다.

○ 此'此'字指下一半.

'이부자답지여차(而夫子答之如此)'에서 '차(此)'자는 본문의 뒷부분 절반, 즉 '자왈 : '가야. 미약빈이락, 부이호예자야(子曰 : '可也. 未若貧而樂, 富而好禮者也)'를 가리킨다.

○ 以二'此'字總本文二事, 蓋省文釋法也.

'이부자답지여차(而夫子答之如此)'에서 '차(此)'자와 '고이차위문(故以此爲問)'에서 '차(此)'자는 본문의 두 가지 일을 총괄한 것이니, 문장을 간략히 하면서 풀이하는 방법이다.

○ 可也.

'개허기소이능(蓋許其所已能)'에서 '허(許)'자는 허가한다는 말이다.

○ 無諂·驕.

'개허기소이능(蓋許其所已能)'에서 '기소이능(其所已能)'은 아첨함과 교만함이 없다는 뜻이다.

○ 著二'蓋'字, 以忖度子貢與夫子之心.

'개허기소이능(蓋許其所已能)'에서 '개(蓋)'자와 '개선빈후부(蓋先貧後富)'에서 '개(蓋)'자로 자공과 공자의 마음을 헤아렸다.

○ '未若'.

'이면기소미지야(而勉其所未至也)'에서 '면(勉 : 힘쓰다)'이라고 한 것은 '미약빈이락, 부이호례자야(未若貧而樂, 富而好禮者也)'에서 '미약(未若 : ~만 같지 못하다)'이기 때문이다.

○ 樂·好禮.

'이면기소미지야(而勉其所未至也)'에서 '기소미지(其所未至)'는 즐거워하고 예(禮)를 좋아하는 것이다.

○ 此二句雖言外, 而實本意也.

'개허기소이능, 이면기소미지야(蓋許其所已能, 而勉其所未至也)'라고 한 구절은 비록 말 밖의 것이지만 실제는 본래의 뜻이다.

[1-15-2]

子貢曰 : “『詩』云 : ‘如切如磋, 如琢如磨.’ 其斯之謂與?”
자공(子貢)이 말하였다. “『시(詩)』에 ‘자르는 것 같고, 간 것 같으며, 쪼는 것 같고, 닦는 것 같다.’라고 하였는데, 아마 이를 말하는 것 같습니다.”

朱註

‘磋’, 七多反. ‘與’, 平聲.
‘차(磋)’은 ‘칠(七)’과 ‘다(多)’의 반절(反切)이다. ‘여(與)’자는 평성(平聲)이다.

詳說

○ ‘其’, 指所引詩. ‘斯’, 指上節四事. ‘其斯之謂’, 非謂其眞謂此也, 猶云與此相類.
‘기사지위여(其斯之謂與)’에서 ‘기(其)’자는 앞에서 인용한 시(詩)를 가리킨다. ‘사(斯)’자는 앞 절(節)의 네 가지 일, 즉 ‘빈이무첨(貧而無諂)’, ‘부이무교(富而無驕)’, ‘빈이락(貧而樂)’, ‘부이호예(富而好禮)’를 가리킨다. ‘기사지위(其斯之謂)’는 그것이 참으로 이것을 말한다는 것이 아니라, 마치 이것과 서로 유사하다고 말하는 것과 같다.

朱註

『詩』「衛風 · 淇澳」之篇. 言治骨角者, 旣切之而復磋之; 治玉石者, 旣琢之而復磨之, 治之已精, 而益求其精也.
시(詩)는 『시경(詩經)』「위풍(衛風) · 기욱(淇奧)」이다. 뼈와 뿔을 다듬는 사람은 그것을 자른 뒤에 다시 갈고, 옥(玉)과 보석을 다듬는 사람은 그것을 쪼아놓은 뒤에 다시 닦으니, 이미 정밀하게 다듬었지만 더욱 정밀하기를 추구하는 것을 말한다.

詳說

○ 於六反.
‘「위풍 · 기욱」(「衛風 · 淇澳」)’에서 ‘욱(澳)’은 ‘어(於)’와 ‘육(六)’의 반절(反切)이다.

○ 以刀鋸.
‘기절지이부차지(旣切之而復磋之)’에서 ‘절지(切之)’는 칼이나 톱으로 자르는 것을 말한다.

○ 去聲, 下同.

'기절지이부차지(旣切之而復磋之)'에서 '부(復)'자는 거성(去聲)이고 아래도 마찬가지이다.

○ 以鑢鍚.

'기절지이부차지(旣切之而復磋之)'에서 '차지(磋之)'는 줄이나 대패로 가는 것을 말한다.

○ 諺音誤.

'기탁지이부마지(旣琢之而復磨之)'에서 '탁(琢)'자에 대한 『언해』본의 음은 잘못되었다.[368]

○ 以椎鑿.

'기탁지이부마지(旣琢之而復磨之)'에서 '탁지(琢之)'는 망치나 끌로 쪼는 것을 말한다.

○ 以沙石.

'기탁지이부마지(旣琢之而復磨之)'에서 '마지(磨之)'는 모래나 돌로 닦는 것을 말한다.

○ 切·琢.

'치지이정(治之已精)'은 자르고 쪼는 것을 말한다.

○ 磋·磨.

'익구기정(益求其精)'은 갈고 닦는 것을 말한다.

○ 所引『詩』訓畢.

인용한 『시』에 대해 훈고가 끝났다.

朱註

子貢自以無諂無驕爲至矣, 聞夫子之言, 又知義理之無窮, 雖有得焉, 而未可遽自足也. 故引是詩以明之.

자공(子貢)은 스스로 아첨함이 없고 교만함이 없는 것을 지극하다고 여겼는데, 공자의 말을 듣고는 또 의리가 무궁하니, 비록 터득한 것이 있어도 대번에 스스

368) '탁(琢)'자에 대한 『언해』본의 음은 잘못되었다 : '탁(琢)'자에 대해 교정청본과 율곡본 모두 '탁'이라고 했는데, 박문호(朴文鎬)는 어떻게 읽었는지 알 수 없다.

로 만족할 수 없다는 것을 알았다. 그러므로 이 시(詩)를 인용하여 밝힌 것이다.

詳說

○ 如既切既琢.

'자공자이무첨무교위지의(子貢自以無諂無驕爲至矣)'라는 것은 마치 이미 자르고 이미 쪼았다는 것과 같다.

○ 如復磋復磨.

'우지의리지무궁(又知義理之無窮)'이라는 것은 마치 다시 갈고 다시 닦는 것과 같다.

○ 猶切琢未極其精.

'이미가거자족야(而未可遽自足也)'는 마치 자르고 쪼는 것으로는 아직 그 정밀함이 지극하지 않다는 말과 같다.

○ 以上只論其意, 此下乃用省文釋法.

'이미가거자족야(而未可遽自足也)'라는 구절까지는 다만 그 뜻을 논의했고, 이 아래는 바로 문장을 간략히 하면서 풀이하는 방법을 썼다.

○ 朱子曰 : "子貢擧詩之意, 不是以此爲樂 · 好禮工夫. 蓋見得一切事皆合如此."369)

'고인시시이명지(故引是詩以明之)'에 대해, 주자(朱子 : 朱熹)가 말하였다. "자공이 시를 제기한 뜻은 이것을 가난하면서도 즐거워하고, 부유하면서도 예(禮)를 좋아하는 공부로만 여기지는 않은 것이다. 대개 모든 일에 마땅히 이와 같이 해야 됨을 안 것이다."

○ 釋畢.

경문의 풀이가 끝났다.

369) 『주자어류(朱子語類)』 권22, 「논어4(論語四)」, 115조목에는 "吳仁父問此章. 曰 : '後面子貢擧詩之意, 不是專以此爲'貧而樂, 富而好禮'底工夫. 蓋見得一切事皆合爲此, 不可安於小成而不自勉也.'(오인보(吳仁父)가 이 장(章)에 대해 물었다. 주자(朱子 : 朱熹)가 대답하였다. '뒤에 자공이 시를 제기한 뜻은 오로지 이것을 '가난하면서도 즐거워하고, 부유하면서도 예(禮)를 좋아하는' 공부로만 여기지는 않은 것이다. 대개 모든 일에 마땅히 이렇게 해야지 작은 성공에 안주하여 스스로 노력하지 않으면 안 됨을 안 것이다.')"라고 되어 있다.

[1-15-3]

子曰："賜也, 始可與言詩已矣! 告諸往而知來者."
공자가 말하였다. "사(賜 : 子貢)는 비로소 더불어 시(詩)를 말할 만하구나! 지나간 것을 말해 주면 올 것을 아는구나."

詳說

○ 賜, 子貢之名. 孔子於門人必'爾'·'汝'而名呼之, 至孟子則'子'之, 程·朱則'字'之, 此正古今異宜, 而聖賢殊規處.

'사야(賜也)'에서 '사(賜)'는 자공(子貢)의 이름이다. 공자는 문인들에게 반드시 '이(爾 : 너)' 또는 '여(汝 : 너)'라 하고 이름을 불렀는데, 맹자에 이르러서는 '자(子 : 그대)'라고 불렀고, 정자(程子)·주자(朱子)는 '자(字)'로 불렀으니, 이는 바로 옛날과 지금의 마땅함이 다른 것이고 성인(聖人)과 현인(賢人)이 법도로 삼는 것이 다른 점이다.

○ 此'而'字與'則'字義相近.

'고제왕이지래자(告諸往而知來者)'에서 '이(而)'자는 '즉(則 : ~하면)'자의 뜻과 서로 비슷하다.

朱註

往者, 其所已言者; 來者, 其所未言者.
'왕(往)'이라고 함은 이미 말해준 것이고, '내(來)'라고 함은 아직 말해주지 않은 것이다.

詳說

○ 朱子曰："處貧富之道."370)

'기소이언자(其所已言者)'에 대해, 주자(朱子 : 朱熹)가 말하였다. "이는 가난함과 부유함에 처신하는 도리이다."

---

370) 『주자어류(朱子語類)』 권22, 「논어4(論語四)」, 119조목에는 "告, 其所已言者, 謂處貧富之道. 而知, 其所未言者, 謂學問之功.(알려준다는 것은 이미 말한 것이니 가난함과 부유함에 처신하는 도리를 말한다. 안다는 것은 아직 말하지 않은 것이니 학문하는 공효를 말한다.)"라고 되어 있다.

○ 所引詩.

'기소미언자(其所未言者)'라는 것은 인용한 시(詩)이다.

○ 二'其'字, 指孔子.

'기소이언자(其所已言者)'와 '기소미언자(其所未言者)'에서 두 개의 '기(其)'자는 공자를 가리킨다.

○ 告往知來, 是其聞一知二處. 告, 是孔子告之. 知, 是子貢知之.

지나간 것을 알려주면 앞으로 올 것을 안다는 것은 하나를 들으면 둘을 안다는 것이다. 알려주는 것은 공자가 그것을 알려주는 것이고, 아는 것은 자공이 그것을 아는 것이다.

○ 有訓無釋.

훈고는 있으나 경문의 풀이는 없다.

朱註

○ 愚按 : 此章問答, 其淺深高下固不待辨說而明矣. 然不切則磋無所施, 不琢則磨無所措.

내가 생각하건대, 이 장(章)의 문답(問答)은 그 얕고 깊음과 높고 낮음이 진실로 논변할 필요도 없이 분명하다. 그러나 자르지 않으면 갈 데가 없고, 쪼지 않으면 닦을 데가 없다.

詳說

○ 再問再答, 實一意.

'차장문답(此章問答)'은 다시 묻고 다시 대답한 것이니, 실제로는 하나의 뜻이다.

○ 無諂驕 · 切琢則淺下, 樂好禮 · 磋磨則深高.

'기천심고하고불대변설이명의(其淺深高下固不待辨說而明矣)'에서 '천심고하(淺深高下)'라고 한 것에 대해, 아첨함과 교만함 및 자르고 쪼는 것이 없으면 이는 얕고 낮은 것이고, 즐거워하고 예(禮)를 좋아하며 갈고 닦으면 이는 깊고 높은 것이다.

○ 以故此章註議論居多, 而不屑屑於釋義.

'기천심고하고불대변설이명의(其淺深高下固不待辨說而明矣)'에서 '고불대변설이명의(固不待辨說而明矣)'라고 했으니, 이 때문에 이 장(章)의 주석은 논의한 것이 많지만 풀이하는 의미에는 특별한 뜻을 두지 않았다.

○ 此正意也.

'기천심고하고불대변설이명의(其淺深高下固不待辨說而明矣)'라고 한 것이 그 진정한 뜻이다.

○ 雖以切磋琢磨言, 而實無諂驕·樂好禮之意也.

'연부절즉차무소시, 불탁즉마무소조(然不切則磋無所施, 不琢則磨無所措)'라고 한 것에서, 비록 절차탁마로서 말했지만 실제는 아첨함과 교만함이 없으며 즐거워함과 예를 좋아한다는 뜻이다.

○ 此二語猶文之於質, 毛之於皮云耳.

'연부절즉차무소시, 불탁즉마무소조(然不切則磋無所施, 不琢則磨無所措)'라는 구절은, 마치 문채 나는 것이 바탕에 대한 것과 털이 가죽에 대한 것이라고 말하는 것과 같다.

○ 此言外意也.

'연부절즉차무소시, 불탁즉마무소조(然不切則磋無所施, 不琢則磨無所措)'라는 말은 말을 넘어서는 뜻이다.

朱註

故學者雖不可安於小成, 而不求造道之極致; 亦不可騖於虛遠, 而不察切己之實病也.

그러므로 배우는 사람은 비록 작은 성취에 편안하여 도(道)에 이르는 극치를 추구하지 않아서도 안 되지만, 또한 공허하고 고원한 데로 치달아서 자신에게 절실한 실제 병통을 살피지 않아서도 안 된다.

詳說

○ 上下間順換之辭.

'고학자수불가안어소성(故學者雖不可安於小成)'에서 '고(故)'자는 앞뒤의 문맥을 순조롭게 전환하는 말이다.

○ 此圈下註只爲學者而設, 故特表出此二字.

여기의 '○(圈)'아래의 주석은 다만 배우는 사람들을 위해 마련해 놓은 것이기 때문에 특별히 '고학자수불가안어소성(故學者雖不可安於小成)'에서 '학자(學者)'라는 두 글자를 드러내었다.

○ 此'雖'字與上'固'字, 皆過說而不歸重之辭.

'고학자수불가안어소성(故學者雖不可安於小成)'에서 '수(雖)'자와 위 '기천심고하고불대변설이명의(其淺深高下固不待辨說而明矣)'에서 '고(固)'자는 모두 지나가는 말로서 중점이 귀결되지 않는 말이다.

○ 安於無諂驕.

'고학자수불가안어소성(故學者雖不可安於小成)'에서 '소성(小成)'은 아첨함과 교만함이 없음에 편안한 것을 말한다.

○ 音糙.

'이불구조도지극치(而不求造道之極致)'에서 '조(造)'자는 음이 조(糙)이다.

○ '造道', 猶云'進道'.

'이불구조도지극치(而不求造道之極致)'에서 '조도(造道)'는 마치 '진도(進道 : 도에 향상됨이 있다)'라고 말하는 것과 같다.

○ 不求至於樂好禮.

'이불구조도지극치(而不求造道之極致)'는 즐거워함과 예(禮)를 좋아하는 데 이르기를 추구하지 않는 것이다.

○ '雖不可'三字意貫至此.

'고학자수불가안어소성(故學者雖不可安於小成)'에서 '수불가(雖不可)'라는 세 글자의 뜻은 '이불구조도지극치(而不求造道之極致)'에까지 관통한다.

○ 此又應正意.

'이불구조도지극치(而不求造道之極致)'라고 한 것은 또한 응당 진정한 뜻이다.

○ 此'亦'字與上'然'字, 皆反說而將歸重之辭.

'역불가무어허원(亦不可騖於虛遠)'에서 '역(亦)'자와 '연부절즉차무소시(然不切則磋無所施)'에서 '연(然)'자는 모두 뒤집는 말로서 장차 중점을 귀결시키려는 말이다.

○ 音'務'.

'역불가무어허원(亦不可騖於虛遠)'에서 '무(騖)'자는 음이 '무(務)'이다.

○ 馳心於樂好禮而徑欲求之.

'역불가무어허원(亦不可騖於虛遠)'은 즐거워함과 예를 좋아하는 데 마음을 치달려서 지름길로 그것을 구하려는 것이다.

○ 不察己之尚未能於無諂驕也.

'이불찰절기지실병야(而不察切己之實病也)'는 스스로 아직 아첨함과 교만함이 없는 것에 대해 자세히 살피지 못하는 것이다.

○ '亦不可'三字意貫至此.

'역불가무어허원(亦不可騖於虛遠)'에서 '역불가(亦不可)' 세 글자의 뜻은 '이불찰절기지실병야(而不察切己之實病也)'에까지 관통한다.

○ 雲峰胡氏曰: "常人二者之病, 就貧富上說; 學者切己之實病, 就義理學問上說."371)

운봉 호씨(雲峯胡氏 : 胡炳文)가 말하였다. "일반 사람들의 두 가지 병통은 가난함과 부유함에서 말하는 것이고, 배우는 사람들의 자신에게 절실한 실제 병통은 의리와 학문에서 말하는 것이다."

○ 此又應言外意而遂歸重焉, 有足以補本文之餘意, 而作學者循序之指南也. 蓋本文爲已能無諂驕之子貢而設, 故其言若彼. '圈'註爲未能無諂驕之學者而設, 故其言又如此, 非故欲扶子貢一邊也. 其語意與入孝章註'愚謂'以下相類云.

이 구절은 또한 응당 말 밖의 뜻이고 마침내 중점이 귀결되니, 본문의 나머지 뜻을 보충하기에 충분하고 배우는 사람들이 순서에 따르는 지침을 만든 것이다. 대개 본문은 이미 아첨함과 교만함이 없는 자공을 위하여 마련한 것이기 때문에 그 말이 저와 같다. '○(圈)'의 주석은 아직 아첨함과 교만함이 없는 것을 잘 해낼 수 없는 배우는 사람을 위해 마련한 것이기 때문에 그 말이 또한 이와 같으니, 자공을 도와주려는 측면 때문이 아니다. 그 말의 뜻은 위 제자입즉효장(弟子入則孝章)의 주석에서 '우위(愚謂)' 아래의 말과 서로 유사하다고 할 수 있다.

---

371) 호병문(胡炳文), 『사서통(四書通)』「논어통(論語通)」 권1에는 "常人二者之病與學者切己之實病, 當看兩病字. 若只就貧富上說, 貧者病諂, 富者病驕, 必除諂驕之病, 然後可到樂與好禮地步. 若就義理學問上說, 則學者之病, 固多, 必先除切己之實病, 然後可求造道之極致也.(일반 사람들의 두 가지 병통과 배우는 사람들의 자신에게 절실한 실제 병통은 마땅히 두 가지 병통으로 보아야 한다. 만약 가난함과 부유함에서 말하면 가난한 사람의 병통은 아첨하는 것이고 부유한 사람의 병통은 교만한 것이니, 반드시 아첨함과 교만함의 병통을 제거해야만 그런 뒤에 즐거워함과 예를 좋아하는 경지에 이를 수 있다. 만약 의리와 학문에서 말하면 배우는 사람들의 병통은 본디 많으니, 반드시 자신에게 절실한 실제 병통을 먼저 제거해야만 그런 뒤에 도에 이르는 극치를 추구할 수 있다.)"라고 되어 있다.

[1-16-1]

子曰 : "不患人之不己知, 患不知人也."
공자가 말하였다. "남이 자신을 알아주지 못하는 것을 걱정하지 말고, 내가 남을 알지 못하는 것을 걱정해야 한다."

詳說

○ 蔡氏曰 : "與首章'人不知不慍'意實相關. 「里仁」·「憲問」·「衛靈公」篇又三致意焉."372)
채씨(蔡氏)가 말하였다. "이 장(章)은 첫 장(章)의 '남들이 알아주지 않더라도 성내지 않는다.'라는 뜻과 실제로 서로 연관된다. 「이인(里仁)」·「헌문(憲問)」·「위령공(衛靈公)」에서도 또한 그것을 누누이 강조하였다."

○ 雲峰胡氏曰 : "始以'不知不慍', 終以此章, 「學而」一篇之終始也. 始則結以'患不知人', 終則結以'不知言', 『論語』一書之終始也. 門人紀次, 豈無意歟?"373)
운봉 호씨(雲峯胡氏 : 胡炳文)가 말하였다. "'남들이 알아주지 않더라도 성내지 않는다.'로 시작하고 이 장(章)으로 끝낸 것이 「학이(學而)」의 시작과 끝이다. 시작(「학이(學而)」 첫 장)에서는 '내가 남을 알지 못하는 것을 걱정해야 한다.'로서 결론짓고 끝(「요왈(堯曰)」 마지막 장)에서는 '말을 알지 못하면 남을 알 수 없다'라고 결론지은 것이 『논어(論語)』의 처음과 끝이다. 공자의 문인들이 기록한 순서가

---

372) 호광 편(胡廣 編), 『논어집주대전(論語集註大全)』 권1에 채씨(蔡氏)의 말로, "蔡氏曰 : '「學而」末章與首章, '人不知而不慍'意實相關. 「里仁」「憲問」「衛靈」篇, 又三致意焉. 學必專求在己, 庶無所慕於外也.'(채씨가 말하였다. '「학이(學而)」의 끝 장과 첫 장은 '남들이 알아주지 않더라도 성내지 않는다.'라는 뜻이 실제로 서로 연관된다. 「이인(里仁)」·「헌문(憲問)」·「위령공(衛靈公)」에서도 또한 그것을 누누이 강조하였다. 배움은 반드시 오로지 자신에게서 구해야지 밖을 사모할 것이 거의 없다.')"라고 되어 있다.

373) 호광 편(胡廣 編), 『논어집주대전(論語集註大全)』 권1에 호병문(胡炳文)의 말로, "雲峯胡氏曰 : '始以'不知不慍,' 終以此章, 「學而」一篇終始也. 始以'不亦君子乎,' 終以'無以爲君子也,' 始則結以'患不知人,」 終則結以'不知言, 無以知人, '『論語』一書終始也. 門人紀次, 豈無意歟?'(운봉 호씨(雲峯胡氏 : 胡炳文)가 말하였다. '남들이 알아주지 않더라도 성내지 않는다.'로 시작하고 이 장으로 끝낸 것이 「학이(學而)」의 시작과 끝이다. '또한 군자가 아니겠는가.'로 시작(「학이(學而)」 첫 장)하고 '군자가 될 수 없다.'로 끝(「요왈(堯曰)」 마지막 장)냈으며, 시작에서는 '내가 남을 알지 못하는 것을 걱정해야 한다.'로 결론짓고 끝에서는 '말을 알지 못하면 남을 알 수 없다.'라고 결론지은 것이 『논어(論語)』의 처음과 끝이다. 공자의 문인들이 기록한 순서가 어찌 생각이 없었겠는가?')"라고 되어 있다.

어찌 생각이 없었겠는가?"

○ '不己知', 猶云'不知己'.

'불환인지불기지(不患人之不己知)'에서 '불기지(不己知)'는 '자신을 알아주지 못한다[不知己]'라고 하는 말과 같다.

朱註

尹氏曰: "君子求在我者, 故不患人之不己知. 不知人則是非邪正或不能辨, 故以爲患也."

윤씨(尹氏 : 尹惇)가 말하였다. "군자는 자신에게 있는 것을 구하기 때문에[374] 남이 자신을 알아주지 못하는 것을 걱정하지 않는다. 내가 남을 알지 못하면 그의 옳음과 그름, 간사함과 올바름을 간혹 분별할 수 없기 때문에 그것을 걱정으로 여긴다."

詳說

○ 求爲可知之實也. 此四字又足以幷蔽下句.

'군자구재아자(君子求在我者)'에서 '구재아자(求在我者)'는 자신이 알 수 있는 실제적인 사안을 구하는 것이다. 이 '구재아자(求在我者)'라는 네 글자는 또한 아래 구절을 아울러 포괄하기에 충분하다.

○ 慶源輔氏曰: "其病在人."[375]

'고불환인지불기지(故不患人之不己知)'에 대해, 경원 보씨(慶源輔氏 : 輔廣)가 말하였다. "남이 자신을 알아주지 못하는 것은 그 병통이 남에게 있다."

---

374) 자신에게 있는 것을 구하기 때문에 : 『맹자(孟子)』「진심상(盡心上)」에서 "맹자가 말하였다. '구하면 얻고 버리면 잃는다. 이 구함은 얻는 것에 유익함이 있으니 자신에게 있는 것을 구하기 때문이다.'(孟子曰 : '求則得之, 舍則失之. 是求有益於得也, 求在我者也.')"라고 하였다. 주자는 "자신에게 있는 것은 인·의·예·지 등 무릇 성(性)에 있는 것을 말한다.(在我者, 謂仁·義·禮·智凡性之所有者.)"라고 주석하였다.

375) 호광 편(胡廣 編), 『논어집주대전(論語集註大全)』 권1에 보광(輔廣)의 말로 "慶源輔氏曰 : '人不知己, 其病在人; 己不知人, 其病在己. 君子之學爲己, 不暇病人之病, 而病己之病也.'(경원 보씨(慶源輔氏 : 輔廣)가 말하였다. '남이 자신을 알아주지 못하는 것은 그 병통이 남에게 있고, 자기가 남을 알지 못하는 것은 그 병통이 자신에게 있다. 군자의 배움은 자신을 위하는 것이니, 남의 병통을 근심할 겨를이 없고 자기의 병통을 근심한다.')"라고 실려 있다.

○ 釋上句.

‘고불환인지불기지(故不患人之不己知)’라는 구절은 본문 앞 구절인 ‘불환인지불기지(不患人之不己知)’를 풀이한 것이다.

○ 朱子曰 : “宰相不知人, 不能進賢退不肖; 學者不知人, 不能辨益友損友.”376)

‘부지인즉시비사정혹불능변(不知人則是非邪正或不能辨)’에 대해, 주자(朱子 : 朱熹)가 말하였다. “재상이 남을 알지 못하면 현명한 사람을 등용하고 어리석은 사람을 물리치지 못하며, 배우는 사람이 남을 알지 못하면 이익이 되는 친구와 손해가 되는 친구를 분별할 수 없다.”

○ 又曰 : “學至知人地位, 已甚高.”377)

‘부지인즉시비사정혹불능변(不知人則是非邪正或不能辨)’에 대해, 주자(朱子 : 朱熹)가 또 말하였다. “배움이 남을 아는 경지에 이르면 이미 수준이 매우 높다.”

---

376) 『주자어류(朱子語類)』 권22, 「논어4(論語四)」, 127조목에는 “問‘不患人之不己知章’. 曰 : ‘自家德行充於中, 不待人之知. 若自家不知人, 這箇便是不知道. 不知則所見不明, 不能明人之賢否, 所謂‘不知言, 無以知人也.’ 知言, 如‘詖辭知其所蔽, 淫辭知其所陷, 邪辭知其所離, 遁辭知其所窮.’ 若能知言, 他纔開口, 自家便知得他心裏事, 這便是知人. 若宰相不能知人, 則用捨之際, 不能進賢而退不肖. 若學者不能知人, 則處朋友之際, 豈能擇乎?’(‘불환인지불기지장(不患人之不己知章)’에 대해 물었다. 주자(朱子 : 朱熹)가 대답하였다. ‘자기의 덕행이 마음속에 충만하면 남이 자기를 알아주기를 기다리지 않는다. 만약 자기가 남을 알지 못하면, 이는 바로 도를 알지 못하는 것이다. 도를 알지 못하면 보는 것이 밝지 않아 남의 현명함 여부를 알 수가 없을 것이니, 『논어(論語)』「요왈(堯曰)」의 이른바 ‘말을 알지 못하면 남을 알 수 없다.’라는 것이다. 말을 안다는 것은 『맹자(孟子)』「공손추상(公孫丑上)」의 ‘편벽된 말에는 그 가려진 것을 알고, 음란한 말에는 그 빠져 있는 것을 알며, 사악한 말에는 그 괴리된 것을 알고, 도피하는 말에는 그 곤궁함을 안다.’라고 한 것과 같다. 만약 말을 알면, 그가 입을 열자마자 자기는 바로 그의 마음속 일을 알 수 있으니, 이것이 바로 남을 안다는 것이다. 만약 재상이 남을 알지 못하면, 사람을 취하거나 내칠 때 현명한 사람을 등용하고 어리석은 사람을 물리치지 못할 것이다. 만약 배우는 사람이 남을 알지 못하면, 친구들과 사귈 때 어찌 잘 선택할 수 있겠는가?’)”라고 되어 있다.

377) 『주자어류(朱子語類)』 권22, 「논어4(論語四)」, 126조목에는 “問 : ‘知人是隆師親友?’ 曰 : ‘小事皆然. 然學做工夫, 到知人地位已甚高.’(물었다. ‘남을 아는 것은 스승을 받들고 친구와 친하게 지내는 것입니까?’ 주자(朱子 : 朱熹)가 대답하였다. ‘작은 일들도 모두 그러하다. 그러나 함양하는 공부를 배우는 것이 남을 아는 경지에 이르면 이미 수준이 매우 높은 것이다.’)”라고 되어 있다.

○ 慶源輔氏曰 : "其病在己."[378]

'고이위환야(故以爲患也)'에 대해, 경원 보씨(慶源輔氏 : 輔廣)가 말하였다. "자기가 남을 알지 못하는 것은 그 병통이 자신에게 있다."

○ 釋下句.

'고이위환야(故以爲患也)'는 본문 아래 구절인 '환부지인야(患不知人也)'를 풀이한 것이다.

○ 有釋無訓.

경문의 풀이는 있으나 훈고는 없다.

---

378) 호광 편(胡廣 編), 『논어집주대전(論語集註大全)』 권1에 보광(輔廣)의 말로 "慶源輔氏曰 : '人不知己, 其病在人; 己不知人, 其病在己. 君子之學爲己, 不暇病人之病, 而病己之病也.'(경원 보씨(慶源輔氏 : 輔廣)가 말하였다. '남이 자신을 알아주지 못하는 것은 그 병통이 남에게 있고, 자기가 남을 알지 못하는 것은 그 병통이 자신에게 있다. 군자의 배움은 자신을 위하는 것이니, 남의 병통을 근심할 겨를이 없고 자기의 병통을 근심한다.')"라고 실려 있다.

연구번역자 소개

신창호(申昌鎬)

현) 고려대학교 교수
고려대학교 박사(동양철학/교육사철학 전공)
고려대학교 교육문제연구소 소장
한국교육철학학회 회장·한중철학회 회장
「『중용』 교육사상의 현대적 조명」(박사학위논문), 『유교의 교육학 체계』 외 다수의 논문·번역·저서가 있음

김학목(金學睦)

현) 고려대학교 연구교수
건국대학교 박사(한국철학 전공)
해송학당 원장(동양학·사주명리 강의)
「박세당의 『신주도덕경』 연구」(박사학위논문), 『한국주역대전』 외 다수의 논문·번역·저서가 있음

윤원현(尹元鉉)

전) 고려대학교 연구교수
私立中國文化大學 박사(朱子哲學 전공)
한중철학회 회장
「從朱子思想中之天人架構闡論其義理脈絡」(박사학위논문), 『성리대전』 외 다수의 논문·번역·저서가 있음

조기영(趙麒永)

현) 고려대학교 연구교수
연세대학교 박사(한문학 전공)
서정대 교수·연세대국학연구원 연구원
「하서 김인후 시 연구」(박사학위논문), 『한국시가의 정신세계』 외 다수의 논문·번역·저서가 있음

김언종(金彦鍾)

현) 고려대학교 명예교수
國立臺灣師範大學(韓國經學 전공)
한국고전번역원 이사·고전번역학회 회장
「丁茶山論語古今注原義總括考徵」(박사학위논문), 『(역주)시경강의』 외 다수의 논문·번역·저서가 있음

임헌규(林憲圭)

현) 강남대학교 교수
한국학중앙연구원 박사(동양철학 전공)
동양고전학회 회장
「유가의 심성론 연구 - 맹자와 주희를 중심으로」(박사학위논문), 『공자에서 다산 정약용까지 - 유교 인문학의 동서철학적 성찰』 외 다수의 논문·번역·저서가 있음

허동현(許東賢)

현) 경희대학교 교수
고려대학교 박사(한국근대사 전공)
경희대학교 학부대학 학장·한국현대사연구원 원장
「1881년 조사시찰단 연구」(박사학위논문), 『한국의 국가 형성과 민주주의』 외 다수의 논문·번역·저서가 있음

논어집주상설 연구번역 연구진

연구책임자

신창호(고려대학교)

전임연구원

김학목(고려대학교)
윤원현(고려대학교)
조기영(고려대학교)

공동연구원

김언종(고려대학교)
임헌규(강남대학교)
허동현(경희대학교)
박성빈(고려대학교, 전산)

논어집주상설 1

초판발행 2019년 8월 25일

지은이 박문호
책임역주 신창호
공동역주 김학목 · 윤원현 · 조기영 · 김언종 · 임헌규 · 허동현
펴낸이 노현

편 집 문선미
표지디자인 BEN STORY
제 작 우인도 · 고철민

펴낸곳 ㈜ 피와이메이트
서울특별시 금천구 가산디지털2로 53 한라시그마밸리 210호(가산동)
등록 2014. 2. 12. 제2018-000080호
전 화 02)733-6771
f a x 02)736-4818
e-mail pys@pybook.co.kr
homepage www.pybook.co.kr
ISBN 979-11-90151-06-1 94140
979-11-90151-05-4 (세트)

정 가 21,000원 (세트 210,000원)